人力资源管理

主　编　刘娜欣
副主编　乔　祯　李娜杰　赵　娟
参　编　李　帅　李　莉　张晶晶
　　　　王　静　刘轶宁
主　审　刘冬梅

北京理工大学出版社
BEIJING INSTITUTE OF TECHNOLOGY PRESS

内容简介

本书是一本关于现代人力资源管理原理、方法和技术的教材，其内容包括：人力资源管理概述、人力资源规划、工作分析、员工招聘、员工培训、职业生涯管理、绩效管理、薪酬管理、员工激励、劳动关系与劳动管理、企业文化与人力资源管理等十一个部分。每章内容均按导入案例、基本内容、课后思考练习、技能实训等模式进行编排。

为了便于学生理解和掌握所学知识和技能，拓展学生的知识视野，教材增加了相应的案例分析、知识链接、扩展阅读、技能实训等内容。

本教材既有理论的深入分析，又具有实践的可操作性；既可以作为高职高专管理类专业教材，也可以作为各类企事业组织管理者及人力资源管理工作人员的培训教材。

版权专有　侵权必究

图书在版编目（CIP）数据

人力资源管理/刘娜欣主编．—北京：北京理工大学出版社，2018.8（2023.2重印）

　　ISBN 978 – 7 – 5682 – 5970 – 5

Ⅰ.①人…　Ⅱ.①刘…　Ⅲ.①人力资源管理 – 高等学校 – 教材　Ⅳ.①F241

中国版本图书馆 CIP 数据核字（2018）第 171233 号

出版发行 / 北京理工大学出版社有限责任公司
社　　址 / 北京市海淀区中关村南大街 5 号
邮　　编 / 100081
电　　话 / (010) 68914775（总编室）
　　　　　(010) 82562903（教材售后服务热线）
　　　　　(010) 68944723（其他图书服务热线）
网　　址 / http：//www.bitpress.com.cn
经　　销 / 全国各地新华书店
印　　刷 / 三河市天利华印刷装订有限公司
开　　本 / 787 毫米 × 1092 毫米　1/16
印　　张 / 18.25　　　　　　　　　　　　　责任编辑 / 李玉昌
字　　数 / 428 千字　　　　　　　　　　　　文案编辑 / 李　薇
版　　次 / 2018 年 8 月第 1 版　2023 年 2 月第 5 次印刷　责任校对 / 周瑞红
定　　价 / 48.00 元　　　　　　　　　　　　责任印制 / 李　洋

图书出现印装质量问题，请拨打售后服务热线，本社负责调换

前　言

在当今全球经济一体化，企业竞争日益加剧的大背景下，人才成为决定企业生存发展的关键因素，人力资源与知识资本优势的结合已成为企业的核心竞争力。本教材从高等院校的教学需要出发，着眼于企业实际情况，在介绍理论的同时，注重管理实践与创新，资料新颖，内容翔实，以更好地满足教学工作的需要。在编写中，本教材注重实用性和系统性，努力做到知识准确，内容通用，表述简明。特点如下：

一、知识内容随时代更新，课证融通。例如，我们采编了许多典型案例供教师和学生进一步研究学习，每部分教学内容既有开篇引入性的引导案例，也有学习思考性的总结案例。考虑到学生参加人力资源职业资格认证考试的普遍需求，在教材编撰过程中，有针对性地融合了职业资格认证学习内容，以实现课证融通相符的学习效果。

二、重视岗位技能实践训练。本教材侧重的技能训练及案例教学，对于教师指导学生实践、提高学生的实践能力会有一定的帮助，这也是我们为了突出高职高专教学特色和便于读者更好地掌握人力资源管理实务所做的尝试和努力。

三、内容丰富，结构安排合理。每章学习内容前都有明确的知识目标、技能目标和导入案例，章节中适当穿插"案例""链接""扩展阅读"，章末附有本章小结、课后思考练习、技能实训，可供学生在学习时做到有的放矢，增强学习效果。

本教材共包含人力资源管理概述、人力资源规划、工作分析、员工招聘、员工培训、职业生涯管理、绩效管理、薪酬管理、员工激励、劳动关系与劳动管理、企业文化与人力资源管理等十一章，由刘娜欣任主编，乔祯、李娜杰、赵娟任副主编，刘冬梅任主审。李帅、李莉、张晶晶、王静、刘轶宁参加了编写工作。具体编写分工是：第一章由李莉编写，第二、十章由李娜杰编写，第三、十一章由赵娟编写，第四、五章由李帅、张晶晶、王静编写，第六、九章由乔祯编写，第七、八章由刘娜欣编写，部分课后思考练习及二维码知识链接内容由刘轶宁整理完成。本教材由刘娜欣负责统稿、定稿，刘冬梅负责审阅书稿，在此表示衷心的感谢。由于时间仓促及编者理论与经验有限，书中难免出现错漏之处，敬请各位专家和读者不吝赐教。

编　者

目 录

第一章 人力资源管理概述 (1)
第一节 人力资源管理的基本概念 (2)
一、人力资源的概念与特征 (2)
二、人力资源管理的概念与特点 (3)
三、人力资源管理的基本职能 (4)
四、人力资源管理的目标与意义 (5)
五、现代人力资源管理与传统人事管理的区别 (6)
第二节 人力资源管理的基本内容体系 (8)
第三节 人力资源管理的发展趋势 (9)
一、人力资源管理面临的挑战 (11)
二、人力资源管理发展的新趋势 (12)

第二章 人力资源规划 (16)
第一节 人力资源规划概述 (17)
一、人力资源规划概述 (17)
二、人力资源规划的作用 (19)
三、人力资源规划的内容 (20)
第二节 人力资源预测 (22)
一、人力资源的供求预测 (22)
二、人力资源供给预测 (25)
第三节 人力资源规划的制定 (30)
一、人力资源规划制定的原则 (30)
二、资源规划制定的程序 (30)
三、建立人力资源管理信息系统 (32)

第三章 工作分析 (38)
第一节 工作分析概述 (39)
一、工作分析的定义及其常用术语 (39)
二、工作分析的内容 (40)

第二节　工作分析的作用及工作流程 …………………………………… (40)
　　一、工作分析的重要作用 ………………………………………………… (40)
　　二、工作分析的流程 ……………………………………………………… (41)
第三节　工作分析的方法 ……………………………………………………… (45)
　　一、工作实践法 …………………………………………………………… (46)
　　二、观察法 ………………………………………………………………… (46)
　　三、访谈法 ………………………………………………………………… (47)
　　四、问卷法 ………………………………………………………………… (49)
　　五、工作日志法 …………………………………………………………… (50)
第四节　工作分析的实施与工作说明书的编写 ……………………………… (51)
　　一、工作分析的实施 ……………………………………………………… (51)
　　二、工作描述与工作说明书的编写 ……………………………………… (52)

第四章　员工招聘 …………………………………………………………… (63)
第一节　员工招聘概述 ………………………………………………………… (64)
　　一、招聘的含义 …………………………………………………………… (64)
　　二、招聘的意义 …………………………………………………………… (65)
　　三、影响招聘的因素 ……………………………………………………… (66)
　　四、招聘的原则 …………………………………………………………… (67)
第二节　员工招聘流程 ………………………………………………………… (68)
　　一、招聘流程 ……………………………………………………………… (68)
　　二、招聘渠道 ……………………………………………………………… (69)
　　三、招聘方法 ……………………………………………………………… (70)
第三节　员工招聘实务 ………………………………………………………… (74)
　　一、招聘计划制定 ………………………………………………………… (74)
　　二、招聘广告撰写 ………………………………………………………… (78)
　　三、工作申请表设计 ……………………………………………………… (79)
　　四、简历筛选 ……………………………………………………………… (81)
　　五、面试工作 ……………………………………………………………… (82)
　　六、录用工作 ……………………………………………………………… (90)
　　七、招聘工作评估与总结 ………………………………………………… (92)

第五章　员工培训 …………………………………………………………… (98)
第一节　员工培训概述 ………………………………………………………… (99)
　　一、员工培训的内涵及分类 ……………………………………………… (99)
　　二、员工培训的目的 ……………………………………………………… (100)
　　三、员工培训的作用 ……………………………………………………… (100)
　　四、员工培训的原则 ……………………………………………………… (101)
第二节　培训需求分析 ………………………………………………………… (101)
　　一、培训需求分析的含义 ………………………………………………… (101)
　　二、培训分析的作用 ……………………………………………………… (102)

三、培训需求分析的内容 …………………………………………… (102)
　　四、培训需求分析的实施程序 ……………………………………… (104)
　　五、撰写员工培训需求分析报告 …………………………………… (105)
　　六、培训需求信息的收集方法 ……………………………………… (105)
　第三节　培训的实施与管理 …………………………………………… (107)
　　一、培训计划的制定 ………………………………………………… (107)
　　二、培训的组织与实施 ……………………………………………… (110)
　第四节　培训效果的评估 ……………………………………………… (111)
　　一、常见的评价培训效果信息的种类 ……………………………… (112)
　　二、培训效果信息收集的渠道 ……………………………………… (112)
　　三、培训效果评估的指标 …………………………………………… (112)
　　四、培训效果信息的收集方法 ……………………………………… (112)
　　五、培训效果信息的整理与分析 …………………………………… (113)

第六章　员工职业生涯管理 ………………………………………… (115)
　第一节　职业生涯规划概述 …………………………………………… (116)
　　一、职业的概念 ……………………………………………………… (116)
　　二、职业生涯基本分析概述 ………………………………………… (116)
　　三、职业选择理论 …………………………………………………… (118)
　第二节　职业生涯管理理论 …………………………………………… (122)
　　一、职业生涯管理的内涵 …………………………………………… (122)
　　二、员工职业生涯管理的意义 ……………………………………… (123)
　　三、职业生涯发展理论 ……………………………………………… (124)
　第三节　个人职业生涯管理 …………………………………………… (127)
　　一、个人职业生涯的影响因素 ……………………………………… (127)
　　二、个人职业计划 …………………………………………………… (130)
　　三、个人职业发展趋向 ……………………………………………… (132)
　第四节　组织职业生涯管理 …………………………………………… (134)
　　一、组织职业计划设计 ……………………………………………… (134)
　　二、职业生涯阶段管理 ……………………………………………… (136)

第七章　绩效管理 ……………………………………………………… (143)
　第一节　绩效管理概述 ………………………………………………… (144)
　　一、绩效的含义和特点 ……………………………………………… (144)
　　二、绩效管理的含义及目的 ………………………………………… (146)
　　三、绩效管理的目的 ………………………………………………… (147)
　　四、绩效考评与绩效管理的区别与联系 …………………………… (147)
　　五、绩效管理的作用 ………………………………………………… (149)
　　六、影响绩效管理的因素 …………………………………………… (149)
　　七、绩效管理与人力资源管理其他环节的关系 …………………… (151)
　　八、绩效管理的过程 ………………………………………………… (152)

第二节 绩效考评 (155)
　　一、绩效考评概述 (155)
　　二、绩效考评的原则 (157)
　　三、绩效考评体系 (158)
第三节 绩效考评方法 (165)
　　一、绩效考评的主观方法 (165)
　　二、绩效考评的客观方法 (174)
第四节 关键业绩指标体系的建立和选择 (180)
　　一、关键业绩指标 (180)
　　二、建立KPI体系 (181)
第五节 考核面谈、反馈与改进 (189)
　　一、考核面谈、反馈与改进的理论基础 (190)
　　二、绩效考核面谈的准备 (192)
　　三、绩效考核面谈的执行 (193)

第八章 薪酬管理 (197)

第一节 薪酬管理概述 (198)
　　一、薪酬管理的含义 (198)
　　二、薪酬管理的意义 (199)
　　三、薪酬管理的原则 (200)
　　四、影响薪酬管理的主要因素 (202)
　　五、薪酬管理与人力资源管理其他职能的关系 (204)
　　六、薪酬管理的理论 (205)
第二节 薪酬体系设计 (207)
　　一、薪酬体系的规划 (207)
　　二、薪酬体系管理的过程 (209)
　　三、薪酬体系的设计 (211)
第三节 激励薪酬和福利 (214)
　　一、激励薪酬 (214)
　　二、福利 (217)

第九章 员工激励 (223)

第一节 激励概述 (224)
　　一、激励的概念 (224)
　　二、激励的基本特征 (224)
　　三、激励的类型 (224)
　　四、激励的基本原则 (225)
　　五、激励理论的类型 (227)
　　六、激励的作用 (227)
第二节 激励理论 (228)
　　一、内容型激励理论 (228)

二、过程激励理论 …………………………………………………… (233)
　　三、改造型激励理论 …………………………………………………… (239)
　　四、综合型激励理论 …………………………………………………… (243)
　　五、早起的综合型激励理论 ………………………………………… (243)
　　六、新的综合激励模式 ……………………………………………… (243)
　第三节　激励艺术 …………………………………………………………… (244)
　　一、常用激励术 ……………………………………………………… (244)
　　二、人性化激励术 …………………………………………………… (246)
　　三、参与化激励术 …………………………………………………… (248)

第十章　劳动关系与劳动管理 ………………………………………… (253)
　第一节　劳动关系概述 …………………………………………………… (254)
　　一、劳动关系的概念及特点 ………………………………………… (254)
　　二、劳动关系与劳动管理 …………………………………………… (254)
　　三、劳动关系的管理原则 …………………………………………… (255)
　第二节　劳动合同 ………………………………………………………… (255)
　　一、劳动合同的概念和特征 ………………………………………… (255)
　　二、劳动合同的订立 ………………………………………………… (256)
　　三、劳动合同的效力 ………………………………………………… (257)
　　四、劳动合同的履行和变更 ………………………………………… (258)
　　五、劳动合同的解除 ………………………………………………… (258)
　　六、劳动合同的终止 ………………………………………………… (260)
　第三节　劳动关系的协调与管理 ………………………………………… (262)
　　一、劳动关系协调对人力资源的重要影响 ………………………… (263)
　　二、劳动关系协调的原则、程序、方法与影响因素 ……………… (263)

第十一章　企业文化与人力资源管理 ………………………………… (268)
　第一节　构建企业文化 …………………………………………………… (270)
　　一、企业文化的定义 ………………………………………………… (270)
　　二、企业文化的特征 ………………………………………………… (270)
　　三、企业文化的功能 ………………………………………………… (271)
　　四、企业文化的载体 ………………………………………………… (272)
　第二节　企业文化与人力资源管理 ……………………………………… (273)
　　一、企业文化是人力资源开发管理的关键性因素 ………………… (274)
　　二、人力资源开发的文化方式 ……………………………………… (276)

参考文献 …………………………………………………………………… (282)

第一章

人力资源管理概述

知识目标

1. 掌握人力资源和人力资源管理的概念与特点
2. 了解人力资源管理的发展历史及其演变过程
3. 掌握现代人力资源管理与传统人事管理的区别
4. 了解人力资源管理的基本内容体系和发展趋势

技能目标

1. 了解人力资源管理专业人员的技能要求
2. 分析企业人力资源管理中出现的问题及解决方法

导入案例

亚马逊公司的人力资源管理特色

亚马逊公司是在1995年7月16日由杰夫·贝佐斯成立的,一开始叫Cadabra,性质是基本的网络书店,然而具有远见的贝佐斯看到了网络的潜力和特色,当实体的大型书店提供20万本书时,网络书店能够提供比20万本书更多的选择给读者。因此,贝佐斯将Cadabra以地球上孕育最多种生物的亚马逊河重新命名,于1995年7月重新开张。该公司原于1994年在华盛顿州登记,1996年时改到德拉瓦州登记,并在1997年5月15日股票上市。

2017年8月,亚马逊在美国举办了一场大型招聘会,成千上万人应聘,应聘者看好亚马逊公司的福利保险待遇,以及晋升机会。亚马逊公司的人力资源管理有哪些特色呢?

第一,不拘一格用人才。人才是企业永葆青春活力的关键,亚马逊不拘一格用人才,员工中有职业运动员,也有艺术家、音乐家、私人教练、退休警察。亚马逊以较好的企业文化吸引、保留人才。在公司多元化发展带来的人员变动或企业组织调整中,企业用独特的精神信仰吸引人才,为公司的网络营销部门、库存管理、物流等部门配置专业人才,培养并建立员工忠诚度,形成积极团结的企业文化。

第二，设计各种培训。向传统挑战，偏爱创意人才，为员工提供量身打造的培训。亚马逊公司为入职员工提供入门指导培训，为各个部门员工提供各种专业培训，根据学员需求开发课程，如提供电子商务培训，内容以实际运用为核心，切合学员掌握电商知识的实际情况，全面提升员工电商营销技能及客户服务能力。贝佐斯相信自己正在创造历史，不论穿着与爱好，能创意，有信仰，就可能成为公司一员。

第三，团队文化。对一个企业来说，团队就是最大的资产，如同机器设备，不能随随便便地更换零件。亚马逊公司讲究团队文化与服务热情，在招聘时，对新应聘的员工会做性格测试，着重考察员工的内在素质。

第四，绩效考核与薪酬体系。亚马逊公司制定了较为严格的考核标准，客户至上。通过薪酬体系鼓励有进取心、聪明、善于思考的员工。采用适合公司的考核标准与考核流程，对各个部门做了详细的岗位职责说明，对每个员工在工作中如何规范操作及完成岗位任务做了详细规定。

第五，晋升与员工职业发展。亚马逊各个部门与中高层每年召开会议，讨论员工长处与不足，晋升一批员工职务，给员工职业发展的空间。公司组织结构采取扁平化管理，运营中心按照小时计算新员工、产品经理、资深经理、总监、核心领导团队的工资。亚马逊的晋升并非容易，但不少员工的薪酬比老板贝佐斯多。

案例启示：亚马逊公司所取得的成功证明，人力资源管理在决定企业的竞争力方面起到了关键性作用，人力资源成为企业的战略性资源，企业在选拔人才、培训、薪酬考核、员工关系与晋升空间、留住人才等方面的成功，均体现了人力资源管理的战略高度。

第一节　人力资源管理的基本概念

一、人力资源的概念与特征

资源泛指社会财富的源泉，是能给人带来新的使用价值和价值的客观存在物，在管理中，"人、财、物"中的"人"即人力资源。现代管理科学普遍认为，经营好企业需要四大资源：人力资源、经济资源、物质资源、信息资源。而在这四大资源中，人力资源是最重要的资源。它是生产活动中最活跃的因素，被经济学家称为第一资源。

（一）人力资源的概念

人力资源的观点起源于20世纪60年代。人力资源是与自然资源或物质资源相对的概念，是指一定范围内人口总体所具有的劳动能力的总和，是指一定范围内具有为社会创造物质和精神财富、从事体力劳动和智力劳动的人们的总称。

对这一概念进行进一步解释：

①人力资源是以人为载体的资源，是指具有智力劳动能力或体力劳动能力的人们的总和。

②人力资源是指一个国家或地区有劳动能力的人口总和。

③人力资源与其他资源一样也具有物质性、可用性、有限性、归属性。

④人力资源既包括拥有成员数量的多少，也包括拥有成员的质量高低。它是存在于人体中以体能、知识、技能、能力、个性行为等特征为具体表现的经济资源。

（二）人力资源的特征

1. 开发对象的能动性

人力资源在经济活动中是居于主导地位的能动性资源，这与自然资源在开发过程中的被动地位截然相反。劳动者总是有目的、有计划地运用自己的劳动能力，能主动调节与外部的关系，具有目的性、主观能动性和社会意识性。劳动者按照在劳动过程开始之前已确定的目的，积极、主动、创造性地进行活动。能动性也是人力资源创造性的体现。

2. 生产过程的时代性

人是构成人类社会活动的基本前提。不同的时代对人才需求的特点不同，在其形成的过程中会受到外界环境的影响，从而造就不同时代特点的人力资源。例如，战争时代需要大量的军事人才，而和平年代需要各种类型的经济建设和社会发展方面的人才。

3. 使用过程的时效性

人力资源的形成、开发、使用都具有时间方面的制约性。作为人力资源，人能够从事劳动的自然时间又被限定在其生命周期的中间一段，不同的年龄阶段，劳动能力各不相同。无论哪类人，都有其最佳年龄阶段和才能发挥的最佳期。所以开发和利用人力资源要讲究及时性，以免造成浪费。

4. 开发过程的持续性

物质资源一次开发形成最终产品后，一般不需要持续开发。人力资源则不同，需要多次开发，多次使用。知识经济时代，科技发展日新月异，知识更新速度非常快，人力资源一次获取的知识能量不能够维持整个使用过程，需要不断地积累经验，通过不断学习，更新自己的知识，提高技能，增强自我能力。这就要求人力资源的开发与管理要注重终身教育，加强后期培训与开发，不断提高其知识水平。因此，人力资源开发必须持续进行。

5. 闲置过程的消耗性

人力资源具有两重性，它既是价值的创造者，又是资源的消耗者。人力资源需要维持生命必不可少的消耗，同时具有使用过程的时效性。资源闲置，无论是对组织还是对个体都是一种浪费。

6. 组织过程的社会性

人力资源活动是在特定社会组织中的群体活动。在现代社会中，在高度社会化大生产的条件下，个体要通过一定的群体来发挥作用，合理的群体组织结构有助于个体的成长及高效地发挥作用，不合理的群体组织结构则会对个体构成压力。人力资源的形成、使用与开发受到社会因素的影响，包括历史、文化、教育等多方面。这就给人力资源管理提出了要求：既要注重人与人、人与团体、人与社会的关系协调，又要注重组织中团队建设的重要性。

二、人力资源管理的概念与特点

（一）人力资源管理的概念

人力资源管理是对人力资源的获取、使用、保持、开发、评价与激励等方面进行的全过程管理活动，通过协调人与事的关系，处理人与人的矛盾，充分发挥人的潜能，使人尽其才、物尽其用、人事相宜，从而达到人力资源价值的充分发挥，以实现组织的目标和个人的需要。对于概念的进一步理解：

①人力资源管理包括对人力资源进行量的管理和质的管理两方面。一方面，通过获取与

整合，满足组织对人员数量的要求；另一方面，通过对人的思想、心理和行为进行有效管理，充分发挥人的主观能动性，以达到组织目标。

②人力资源管理要做到人事相宜。即根据人力和物力及其变化，对人力资源进行招聘、培训、组织和协调，使两者经常保持最佳比例和有机结合，使人和物都发挥出最佳效益。

③人力资源管理的基本职能包括获取、整合、激励、调控和开发，通过这一过程完成求才、用才、育才、激才、护才、留才的整个管理过程，这也是人力资源管理的六大基本任务。

(二) 人力资源管理的特点

人力资源管理是一门科学，它具有以下特点：

1. 人力资源管理是一门综合性的科学

人力资源管理的主要目的是指导管理实践活动。而当代的人力资源管理活动影响因素较多，内容复杂，仅掌握一门知识是不够的。它综合了经济学、社会学、人类学、心理学、统计学、管理学等多个学科，涉及经济、政治、文化、组织、心理、生理、民族、地缘等多种因素。只有综合性的人力资源管理措施才能实现一个企业或组织健康、持久的发展。

2. 人力资源管理是一门实践性很强的科学

人力资源管理是通过对众多的管理实践活动进行深入的分析、探讨、总结，并在此基础之上形成理论的科学，而产生的理论直接为管理实践活动提供指导，并且接受实践的检验。

3. 人力资源管理是具有社会性的科学

人力资源管理是一门具有社会性的科学，其内容和特点受社会文化、历史、制度、民族等社会因素的影响。所以，对人力资源进行管理，必须考虑到人力资源所处的社会环境。不同社会环境中的人力资源管理活动有着不同的规律，形成的管理理论也有其自身的特殊性。

4. 人力资源管理是具有发展性的科学

人力资源管理处于不断发展完善的过程当中，有些内容还要进行修改，还需要一个不断深入的认识过程，使之能够更有效地指导实践。人力资源管理的发展到目前为止经历了手工业制造、科学管理理论、人际关系运动、行为科学和学习型组织这五个阶段。

三、人力资源管理的基本职能

人力资源管理的基本职能有以下几个方面：

(一) 获取

人力资源管理根据组织目标确定所需的人员条件，通过规划、招聘、考试、测评、选拔，获取组织所需的人力资源。获取是人力资源管理工作的第一步，是后面四种职能得以实现的基础。主要包括人力资源规划、职务分析、员工招聘和录用。

(二) 整合

整合是使被招收的员工了解企业的宗旨和价值观，使之内化为他们自己的价值观。通过企业文化、信息沟通、人际关系和谐、矛盾冲突的化解等有效整合，使企业内部的个体目标、行为、态度趋向企业的要求和理念，使之形成高度的合作和协调，发挥集体优势，提高企业的生产力和效益。

(三) 激励

激励是指给予为组织做出贡献的员工奖酬的过程，是人力资源管理的核心。根据对员工工作绩效进行考评的结果,公平地向员工提供与他们各自的贡献相称的合理的工资、奖励和福利。设置这项基本职能的根本目的在于增强员工的满意感,提高其劳动积极性和劳动生产率,进而提高组织的绩效。

（四）调控

这是对员工实施合理、公平的动态管理的过程,是人力资源管理的控制与调整职能。它包括：

①科学、合理的员工绩效考评与素质评估。

②以考绩与评估结果为依据,对员工采用动态管理,如晋升、调动、奖惩、离退、解雇等。

（五）开发

这是人力资源开发与管理的重要职能。人力资源开发是指对组织内员工素质与技能的培养与提高,是提高员工能力的重要手段。它包括组织和个人开发计划的制订、新员工的工作引导和业务培训、员工职业生涯的设计、继续教育、员工的有效使用及工作丰富化等。

四、人力资源管理的目标与意义

（一）人力资源管理的目标

人力资源管理目标是指企业人力资源管理需要完成的职责和需要达到的绩效。人力资源管理既要考虑组织目标的实现,又要考虑员工个人的发展,强调在实现组织目标的同时实现个人的全面发展。

1. 改善工作生活质量,满足员工需要

工作生活质量可以被描述为一系列的组织条件和员工工作后产生的安全感、满意度及自我成就感的综合,它描述了工作的客观态度和员工的主观需求。良好的工作生活质量能够使工作中的员工产生生理和心理健康的感觉,从而有效地提高工作效率。

2. 提高劳动生产率,获得理想的经济效益

劳动生产率、工作生活质量和企业经济效益三者之间存在着密切的联系。从人力资源管理的角度讲,提高劳动生产率是要让人们更加高效而不是更加辛苦地工作。人力资源管理能够有效地提高和改善员工的生活质量,为员工提供一个良好的工作环境,以此降低员工流动率。通过培训等方法,实现人力资源的精干和高效,提高潜在的劳动生产率,从而获得理想的经济效益。

3. 培养全面发展的人才,获取竞争优势

随着经济全球化和知识经济时代的到来,人力资源日益成为企业竞争优势的基础,大家都把培养高素质的、全面发展的人才当作首要任务。通过对人力资源的教育与培训、文化塑造,可以有效地提高人力资源核心能力的价值,获取竞争优势。

（二）人力资源管理的意义

随着知识经济时代的到来,人在组织发展和提高竞争力方面的作用也越来越重要,因而人力资源管理的意义就凸显出来,具体表现如下：

1. 有利于促进生产经营的顺利进行

企业拥有三大资源,即人力资源、物质资源和财力资源,而物质资源和财力资源的利用是通过与人力资源的结合实现的,即人力资源是企业劳动生产力的重要组成部分。只有通过合理组织劳动力,不断协调劳动对象之间的关系,才能充分利用现有的生产资料和劳动力资源,使它们在生产经营过程中最大限度地发挥其作用,形成最优的配置,保证生产经营活动顺利地进行。

2. 有利于调动企业员工的积极性,提高劳动生产率

企业必须善于处理好物质奖励、行为激励及思想教育工作三方面的关系,使企业员工始终保持旺盛的工作热情,充分发挥自己的专长,努力学习技术和钻研业务,不断改进工作,从而达到提高劳动生产率的目的。

3. 有利于减少不必要的劳动耗费

经济效益是指经济活动中的成本与收益的比较。减少劳动耗费的过程,就是提高经济效益的过程。所以,合理组织劳动力,科学配置人力资源,可以促使企业以最小的劳动消耗取得最大的经济成果。

4. 有利于企业实现科学管理

科学而规范的企业管理制度是现代企业良性运转的重要保证,而人力资源的管理又是企业管理中最为关键的部分。如果一个企业缺乏优秀的管理者和优秀的员工,企业即使拥有再先进的设备和技术,也无法发挥效果。因此,通过有效的人力资源管理,加强对企业人力资源的开发和利用,做好员工的培训教育工作,是企业实现科学管理和现代管理的重要环节。

5. 有利于建立和加强企业文化建设

企业文化是企业发展的凝聚剂和催化剂,对员工具有导向、凝聚和激励作用。优秀的企业文化可以增进企业员工的团结和友爱,减少教育和培训经费,降低管理成本和运营风险,并最终使企业获得巨额利润。

五、现代人力资源管理与传统人事管理的区别

现代人力资源管理是由传统的人事管理发展进化而来的,但前者较后者的范围更广、内容更多、层次更高。现代人力资源管理与传统人事管理的区别如表1-1所示。其具体区别如下:

(一) 产生的时代背景不同

人事管理起源于第一次世界大战期间,是随着社会工业化的出现与发展应运而生的。而人力资源管理是在社会工业化迅猛发展,科学技术高度发达,人文精神日益高涨,竞争与合作不断加强,特别是社会经济有了质的飞跃的历史条件下产生和发展起来的。

(二) 对人的认识不同

传统人事管理将人视为等同于物质资源的成本,将人的劳动看作一种在组织生产过程中的消耗,把人当作一种工具,注重的是投入使用和控制。即人事管理主要关注如何降低人力成本,正确地选拔人,提高人员的使用效率和生产效率,避免人力成本的增加。

而人力资源管理把人视为组织的第一资源,将人看作"资本"。这种资本通过有效的管理和开发可以创造更高的价值,它能够为组织带来长期的利益。因此,现代人力资源管理更注重对人力的保护和开发。

(三) 基本职能不同

传统人事管理基本上属于行政事务性的工作,其职能是具体的、技术性的事务管理职

能,活动范围有限,短期导向,主要由人事部门职工执行,很少涉及企业高层战略决策。而人力资源管理的职能具有较强的系统性、战略性和时间的长远性。现代人力资源管理与传统人事管理基本职能区别如表1-2所示。为实现组织的目标,建立一个人力资源规划、开发、利用与管理的系统,可以提高组织的竞争能力。因而,现代人力资源管理与传统人事管理的最根本区别在于,现代人力资源管理具有主动性、战略性、整体性和未来性,更适合当今全球经济一体化的组织管理模式与发展趋势。

表1-1 现代人力资源管理与传统人事管理的区别

比较项目	现代人力资源管理	传统人事管理
管理视角	广阔的、长期的、未来的	狭窄的、短期的
管理观念	视员工为"社会人" 实施人本化、人格化管理 视人力为组织第一资源 重视人力资源的能动性	视员工为"经济人" 视员工为成本 忽视人力资源的能动性
工作目的	满足员工自身发展的需要,保障组织的长远发展	保障组织短期目标的实现
管理模式	以人为中心	以事为中心
工作性质	战略性、策略性	战术、业务性
工作功能	系统、整合	单一、分散
工作效率	主动、重视人力资源培训与开发	被动、忽视人力资源的开发
工作内容	丰富、复杂	简单
工作地位	管理决策层	工作执行层
工作部门性质	生产与效益部门,获得竞争优势的部门	非生产、非效益部门
与员工的关系	和谐、合作	对立、抵触
与其他部门的管理	帮助、服务、咨询	管理、控制

表1-2 现代人力资源管理与传统人事管理基本职能区别

人力资源管理	传统人事管理
以人为本,人是第一资源	以事为主,人是物质资源
人是开发的主体	人是管理的主体
重视软管理	重视硬管理
是战略管理的伙伴	服务于战略管理
重视个性化管理	重视规范管理
重沟通、协调、理解	重服从、控制
报酬与业绩、能力相关度大	报酬与资历、级别相关度大
培训是福利,是提升人力资本	培训主要是为了组织目标实现的需要

链接 1-1　　宝洁公司——员工能力与责任感是构成企业知识资源的基本动力

美国宝洁公司是一家传统企业，已有60年的历史。进入新经济时代，宝洁公司运用新经济和新科技思想，激发员工的责任感与创造力，突出企业"人本资源"基本动力的再造与重塑，从而大大加快了企业科技创新与品牌创新进程。据悉，宝洁公司平均每年申请创新产品与技术专利近万项，成为全世界日用消费品生产中产品开发创新最多的公司。宝洁公司进入中国市场后，组成庞大的消费市场调查队伍，调动员工的工作热情，深入全国各地的大中城市家庭进行广泛调研。十多年来，已创出海飞丝、玉兰油、飘柔等具有中国特色名字的知名品牌7个，这些产品与品牌在中国洗涤产品市场一直居于领先地位，在中国消费者中的信誉度和知晓度极高。

美国著名经济学家戴夫·尤里奇的最新理论，把知识资本简化为数学公式：知识资本＝能力×热情（责任感）。这一理论认为，能力强热情低的企业拥有天赋，但没有完成其任务的工作人员；而热情高能力低的企业拥有缺乏教育但很快能完成任务的工作人员。能力值或热情值低，都会导致总的知识本值明显下降，这两种情况都是危险的。宝洁公司的做法正是将知识资源开发利用战略目标锁定在创新人才及其创新能力、创新"热情"等无形资产拥有上，以最大限度地获取知识创新及开拓和占有市场的主导能力。近年来，美国企业除了突出人才等"知识经营"外，都高度重视挖掘员工"热情"这一无形的知识资本，以加速技术创新与资本增值。例如，提出"全面顾客关系协调"的观点，将企业员工纳入内部"顾客关系协调"内容，纷纷营造"维系人心环境"，充分尊重员工的自主创造性，激发创新热情；兴起"员工充电，老板出钱"浪潮，亮出"能力再造"新招，为企业技术创新不断注入活力。

当今经济已步入新经济时代，知识、智力、无形资产无所不在，知识成为经济诸要素中的决定要素，成为最重要的社会力量，决定社会和经济发展的前途和命运。面对新经济挑战，宝洁公司把掌握和运用知识的人才视为企业成功之本，重视员工能力与责任意识的培养，从过去的重视资本积累扩张转向重视人才和智能资本扩张管理，以拥有大量人才，拥有大量现代知识资本，创新管理理念，而成为市场竞争发展中的强者。

第二节　人力资源管理的基本内容体系

人力资源管理是指企业的一系列人力资源政策及相应的管理活动。这些活动主要包括企业人力资源战略的制定，员工的招募与选拔，培训与开发，绩效管理，薪酬管理，员工流动管理，员工关系管理，员工安全与健康管理等。即企业运用现代管理方法，对人力资源的获取（选人）、开发（育人）、保留（留人）和使用（用人）等方面所进行的计划、组织、指挥、控制和协调等一系列活动，最终达到企业发展目标的一种管理行为。人力资源管理基本内容包括：

1. 人力资源战略与规划

把企业人力资源战略转化为中长期目标、计划和政策措施，包括对人力资源现状分析、未来人员供需预测与平衡，确保企业在需要时能获得所需要的人力资源（包括数量和质量两个方面）。

2. 工作分析与设计

对企业各个工作职位的性质、结构、责任、流程，以及胜任该职位工作人员的素质、知识、技能等，在调查分析所获取相关信息的基础上，编写出职务说明书和岗位规范等人事管理文件。工作分析是人力资源各项工作的基础，工作分析的信息被用来规划和协调几乎所有的人力资源活动。

3. 员工招聘与录用

根据人力资源规划和工作分析的要求，为企业招聘、选拔所需要的人力资源并录用、安排到一定岗位上。

4. 员工培训与开发

通过培训提高员工个人、群体和整个企业的知识、能力、工作态度和工作绩效，进一步开发员工的智力潜能，以增强人力资源的贡献率，改进组织的绩效。

5. 绩效管理

对员工在一定时间内对企业的贡献和工作中取得的绩效进行考核和评价，及时做出反馈，以便提高和改善员工的工作绩效，并为员工培训、晋升、提薪等决策提供依据。

6. 薪酬管理

包括对基本薪酬、绩效薪酬、奖金、津贴及福利等薪酬结构的设计与管理，以激励员工更加努力地为企业工作。

7. 劳动关系管理

协调和改善企业与员工之间的劳动关系，进行企业文化建设，营造和谐的劳动关系和良好的工作氛围，保障企业经营活动的正常开展。

8. 国际人力资源管理

21世纪的企业将面向全球经营与竞争，要获得其竞争优势，企业的人力资源管理工作也必须面对全球化，即在跨国经营环境下，掌握跨国文化下企业的人力资源管理问题，掌握影响国际人力资源的环境因素及国际企业人力资源开发与管理的过程。

9. 人力资源研究

企业要实现战略目标，管理者必须重视对人力资源管理工作的研究，即通过对企业人力资源管理者诸环节的运行、实施的实际状况、制度建设和管理效果进行调查评估，分析和查找企业人力资源管理工作的性质、特点和存在的问题，提出合理化的改革方案，使员工的积极性和创造性被充分调动起来。

第三节 人力资源管理的发展趋势

人力资源管理是生产力发展到一定阶段的产物，随着生产力的发展和员工素质的提高，人力资源管理的理念和模式不断地被调整，以适应新的管理环境的需求。人力资源管理理论经历了从无到有、由简单到成熟的不断发展和完善的过程。其形成和发展过程可以划分为以下五个阶段：

1. 手工艺制作阶段

这一阶段是人力资源管理萌芽的阶段，生产的形式主要以手工作坊为主。为了保证工人具有合格的技能，工场主对工人技能的培训是以组织的方式进行的。这些手工业行会由一些经验丰富的师傅把持，每一个申请加入的人都需要经过一个做学徒工的时期。由于此时的管理主要是经验式管理，因而各种管理理论只是初步提出，尚未形成系统化。

2. 科学管理阶段

随着欧洲工业革命的爆发，大机器生产方式成为主流。农村人口大量涌入城市，雇佣劳动产生，雇佣劳动部门也随之产生。工业革命的一个显著的特征即机械设备的发展，用机器取代人力和寻求更高效的工作方法，成为当时管理的首要问题。工业革命促使劳动专业化水平及生产效率的提高，这就需要有专职的部门对员工进行管理和培训，管理人员随之产生，同时人们开始了对人力资源管理的研究。

美国著名管理学家、经济学家，被后世称为"科学管理之父"的弗雷德里克·泰勒在其著作《科学管理原理》中阐述了以效率为核心的劳动力管理，认为对员工的管理不应完全偏重于消极的防范与监督，而应通过选用、培训、考核、物质刺激等方式来调动和发挥其积极性，提高劳动生产率。

这一时期人力资源管理的特点是：把人视为"经济人"，把金钱作为衡量一切的标准，仅强调物质因素对员工积极性的影响，人力资源管理主要是雇佣关系，工人处于被动执行和接受指挥的地位。而以工作定额、工作方法和工作环境标准化为主的管理方式，则开始对劳动效果进行科学合理的计算；根据标准化的方法，有目的地对员工实施培训，根据员工的特点分配适当的工作；明确划分了管理职能和作业职能，劳动人事管理部门随之出现。

3. 人际关系运动阶段

霍桑试验拉开了人际关系运动的大幕。1924—1932年，在芝加哥西方电气公司霍桑工厂进行了著名的霍桑试验。这一试验的最初目的是根据科学管理原理，探讨生产环境对劳动生产率的影响。试验结果出乎研究者预料，不论照明强度提高还是降低，产量都增加了，试验者对这一结果无法找到合理的解释。于是，1927年开始，从哈佛商学院请来了梅奥教授和他的同事加入试验中。又经过了福利试验、访谈试验、群体试验和态度试验，到20世纪30年代初，得到的研究结果表明，生产率直接与员工士气有关，而员工士气的高低取决于主管人员对工作群体的重视程度、非强制性的改善生产率的方法和工人参与变革的程度。

霍桑试验的结果启发人们进一步研究与工作有关的社会因素的作用。首先，肯定人是"社会人"，而不是"经济人"，即人是复杂社会系统的成员，人除了物质需求外，还有社会、心理等方面的需求。另外，在管理形式上，企业中除了正式组织外还存在非正式组织，管理者要重视非正式组织的作用。

4. 行为科学阶段

20世纪50年代，人际关系学说进一步发展成为行为科学理论。行为科学是所有以行为作为研究对象的科学的总称，包括心理学、社会学、社会心理学、人类学、政治学等。它重视对个体心理和行为、群体心理和行为的研究和应用，侧重于对人的需要和动机的研究，这都与人力资源管理有着直接的关系，从而也为人力资源管理奠定了理论基础。

5. 学习型组织阶段

所谓学习型组织是指具有持续不断学习、适应外界变化和变革能力的组织。在一个学习型组织中，人们都可以抛开他们原有的思考方式，能够彼此开诚布公地去理解组织真正的运作方式，去构建一个大家都能一致同意的计划或者愿景，然后一起同心协力实现这个目标。"以人为本"的管理理念得到了进一步发展。

一、人力资源管理面临的挑战

在科技和信息高度发达的知识经济时代，面对汹涌而来的新世纪大潮，企业面临前所未有的严峻挑战，人力资源管理只有适应不断发展的新形势，顺应历史潮流，才能在激烈的竞争中立于不败之地。人力资源管理作为获取竞争优势的重要工具，面临着前所未有的挑战。

1. 全球化的挑战

随着世界经济一体化的步伐加快，知识经济和信息经济时代的到来，市场环境变化快速，只有那些思维敏捷、竞争力强的企业才能在风云变幻的市场中立于不败之地。而人力资源管理是企业管理的重要组成部分，同样面临着来自外部环境的各种挑战。具体表现在生产要素在全球范围内加速流动，国家之间的经济关联性和依存性不断增强。人力资源管理的内容和方法在经济一体化进程中面临不同的政治体制、法律规范和风俗习惯的冲击。

2. 技术进步的挑战

面对激烈竞争的市场，组织必然要不断提高劳动生产率，提高产品质量，改善服务。而技术的进步可以使企业更有竞争力，同时改变工作的性质。于是，新技术便应运而生。网络技术的发展改变了人们的工作和生活方式，被广泛应用于人力资源管理的各个领域。这些新技术的出现，必然会给人力资源管理带来新的挑战，同时带来了生机和活力。组织只有很好地利用这些新技术，才能在竞争激烈的当今社会立于不败之地。

3. 管理模式创新的挑战

传统的人力资源管理模式大体上可以分为以美国为代表的西方模式和以日本为代表的东方模式两大类。西方模式的特点是注重外部劳动力市场，人员流动性大，对抗性的劳资关系，薪资报酬较刚性等；而东方模式注重内部招聘和提拔、员工教育培养、团队参与管理、工资弹性等。在历史上，两种模式都被证明是有效的，但都存在一定的缺陷。知识经济时代，人力资源管理模式将是人本管理模式、团队管理模式、文化管理模式、以知识管理为中心的企业管理模式等几种管理模式的交融与创新，它要求管理要以人为中心，人处于一种主动的地位，要尽可能地开发人的潜力，知识管理和企业文化在人力资源管理中被提到新的高度。组织既要做好适应全球经济竞争加剧的准备，又要真正认识到人才才是企业最重要的战略资源，利用企业文化来感染员工、凝聚员工，塑造新的、更具竞争能力的员工队伍。发挥团队优势，以知识管理为中心，来适应知识经济时代下人力资源管理模式创新的挑战。

4. 组织结构变革的挑战

传统的层级化、组织化结构以直线制为代表的纵向一体化模式，强调命令与控制，员工清楚自己的工作在整个组织中的作用和地位，晋升路线明显，组织中的报告关系清楚，有利于协调员工的工作以实现组织的目标。但是，公司越大就会造成越多的职能层级，过多的层级把不同阶层的雇员分割开来，并造成诸如机构臃肿、官僚作风、效率低下等弊端；明确的层级划分损害了员工的积极性和创造性，决策过程的烦琐阻碍了竞争优势的发挥。

在知识经济时代下，企业的组织结构呈现扁平化、网络化、柔性化。这种组织结构提高了员工的通用性和灵活性。组织根据各自员工的专长组成各种工作小组，以完成特定的任务，而不再是对员工的具体任务有明确规定的传统的金字塔式的结构，这使得主要承担上下之间信息沟通的中间管理层失去了应有的作用而遭到大幅精减，员工的晋升路线也不再局限于垂直晋升，广泛的是水平的晋升。例如，角色互换。这些变化相应地对人力资源管理提出了新的要求，管理者需要从战略高度重视人力资源的开发与管理，以确保员工拥有知识、技能和经验的优势，确保人员配置实现优化组合。组织结构的变革将是今后一段时间企业面临的重要问题。

二、人力资源管理发展的新趋势

随着企业管理的逐渐发展，企业越来越重视"人"的作用。逐渐提高了人力资源是企业最重要的资源这一认识。因此，人力资源管理成为现代企业与发展中一项极为重要的核心技能，人力资源的价值成为企业核心竞争力衡量的关键性标志之一。随着经济全球化的发展，人力资源管理受到了重大的影响和挑战，如信息网络化的力量、知识与创新的力量、顾客的力量、投资者的力量、组织的速度与变革的力量等。21世纪人力资源管理既有着工业文明时代的深刻烙印，又反映着新经济时代游戏规则的基本要求，从而呈现出新的发展趋势。

1. 人力资源战略地位日益加强

新形势下，人力资源管理要为企业战略目标的实现承担责任。人力资源管理在组织中的战略地位上升，并在组织上得到保证，如很多企业成立人力资源委员会，使高层管理者关注并参与企业人力资源管理活动。人力资源管理不仅是人力资源职能部门的责任，而且是全体管理者的责任。企业高层管理者必须承担对企业的人力资源管理责任，关注人力资源的各种政策。

2. 以人为本，"能本管理"

随着知识经济和信息时代的到来，工业时代基于"经济人"假设的人力资源管理工具越来越不适应管理实践的发展，人力资源管理趋向于以"社会人""复杂人"为假设的人本管理。人本管理要求管理者注重人的因素，树立人高于一切的管理理念，并在其管理实践过程中形成一种崭新的管理思想，就是以人的知识、智力、技能和实践创新能力为核心内容的"能本管理"。"能本管理"是一种以能力为本的管理，是人本管理发展的新阶段。"能本管理"的本质就是尊重人性的特征和规律，开发人力，从而尽可能发挥人的能力，以实现社会、组织和个人的目标。

3. 着眼于激活员工的创造性

创新是企业的生命和活力，更是企业生存和发展的决定因素，知识经济时代的核心特征是涌现大批持续创新的人才。因此，企业人力资源管理的重点就是要激发人的活力、挖掘人的潜力、激活人的创造力，通过引导员工了解企业发展目标，围绕具体项目，赋予他们一定的处置权和决策权，并完善相关的薪酬晋升和约束机制，鼓励员工参与企业管理和创新，给予他们足够的信任，使其感到自己对企业的影响力，从而释放人力资源的创造潜能，为企业发展开辟永不枯竭的动力源泉。

4. 人力资本特性突出

人力资本是指企业员工所拥有的知识、技能、经验和劳动熟练程度等。在当今知识经济时代，知识、技术和信息已成为企业的关键资源，而人是创造知识和应用知识的主体。因此，人力资本成为企业最关键的资源，也是人力资源转变为人才优势的重要条件。现代人力资源管理的目标指向人的发展，就是要为员工创造良好的工作环境，帮助或引导员工成为自我管理的人，在特定的工作岗位上创造性地工作，在达到企业功利性目标的同时，实现员工全面的自我发展。应该注意的是，人力资本不仅是一种资本，也是一种实际的投资行为，因而人力资本的投入是要求有一定的收益相匹配的。

5. 人力资源管理全球化、信息化

随着世界各国经济交往和贸易的发展，全球经济日益成为一个不可分割的整体，这种经济变化趋势已彻底改变了竞争的边界。国际竞争的深化必然推动企业在全球内的资源配置，更包括人力资源的全球配置。管理人力资源的难度、培训的难度、不同文化的冲突、跨文化管理，都将成为企业人力资源管理的重要课题。此外，知识经济也是一种信息经济、网络经济，人力资源也将逐步融入信息时代，呈现出鲜明的信息化和网络化特征。

企业要想使自己的人力资源管理顺应时代发展的潮流，就应该牢牢把握住人力资源管理发展的新趋势。与时俱进，不断创新，在符合人力资源管理发展方向的前提下，结合自己企业的特点，制定出切实可行的人力资源管理政策，为企业保驾护航，伴企业一路前行。

本章小结

人力资源，又称劳动力资源或劳动力，是指能够推动整个经济和社会发展、具有劳动能力的人口总和。人力资源是一切资源中最宝贵的资源，是第一资源。人力资源包括数量和质量两个方面。通常来说，人力资源的数量为具有劳动能力的人口数量，其质量指经济活动人口具有的体能、文化知识和劳动技能水平。人力资源具有能动性、时代性、时效性、持续性、消耗性、社会性等特点。

人力资源管理，是指运用科学方法，协调人与事的关系，处理人与人的矛盾，充分发挥人的潜能，使人尽其才，事得其人，人事相宜，以实现组织目标的过程。在西方学者的视野中，人力资源管理的产生和发展大致可以划分为五个阶段：手工艺制作阶段、科学管理阶段、人际关系运动阶段、行为科学阶段、学习型组织阶段。人力资源管理活动包括以下内容：人力资源战略与规划、工作分析与工作设计、员工招聘与录用、员工培训与开发、绩效管理、薪酬管理、劳动关系管理、国际人力资源管理、人力资源研究等。但随着环境和时代的变革，人力资源管理的发展也呈现出新的趋势。

课后思考练习

一、名词解释

人力资源　人力资源管理　人力资源开发　激励

二、单项选择题

1. 在管理内容上，现代人力资源管理（　　）。
   A. 以事为中心　　　　　　　　　B. 以企业为中心
   C. 以人为中心　　　　　　　　　D. 以社会为中心
2. 人力资源的（　　）能力是企业竞争优势的根本。
   A. 技术　　　B. 创新　　　C. 智力　　　D. 管理
3. 基于"经济人"假说的管理是运用（　　）来调动人的积极性。
   A. 物质刺激　　　　　　　　　　B. 满足社会需要
   C. 内部激励　　　　　　　　　　D. 搞好人际关系

4. 人的积极性、创造性的发挥，人的全面发展，受到（　　）的重要影响与制约。
   A. 保障制度　　　　B. 环境优化　　　　C. 环境　　　　D. 人际关系

三、简答题

1. 人力资源与人力资源管理的概念及特点是什么？
2. 现代人力资源管理与传统人事管理的区别在哪里？
3. 人力资源管理的基本职能有哪些？
4. 人力资源管理的目的是什么？
5. 人力资源管理活动包括哪些具体内容？
6. 未来人力资源管理的发展趋势是什么？

扩展阅读

海尔的 OEC 管理法

海尔集团 OEC（OEC 管理法是英文 Overall Every Control and Clear 的缩写，即每天对每人每件事进行全方位的控制和清理）管理法总结起来可以用五句话概括：总账不漏项、事事有人管、人人都有事、管事凭效率、管人凭考核。管事凭效率体现了只认功劳，不认苦劳，更不能认疲劳。可见在市场经济条件下，"没功劳有苦劳，没苦劳有疲劳"的观点是错误的。海尔要求全体员工每天必须进步一点点。在行业竞争策略上要求一定要比对方快一步，如不能快一步快半步也行，员工每天必须有进步。只有承认功劳才会有进步，承认苦劳后果只能是退步。

海尔的 OEC 管理法像泰勒制一样分解操作员的动作，对任务的量化是下达指标、考核工作质量并实行奖惩，从而奠定了海尔的管理风格：严、细、实、恒。严，即严格要求。"日日清"工作法要求所有的体系、所有的员工必须严格按规定的内容、时间、标准逐日进行清理。对工作中的成绩与缺陷严格奖惩。细和实，即分工细、责任实。"日日清工作法"在对所有的物和事进行分解中，强调三个"一"，即分解量化到每一个人、每一天、每一项工作，都清楚地标明责任人与监督人，有详细的工作内容及考核标准，形成环环相扣的责任链。恒，即持之以恒。海尔认为企业和每个员工可以做好一天的工作，而每天都做得好，就是一件难事，"日日清工作法"就是要通过每天的清理和总结，持之以恒地做好企业每天的各项工作，实现天天好的理想目标。老子早就说过："天下难事，必做于易；天下大事，必做于细。"在海尔，则体现为"成也细节，败也细节"。张瑞敏在1996年海尔正在快速发展时还一再强调："目前，我们的一些中层干部目标定得很大，但工作不细，只在面上号召一下，浮浮夸夸，马马虎虎，失败了不知错在何处，成功了不知胜在何处，欲速则不达。"他的行动风格是，凡欲成就一件大事，事先都要做艰苦、周密的策划工作，对过程还要进行严密的监控。

正因为海尔集团具有严谨的组织和管理体系，科学的管理理念和机制，才会获得今天的成就。它所取得的成功证明人力资源管理在决定企业的竞争力方面起到了关键性作用。海尔集团的人力资源管理实践帮助其在与对手的较量中赢得了竞争优势，成为中国现代企业经营成功的一个典范。

技能实训

一、实训内容

结合运用 OEC 管理法("日日清"工作法),提出自己的学习目标及一天之内的时间安排;并对同学的表现作出评价。

二、方法步骤

1. 每个人写出自己的学习目标及安排(200 字左右),并上台交流。
2. 以 5~6 人为一组简要撰写关于本小组整体完成的情况及基本现状的报告。
3. 每个小组派一名代表在课堂上用 2~3 分钟的时间进行交流发言。

三、实训考核

对小组讨论交流的成果给予点评。

第二章

人力资源规划

知识目标

1. 了解人力资源规划的含义、作用
2. 掌握人力资源需求预测、供给预测的方法
3. 熟悉编制人力资源规划的流程

技能目标

1. 能够使用适当的方法进行人力资源预测
2. 能够编写简单的组织人力资源规划书

导入案例

特弘公司的人力资源规划

特弘公司是一家以生产灯具为主营业务的企业,近年来,由于产量不断扩大,公司常因人员不足而影响生产。最近,由于公司订单增加,使原本人手就不足的公司更加被动。

为此,人力资源经理建议进行一次彻底的公司人力资源规划。当公司的经营目标、经营战略、生产规模及经营活动发生变化的时候,公司人力资源面临的一系列问题如何解决?例如,企业的组织结构和人员结构是否需要发生变化?企业需要多少员工?企业现有多少合格员工?从外部能获得多少合格劳动力的供给?企业现在的劳动力供需均衡吗?是整体不均衡还是结构不均衡?应当如何解决这种不均衡?是否需要对现有员工进行培训?

经过调查发现,该公司以往对员工的需求处于无计划状态,情急之时聘请应急工的方式也不能从根本上解决问题。因此,公司决定把解决员工短缺及相关问题作为公司战略的重要部分来考虑。

特弘公司先将管理人员、专业人员和普通员工的需求状况及供给状况做了详尽的分析和

预测。然后以此为基础，制定了人力资源管理的总规划，根据总规划制定各项具体的业务计划及相应的人事政策，做到提前招工、提前培训，解决了人员需求及相关问题。

案例启示：特弘公司的管理实践表明，人力资源规划对于企业的人力资源管理至关重要，做好人力资源供给、需求预测，结合企业的战略发展目标，制定适应企业发展的人力资源规划，才能主动避免组织出现人员短缺问题，才能确保组织在生存和发展中对人力资源的需求，也更有利于制定和实现组织的战略目标。

第一节　人力资源规划概述

人力资源规划处于整个人力资源管理活动的统筹阶段，为人力资源管理的其他活动制定了目标、原则和方法，其科学性、准确性直接关系着人力资源管理工作的成效。因此，制定好人力资源规划是企业人力资源管理部门的一项非常重要和有意义的工作。

一、人力资源规划概述

（一）人力资源规划的定义

人力资源规划是指组织为了实现战略发展目标，根据组织目前的人力资源状况对组织人力资源的需求和供给状况进行合理的分析和预测，并据此制定出相应的计划和方案，确保组织在适当的时间能够获得适当的人员，实现组织人力资源的最佳配置，从而满足组织与个人的发展需要。具体而言，人力资源规划包括以下四方面的含义：

1. 人力资源规划是对组织目标和组织内外环境可能发生变化的情况进行的分析和预测

市场经济条件下市场环境瞬息万变，组织内部和外部环境也会相应地发生变化，不断变化的环境必然会对人力资源的供给状况产生持续的影响。人力资源规划的制定就是要及时把握环境和战略目标对组织的要求，做出科学的分析和预测，识别和应答组织的需要，使组织的人力资源能够适应环境的变化，适应组织未来各阶段的发展动态，保证组织的人力资源总是处于充足供给的状况，为组织总体目标的实现提供充分的人力资源保障。

2. 人力资源规划的制定以实现组织的战略发展目标为基础

在组织的人力资源管理中，人力资源规划是组织发展战略总规划的核心要件，是组织未来发展的重要基础条件。组织的人力资源规划要根据组织的战略发展目标来制定，在组织对未来的发展方向进行决策时能够提供所需的数据和适当的信息，提高获取人力资源的效率及有效性，降低组织管理成本。

3. 人力资源规划的对象是组织内外的人力资源

人力资源规划的对象包括组织内部的人力资源及组织外部的人力资源。例如，对内部现存的人力资源进行培训、调动、升降职，对外部人力资源进行招聘、录用、培训等。随着组织战略目标的调整及组织外部环境的变化，应当及时制定和调整人力资源管理的方案，并有效实施。

4. 人力资源规划要实现组织目标与个人目标共同发展

人力资源规划是组织发展战略和年度规划的重要组成部分，它为组织未来的发展预先获取优秀的人才，储备人力资源，同时为合格的人才匹配最合适的岗位，为实现其个人价值提供机会，保证最大限度地发挥人才的潜能，满足人才职业生涯发展的需求，做到"人尽其才""能岗匹配"，吸引并留住优秀的人才资源，最终达到组织目标与个人目标共同实现。

（二）人力资源规划的目标

组织的人力资源规划是能够为组织人事管理工作提供有效指导的一种人事政策，人力资源规划的实质在于通过对组织人力资源的调整和确定，保证组织战略目标的实现。人力资源规划的目标是保证人力资源状况与组织各阶段的发展动态相适应，尽可能有效地配置组织内部的人力资源，使组织在适当的时候得到适当数量、质量和种类的人力资源。

1. 在充分利用现有人力资源的情况下，组织要获取和保持一定数量具备特定技能、知识结构和能力的人员

组织中现有的人力资源在组织中具有不可替代的作用，对这些人员进行规划，使之能够跟上组织不断创新的步伐是人力资源规划的主要工作内容。而具备特定技能、知识结构和能力的人员在组织中更是起到中流砥柱的作用，因此，人力资源规划工作的目标就是要根据组织的需要及时补充与岗位相匹配的人员，为组织进行人才储备。

2. 预测组织中潜在的过剩人员或人力不足

组织拥有的人员过多，并不必然导致经济效益也会越多。相反，人员过多会使组织的管理成本过高，从而减少经营利润。但是如果人员过少，又会由于产品数量不足，满足不了市场的需要，从而导致经营收入降低。

德国人力资源专家马克斯在研究中发现：假设一个人有一份业绩，那么并不是人数越多，业绩就会成倍增加。实践中可能出现的结果是：一个人有一份业绩，两个人的业绩会小于两份业绩，四个人的业绩会小于三份业绩，到八个人时，这个团队的业绩竟然会小于四份。而美国人力资源协会做过的统计结果也表明：在一个三人组成的团队里面，有一个人是创造价值的；有一个人是没有创造价值的，是平庸的；还有一个人是创造负价值的。这似乎也印证了中国的那句俗话：一个和尚挑水喝，两个和尚抬水喝，三个和尚没水喝。因此，人力资源规划要对组织中潜在的人员过剩或不足情况进行合理的分析和预测，避免因人员过剩或短缺而造成损失，这样既可以降低组织用人成本，又会有助于组织提高经营效益。

3. 建设一支训练有素、运作灵活的劳动力队伍，增强组织适应未知环境的能力

社会环境是动态的，国内经济的增长、停滞或收缩，政府对市场经济的宏观调控措施的严厉或放松，会影响行业的发展；行业的发展态势是继续保持现状、出现趋缓，还是竞争更加激烈，会对组织的人力资源供给产生重要的影响，这种影响主要来自市场对组织产品需求状况的变化和劳动力市场对组织人力资源供给状况的变化。人力资源规划要求全面考虑相关领域的各种情形及可能出现的各种变化，培育一支训练有素、动作灵活的人员队伍，提早做好准备，应对未来环境的变化，使组织在变化中立于不败之地。

4. 减少组织在关键技术环节对外招聘的依赖性

一般来说，在组织技术核心工作环节对掌握关键技术的员工依赖性比较大，科学技术的发展要求员工不断地更新知识、创新技术。组织的人力资源管理部门应当不断地对他们进行充分的培训，让员工能够掌握最前沿的信息技术，为组织创造最高的工作绩效，而不必完全依赖对外招聘来获得关键的技术人才。

为达到以上目标，人力资源规划需要关注以下焦点：组织需要多少员工；员工应具备怎样的专业技术、知识结构和能力；组织现有的人力资源能否满足已知的需要；是否有必要对原有的员工进一步培训开发；是否需要进行招聘；能否招聘到需要的人员；何时需要新员工；培训或招聘何时开始；企业应该制定怎样的薪酬政策以吸引外部人员和稳定内部员工；当企业人力资源过剩时，有什么好的解决办法；为了减少开支或由于经营状况不佳而必须裁员时，应采取何种应对措施；除了积极性、责任心外，还有哪些可以开发利用的人员因素等。

二、人力资源规划的作用

人力资源规划是人力资源管理各项具体活动的起点和依据，它直接关系着组织人力资源管理和整体工作的成败，更关系着组织战略目标的实现，它是整个组织战略的重要组成部分。

1. 人力资源规划是组织适应动态发展需要、提高市场竞争力的重要保证

人力资源规划是组织战略规划的重要组成部分，必须与企业的经营战略保持一致，为企业的整体战略规划服务。由于组织外部环境的不断变化，组织的战略也会进行相应的调整，从而使企业对人力资源的需求发生变化，这种需求的变化必然导致人力资源供需之间的失衡。因此，人力资源规划要求规划主体根据组织的长远发展目标和战略规划的阶段性调整，对人力资源进行动态统筹规划，预测人力资源的供求差异，努力平衡人力资源的需求与供给，及早制定出应对变化的调整措施，增强企业对环境的适应能力，使企业更有市场竞争力，及早实现企业的战略目标。人力资源规划对组织战略规划的重要作用如图2-1所示。

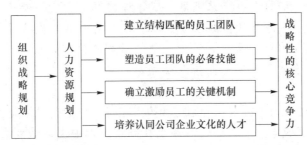

图2-1 人力资源规划对组织战略规划的重要作用示意图

2. 人力资源规划是组织实施管理工作的起点和重要依据

人力资源规划对组织人员的招聘选拔、教育培训、薪酬福利、人员调整及人工成本的控制等工作都做了具体而详细的安排，是组织实施管理工作的起点。同时，人力资源规划还能提供大量的市场动态信息，使管理者能够随时了解和掌握社会环境中人力资源市场的变化状况，有效地帮助组织进行工作分析，及时做出应对措施，为组织实施管理工作提供重要依据。

3. 人力资源规划能够帮助组织科学地控制人工成本

工资是组织人工成本中最大的支出部分。组织不断发展壮大，员工职位不断提升，会使工资越来越高，造成组织人工成本不断增加。人力资源规划能够科学地预测员工未来在数量、结构方面的变化，并改善组织的人力资源结构，减少不必要的人力资源成本支出，使之更加合理化，达到帮助组织科学地控制人工成本的目的。

4. 人力资源规划有助于调动员工的积极性

员工通过人力资源规划可以了解到组织未来对各个层次人力资源的需求，可以有更多的机会参加培训，提高自身素质和工作胜任能力，从而充分调动自身的工作热情，为自己设计有利于个人发展的道路，能够增加对工作的满意度，在岗位上发挥能动性和创造性，提高工作质量。

案例 2-1　　　　　　　　苏澳公司的人力资源规划

近年来苏澳公司常为人员空缺所困扰，特别是经理层次人员的空缺常使得公司陷入被动的局面。苏澳公司最近进行了人力资源规划。公司首先由四名人事部的管理人员负责收集和分析目前公司对生产部、市场与销售部、财务部、人事部四个职能部门的管理人员和专业人员的需求情况，以及劳动力市场的供给情况，并估计在预测年度各职能部门内部可能出现的关键职位空缺数量。

上述结果用来作为公司人力资源规划的基础，同时作为直线管理人员制定行动方案的基础。但是在这四个职能部门里制定和实施行动方案的过程（如决定技术培训方案、实行工作轮换等）是比较复杂的，因为这一过程会涉及不同的部门，需要各部门通力合作。例如，生产部经理为制定将本部门 A 员工的工作轮换到市场与销售部的方案，需要市场与销售部提供合适的职位，人事部就要根据这些需求做好相应的人事服务（如财务结算、资金调拨等）。而职能部门制定和实施行动方案过程的复杂性也给人事部门进行人力资源规划增添了难度，这是因为，有些因素（如职能部门间合作的可能性与程度）是不可预测的，它们将直接影响预测结果的准确性。

苏澳公司的四名人事管理人员克服种种困难，对经理层管理人员的职位空缺做出了较准确的预测，制定了详细的人力资源规划，使得该层次人员空缺减少了 50%，跨地区的人员调动也大大减少。另外，从内部选拔任职者人选的时间也减少了 50%，并且保证了人选的质量，合格人员的漏选率大大降低，使人员配备过程得到了改进。人力资源规划还使得公司的招聘、培训、员工职业生涯规划与发展等各项业务得到了改进，节约了人力成本。

案例启示：合理的人力资源规划的制定和执行能完善企业组织结构，更好地协调各部门之间的关系，降低人工成本。但人力资源规划在制定过程中也会受到诸多因素的干扰和制约，因此要尽量做好各部门之间、部门与管理层之间的沟通和协调。

三、人力资源规划的内容

人力资源规划是一项系统的战略工程，它以企业发展战略为指导，以全面核查现有人力资源、分析企业内外部条件为基础，以预测组织对人员的未来供需为切入点，内容包括晋升规划、补充规划、培训开发规划、人员调配规划、工资规划等，基本涵盖了人力资源的各项管理工作。人力资源规划还通过人事政策的制定对人力资源管理活动产生持续和重要的影响。组织的人力资源规划分为两个层次：一个层次是人力资源的总体规划，另一个层次是人力资源的具体规划。

人力资源的总体规划是指根据组织的总体战略目标制定的，在计划期内人力资源开发与管理的总原则、总方针、总目标、总措施、总预算的安排。组织的具体规划是指人力资源各项具体业务规划，是总体规划的展开和时空具体化，每一项具体计划也都是由目标、任务、政策、步骤和预算等部分构成，从不同方面保证人力资源总体规划的实现。人力资源具体规划包括人员补充规划、人员使用和调整规划、人才接替发展规划、人才教育培训规划、评价激励规划、劳动关系规划、退休解聘规划、员工薪酬规划、员工职业生涯发展规划等。具体内容如表 2-1 所示。

表2-1 人力资源规划具体内容

类别	规划目标	相关政策或措施
人员补充规划	优化结构,满足组织对人力资源数量、类型和质量的现实性需求	1. 员工自然变动预测和规划; 2. 冗员和不适岗者变动或解聘规划; 3. 新员工补充来源和招聘规划; 4. 职位工作分析
人员使用和调整规划	部门人员编制和人力结构的优化,提高效率和用人的恰当性,组织企业内部人员的合理流动	1. 岗位调整和轮换政策; 2. 职位任用标准和上岗基本资格制度; 3. 范围与时间规定
人才接替发展规划	建立后备人才计划,形成人才群体,适应组织发展需要	1. 管理与技术骨干选拔制度; 2. 晋升职位管理办法和流程; 3. 为提升资深人员的安排和管理规划; 4. 员工发展计划和个人职业生涯发展规划
人才教育培训规划	培训系统拟定、建立,确定培训系统的评价效果	1. 普通员工培训制度; 2. 管理技能培训制度; 3. 专业人员业务进修制度; 4. 绩效发展需求和培训实施规划
劳动关系规划	协调员工关系,增进理解,增进员工的满意度,降低非期望性离职率	1. 员工参与管制制度; 2. 合理化建议和创新管理制度; 3. 员工管理沟通制度和员工满意度调查制度
评价激励规划	增强员工的参与度,增进绩效技能,增强组织的凝聚力,塑造企业文化	1. 目标管理程序和管理制度; 2. 奖惩制度和管理方法; 3. 沟通机制和管理技巧
退休解聘规划	编制动态变化计划,降低劳务成本和提高劳动生产率	1. 退休政策和规定; 2. 员工解聘制度和程序; 3. 人员接替计划和管理程序
员工薪酬规划	平衡内、外部薪酬的水平,建立具有激励性的分配机制体系	1. 现代的薪酬管理制度; 2. 奖励政策和制度; 3. 福利计划和实施办法
员工职业生涯发展规划	协调个人与组织的职业发展规划,实现员工与组织的"双赢"	1. 制定个人层次的职业生涯发展规划; 2. 制定组织层次的职业发展规划

第二节　人力资源预测

在组织的人力资源规划中，人力资源预测是比较关键的环节，处于人力资源规划的核心地位，是制定各种战略、计划、方案的基础。组织要想保持竞争力，关键要看是否拥有具备竞争力的员工，但是，要想拥有合格的员工队伍，就必须做好人力资源的供求预测工作。

一、人力资源的供求预测

（一）人力资源供求预测的含义、特点

1. 人力资源需求预测的含义

人力资源需求预测是指组织的人力资源管理部门根据组织的战略目标、组织结构、工作任务，综合各种因素的影响，对组织未来某一时期所需的人力资源数量、质量和结构进行估算的活动。

2. 人力资源需求预测的特点

（1）科学性

组织的人力资源需求预测工作是按科学的程序，运用科学的方法及逻辑推理等手段，对人力资源未来的发展趋势做出科学的分析。它能够反映出人力资源的发展规律，因而具有科学性。

（2）近似性

由于人力资源需求预测是对组织未来某一时期所需的人力资源数量、质量和结构进行估算的活动，而事物在发展的过程中总会受到各种因素的影响而不断发生变化，因此，该预测只能对未来的预测做出尽可能贴近的描述，人力资源需求的预测结果与未来发生的实际结果存在着一定的偏差，只是极为近似。

（3）局限性

在人力资源需求预测的过程中，由于预测对象受到外部各种因素变化的影响，从而具有不确定性或者随机性，就会使得预测的结果带有一定的局限性，不能表达出人力资源需求发展完全、真实的面貌和性质。

（二）人力资源需求预测的方法

人力资源需求预测是否科学、合理，关系到组织的人力资源规划能否成功，在制定时要充分考虑组织内外环境的各种因素，根据现有人力资源的状况及组织的发展目标确定未来所需人员的数量、质量和结构。人力资源需求预测的方法可分为定性预测方法和定量预测方法。定性预测方法是一种主观判断的方法，包括德尔菲法、微观集成法、描述法、工作研究法、现状规划法等。定量预测方法是利用数学手段进行预测的方法，主要包括劳动定额法、回归分析法、计算机模拟预测法、比率分析法等。

1. 定性预测方法

（1）德尔菲法

德尔菲（Delphi）法也叫专家预测法或集体预测法，是指收集有关专家对组织某一方面发展的观点或意见并加以调整分析的方法。德尔菲法一般采取匿名问卷调查的方式，通过综合专家们各自的意见来预测组织未来人力资源需求量。专家可以来自组织内部，如组织的高层管理人员或者各部门具体的管理人员，也可以聘请组织外部的专家。其具体过程可分为四个步骤，如图2-2所示。

预测筹划	提出预测的目标，确定预测的课题及项目，确定专家组成员的名单，准备相关资料
专家预测	向专家寄送包含预测问题的表格问卷及有关背景材料，请各位专家以匿名的方式做出判断或预测
统计反馈	回收专家的问卷答案后，进行统计分析归纳，形成第一次预测的结果，并将该结果归纳成新的问题表，分别反馈给专家，再进行第二轮的预测。如此经过两三轮的反复后，专家的意见会基本上趋于一致
表述结果	经过了几轮的反复预测后，将最后一轮的反馈结果进行整理，以文字或图表的方式表达出来

图 2-2 德尔菲法的四个步骤

德尔菲法的特点是：吸收专家参与预测图 2-2 德尔菲法的四个步骤，充分利用专家的经验、学识；采用匿名或背靠背的方式，能使每一位专家独立自主地做出自己的判断；预测过程经过几轮反馈，使专家的意见逐渐趋同。由于这种预测方法是在专家不会受到他人烦扰的情况下做出的意见，并能够综合考虑到社会环境、组织发展战略和人员流动等因素对组织人力资源规划的影响，因此具有很强的操作性，在实践中被广泛地运用到人力资源规划中。但是这种方法也存在不足之处，即其预测结果具有强烈的主观性和模糊性，无法为组织制定准确的人力资源规划政策提供详细可靠的数据信息。

此外，在使用德尔菲法时还应注意以下原则：

①挑选有代表性的专家，并且为专家提供充分的信息材料。

②所提的问题应当词义表达准确，不会引发歧义，应当是专家能够回答的问题，在问卷设计时不提无关的问题。

③在进行统计分析时，应当视专家的权威性不同而区别对待不同的问题，不能一概而论。

④在预测前争取对专家进行必要的培训，了解该预测的背景及意义，使专家对预测中涉及的各种概念和指标理解一致，尽量避免专家在预测中出现倾向性选择信息和冒险心理效应。

（2）微观集成法

微观集成法是一种主观的预测方法，是指根据有关管理人员的经验，结合本公司的特点，对公司员工需求加以预测的方法。这种方法主要采用"自下而上"和"自上而下"两种方式。"自下而上"的方式是从组织的最低层开始预测人员需求，由组织内各部门的管理者根据本部门的工作负荷及业务发展，对本部门未来某种人员的需求量做出预测，然后向上级主管提出用人要求和建议。组织的人力资源部门根据各部门的需求进行横向和纵向的汇总，再结合组织的经营战略形成总体预测方案。"自上而下"的预测方式则是由组织的决策者先拟定组织的总体用人目标和计划，然后由各级部门再自行确定所需人员计划。

这两种方式还可以结合起来同时运用，即组织先提出员工需求的指导性建议，再由各部门按照该要求，逐级下达到基层，确定具体用人需求；同时，由人力资源部门汇总后根据组织的战略目标确定总体用人需求，将最后形成的员工需求预测交由组织决策者审批，形成组织的人力资源需求规划方案。此法适用于短期预测和生产情况比较稳定的组织。

（3）工作研究法

工作研究法是通过工作研究计算完成某项工作或某件产品的工时定额和劳动定额，并考虑预测期内的变动因素，以此来进行组织员工需求预测。即根据具体岗位的工作内容和职责范围，确定适岗人员的工作量，再得出总人数。此法易于实施，适用于结构比较简单、职责比较清晰的组织。

（4）现状规划法

现状规划法是最简单的预测方法，是指在假定组织的生产规模和生产技术不变，且人力资源的配备比例和人员数量完全能够适应预测期内人力资源需求的情况下，对组织人员晋升、降职、退休、辞职、重病等情况的预测。根据历史资料的统计和分析比例，预测上述人员的数量，再调动人员或招聘人员弥补岗位空缺。该方法易于操作，适合组织中、短期的人力资源预测，适用于特别稳定、技术规模不变的组织。现状规划法的计算公式是：

$$人力资源需求量 = 退休人员数 + 辞退、辞职、重病人员数$$

（5）描述法

描述法是组织的人力资源部门对组织未来某一时期的战略目标和因素进行假定性描述、分析、综合，预测出人员需求量。此种方法应做出多种备选方案，以便适应组织内部环境或相关因素的变化。

2. 定量预测方法

（1）劳动定额法

劳动定额法是对劳动者在单位时间内应完成的工作量的规定，该方法能够较准确地预测组织人力资源需求量，其公式为：

$$N = W/q(1 + R)$$

N 代表人力资源需求总量，W 代表组织计划期内任务总量，q 代表组织定额标准，R 代表计划期内劳动生产率变动系数。

$$R = R_1 + R_2 - R_3$$

R_1 表示组织技术进步引起的劳动生产率提高系数，R_2 表示经验积累导致生产率提高系数，R_3 表示由劳动者及其他因素引起的生产率降低系数。

（2）回归分析法

回归分析法是采用统计方法预测人力资源需求的一种技术方法。该方法主要是以过去的变化趋势为根据来预测未来变化趋势的一种方法，运用这种方法需要大量的历史业务数据，如组织的销售收入、销量、利润、市场占有率等，从这些数据中可以发现组织中与人力资源的需求量关系最大的因素，分析这一因素随着人员的增减而变化的趋势，以历史数据为基础建立回归方程，计算得出组织在未来一定时期内的人员变化趋势与人数需求量。回归分析法有一元线性回归预测法，也有多元回归预测法，最简单的是一元线性回归预测法，适合人力资源规划中以年为单位预测总量变化的情况。

（3）计算机模拟预测法

计算机模拟预测法主要是在计算机中运用各种复杂的数学模式，对组织在未来外部环境及内部环境发生动态变化时，组织人员的数量和配置情况进行模拟测试，从而得出组织未来人员配置的需求量。这种方法是人力资源需求预测方法中最为复杂的一种，相当于在一个虚拟的世界里进行试验，能够综合考虑各种因素对组织人员需求的影响，必将得到广泛的应用。

（4）比率分析法

比率分析法也叫作转化比率分析法，这种方法是以组织中的关键因素（销售额、关键技能员工）和所需人力资源数量的比率为依据，预测出组织人力资源的需求量；或者通过组织中的关键人员数量预测其他人员如秘书、财务人员和人力资源管理人员的需求量。使用比率分析法的目的是将企业的业务量转换为人力资源的需求，这是一种适合于短期需求预测的方法。以某大学为例，假设在校攻读的研究生数量增加了一个百分点，那么相应地要求教师的数量也要增加一个百分点，而其他职员的数量也应该增加，否则难以保证该大学对研究生培养的质量。这实际上是根据组织过去的人力资源需求数量同某影响因素的比率对未来的人事需求进行预测。但是，运用比率分析法要假定组织的劳动生产率是不变的。如果组织的劳动生产率发生升降变化，那么运用这种方法进行人力资源预测就会缺乏准确性。

（三）人力资源需求预测的程序

人力资源需求预测分为现实人力资源需求预测、未来人力资源需求预测和未来流失人力资源需求预测三部分。具体步骤如图2-3所示。

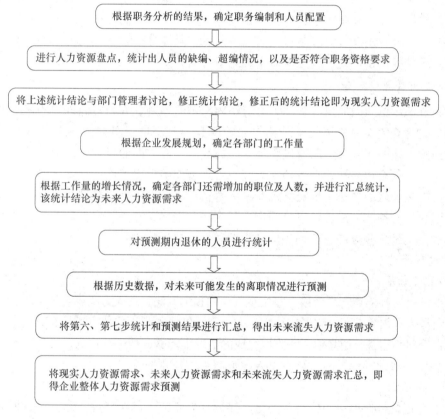

图2-3 人力资源需求预测步骤

二、人力资源供给预测

（一）人力资源供给预测的含义及内容

1. 人力资源供给预测的含义

人力资源供给预测是人力资源规划中的重要核心内容，是指组织运用一定的方法，对组织未来从内部和外部可能获得的人力资源数量、质量和结构进行预测，以满足组织未来发展时期对人员的需求。

2. 人力资源供给预测的内容

人力资源供给预测的内容分为组织内部供给和组织外部供给两个方面。

组织内部供给是对组织内部人力资源开发和使用状况进行分析掌握后，对未来组织内部所能提供的人力资源状况进行的预测。内部供给预测需要考虑的是组织的内部条件，具体包括：分析组织内部的部门分布、岗位及工种、员工技术水平及知识水平、年龄构成等人力资源状况；了解目前组织内因伤残、死亡、退休等原因造成的员工自然流失情况；分析工作条件（如作息制度、轮班制度等）的改变和出勤率的变动对人力资源供给的影响；估计组织目前的人力资源供给情况，掌握组织员工的供给来源和渠道；预测将来员工因升降、岗位调整或跳槽等原因导致的流动态势。对这些内部变化做出分析，便于有针对性地采取应对和解决措施。

外部供给预测则需要考虑的是组织外部环境的变化，考虑诸多的经济、社会、文化因素对人力资源市场的影响，预测劳动力市场或人才市场对组织员工的供给能力。需要分析国家经济发展的整体状况，掌握国家已出台的相关政策法规、科技的发展情况及人才培养结构的变化，还要分析人口发展趋势、本行业的发展前景，具体分析本地劳动力市场的劳动力结构和模式、组织的聘任条件，了解竞争对手的竞争策略。

（二）人力资源供给预测的方法

在人力资源供给预测的研究中，人力资源内部供给预测是人力资源规划的核心内容，因此，目前国内外有关人力资源供给预测方法的研究主要定位于组织内部人力资源供给预测上，有关预测方法的研究在不断改进和创新。而我国在此方面的研究还停留在直接引入国外成果的阶段，尽管有很多学者在各种人力资源管理著作中提出了许多预测方法，但都大同小异。目前国内外公认的方法主要有德尔菲法、替换单法、马尔柯夫模型、目标规划法。

人力资源供给预测方法也可以分为定性预测法和定量预测法。定性预测法包括德尔菲法和替换单法，定量预测方法包括马尔柯夫模型和目标规划法。

1. 定性预测法

（1）德尔菲法

德尔菲法是一种依靠管理者或专家主观判读的预测方法。在人力资源规划中，此方法既可用于人力资源需求预测方面，也同样适用于人力资源供给预测。这种方法具有方便、可信的优点，并且在资料不完备、用其他方法难以完成的情况下能够成功进行预测。

关于德尔菲法的具体过程，可参见人力资源需求预测部分。

（2）替换单法

有的书上也把替换单法叫作替换图法、接续计划法或人员接替法，此方法是根据组织人力资源的现状分布及对员工潜力评估的情况，对组织实现人力资源供给和接替。在组织现有人员分布状况、未来理想人员分布和流失率已知的条件下，由空缺的待补充职位的晋升量和人员补充量即可知人力资源供给量。这种方法主要适合于组织中管理人员的供给预测工作，组织内部的人员调动必然会使管理层职位出现空缺，而往往对管理层空缺职位的补充都是从下一级员工中提拔的。因此，在职位空缺前用替换单法制定出人员接续计划，就起到了未雨绸缪的作用。很多国外大型企业都是采用这种人力资源供给预测方法。替换单法最早应用于人力资源供给预测，后来也应用于需求预测。

应用此方法时首先需要确定需要接续的职位，接着确定可能接替的人选，并对这些人选进行评估，判断其是否达到提升要求，再根据评估结果，对接替的人选进行必要的培训。

2. 定量预测法

（1）马尔柯夫模型

马尔柯夫（Markov）模型是用来预测具有等时间间距（如一年）的时刻点上各类人员的分布状况。即运用历年数据推算出各个工作岗位汇总人员变动概率，找出过去人力资源变动的规律，从而推测出未来人员变动情况的一种方法，其基本假设是组织中员工流动方向与概率基本不变。马尔柯夫模型实际上是通过建立一种转换概率矩阵，运用统计技术预测未来人力资源变化的一种方法，它在假设组织中员工流动的方向与概率基本保持不变的基础上，收集处理大量具体数据，找出组织内部过去人员流动的规律，从而推测未来组织人力资源的变动趋势。

其步骤如图 2-4 所示。

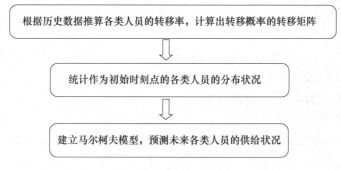

图 2-4 马尔柯夫模型

这种方法目前广泛应用于组织的人力资源供给预测上，可以为组织提供精确的数量信息，有利于做出有效决策。

举个例子，表 2-2 就是利用马尔柯夫模型预测企业 A、B、C、D 四种工作的人员供给情况时所用到的矩阵。该矩阵左方是目前这四种工作各有多少人，通过中间的人员变动可能性矩阵的计算，得到了矩阵的右方在将来某一时刻这四种工作各需要多少人的预测结果。

表 2-2 某企业的人力资源供给的马尔柯夫矩阵

现在的雇用人数 （$T-0$ 时期）		变动可能性矩阵（$T-2$ 时期）					雇用人数预测 （$T+1$ 时期）
			A (350 人)			D	
A：300		A	70% (245 人)		10%	—	$300 \times 70\% + 275 \times 10\% = 238$
B：150		B	20% (70 人)	%		—	$300 \times 20\% + 150 \times 80\% = 180$
C：275	$T-1$ 时期	C	—		%	—	$275 \times 60\% = 165$
D：360		D	—		%	90%	$275 \times 10\% + 360 \times 90\% = 352$
		离开	10% (35 人)	%	%	10%	离开组织人数 $300 \times 10\% + 150 \times 20\% +$ $275 \times 20\% + 360 \times 10\% = 151$

中间的变动矩阵是从过去的某一时期（$T-2$）到过去的另一时间（$T-1$）人员变动可能性的数据。

例如，对工作 A 来说，$T-2$ 时 A 有 350 人，到了 $T-1$ 时，只有 245 人留在原岗位，70 人提升到 B，35 人离开了组织。因此，可以计算出：

工作 A 留任率（从 A 到 A） $= 245 \div 350 \times 100\% = 70\%$

工作 A 提升率（从 A 到 B） $= 70 \div 350 \times 100\% = 20\%$

工作 A 离任率 $= 35 \div 350 \times 100\% = 10\%$

用同样的方法可以得到矩阵中其他的百分比。应当注意，这里计算的变动率只是从 $T-2$ 到 $T-1$ 时期的人员变动。在实际运用中，常常是分多个时期收集人员变动率数据，然后以它们的平均值作为人员变动率数值，用以预测未来的人员流动情况。这样可以使人员变动率更加准确可靠。

得到人员变动率后，就可以分别对这四种工作在 $T+1$ 时期的人员数做出预测了。对 A 来说，$T-0$ 时有 300 人，留下的人数为：$300 \times 70\% = 210$（人）

由 C 到 A 的有：$275 \times 10\% = 28$（人）

因此，预测 $T+1$ 时 A 工作共有：$210 + 28 = 238$（人）

很明显，和目前的 300 人相比少了 62 人。经过相似的计算，也可以得到其他工作在 $T+1$ 时期的预测人数。

（2）目标规划法

目标规划法是一种容易理解的、具有高度适应性的预测方法。指出员工在预定目标下为最大化其所得是如何进行分配的。目标规划是一种多目标规划技术，其基本思想源于西蒙的目标满意概念，即每一个目标都是一个要达到的标靶或目标值，然后使距离这些目标的偏差最小化。当类似的目标同时存在时，决策者可确定一个应该被采用的有限顺序。

上述四种人力资源供给预测方法各有优劣，使用德尔菲法和替换单法简单易行，但是预测结果具有强烈的主观性和模糊性，准确性较差。马尔柯夫模型和目标规划法能够为组织提供精确的数据，准确性高，但是在运用时，必须调配广泛的资源，以找到公式所需的全部参数，因此实时性较差。但在实际应用中，组织可以根据自身规模的大小、周围环境的条件及规划预测重点的不同，对四个评价方面予以不同的权重，选择最适合自己的一种预测方法，也可将几种预测方法建立一个组合系统进行预测。

（三）人力资源供给预测的程序

人力资源供给预测的程序分为内部供给预测和外部供给预测两方面，具体步骤如下。

①进行人力资源盘点，了解组织人力资源分布现状。根据组织的职务调整策略和历史员工的调整数据，统计需要调整的员工比例。

②向各部门的人事主管了解可能出现的人事变动，包括员工自然流失和人员流动情况。

③将需要调整的人员比例及人事变动情况进行汇总，得出组织内部人力资源供给总量预测。

④分析影响外部人员人力资源供给的地域性因素，包括：组织所在地域的人力资源整体现状、供求现状、对人才的吸引程度；组织本身，以及能够为员工提供的薪酬、福利对人才的吸引程度。

⑤分析影响外部人力资源供给的地域性因素，包括：组织所在地域的人力资源整体现

状、供求现状、对人才的吸引程度；组织本身能够为员工提供的薪酬、福利对人才的吸引程度。

⑥通过影响组织外部人力资源供给地域性及全国因素的分析，预测组织外部人力资源供给总量。

⑦汇总组织内部及外部人力资源供给预测总量，得出组织的人力资源供给预测。

案例2-2　企业管理咨询师的年度人力资源计划

人力成本的预算和控制是所有从事人力资源管理工作者都应该了解和掌控的知识。这里需要提到另一个概念叫人力成本率，计算公式为：人力成本率＝人力成本÷销售额。

通常情况下，人力成本率会随着销售额的递增而递减。也就是说，在销售额不断增加的前提下，企业前一阶段的人力成本率一般会大于后一阶段的人力成本率。所以说，如果一个公司的销售额能预算得很准，那么人力成本也会预算得比较准。

如果一个企业的销售额是6亿元，正常情况下，该企业的人力成本率应该是10%。下面我们把该企业明年的销售额分为两种可能：

①如果该企业明年的销售额是7亿元，那么，在6亿元和7亿元之间的1亿元的人力成本率是大于10%还是小于10%呢？正常情况下，在这1亿元中人力成本率应该是小于10%的，假设为9%；

②如果该企业明年的销售额是8亿元，假设6亿元到8亿元之间的2亿元中有1亿元是人力成本为9%，另1亿元的人力成本是8%。

在这种情况下，预算整体的人力成本公式为：$\sum$（月销售额×人力成本率）＝全年人力成本。

人力资源部往往从本年度11月份开始就要搜集各种信息，筛选出变量因素，进行下一年度的人力资源策划的准备。这个时候如果人力资源部想知道本年度12月份的人力成本总和，可以采用下面的计算方法：某月的销售额×人力成本率＝当月的工资总和。

经常会有企业的领导人这样问道："年终奖到底该怎样计算？"这里，我们介绍一种比较简单、实用的方法：如果企业年度的人力成本率为10%，那么就可以按8%来计算年度人力成本，剩余的2%留作年终奖。

我们知道，员工工资属于人力成本的组成部分。它又包括两个部分，固定部分叫作岗位工资，变动部分叫作绩效工资。如何计算岗位工资和绩效工资呢？

举例来说，假设某企业今年一月份的销售额为4 000万元，人力成本率为10%，留下为年终奖准备的2%，4 000×2%＝320（万元），320万元就是该企业一月份的人力成本。假设该公司共有员工400人，400人的岗位工资之和为250万元，那么，变动部分的70万元就是绩效工资。如果该企业2月份增加了20人，销售额还是4 000万元，假设420人的岗位工资之和是260万元，那么绩效工资就是60万元。

岗位工资和绩效工资统称为基准工资，基准工资有一个规律，通常情况下，岗位工资和绩效工资的比例是5:5，6:4，7:3，8:2等。当企业发现比例发生倾斜，比如由原来的5:5变成了6:4的时候，这就证明员工固定工资的部分在增加。如果这时企业的效益并没有增加，为了健全双赢的机制，一般的做法是可以适当减少人员的数量，按减少后的人员数量发岗位工资，而绩效工资还按原来的人数所得发给现有的人数所得。

例如，以前需要 10 个人共同完成一项工作，平均每人的工资是 2 000 元，其中岗位工资 1 200 元/人，绩效工资 800 元/人，那么绩效工资的总额就是 8 000 元。效率提高后，只需 9 个人就可以完成这项工作。这时，为了达到企业和员工的双赢，工资可以这样分配：岗位工资不变，还是 1 200 元/人，绩效工资 = 8 000 ÷ 9 = 889 元/人。这样，企业既减少了人工成本的开支，员工的工资总额也得到了提高，真正实现了双赢。

第三节　人力资源规划的制定

竞争日益激烈的今天，人力资源逐渐成为组织最富竞争力的核心要素，人力资源部门在组织中日益彰显出其地位的重要性。其原因在于人力资源规划工作与组织战略发展目标的实现是联系在一起的，为组织发展目标的实现提供人力资源方面的保障。因此，组织越来越重视人力资源规划的制定工作，在组织发展过程中的各个阶段制定相应的人力资源规划，以实现该阶段的战略目标。

一、人力资源规划制定的原则

1. 全面性原则

人力资源规划要全面地考虑公司各个部门人力资源情况及人力资源的发展、培训及需求等情况。

2. 客观公正性原则

制定人力资源规划时，要对各个部门的实际情况和人力资源情况进行客观、公正的评价和考虑。

3. 协作性原则

制定人力资源规划需要各个部门密切配合，人力资源部要协调好与各部门的关系和工作。

4. 发展性原则

组织在制定人力资源规划时要考虑组织的长远发展方向，以组织获得可持续发展的生命力为目标，协调好各种关系，为组织培养、再造所需人才。

5. 动态性原则

组织的人力资源规划并非一成不变的。当组织的内外部环境发生变化时，组织的战略目标也会随之进行调整，这时人力资源规划也要相应地进行修改和完善，保持与组织整体发展状况的动态相适应。

二、资源规划制定的程序

（一）组织内外部环境信息收集分析阶段

组织内外部信息收集分析阶段的主要任务是调查、收集能够涉及组织战略决策和经营环境的各种必要的信息，为下一步制定人力资源规划提供可靠的依据和支持。组织的内部环境包括企业结构、文化、员工储备等内容，组织的外部环境包括宏观环境、行业环境等。这一阶段要结合组织的战略目标对组织的内部环境进行分析，掌握产品结构、消费者结构、产品的市场占有率等组织自身因素，以及劳动力市场的结构、择业心理、相关政策等相关社会因素。

(二) 组织人力资源存量及预测分析阶段

首先，人力资源管理部门要采用科学的分析方法对组织现有的人力资源进行盘点，对组织中的各类人力资源数量、质量、结构、人力潜力及利用情况、流动比率进行统计，分析当前内部人力资源的利用情况，收集组织现有的职位信息。其次，结合组织内部环境状况，如组织内部的生产设施状况、技术水平、产品结构及产品的销售额和利润等各项经营活动，对组织未来的职位信息做出人力资源需求预测，根据职位的要求详细规定任职所必需的技能、职责及评价绩效的标准。另外，职位信息还需要包括该职位的职业生涯道路在整个组织中所处的位置及该职位在组织中所能持续的时间，也就是组织需要该职位的时间。最后制定人力资源供给分析预测，包括内部人力资源供给预测，即根据现有人力资源及可能的变动情况确定未来组织能供给的人员数量及质量，以及受地区性和全国性因素的影响，外部人力资源可能供给人员情况的预测。这一阶段的工作是整个人力资源规划能否成功的关键，为组织人力资源规划的制定提供了依据和保障。

(三) 人力资源总体规划的制定与分析阶段

对人力资源进行了需求预测和供给预测之后，就可以制定人力资源总体规划了。

在前两个阶段的基础上，结合人力资源需求预测和供给预测的数据，对组织人力资源数量、质量和结构进行比较，便可以确定组织未来人力资源的剩余或缺口，然后再采取相应的措施进行调整，这就是组织的人力资源总体规划。人力资源的总体规划主要包括组织的人力资源规划目标、与人力资源有关的各项政策和策略、组织内外部人力资源需求与供给的预测及组织在规划期内人力资源的净需求等几个部分。

对人力资源供需进行比较后，如果出现了供不应求的情况，就应当采取有效的措施和方法，弥补人力资源的不足。例如，制定调动员工积极性的方案挖掘员工的潜能，对员工采取加班、培训、晋升、工作再设计和招聘新员工等措施。如果出现了供大于求的情况，也要采取有力的措施避免加重组织的负担。比如，可采取以下措施：扩大组织的业务量；对多余的员工进行再就业培训，帮助他们走向新的工作岗位；对员工进行培训，提高其素质、技能和知识水平；不再续签工作合同，让部分老员工提前退休及辞退；鼓励员工辞职等。如果出现的是人力资源供求相等的情况，则不需要采取重大的人力资源调整措施。

该阶段的主要工作内容可用图2-5来表示。

(四) 人力资源具体规划的制定阶段

这个阶段的工作任务是根据上一阶段所确定的人力资源净需求的情况，制定一系列有针对性的、具体的人力资源规划方案，包括人员招聘计划、人员流动调配计划、管理体制调整计划、员工素质提高计划、薪酬调整计划、员工退休解聘计划等，通过制定这些计划或方案并有效实施，可以保证组织未来的人力资源状况能够符合组织的战略发展需要。

(五) 人力资源规划的控制与调整阶段

由于组织所处的环境是一个动态的环境，组织会随之不断修正战略目标，那么人力资源规划在实施过程中也就必须相应地进行变更或修订，各项具体的人力资源规划政策制定出来后要付诸实施，必须组织内部的各个部门通力合作才能实现。在实施过程中，要建立科学的评价和控制体系，客观、公正地对人力资源规划进行评估，广泛征求各个部门领导者的意见，根据评估结果计时反馈信息，对人力资源战略和规划做出适当的调整，不断完善整个组

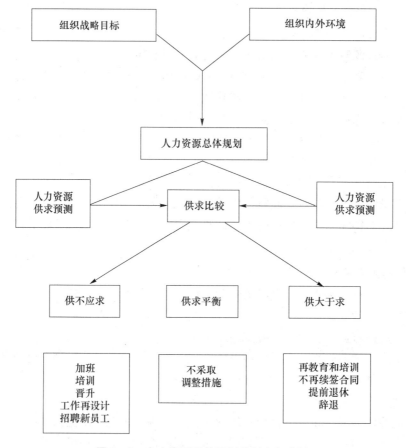

图 2-5 人力资源总体规划的制定与分析

织的人力资源规划体系以适应环境的变化。

三、建立人力资源管理信息系统

人力资源规划制定完毕后,在实施人力资源规划的时候,就需要建立一个完善的人力资源管理系统,有效的人力资源信息管理系统有利于组织更好地执行人力资源规划。

(一)人力资源管理信息系统的概念

人力资源管理信息系统是指组织利用计算机和其他先进技术,融合科学的管理方法,对人力资源工作方面的信息进行处理,辅助人力资源管理人员完成信息管理、完善工作职能的应用系统,包括收集、保存、分析和报告,一个有效的人力资源管理信息系统应当能够提供及时、准确、完善的信息,这对于做出人力资源决策是非常关键的。

(二)人力资源管理信息系统的作用

人力资源管理信息系统为组织提供了一个收集、存储和处理信息的平台,可以保证组织及时、有效地实现人力资源管理决策及组织的整体战略目标,其作用具体表现在以下两个方面。

1. 为组织建立人力资源数据中心

人力资源管理信息系统可以为组织建立系统的人事档案,由计算机程序来处理人事数据的保存、分析和计算工作，可以对组织的现有人力资源状况进行分析，还可以对未来人力资源的需求状况进行预测，能够及时、准确地掌握组织内部员工数量、结构、人工成本、培训支出等相关信息，确保员工数据信息的真实完整性，可以在人事档案中对人力资源管理的某些概念进行说明，如晋升人选的确定、工作调动、教育培训、工作奖励计划、现有组织结构分析等，还可以及时地在网络上了解市场上人力资源的最新动向，对外发布组织所需人才及职位需求等信息，提高招聘效率，能够节省组织的人力、财力，有利于改善组织人力资源管理的效率，使组织的人力资源开发、管理更加科学有效。

2. 提高组织人力资源管理的水平，为组织高层管理者做出决策提供帮助

人力资源信息系统的建设必然会要求组织制定适合于本组织雇员绩效考核、薪酬和福利管理等工作的一系列指标，使组织的人力资源计划和控制管理定量化。该系统所提供的数据能够为组织的管理者进行管理决策时提供准确、可信的数据，使组织的人力资源管理工作更加科学化、规范化。

总之，建立人力资源管理信息系统是人力资源管理中的一项基础工作，它能提供详尽的人力资源信息和资料，提供备选方案，并对方案进行优化和判断，可以提高决策者的决策能力，使组织的决策和管理更加科学化。

(三) 人力资源管理信息系统的建立

建立人力资源管理信息系统具体包括以下几个步骤：

①建立组织的人力资源管理信息平台，通过计算机和网络技术构建组织的人力资源信息数据库，配备所需的各种硬件设备和软件设备。

②建立人力资源收集、保存、分析、报告等各个子系统，确定每个子系统的具体方法。

③将收集来的各种信息输入人力资源数据库，并进行分类。

④运用人力资源管理信息系统和数据库进行各项人力资源规划工作，对组织的人力资源状况进行准确判断和预测。

本章小结

人力资源规划作为一种战略规划，着眼于在组织发展的各个阶段，分析组织在内外部环境变化的条件下对人力资源的需求，并运用科学的方法对人力资源需求和供给进行预测，有针对性地制定出与组织发展相适应的人力资源政策和措施，为组织未来的生产经营活动预先准备人力，从而使组织的人力资源供给和需求达到最佳平衡状态。人力资源规划与组织的长期发展战略是密切联系的，人力资源规划是组织整体目标规划的重要组成部分。

课后思考练习

一、名词解释

人力资源规划　德尔菲法　马尔柯夫模型

二、单项选择题

1. 广义人力资源规划是企业所有人力资源计划的总称,是（　　）的统一。
   A. 战略规则与战术计划　　　　B. 战略规划与组织规划
   C. 人员计划与组织规则　　　　D. 费用计划与人员计划

2. （　　）是日常人力资源管理活动的重要前提和工具。
   A. 岗位调查　　B. 岗位评价　　C. 岗位分析　　D. 岗位分类分级

3. 被称为人力资源管理活动的纽带的是（　　）。
   A. 制度规划　　　　　　　　　B. 人力资源管理规划
   C. 战略规划　　　　　　　　　D. 工作岗位分析

4. 以下不是人力资源规划中费用规划的内容的是（　　）。
   A. 人力资源费用预算　　　　　B. 人力资源费用控制
   C. 人力资源费用监督　　　　　D. 人力资源费用结算

三、简答题

1. 人力资源规划如何分类？它们的内容有哪些？
2. 什么是人力资源需求预测？怎样进行人力资源需求预测？
3. 什么是人力资源供给预测？怎样进行人力资源供给预测？
4. 进行科学合理的人力资源规划需要注意哪些问题？

四、案例分析题

鼎鑫酒店集团的扩张

1. 背景

鼎鑫酒店集团最初只是一家普通的国有宾馆,由于地处国家著名旅游景区附近,故迅速发展壮大——原有宾馆已经推倒重建成为一家五星级大酒店。集团在此尝到甜头后,先后在四个旅游景区附近收购了四家三星级的酒店。对于新收购的酒店,集团只是派去了总经理和财务部全班人马,其他人员全部采取本地招聘的政策。因为集团认为服务员容易招到,而且经过简单培训就可以上岗,所以就是进行简单的面试,只要应聘者长相顺眼就可以。同时,为了降低人工成本,服务员的工资比较低。

2. 问题

赵某是鼎鑫酒店集团新委派的下属一家酒店的总经理,刚上任就遇到酒店西餐厅经理带着几名熟手跳槽的事情。他急忙叫来人事部经理商量此事,人事部经理满口答应立即解决此事。第二天,赵某去西餐厅查看,发现有的西餐厅服务员摆台时经常把刀叉摆错,有的不知道如何开启酒瓶,领班除了长得顺眼和只知一味地傻笑外,根本不知道如何处理顾客的投诉。紧接着仓库管理员跑来告诉赵某说发现丢了银质的餐具,怀疑是服务员小张偷的,但现在已经找不到小张了。赵某一查仓库的账本,发现很多东西都标注丢失了。赵某很生气,要求人事部经理解释此事,人事部经理辩解说因为员工流动太大,多数员工都是才来不到10天的新手,餐厅经理、领班、保安也是如此,所以做事不熟练,丢东西比较多。赵某忍不住问:"难道顾客不投诉吗?"人事部经理回答说:"投诉,当然投诉,但没关系,因为现在是旅游旺季,不会影响生意的。"赵某对于人事部经理的回答非常不满意,又询问了一些员工后,发现人事部经理经常随意指使员工做各种事情,如接送他儿子上下学,给他的妻子送饭等。如果员工不服从,立即开除。

赵某考虑再三，决定给酒店换血——重新招聘一批骨干成员，于是给集团总部写了一份有关人力资源规划的报告，申请高薪从外地招聘一批骨干成员，并增加培训投入。就在此时，人事部经理也给集团总部写了一份报告，说赵某预算超支，还危言耸听，造成人心惶惶，使管理更加困难，而且违背了员工本地化政策。

请思考：

1. 赵某的想法是否正确？酒店是否必须从外地雇佣一批新的骨干成员？
2. 赵某应当采取哪些措施以解决酒店目前面临的问题？
3. 酒店的人力资源规划重点是什么？对服务员是否需要进行规划，或者等到需要时再招聘？
4. 赵某应当与什么人一起完成酒店的人力资源规划？在进行人力资源规划的过程中，会遇到什么问题？

技能实训

表 2-3　现实人力资源需求预测表

日期：＿＿＿年＿月＿日

部门	目前编制	人员配置情况			人员需求	备注
		超编	缺编	不符合岗位要求		
总经理办公室						
财务部						
市场拓展部						
运营部						
工程部						
人力资源部						
行政部						
项目中心						
合计						

表 2-4　企业人力资源需求预测表

日期：＿＿＿年＿月＿日

职系	当前年		第一年		第二年		
管理职系	现实人数		期初人数		期初人数		
	现实需求		需增加岗位和人数		需增加岗位和人数		
	总需求		流失人数预测		流失人数预测		
			总需求		总需求		
项目职系	现实人数		期初人数		期初人数		
	现实需求		需增加岗位和人数		需增加岗位和人数		
	总需求		流失人数预测		流失人数预测		
			总需求		总需求		
技术职系	现实人数		期初人数		期初人数		
	现实需求		需增加岗位和人数		需增加岗位和人数		
	总需求		流失人数预测		流失人数预测		
			总需求		总需求		
	现实需求		需增加岗位和人数		需增加岗位和人数		
	总需求		流失人数预测		流失人数预测		
			总需求		总需求		
总计	现实人数		期初人数		期初人数		
	现实需求		需增加岗位和人数		需增加岗位和人数		
	总需求		流失人数预测		流失人数预测		
			总需求		总需求		

一、实训内容

分为若干学习小组，每组 5~6 人，根据所学知识，以某企业人力资源的需求预测为例，进行小组调研讨论，完成以上表格内容的填写。

二、方法步骤
1. 熟悉人力资源需求预测方法。
2. 小组讨论以上表格具体内容。
3. 填写以上两个表格。

三、实训考核
1. 小组进行汇报展示。
2. 小组成员互评。小组互评实行百分制,最终小组互评成绩占本实训项目分值40%。
3. 教师评价。实行百分制,最终教师评价占本实训项目分值60%。

第三章

工作分析

知识目标

1. 理解工作分析的含义与相关术语
2. 熟悉工作分析的五个基本问题
3. 了解工作分析在人力资源管理中的应用
4. 了解工作分析流程包含的阶段

技能目标

1. 掌握工作分析描述和工作说明书的编写
2. 熟练理解和应用工作分析文件

导入案例

职责描述不清引发的"工作真空"

某机械制造企业的一名机床操作工将大量液体洒在他工作机床周围的地板上,车间主任叫他将这些洒掉的液体清扫干净,但操作工拒绝执行,理由是岗位说明书中没有包括清扫的条文。车间主任顾不上查看工作分析文件原文,便赶忙找来一个服务工来做操作清扫工作,但服务工同样拒绝了他,理由和操作工一样。车间主任威胁说要将其解雇,因为服务工是分配到车间来做杂务的临时工。服务工勉强同意了,但是当他将这些洒掉的液体清扫干净之后,他立即向公司有关领导进行了投诉。

企业相关领导看到投诉之后,审阅了这三类人员的工作岗位说明书原件:机床操作工、服务工、勤杂工。操作工的工作岗位说明书上明确规定:"操作工有责任保持车床的清洁,使之处于可以操作的状态",但并没有具体提及清扫地板;服务工的工作岗位说明书上规定:"服务工有责任以各种方式协助操作工,如领取原料和工具,随叫随到,即时服务",但没有包括日常清洁的打扫工作。勤杂工的工作岗位说明书中明确包含了各种类型的清扫服务,但他的工作时间是从正常下班后才开始……领导看到这里也糊涂了,这个清扫工作究竟应该由谁来做呢?

案例分析: 从上面的文字描述可以看出,该企业因为对员工相关岗位的工作职责描述不清,从而导致在工作中出现了"真空"地点,工作时间清扫地面液体的工作必须有人来做,那么到底应该由谁来做呢?其实,如果该企业将该任务具体落实到某类岗位详细的工作分析文件中的具体某类人员,就不会出现上面才相互扯皮的现象了。由此可见,工作分析十分重要。

第一节　工作分析概述

工作分析是企业人力资源管理体系中的一项重要的基础工作。一个企业是否进行了工作分析,以及工作分析质量的好坏,都将对人力资源管理工作的各项环节工作产生重要影响。

一、工作分析的定义及其常用术语

(一) 工作分析的定义

工作分析又称职务分析、岗位研究,是指对某个特定的职务作出明确规定,从而使其他人了解该职位的工作性质、责任、任务,以及从事该工作的工作人员所应具备的条件,这是一项重要的人力资源管理技术。一般来说,工作分析所要解决的问题及需要具体研究的事宜,可以概括为6W1H:WHO:谁来完成这项工作;WHAT:这项工作具体是干什么的;WHEN:工作时间的具体安排;WHERE:工作地点具体在哪里;WHY:从事该工作的目的;FOR WHOM:工作的服务对象,即为谁工作;HOW:如何进行这些工作。

通常以下三种情况出现时需要进行工作分析:一是新组织建立时,工作分析被正式应用;二是工作由于新技术、新方法、新系统的产生而发生重要变化,尤其是工作性质发生变化,需要做工作分析;三是新的职位产生时,工作分析可帮助新职位的员工了解该岗位的相关内容。

(二) 工作分析常用术语

工作分析是一项专业性较强的人力资源管理工作,其中涉及很多专业术语,清晰地界定并准确地把握这些术语十分重要,它可以避免在执行工作分析时出现由于不理解术语而导致的错误。表3-1对此进行了专门的介绍。

表3-1　工作分析常用术语

术语	含义	示例
工作要素	工作活动中不能再继续分解的最小单位	发传真、打电话、端茶倒水等
工作任务	在特定的时间内为达到某种目的所从事的一系列工作活动,通常表现为相关工作要素的组合	销售员拜访一个客户、打字员打印一份文件、员工起草一份文件等
工作职责	需要一个人完成的一项或者多项任务组成的活动	打字员的工作职责包括打字、校对和简单维修机器等一系列任务
职位	有效时间内,组织中满足一个个体满负荷工作量要求的一项或者多项相互联系的职责总和	办公室主任就是个职位,其工作职责包括:日常行政事务、对外接待、文书管理等

续表

术语	含义	示例
岗位	一个组织内完全相同的职位构成岗位，有两种可能：一是一个职位就是一个岗位，二是多个职位形成一个岗位，一个岗位上可能是一人，也可能是多人	某公司人力资源部经理下属三个工作岗位：人员招聘专员、薪酬与保险专员、员工关系与考核专员，一人一岗，职责不同
职务	主要职责在重要性与数量上相当的一组职位的集合或者统称。职务实际上与工作同义，一个职位可以有一个或者多个职务	某工厂设三个副厂长职务，一个分管生产，一个分管销售，一个分管研发
职业	职业是一个跨组织的概念，是指在不同组织、不同时间从事相似活动的一系列工作的总称	教师是一个职业，但又存在于不同的幼儿园、小学、中学和大学当中
职业生涯	一个人在其工作生活中所经历的一系列职位、工作或职业	如大学生职业生涯规划

二、工作分析的内容

工作分析的内容基本分为两大部分，即工作描述和工作说明书。

1. 工作描述

工作描述中需要具体说明该职位的工作内容、特点及工作环境等，主要包括职位的名称、工作的职责、工作内容的要求、工作时间的要求、工作的场所及工作条件等内容。

2. 工作说明书

工作说明书主要是根据工作描述的内容，指出从事该工作的人员必须具备的各项要求，其中包括：

①一般要求：指从事该工作所需要的年龄、性别、学历、工作经历等；

②生理要求：指该工作对其从事人员的身体状况和身体素质方面的要求；

③心理要求：指工作中所应具备的知识、技艺、能力等个人特征，包括观察力、判断力、记忆力、语言表达能力和决策能力等。

编写工作说明书时需要注意：描述要具体化而非抽象化；描述的句子要简明，内容不要过于繁杂，最好不超过三页；使用技术性术语时最好对其加以解释。

第二节 工作分析的作用及工作流程

工作分析是现代人力资源管理所有职能（包括获取、整合、保持与激励、控制与调整、开发等）的基础。企业为了做好工作分析，必须严格按照标准流程进行操作。

一、工作分析的重要作用

工作分析有助于帮助企业在人力资源管理中进行两个基本制度的建设，分别是工作分析制度和任职资格制度；同时，这两项制度也是其他各项人力资源管理工作的基础。能够对人力资源管理各职能的具体工作起到支持作用，主要体现在以下几个方面：

1. 工作分析为人员的招聘录用提供了明确的标准

由于工作分析对各个职位所必需的任职资格条件做了充分分析，在招聘录用过程中就有了明确的标准，减少了主观判断的成分，有利于提高招聘录用的质量。

2. 工作分析为制定薪酬政策奠定了基础

工作分析对各个职位承担的责任、从事的活动、要求的资格等做出了具体描述，这样企业就可以根据各职位在企业内部相对重要性的大小给予不同的报酬，确保薪酬的内部公平性和合理性。

3. 工作分析为人员的培训开发提供了依据

通过工作分析，确定工作要求，根据实际工作需要和参加人员的不同情况有区别、有针对性地安排培训内容和方式方法。在培训结束之后，也可以结合工作分析对培训效果进行评价。

4. 工作分析为制定员工职业发展规划提供依据

现在的员工越来越注重自我的发展。职业生涯的设计也成为高科技企业的流行趋势，通过工作分析得到的相关信息正是企业、个人发展的目标及检验标准，在此基础上制定员工职业发展规划，更具有现实意义。

5. 工作分析为人力资源规划提供了必要的信息

通过工作分析可以对企业内部各个职位的工作量进行科学的分析判断，从而为职位的增减提供必要的信息。此外，工作分析对各个职位任职资格的要求也有助于企业进行人力资源的内部供给预测。

6. 工作分析为科学的绩效管理提供了帮助

工作分析是事前分析，具有高度透明度，体现公平、公正、公开的原则，通过对职务、工作任务、工作范围、工作职责进行客观描述，对聘用条件包括工作时数、工资结构、支付工资的方法、福利待遇、该工作在组织中的地位、晋升机会、培训机会等都做出明确的要求，使每个职位从事的工作及所要达到的标准都有了明确的界定，为绩效考核提供明确的标准，减少评价的主观因素，提高了考核的科学性。

7. 工作分析促进企业的组织结构更加合理

工作分析根据企业的性质及状况主动分析企业的组织机构层次。分析企业到底是适合金字塔式的多层次组织机构，还是适合扁平式"中层革命"的组织机构；每一层面主管及副职的结构，即职务名称；每个层面的管理范围，即工作责任与职责等。同时从人员结构上规划企业所需各级、各类人员的比重、数量和技能要求等。

二、工作分析的流程

工作分析要有计划、有步骤地按照一定的流程进行，这个流程主要包括六个阶段，它们分别是准备阶段、调查阶段、分析阶段、描述阶段、运用阶段和控制、评估阶段。六个阶段彼此之间相互联系、相互影响。

1. 准备阶段

这是工作分析的第一阶段，主要任务是确定工作分析的目的，确定工作分析的信息收集类型和范围，建立工作分析计划，成立工作分析小组，对工作分析人员进行相关培训，做好其他相关准备工作。具体如图 3-1 所示。

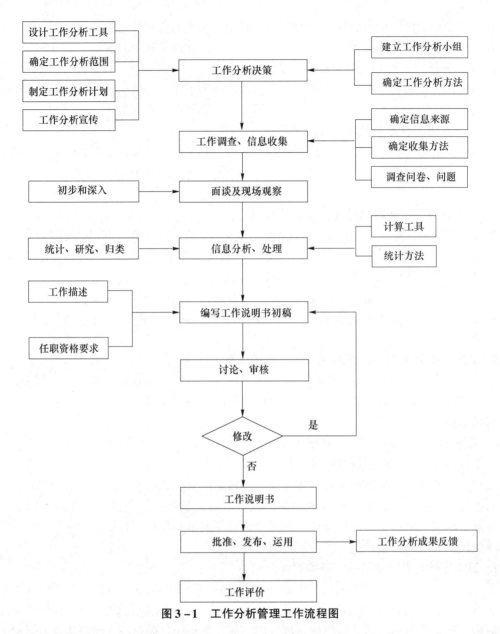

图 3-1 工作分析管理工作流程图

（1）确定工作分析的目的

有了明确的目的，才能正确确定分析的范围、对象和内容，规定分析的方式、方法并弄清应当收集什么资料，到哪儿去收集，以及用什么方式方法收集。因此，在进行工作分析时，首先要明确目的，才能起到事半功倍的效果。

（2）确定工作分析收集的信息类型和收集方法，以节约时间、精力和费用

工作分析所需要的信息主要类型如表 3-2 所示。

（3）建立工作分析计划

工作分析计划包括整个工作的进程、企业内进行分析的各个职务的名称和任职者人数、预计工时需要和分析人员人数、所需费用和其他条件，包括在工作分析过程中各个环节的责任划分等。

表3-2 工作分析所需信息的主要类型

1. 工作活动 （1）工作任务的描述； （2）与其他工作和设备的关系； （3）进行工作的程序； （4）承担这项工作所需要的行为； （5）动作与工作的要求	2. 工作中使用的机器、工具、设备和辅助设施 （1）使用的机器、工具、设备和辅助设备的清单； （2）应用上述各项加工处理的材料； （3）应用上述各项生产的产品； （4）应用上述各项完成的服务
3. 工作条件 （1）工作环境； （2）组织的各种有关情况； （3）社会背景； （4）工作进度安排； （5）激励（包括精神激励和物质激励）	4. 对员工的要求 （1）与工作有关的特殊要求； （2）特定的技能； （3）特定教育和训练背景； （4）与工作相关的工作经验； （5）身体特征； （6）态度

（4）建立工作分析小组

为保证工作分析这项工作顺利进行，要成立一个工作分析小组，为开展工作分析做好上述人员的准备。小组成员通常由下面几类人员构成：一是企业的高层领导；二是工作分析人员，主要由人力资源管理专业人员和熟悉本部门情况的人员组成；三是外部专家和顾问等，他们具有丰富的经验和专门技术，可以对工作分析过程给予客观、公正、科学的评价。

（5）对工作分析人员进行培训

为保证工作分析的效果，还要由外部专家和顾问对本企业参加工作分析的小组成员进行业务上的培训。

（6）做好相关准备

①确定工作分析信息的用途。

②收集与工作有关的背景信息。

③选择有代表性的工作进行分析。

④收集工作分析信息。

⑤同承担工作的人共同审查所收集到的工作信息。

⑥编写工作说明书和工作规范。

2. 调查阶段

这是工作分析的第二个阶段。主要任务是对整个工作过程、工作环节、工作内容及工作人员等方面作一个全面调查。具体工作如下：

①编写调查问卷和调研提纲。具体内容应该包括：工作内容、工作职责、就职经验及相关知识、适岗年龄、所需教育程度、学习要求和技能训练的要求、与其他工作的联系、作业姿势、工作环境、作业对身体的影响、所需的心理品质、工作劳动强度等。

②到工作场地进行现场调查，观察工作流程，记录关键时间，调查工作必须用的工具与设备，考察工作的物理环境和社会环境。在收集信息时，可以收集企业的组织结构图、工作流程图、设备维护记录、设备设计图纸、工作区的设计图纸、培训手册和以前的职务说明书，这些信息对工作分析都有着非常重要的参考价值。

③对主管人员、在职人员广泛进行问卷调查，并与主管人员、员工代表进行面谈，收集有关工作的特征和需要的各种信息，征求改进意见，同时做好面谈记录。

④必要时工作分析人员可直接参与调查工作，或通过实验的方法分析各因素对工作的影响。

⑤分析人员在收集信息的过程中,应该让任职者和直属上司确认所收集到的材料真实、完整,使任职者易于接受人力资源部门根据资料调整制定的工作描述和工作规范。

3. 分析阶段

分析阶段是工作分析的第三个阶段。主要任务是对有关工作的特征和工作人员的特征的调查结果进行深入的总结分析,包括职务名称分析、职务规范分析(对工作任务、工作责任、工作关系及劳动强度的分析)、工作环境分析(对工作安全环境、社会心理环境等的分析)和任职资格分析(对任职者所必备的知识、经验、操作能力和心理素质的分析),具体工作如下:

(1) 整理资料

将收集到的信息按照工作说明书的各项要求进行归类整理,看是否有遗漏的项目,如果有,要返回上一个步骤,重新进行调查收集。

(2) 审查资料

资料进行归类整理之后,工作分析小组的成员要对所获得的工作信息的准确性、真实性进行审查,如有疑问,需要找相关工作人员进行核实,或者返回上一个步骤,重新进行调查。

(3) 分析资料

如果收集到的资料没有问题,就要对这些资料进行深入分析、归纳总结,分析必需的材料和要素,揭示各个职位的主要成分和关键因素,在分析的过程中,应当遵循以下三个基本原则:

①对工作活动应当进行分析,而非简单的罗列。工作分析是反映该职位的工作情况,但不是直接的反映,需要经过一定的加工。分析时,应当将某项职责分解为几个重要的组成部分,然后将其重新组合,而非对任务或活动的简单罗列。

②对岗不对人。工作分析应该只关心职位本身的情况,而不是任职者的任何情况。

③分析时应以当前的工作为依据。工作分析的任务是为了获取某一特定时间内的职位情况,因此应该以当前的工作现状为基础进行分析,而不能把自己的设想或臆测强加到工作分析当中,尽可能地确保分析的公平性和客观性。

4. 描述阶段

仅研究和分析完一组工作,并未真正完成工作分析,分析人员必须将获得的信息予以整理并写出报告。通常工作分析所获得的信息以下列方式进行整理:

(1) 文字说明

将工作分析获得的资料以文字说明的方式进行描述,列举工作名称、工作内容、工作设备与材料、工作环境与工作条件等。

(2) 工作列表及问卷

工作列表是把工作加以分析,对工作的内容及活动分项排列,让实际从事工作的人员对其进行评判,或填写分析所需时间及发生次数,了解工作内容。列表或问卷等形式均可。

(3) 活动分析

实质就是作业分析,通常是把工作的活动按工作系统与作业顺序一一列举,然后根据每一项作业进一步加以详细分析。活动分析多以观察或面谈的方法对现有工作加以分析,所有资料均可作为教育及训练的参考。

(4) 决定因素法

该方法是把完成某项工作的几项最重要的行为加以表列,在积极方面说明工作本身特别需要的因素,在消极方面说明亟待排除解决的因素。工作分析报告的编排应该根据分析的目的加以选择,以简短清晰的字句撰写说明式的报告初稿,送交有关主管和分管人员,获取补充建议后,再予以修正定稿。

5. 运用阶段

该阶段是对工作分析的验证，只有通过实践的检验，工作分析才具有可行性和有效性；才能不断适应外部环境的变化，从而不断完善工作分析的运行程序。该阶段的工作主要由两部分构成：

①培训工作分析的人员运用。这些人员在一定程度上影响着程序分析运行时的准确性、运行速度和费用。因此，培训运用人员可以增强管理活动的科学性和规范性。

②制定各种具体的应用文件。

6. 控制、评估阶段

控制阶段贯穿工作分析的始终，是一个不断调整的过程。随着时间的推移，任何事物都在变化，组织的生产经营活动也在不断变化当中，这些变化直接或者间接引起组织分工协作体制也发生相应的调整，从而也相应地引起工作的变化。因此，应当定期或者不定期地对工作说明书进行适当修改，通常至少一年需要修改一次。

对工作分析的评估可以通过对工作分析的灵活性和成本收益的权衡来说明。工作分析工作越细致，所花费的成本就越高，在职务分析的细致程度方面就需要实行最优化，从而简化人力资源管理的许多不必要的工作。但这也存在一个明显的缺点，即容易让员工对公司的报酬公平性产生怀疑。因此，到底采用何种方法，取决于企业所面临的特定环境。

第三节 工作分析的方法

案例 3-1   一个员工工作分析的案例

××公司有十几个业务员，这些业务人员的素质相差不大，但业绩相差很多。其中最明显的两个人是员工小王和小李，他们一个月的绩效居然能有5倍之差，奇怪的是，在一份对全体员工摸底调查的问卷中，大家却一致认为小李比小王更吃苦、更认真。于是人力资源部经理对两个人进行了一周的跟踪调查。

公司规定的上班时间是8:30—17:30，中午休息一个小时。一周跟踪下来的情况如下：小王平均8:21到公司，而小李8:05就到了公司；对小王、小李的专业业务掌握进行了综合测试，小李得分91，小王得分84；对两个人的人际关系能力进行了测试，小李得分89，小王得分81。

小李方方面面得分都很高，但他的业绩与小王相差很远，人力资源部经理通过走访调查分析之后发现，首先小李在电话预约客户时间上就存在问题，他打电话开拓新客户的时间，正好是多数公司客户负责人外出办事的时间，而小王打电话预约客户的时候，很多人还都在公司里没有出门。还有，小李走访客户很多没有进行事先预约，所以成功率自然低，而小王的走访事先都是预约过的。基于以上两点，人力资源部经理就找到小王、小李业绩差距明显的症结所在了。

根据这一结论，人力资源部经理让小李先调整工作时间的分配，采用小王的工作时间安排方式。调整后，经过一周的磨合，到了第二周，小李的成功率有了明显的提升，工作量反而有了一些下降。电话开拓新客户的数量为每天36个，成功数上升了22个，客户走访量仍然是5家，成功率上升到4家。两个月后，小李的业绩已经达到了小王的90%。

企业的人力资源管理，就是要对员工的工作行为进行跟踪记录，并在此基础上进行科学分析，来调整和引导员工的工作行为，在行为习惯中形成企业的管理文化。

收集工作分析信息的方法很多，可以分为两大类：以工作为中心的方法和以人为中心的方法。但目前没有一种能够提供一份完整的信息，所以对于不同规模、不同类型的组织，应选用不同的方法或者多种方法综合使用。

一、工作实践法

1. 工作实践法的含义

工作实践法就是工作分析人员亲自从事所要研究的工作，从而细致深入地了解、体验和分析工作的特点和要求，以达到工作分析的目的的方法。采用这种方法获取信息应该注意以下几个方面的问题：

①参加亲身体验工作的工作岗位必须是工作分析人员所能够理解和从事的。
②工作分析人员在进行工作实践时，不能给实际工作造成障碍。
③较危险的工作岗位或者具有一定安全性、保密性的岗位不适合采用工作实践法。
④对工作岗位的工作实践要保证一定的周期，以对岗位的相关信息有完整的认识。

2. 工作实践法的优缺点

工作实践法有很多优点，主要包括：
①直接、准确了解工作的实际任务和体力、环境、社会方面的要求。
②信息可靠性高。
③可以弥补不善表达的员工对于岗位信息提供的不足。
④可以收集到观察法所不能体会到的内容。

但工作实践法运用起来也有很大的局限性，主要表现在：
①时间成本高，效率低下。
②对于岗位分析人员的专业性要求太高，许多岗位根本无法亲身体验。
③体验周期和实践都不易确定。

二、观察法

1. 观察法的含义

观察法是一种典型的以工作为中心的方法，是指有关工作分析人员直接到现场，亲自对一个或者多个工作人员的工作行为进行观察、收集、记录等，包括有关工作的内容、工作时间的相互关系、人与工作的作用、工作环境、工作条件等信息。

观察法的使用原则：一是被观察的工作应相对静止、稳定，即在一定时间内，工作内容、工作程序及对工作人员的要求不会发生明显的变化；二是适用于大量标准化、周期较短并以体力劳动为主的工作，不适合于脑力劳动为主的工作；三是要注意工作行为样本的代表性；四是适用于工作内容主要是由身体活动来完成的工作，如保安人员等。例如，某企业生产车间的工作分析观察提纲如表3-3所示。

表3-3 某企业生产车间的工作分析观察提纲

被观察者的姓名：	日期：
观察者姓名：	观察时间：
工作类型：	工作部门：
观察内容：	
1. 什么时候开始正式工作：	9. 每次交谈约：　　　分钟

续表

2. 上午工作多少小时：	10. 室内温度：
3. 上午休息几次：	11. 抽了几次烟：
4. 第一次休息时间是从　　到	12. 喝了几次水：
5. 第二次休息时间是从　　到	13. 什么时候开始午休：
6. 上午完成产品　　件	14. 出了多少次品：
7. 平均多长时间完成一件产品：	15. 搬了多少原材料：
8. 与同事交谈几次：	16. 噪声分贝是多少：

2. 观察法的优缺点

观察法有很多优点，主要包括：

①操作较灵活，简单易行。

②直观、真实，能给岗位分析人员直接的感受，因而所获得的信息资料也比较准确。

③可以广泛了解信息，如工作活动内容、工作中的正式行为和非正式行为等。

但此方法的运用也存在很大的局限性，主要缺点有：

①时间成本很高，效率低下。

②观察周期不易确定，对于生产操作岗位较适合，但对于管理岗位和技术岗位不适合。

③由于专业所限，工作分析人员不能准确地对所有观察到的信息做出正确的判断。

④关于任职人员的任职资格条件是不能由观察得出的。

⑤在观察中，被观察者的行为可能与平时不一致，进而影响到观察结果的可信度。

三、访谈法

1. 访谈法的定义

访谈法是一种通过分析者与任职者之间面对面的交谈从而获得工作信息、达到工作分析的目的的方法。通常员工对自己所承担的工作最为了解，他们对工作情况最有发言权，因此，访谈法是收集工作分析信息的一种行之有效的方法。但在使用该方法时，工作分析者不应该只是简单消极地记录工作执行者对各种问题的反映，更应通过积极的引导来获得较为完整的信息。

访谈法主要包括个人访谈法、集体访谈法和主管访谈法三种。

个别访谈法适用于各个员工的工作有明显差别，工作分析的时间又相对充裕的情况下。

集体访谈法适用于大量员工做相同或相似工作的情况，以一种迅速而且代价相对较小的方式了解工作的内容和职责方面的情况。在进行集体访谈时，还要请工作承担者的主管到场。如果他们当时不能到场，事后也应该单独进行访谈，听取他们对被分析工作所包含的任务和职责等方面的看法。

主管访谈法是指同一个或多个主管面谈，了解所要分析工作的基本情况。主管们对于工作内容通常都有全面的了解，与主管面谈可以节省工作分析的时间。访谈时应注意以下几个方面：

①合理选取访谈对象。由于在工作分析的实践中，进行全员访谈的可能性很小，所以要认真选取访谈对象，并对重点访谈对象的访谈活动要有计划、分层次地进行。

②访谈要取得访谈对象的积极配合,事先要向对方说明访谈的目的和程序,保持访谈气氛的轻松、融洽、顺利和高效。

③最好是结构化的访谈,因此要提前制定访谈提纲,便于结果的统计整理。

④访谈时间点的选择,以及访谈的时间长度要合理。在访谈时间点的选取上,尽量选择访谈对象相对轻松的时间,不要干扰其他正常工作。

⑤访谈者的提问与表达要保持中立,不要介入和引导被访谈者的观点。

人员访谈中经常问到的问题如表3-4所示。

表3-4 岗位分析访谈常用问题

类型	常用问题
基本信息类	1. 您所在的岗位名称是什么? 2. 本岗位属于哪个部门?部门主管是谁? 3. 您从事本岗位多长时间?您在本单位工作了多长时间? 4. 您本人参加工作多长时间?是否一直从事本岗位相关工作?
任职条件类	1. 您认为从事本岗位工作需要什么样的学历水平? 2. 您认为从事本岗位工作需要什么样的经验水平? 3. 您认为从事本岗位工作需要什么样的专业技术水平? 4. 您认为从事本岗位工作还需要什么样的能力特点? 5. 您本人在学历、经验、专业技术水平及能力方面的现状是什么?
岗位职责类	1. 您所负责的日常工作有几大方面? 2. 这几项工作中最核心的工作是什么? 3. 这几项工作难度的最大限度是什么? 4. 您所在的岗位还管辖哪些岗位? 5. 除了对本岗位工作负责外,哪些工作出了问题也需要您来负责? 6. 您的工作是定时的还是不定时的?是否存在负荷不均?
沟通关系类	1. 您对谁直接负责?对谁间接负责? 2. 您管理的人员和岗位有哪些? 3. 在本部门内部,与您合作密切的岗位是什么? 4. 在本单位内,与您合作密切的跨部门岗位是什么? 5. 您是否需要与本单位以外的单位发生直接联系,双方的关系是什么?
工作条件类	1. 您从事本岗位工作在室内外工作时间的比例如何? 2. 您在工作中是否采用比较舒适的工作状态? 3. 您主要使用脑力还是体力劳动? 4. 本岗位工作使用什么样的设备? 5. 本岗位工作环境中存在什么样的不良因素? 6. 从事本岗位工作是否会患职业病?比如哪些?

2. 访谈法的优缺点

访谈法的优点很明显:

①互动性强。面对面的交流能够增加反馈,使访谈者能够更加深入了解需要了解的问题。

②可以唤起工作者的职责意识，规范其行为，从而有利于以后岗位描述的推行。

访谈法也存在着一些缺点：

①首先，这种方法比较浪费时间，效率不高，如果访谈对象很多的话更难操作。
②在不熟悉描述岗位的情况下，可能被访谈对象误导，从而出现信息收集的偏差。
③访谈法对操作者的要求较高，而且结果不易统计对比。
④访谈法经常会影响被访谈者的正常工作。

四、问卷法

1. 问卷法的定义

问卷法是工作分析中最常用的一种方法，采用问卷或者调查表的形式获取工作分析中的信息，实现工作分析的目的。问卷可以是封闭式的，也可以是开放式的。问题大多要求被调查者对其各种工作行为、工作特征和工作人员特征的重要性或频率做出描述或打分，然后对结果进行统计与分析，找出共同的有代表性的回答，并据此写出工作描述，再结合反馈该职务工作者的意见，进行补充和修改。

问卷法通常分为标准工作分析调查和指定工作分析调查两部分（表3-5和表3-6）。标准工作分析调查表问卷内容有普遍性，适合各种工作，指定工作分析调查表问卷内容具有特定性，每张调查表只适合指定的某项工作。

表3-5 标准工作分析调查表

1. 工作名称：_____
2. 适合此项工作的年龄：_____
A. 20岁以下　　　B. 21~35岁　　　C. 36~50岁　　　D. 51岁以上
3. 适合此项工作的性别：_____
A. 男　　　B. 女　　　C. 均可
4. 担任此项工作所需学历：_____
A. 高中　　　B. 大专　　　C. 本科　　　D. 研究生
5. 胜任该项工作所需要的工作经验：_____
A. 1年　　　B. 3年　　　C. 5年　　　D. 无具体要求
6. 担任该项工作对员工的人身安全和健康有何影响：_____
A. 无任何不良影响　　　B. 影响不大　　　C. 严重影响到工人人身安全与健康
7. 担任该工作的人员一般智力应在：_____
A. 30分以下　　　B. 31~60分　　　C. 61~90分　　　D. 91分以上

表 3-6　指定工作分析调查表（以推销员为例）

姓名：＿＿＿＿　　工作名称：＿＿＿＿　　所属部门：＿＿＿＿　　直接上司：＿＿＿＿
请准确回答下列问题： 1. 主要职责 从事该工作，每天需要完成哪些任务，承担什么责任？ 2. 教育 从事该项工作，需要接受过何种程度的教育？ 3. 经验 从事该项工作的人员，应具备哪些工作经验才能胜任？ 4. 培训 作为一名推销员，应对其进行哪些方面的培训，才能有助于工作的开展？ 5. 能力 作为一名推销员，以下哪些能力必不可少？ 　A. 口头表达能力　　　B. 明晰的思维能力　　　C. 良好的体魄　　　D. 创造力 6. 与客户的联系 作为一名推销员，应多长时间与客户联系一次？ 7. 责任 作为一名推销员，产品销售以前和销售出去以后，对产品对客户应承担哪些责任和义务？ 8. 特长 作为一名推销员，哪些品质尤其重要？

2. 问卷法的优缺点

问卷法是进行岗位分析时运用得最广泛的一种方法，主要是基于以下优点：
①收集信息量大且速度较快，可以实现短时期内获取大量岗位信息的目的。
②标准统一，便于统计分析，针对性强，易于发现普遍的规律性问题。
当然也存在着一些明显的不足：
①问卷设计难度较大，要想了解不同岗位和人员的特点，对设计者的要求非常高。
②有些问卷对阅读能力要求较高，限制了问卷的适用范围，也影响了使用效果。
③没有互动反馈，对于开放式问题的反映并不好，不能够深入，且容易遗漏信息。

五、工作日志法

1. 工作日志法的含义

工作日志法是由任职人员将每天的工作情况以日记的形式记录下来，并记录相关的责任、权利、人际关系、工作负荷及感受等，在此基础上进行综合整理。这种方法能完整记录整个工作程序。表 3-7 为工作日志填写实例。

表 3-7　工作日志填写实例

8月1日		工作开始时间：8:30			工作结束时间：17:30	
序号	工作活动名称	工作活动内容	工作活动结果	时间消耗	备注	
1	复印	协议文件	4张	6分	存档	
2	起草公文	贸易代理委托书	800字	1h15分	报上级审批	
3	贸易洽谈	玩具出口	1次	4h	承办	
4	布置工作	对日出口业务	1次	20分	指示	
5	会议	讨论东欧贸易	1次	1h30分	参与	
…						
16	请示	佣金数额	1次	20分	报批	
17	计算机录入	经营数据	2屏	1h	承办	
18	接待	参观	3人	35分	承办	

2. 工作日志法的优缺点

工作日志法是进行岗位分析所依据资料的重要来源，它具有几个优点：
①由于工作日志应是在工作不知觉状态下的忠实记录，因此资料来源比较可靠。
②工作记录本身非常翔实，提供的信息充分。
同样此方法也有很多的不足：
①需要积累的周期较长、时间成本高。
②资料口径可能与岗位分析的要求有出入，因而整理时工作量较大。
③工作日志往往有夸大的倾向，不利于信息的收集。

第四节　工作分析的实施与工作说明书的编写

一、工作分析的实施

由于所采用的工作分析方法不同，实施步骤也不相同，现介绍以观察、调查为主的工作分析实施步骤。

1. 工作信息的初步调查

浏览已有文件，对分析工作的主要内容、职责、工作流程图等有大致的了解。

2. 现场观察

目的是使分析人员熟悉工作现场的环境，了解他们使用的工具、设备、机器，一般的工作条件及主要的职责，由于部门主管比较熟悉情况，能随时回答分析人员的提问，因此观察时最好有部门主管陪同。

3. 拟定工作调查单

将要收集的有关工作信息事项尽可能详尽地列成调查单，编写时，要考虑到使用的方便性与实用性。

4. 进行工作调查

（1）现场调查

通过观察和询问，工作分析人员将每个职位的工作情况如实进行填写。

(2) 面谈

现场调查不便的，或为更详细地了解情况，可请有关人员进行面谈，由工作分析人员根据工作调查单边询问边填写。这样有利于提高收集资料的质量。如果为了不影响工作，也可以利用休息时间填写调查单。

5. 整理资料

对工作调查单进行整理，编写成工作说明书，在整理过程中，如对有些工作情况仍不清楚或有遗漏的，可再重新调查。

6. 审核及定稿

将工作说明书发给工作执行人员、分析人员、管理人员进行审核，要求审核人员根据事实逐字逐句进行审核，并进行逐级审核，即由每一职位的上级主管审核，并保证每一个职位至少由三个人审核，如有异议可暂停并进行讨论，直到意见统一，方可编写工作说明书和工作规范两套文件，并就形式等方面问题再一次征求意见后最终定稿。

二、工作描述与工作说明书的编写

例如，某仓管员工作岗位说明书如表3-8所示。

表3-8 某仓管员工作岗位说明书

部门	PMC部	职位	仓管员	岗位等级	B	岗位编号	PMC-03
任职条件	学历经验	高中以上学历并具备3年以上相关工作经验。					
	技能	1. 具有较强的沟通协调能力，熟悉工作计划、组织、执行、督促监督技能； 2. 熟悉各种电子线材及相关配件、物资的特性和性能； 3. 能熟练使用灭火器					
	知识	1. 物流管理知识、财务管理知识； 2. 计算机基础知识、办公软件知识； 3. 电子线材及配件、产品知识					
	职业素养	1. 责任心强，对工作认真、仔细、执行力强； 2. 团队精神、服务意识、廉洁奉公、忠诚度和进取精神					
岗位使命	1. 保证原材料、配件、成品等物资的质量以及人员的安全； 2. 保证完成物资、成本控制任务； 3. 对异常情况的汇报要及时、准确； 4. 5S定置管理符合要求						
岗位职责	1. 熟知物资的品名、特性、功能外观，做到眼勤、手勤、笔勤和心中有数； 2. 保管物资、账目清晰，每月对账盘点库存物资，低值易耗品必须做到账物相符； 3. 物资入库、出库前严格检查物资包装、数量及破损情况，发现问题立刻汇报； 4. 经常查物点数，分门别类管理，定期盘点，做到心中有数，拒绝外人或其他工作人员随意进入库房； 5. 物资摆放井然有序，做到一目了然，学会分析，呆滞积压库存的合理调整，提出建议； 6. 严格程序办理出入库、账、物、表三对清，当天业务当日完成，不许他人代办； 7. 定期参加部门人员培训； 8. 做好仓库5S定置管理工作						

续表

部门	PMC 部		职位	仓管员	岗位等级	B	岗位编号	PMC-03
工作关系	内部：纵向本部门上下级工作沟通协调，指令的执行；横向各部门沟通协调； 外部：一般情况本岗位不直接与公司外部机构或人员发生工作联系							
具体工作内容	指标	项目内容	说明				完成指标	时间比重
	入库	物资验收入库	1. 对入库物资的品种、规格、型号、质量、数量、包装等认真验收核对。按照有关标准严格验收，做到准确无误； 2. 入库物资验收应及时准确，不能拖拉，尽快验收完毕。如有问题及时提出验收记录，向主管人员反映，以便得到解决； 3. 物资验收合格后，应及时办理入库验收单，同时核对单据，核对无误后入库签字，并及时入账				入库管理	25%
	出库	物资出库	1. 出库应本着先进先出的原则，及时审核单据上的内容是否符合要求，核对库存物资是否准确，做好物资储备工作； 2. 准确按发料单的品种、规格、数量进行备料、复查，以免发生差错，做到账实相符； 3. 按照物资保存期限，对快要过期失效或变质的物资应在规定期限内发放，对能回收利用的材料尽可能利用，剩余材料回收利用，非正常手续不得出库				出库管理	25%
	保管	保管保养 5S 管理	1. 根据库存物资的性能和特点进行合理储存和保管，做到保质、保量、保安全合理放置； 2. 对不同的品种、规格、质量、等级的物资需分开，按先后顺序放置，以便先进先出； 3. 物资放置要整齐，怕潮湿物品要上盖下垫； 4. 注意防火、防潮、防湿，易燃材料要单独存放； 5. 所有物资要明码标识，搞好仓库 5S 管理工作； 6. 对于温、湿度要求高的材料，做好温度、湿度的调节控制工作，高温季节要防暑降温，梅雨季节要防潮、防霉；寒冷季节要防冻保温； 7. 要经常检查，随时掌握和发现材料的变质情况，并积极采取补救措施				物资管理	35%

　　收集完整、准确的工作信息并进行认真分析后，下一步就是编写工作描述和工作说明书了。企业实施工作分析的最终目的也是为了获得两份重要的文件：工作描述和工作说明书，以保证招人、用人、留人等一系列人力资源管理工作的顺利进行。

　　工作描述与工作说明书是企业管理的基本文件，对企业管理有着非常重要的作用。它不但可以帮助任职者了解其工作内容，明确责任范围，还可以为各级管理者的各项管理决策提供重要参考。

（一）工作描述与工作说明书的编写要求

1. 效果

如果是规模小于200人的小公司，就没必要再进行工作描述。小公司的工作职责通常都非常灵活，使用工作描述反而会增加工作困难，效果也不甚理想。

2. 决心

工作描述是发现组织内部结构错误的一种行之有效的方法，如果组织没有改正错误的勇气和决心，工作描述就起不到应有的作用。

3. 基础

工作描述之前的计划准备工作相当重要，因为工作描述会花费主管人员相当多的时间和精力。如果邀请专家和顾问，费用也会相当高，而没有工作计划，也将意味着对时间和金钱的双重浪费。

（二）工作描述与工作说明书的编写内容

1. 工作描述的编写内容

工作描述就是确定工作的具体特征，它包括：

（1）工作名称

指组织对从事一定工作活动所规定的工作名称或编号，以便对各种工作进行识别、登记、分类及确定组织内外的各种工作关系。

（2）工作活动和工作程序

包括所要完成的工作任务、工作责任、使用的原材料和机器设备、工作流程、与其他人的正式工作关系、接受监督及进行监督的性质和内容。

（3）工作环境

包括工作的物理环境、安全环境和社会环境。

物理环境，即湿度、温度、照明度、噪声、异味、粉尘、空间等因素，以及工作人员每日与这些因素接触的时间。

安全环境主要是工作的危险性，可能发生的事故，过去事故的发生率、事故的原因及对执行人员身体的哪些部分容易造成危害及危害程度，劳动安全卫生条件，易患的职业病、患病率及其危害程度。

社会环境包括工作所在地的生活方便程度、工作环境的孤独程度、各部门之间的关系、同事之间的关系等。

（4）聘用条件

包括工作时数、工资结构、支付工资的方法、福利待遇、该职务在组织中的正式位置、晋升的机会、工作的季节性、进修的机会等。

2. 工作说明书的编写内容

工作说明书主要是说明从事某项工作的人员必须具备的生理要求和心理要求。主要包括：

①一般要求。一般要求指有关工作程序和技术的要求、工作技能、工作经验、独立判断和思考的能力。

②生理要求。生理要求包括健康状况、体力与灵活程度、感觉器官的灵敏度等。

③心理要求。心理要求包括观察力、记忆力、注意力、解决问题和分析问题的能力、领导能力、创造力、语言表达能力、决策能力，还有性格、气质、兴趣爱好及合作精神等。

（三）工作描述与工作说明书的编写范例

1. 工作描述

表3-9和表3-10分别为某电子有限公司计量员和人事部经理职位工作描述表。

表 3-9 某电子有限公司计量员职位工作描述表

职务名称	计量员	上级职务	品质部经理	性别	不限
所属部门	品质管理部	工作性质	计量检定		
任职条件					
工作职责					
工作权限					
编　号		制定人		批准人	批准日期

任职条件：
1. 高中及以上学历或初级及以上专业技术职称，相关工作经验三年以上；
2. 熟悉本厂的产品技术及工艺流程；
3. 熟悉本公司的计量仪器及校验方法，具有一定的计量工作经验；
4. 具有本公司发放的计量人员授权书；
5. 工作细致，认真负责。

工作职责：
1. 负责制定计量仪器的计量检验周期，编制计量仪器清单；
2. 负责定期安排计量基准及外校仪器到计量检定站进行计量检定；
3. 负责评审计量检定站的计量检定结果；
4. 负责编制计量计划，并根据计量计划在有效日期终止前，发出计量通知；
5. 负责制定各类内校设备的计量、校验作业指导书，并据此进行计量及校验工作，填写并检查计量记录；
6. 负责对本公司合格计量仪器发放合格证或准用证；
7. 负责对本公司计量器具的日常管理。

工作权限：
1. 有权禁止无合格证或准用证的计量器具的使用；
2. 有权对违反计量管理规定的人员提出处罚建议；
3. 有权对不合格的计量器具提出维修、报废和更新建议。

表 3-10 某电子有限公司人事部经理职位工作描述表

职务名称	人事部经理	上级职务	总经理助理/财务总监	性别	不限
所属部门	人事部	工作性质	劳动人事工资管理		

任职条件：
1. 大学专科及以上学历或中级及以上专业技术职称，相关经验三年以上；
2. 熟悉国家和地方劳动政策法规，具有较强的组织协调能力，具有良好的外部关系，熟悉工厂人员情况；
3. 具有一定的教育经验，有一定的文字组织能力、口头表达能力和与人沟通能力；
4. 会使用电脑，能运用其进行辅助管理；
5. 工作细致，认真负责，作风正派，原则性强。

工作职责：
1. 负责员工的招募及解聘工作，参与干部的招聘和解聘工作；
2. 负责员工的劳动工资管理和劳动合同管理；
3. 负责全厂劳动纪律和考勤管理工作；
4. 组织、协调、参与职工的考核工作，建立健全职工考绩档案；
5. 组织参与劳动定额、工资政策、奖金方案的制定与修改；
6. 负责职工教育培训计划编制并组织实施；
7. 协助总经理协调劳动关系，处理劳动纠纷；
8. 负责社会保险业务的办理；
9. 对外负责与劳动、人事、社会保障部门的联络与沟通；
10. 培训及督导员工按相关 COP 程序和作业指导书作业；
11. 管理公司后勤日常工作。

续表

工作权限	1. 对员工的奖惩提出建议； 2. 对公司的劳动用工计划、岗位设置、编制核定提出建议； 3. 代表公司与劳动、人事、社会保障部门接洽； 4. 对公司的劳动人事工资制度提出改进建议和意见			
编号		制定人	批准人	批准日期

（资料来源：百度文库）

2. 工作说明书

表 3-11 和表 3-12 分别为某公司部门经理和某超市收银员工作岗位说明书。

表 3-11　某公司部门经理工作岗位说明书

一、岗位基本信息			
所在部门	某部门	岗位定员	1
岗位等级	××	岗位分析日期	2017-01-01
二、设岗目的			
根据系统实施部门职责要求负责公司的系统实施与维护工作，并为客户提供专业化增值服务；促进流程改善、文档完整、项目管理成熟度，向产品实施和专业化增值服务的方向努力			
三、工作关系			
内外	联系对象（部门或单位）		
内部关系	公司各部门		
外部关系	各外部客户		
	各外部合作单位		
四、职位职责、权利			
序号	工　作　职　责		
1	在项目开发完成（经最终测试和评审等通过）后，依据项目相关交付件，负责组织协调相关资源，确保系统顺利上线		
2	在实施阶段响应客户现场的服务请求，配合项目组解决项目实施阶段出现的技术问题		
3	负责系统上线后的技术支持服务工作，解决用户在使用系统过程中的突发事件，收集并跟踪客户的需求变化，并及时反馈给公司的其他相关部门		
4	根据具体实施进程，通过与客户的实际沟通，保证回款渠道顺畅		
5	在项目验收完毕后，负责成立维护项目组，依据项目交付件（必要时包括源代码）启动项目维护		
6	负责维护阶段响应用户现场的服务请求，配合项目组或依据项目交付件解决项目维护阶段出现的技术问题		
7	负责维护阶段用户系统日常管理，用户数据库管理、应用升级、打补丁和数据的安全性管理		
8	负责项目集成活动，在公司产品和平台的基础上，利用内外资源，通过产品组合、软硬件组合等方式为客户提供项目整体解决方案，进行项目集成		

续表

9	协助项目组和研发部门的IT咨询活动,帮助客户进行IT基础架构规划,为客户提供这方面咨询服务
10	负责实施资源管理、实施、维护、顾问等资源(人员)的规划、培养和日常管理
11	负责本部门管理及本部门各项工作的组织、监督、协调、落实。包括: A. 为各落实部门职责做好人力资源配置支持,协助员工角色定位与绩效评估,创造良好工作氛围; B. 负责工作需要的多方协调、协助各职能主管解决实际工作中出现的各种问题; C. 领导部门建立健全良好的沟通渠道;负责建设高效的组织团队; D. 协助综合管理部做好部门内部人事工作; E. 负责部门的员工职业发展计划的开发,提升员工的自身价值,以提高整个团队的服务水平
12	落实上级交办的其他事务
13	落实并提升客户服务的水平,为客户提供7×24的高效支持服务,及时响应客户的服务请求
14	确保公司的IT基础设施,如网络系统、邮件系统和关键服务器及应用的高可用性。建立一套完整的运维管理体系
主 要 权 利	
1	有对直接下级人员调配、奖惩的建议权和任免的提名权
2	对所属下级的工作有监督、检查权
3	对所属下级的工作争议有裁决权
4	对所属下级的管理能力、业务水平和业绩有考核评价权
5	有权签批下级报销在公司制度范围内的费用
6	在征得同意下,有对公司相关部门相关人力资源的调度权
7	有对相关项目各主要阶段的参与评审权
五、任职资格	
(一)教育程度	
学历专业	本科/硕士:计算机应用/信息技术/软件工程/管理
(二)工作经验	
专业经验	有丰富实际的软件开发经验,有多年丰富的软件项目实施经验和IT运维管理经验。有实际IT规划或相关咨询项目和客户应用支持管理经验
管理经验	熟悉软件开发过程,具备大型项目实施管理和部门实际管理经验
其他经验	熟悉集装箱运输业务及相关通关、物流等业务,有多年集装箱码头或相关通关、物流等行业的实际工作经验
(三)工作技能	
技能项目	具体描述(层次、水平、熟练程度等)
沟通和协调能力	具备较高的有效沟通和商务协调能力
技术能力	熟悉计算机的软硬件;研究并应用新的IT发展的技术和管理方法
管理能力	编写部门工作目标与工作计划; 激励下属员工,调动他们的工作积极性; 驱动员工按照部门目标进行工作,同时监控工作过程,对结果进行评估

表 3-12 某超市收银员工作岗位说明书

基本情况	职位名称	收银员	职位编号	
	所属部门	运营部	薪金级别	
	直接上级	运营部经理（主管）、店长	直接下属	
	设置目标	熟悉果品的货区、果品基本价位、收银业务、结算小票管理业务、收集和提供果品销售信息、顾客信息、退货处理及收银台安全职责		

职责	
	1. 熟悉本岗位的工作流程，做到规范运作
	2. 熟练掌握操作技能，确保结账、收款的及时、准确、无误
	3. 做好开业前的各项准备工作，确保收银工作的顺利进行
	4. 结账收款时，对所收现金要坚持唱收唱付，及时验钞，对支票要核实相关内容，减少门店风险
	5. 管好备用金，确保备用金的金额准确、存放安全
	6. 了解当日变价果品和特价果品，当顾客不多时，应替顾客做好商品装袋服务
	7. 管好用好发票，做到先结账，后开票，开票金额与所收现金及机打票金额必须相符；对退票、废票要及时更正
	8. 向财务交款前，需将现金、支票、信用卡分类汇总，与机打票核对相符，发现问题及时查找，避免损失
	9. 严格执行交接班制度，清点货款，整理账目，明确责任；检查机器运行情况，营业结束，按规定程序关闭机器、切断电源，将账款、周转金整理封包，交财务统一保管
	10. ……

	日常工作	1. 收银员应坚守工作岗位，站姿规范端正，不得脱岗、空岗，不准与别人闲谈，不做其他与工作无关的事情，集中精力收款。 2. 收银员一律使用普通话接待顾客，当接到顾客递过来的货币时，收银员要唱收唱付："收您××""找您××""钱数正好"等，同时迅速办妥收款手续，并将顾客所购商品装袋。 3. 完成收银手续后，应将找零连同收款机打出的小票提给顾客，不得将零钱扔在款台上，同时说"谢谢惠顾，您的小票请拿好"。 4. 收银员在说敬语时，双眼要注视顾客，并面带微笑	定期工作	1. 收银员应定期擦拭、清理收款机的打印机和键盘，打印机和键盘内不允许有灰尘或大头针、碎纸屑等异物。 2. 收银员应根据使用情况及时更换收款机的色带和券纸，以保证打印质量和保护打印头。 3. 收银设备在使用中出现故障，应及时上报给主管部门，收银员不得在未得到主管部门授权的情况下，擅自自行处理。 4. 定期向上级汇报顾客的消费情况和果品销售情况

续表

职权	1. 改善收银效率的建议权。		
	2. 参与汇报顾客消费情况的建议权。		
	3. 店面制度和工作流程的建议权。		
	4. ……		
工作条件	门店，POS 机		
关键业绩指标（KPI）	考核指标	指标权重	
	差错率	60%	
	顾客满意度	10%	
	内部员工满意度	10%	
	职业道德状况	10%	
	当月销售计划完成率	10%	
工作关系	内部工作关系	汇报	不定期向直接上级进行口头工作汇报
		督导	
		协调	协调好轮班的交接工作
			不定期向直接上级就收银事宜进行口头协调和沟通
	外部工作关系		与持会员卡的顾客保持好联系
任职资格	学历	初中以上文化	专业	不限
	年龄	18～30 周岁	性别	不限

续表

	性格	外向开朗、耐心尽责、富有亲和力			
	工作经验	一年以上收银工作经验			
	岗位所需知识	具备良好的思想品质和职业道德,具有较强的工作责任心,热爱企业,能自觉维护泰纳品牌			
		自觉遵守门店的各项规章制度和本岗位的纪律要求			
		1. 具备收银员的基本素质,反应灵敏,具备基本的动手操作能力,在收银员培训中成绩优异。 2. 具备良好的个人形象			
	岗位技能要求	熟练操作POS机	岗位技能培训要求	科目名称	课时数
		普通话标准,语素流利		收银员职业道德岗前培训	
				操作POS机岗前培训	
	职前培训	收银员职业道德培训			
		操作POS机培训			
职业发展	可晋升的职位	领班			
	可转换的职位	理货员、营业员			

本章小结

工作分析就是对工作岗位的内容、任职资格及工作关系等进行研究的过程,它是人力资源管理各项工作的基础,为后期的员工招聘与培训、考评及人力资源规划等其他工作提供重要依据。本章节首先介绍了工作分析的含义及重要作用,然后介绍了工作分析的基本流程及各种常用的工作分析方法,包括它们各自的定义、工作要点及优缺点;最后,作为工作分析的最终描述成果,本章介绍了工作描述和工作说明书的编写格式、注意事项并给出了部分参考案例。

通过本章的学习,能够使同学们充分认识到工作分析活动的重要性;熟悉常用的工作分析的方法,并能够掌握甚至编写不同岗位的工作描述和工作说明书。

课后思考练习

一、名词解释

工作要素　问卷调查法　非正式组织　岗位分析　工作规范

二、单项选择题

1. 工作分析最初产生于（　　）的工业企业中。
   A. 英国　　　　　B. 德国　　　　　C. 美国　　　　　D. 日本
2. （　　）适用于确定有关工作职责、工作内容、工作关系、劳动速度等方面的信息；适用范围局限于周期较短、状态稳定、复杂琐碎的工作。
   A. 工作日志法　　　　　　　　B. 职位分析问卷法
   C. 管理职位描述问卷法　　　　D. 职能工作分析法
3. 在编写（　　）时要遵循经常性和重要性原则。
   A. 工作说明　　　B. 工作概要　　　C. 工作描述　　　D. 工作关系
4. （　　）是指为了有效地达到组织目标并满足个人需要而进行的工作内容、工作职能和工作关系的设计。
   A. 工作评价　　　B. 工作设计　　　C. 工作分析　　　D. 岗位分析
5. 资料分析法的优点主要是（　　）。（此题为多选题）
   A. 灵活性高　　　B. 成本较低　　　C. 工作效率较高　　　D. 资料全面
   E. 能为进一步工作分析提供基础资料和信息

三、简答题

1. 简述工作分析的流程。
2. 简述工作分析的内容。
3. 访谈法的含义是什么？
4. 编写工作说明书应遵循哪些原则？
5. 简述企业进行工作分析的时机。
6. 编写一份秘书人员的工作岗位说明书。

四、案例分析题

张明是国企某公司的人事主管，在逐步认识到实行规范化、现代化人力资源管理的重要性后，她决定在企业内开展岗位规范工作，进行工作岗位分析，编制全公司职工的工作说明书，以求为公司人力资源管理的各环节打下一个良好基础。另外，作为国企的人事主管，她此举还有一个最直接的目的，就是想以此淘汰掉一大批不合格的人员：谁不能达到工作说明书的要求，就老老实实地下岗。那么这项工作该如何进行呢？张明先联系了几家人事咨询公司，但几次电话后，她觉得这些咨询公司的要价是公司领导无法接受的。自己做呢？人事部算上张明只有三个人，并且她们都没有专业学历。张明该如何做呢？

请思考：
1. 你是否同意张明的做法？
2. 如果同意，请你帮张明设计工作岗位分析的步骤和程序。

技能实训

一、实训内容

以学习小组为单位选择本校某一岗位为对象，运用观察法和访谈法对其工作进行分析，编写该岗位的工作说明书，请说明小组内各成员分工情况和完成作业的过程，并请附观察和访谈提纲。（参考岗位：学生食堂各工种，学院办公室，系部科室各岗位，图书馆、阅览室

各岗位，实训中心各岗位，后勤环卫、清洁及保卫各岗位等）

二、方法步骤

1. 五人为一个小组，对本校某一岗位的工作特点进行分析。
2. 以小组为单位撰写某岗位的工作说明书。
3. 每个小组派出一名代表在课堂上交流、讨论。

三、实训考核

1. 对某岗位的工作说明书要按要求给予成绩认定。
2. 对讨论交流的成果给予点评。

第四章

员工招聘

知识目标

1. 理解招聘的含义
2. 明确招聘的意义
3. 了解影响招聘的因素
4. 明确招聘的原则

技能目标

1. 掌握员工招聘流程
2. 熟悉员工招聘各流程实务操作
3. 了解员工录用工作相关要求

导入案例

动物农场招聘

有一个农场,因捕鼠科科长离职而造成场内鼠患成灾,农场总经理命令人力资源部经理:"五天之内要给我招一个捕鼠科科长回来,否则你也给我走人!"

人力资源部经理接到这个指示后,回去赶紧写了一张小红纸条,贴在了农场的大门口,上面这样写道:"本农场欲招捕鼠科科长一位,待遇优,福利好,有意者请来面试。"第二天,农场门口来了这么七位应聘者——鸡、鸭、羊、狗、猪、猫、猫头鹰。好,现在开始筛选。

第一轮筛选是学历筛选。鸡、鸭都是名牌大学的优秀毕业生,当然过关;羊和狗是大专毕业,也过关;猫和猫头鹰是高中毕业,人力资源部经理皱了皱眉头,也过关了。结果,第一关淘汰下来只有一位,那就是只读到小学二年级的猪先生。

第二轮是笔试。这当然难不倒大学毕业的鸡和鸭;羊因为平时勤勉,也勉强过关了;狗呢，上学的时候不太认真，碰到这些题目有些为难，可是它在这么短的一会儿时间内，已经给主考官鞠了六个躬，点了九次头，所以也过关了；猫头鹰本来是不会做的，可是它眼力好，偷看到了，所以也就抄过了关。只有猫因为坚持原则，不会做就是不会做，所以，这一轮被淘汰的只有猫。

第三轮是答辩，总经理、农场场主和人力资源部经理三个人坐在那里，应聘者一个接一个地进来。第一个是鸡，它一进来就说："我在学校时是学捕鼠专业的，曾经就如何掌握鼠的习性与行动方式写过一篇著作。"三个人一碰头，这个好，留下了。

第二个进来的是鸭，它说："我没有发表过什么著作，但是在大学期间，我一共发表了18篇有关鼠的论文，对于鼠的各个种类，我了若指掌。"这个也不错，也留下了。

第三个进来的是羊，羊说："我没有那么高的学历，也没有发表过什么论文、著作。但是我有一颗持之以恒的心和坚硬的蹄子。你们只要帮我找到老鼠洞口，然后我就站在那里，高举我的前蹄，看到有老鼠出来我就踩下去，十次当中应该会有两三次可以把鼠踩死，只要我坚持下去，相信有一天我会把老鼠消灭完的！"三个主考官被羊的这种精神感动了，于是羊也被录取了。

第四个进来的是狗，狗一进来就点头哈腰地说："瞧三位慈眉善目的，一定都是十分优秀的成功人士……"一顿马屁狂拍，三个人被拍得晕晕乎乎的，最终也录用了。

最后一个是猫头鹰，没有高学历，没有什么论文著作，唯一的成绩就是从事捕鼠一年多来抓了五六百只的田鼠，但是不会拍马屁，又长得恶形恶脸的，一点都不讨人喜欢，所以就被淘汰了。

至此，整个招聘活动结束了，真正会捕鼠的——猫、猫头鹰，都被淘汰了。招聘结束了，但是结果呢？当然是失败的……

案例分析

这是一则寓言故事，但真实地反映了某些公司的招聘真相。为什么会导致这个失败的结果呢？从这个故事来看，整个招聘的流程不够严谨，单纯以学历、外在的东西来招聘，忽略了招聘的本质，所以才会造成招聘的成功率不高。

企业究竟如何做好招聘工作？企业需要什么样的人？他们应该具备什么样的能力、素质？如何在面试过程中去辨别这些能力？应当通过什么样的渠道去搜寻这样的人才？一个成功的招聘需要完整和合理的流程，招聘方法也十分重要，只有把这些事情都做好了以后，才有可能把招聘成功率提升到一定的程度。

本章主要介绍员工招聘的基本概念、招聘流程、招聘方法，重点介绍招聘工作实务。

第一节 员工招聘概述

一、招聘的含义

1. 招聘的概念

招聘是指企业为了发展的需要，根据人力资源规划和工作分析的要求，寻找、吸引那些有能力又有兴趣到该企业任职的人员，并从中选出适宜人员予以录用的过程。招聘，一般由主体、载体及对象构成。主体就是用人者，也就是招聘单位，一般派出招聘专员具体负责招聘工作的组织和实施。载体是信息的传播体，也就是招聘信息传播的各类媒介。对象则是符合标准的应聘者。

2. 招聘的目标

①系统化的招聘管理可保证公司招聘工作的质量，为公司选拔合格、优秀的人才。如何提高招聘的有效性，是每一个企业都需要关注的问题，企业应根据不同岗位需求，灵活运用招聘方法，在保证招聘质量的情况下尽可能降低投入成本，通过与用人部门的积极配合、分工协作，提高招聘工作成效，减少招聘过程中的盲目性和随意性。

②实现员工个人与岗位的匹配是招聘的最终目的。这种匹配包括两个方面：一是岗位的要求与员工个人素质相匹配，二是工作报酬与员工个人的需要相匹配。要通过招聘把合适的人放在合适的岗位，量才适用，确保员工在工作岗位上能充分发挥主观能动性，从而提高企业核心竞争力。

二、招聘的意义

1. 招聘是企业获取人力资源的关键环节

企业从创建到发展，人力资源的状况都处于不断变化之中。随着企业发展阶段的不同，面临竞争环境的改变及竞争战略的调整，企业对人力资源的需求也会发生变化。

企业需要在不同时期获取不同的人力资源。对于新成立的企业，人员的招聘和选拔是企业成败的关键。只有招聘到符合企业发展目标，能够促进企业发展的员工，企业才能够具备利用物质资源的能力，从而进入正常的运营。对于已处于运作阶段的企业，由于需要应对外部环境的不断变化，招聘工作仍是一项关键性工作。企业在运行过程中，仍需要持续地获得符合企业需要的人才，从而保证自己在激烈的竞争中立于不败之地。因此，员工招聘是企业的一项经常性的工作，是获取人力资源的关键环节。

2. 招聘是企业人力资源管理工作的基础

人是一切管理工作的基础。招聘之所以是企业人力资源管理工作的基础，是由招聘工作的内容和劳动者在企业中的地位决定的。在整个人力资源管理体系中，招聘工作是一个基础环节，其他工作都是在招聘的基础上开展的。招聘工作做得好，就会形成一个比较优化的人力资源管理基础平台，使得后续工作得以高效开展。具体表现在以下几个方面：

①有效的招聘可以提高员工的满意度，降低员工流失率。有效的招聘意味着员工与他的工作岗位及工作薪酬相适应，员工在企业从事的工作能给他带来工作满意度和组织责任感，进而会减少员工旷工、士气低落和员工流动现象。

②有效的招聘可以减少员工的培训负担。新招聘员工的基本情况，如素质的高低、技能和知识的掌握程度、专业是否对口等，对后期员工的培训及使用都有很大影响。素质较好、知识技能较高、专业对口的员工接受培训的效果较好，经培训后成为合格员工，创造高绩效的概率也较高。

③有效的招聘可以增强团队工作士气。组织中大多数工作不是由员工单独完成，而是由多个员工共同组成的团队完成。这就要求组织在配备团队成员上，应了解和掌握员工在认知

和个性上的差异状况，按照工作要求合理搭配，使其能够和谐相处，创造最大化的团队工作绩效。所以，有效的招聘管理会增加团队的工作士气，使团队内部员工能彼此配合默契，愉快和高效率地工作。

3. 招聘是企业宣传的有效途径

对于企业而言，在招收到所需的各种人才的同时，招聘也是企业向外界展现良好形象的重要途径。在招聘过程中，企业利用各种渠道和各种形式发布招聘信息，除了吸引更多的求职者，还能让外界更好地了解企业。有些企业以高薪、优厚的待遇和精心设计的招聘过程来表明企业对人才的渴求和重视，显示企业的实力。

4. 招聘是企业履行社会责任的必经过程

提供就业岗位是企业必须承担的社会责任，招聘是企业履行这一社会责任的必经过程。在招聘中坚持公开、公平、公正的原则既是对企业负责，也是对社会负责。公开招聘信息，公正科学地选拔人才，保障求职者公平就业的权利，既是企业应尽的社会责任，也是国家相关法律法规的明确要求。

三、影响招聘的因素

招聘工作受到多方面因素的影响，主要有以下几种：

（一）外部因素

1. 国家的法律法规

国家的法律和法规，特别是劳动法对招聘工作有很大影响。劳动法既涉及组织和员工的利益，又关系到社会的稳定。劳动法规定，劳动者享有平等就业和选择职业的权利。企业在招聘工作中，可根据生产经营的需要自行确定机构设置和人员编制，但不得招聘在校学生，不满十六岁的未成年人；若招聘从事有毒有害作业和特别繁重体力劳动工种的，申请人最低年龄必须满十八岁。企业招聘不得歧视残障人士，劳动者不因民族、种族、性别、宗教信仰不同而受歧视。

2. 外部劳动力市场

在劳动力市场上，劳动者的供需情况会对企业招聘产生一定的影响。一方面，不同类型人员的供求状况存在很大差异。一般情况下，招聘岗位所需的技能要求越低，市场的供给就越充足，招聘工作相对容易。招聘岗位所需条件越高，劳动力市场的供给就越不足，招聘工作相对比较困难。另一方面，劳动力分布情况随着时间季节等因素的影响也在不断发生变化。例如，我国春节期间一般较容易发生用工荒的问题，此时企业招聘工作相对困难，而在各大高校毕业期间，招聘工作容易迎来高峰。这些都是受到劳动力市场因素不断变化影响的表现。

3. 外部经济发展水平

外部经济发展水平包括两个方面：一是招聘单位所在地区的经济发展水平，二是竞争对手的经济发展水平。由于我国经济发展不平衡造成了各地区人才分布的不平衡，经济发达地区各类人才蜂拥而至，为员工招聘提供了更多机会，而经济欠发达地区人才纷纷外流，增加了员工招聘的难度。竞争对手的经济实力及其他综合因素等都会对企业招聘工作产生一定影响，在招聘时，也要尽可能多地了解竞争对手的实力，这样才能提高企业的招聘效率。

(二) 内部因素

1. 企业的发展战略

企业的发展战略决定了企业对人力资源的需求状况。当企业处于快速发展时期，企业谋求进一步发展的情况下，对人力资源的需求较大；当企业在市场中处于劣势地位，发展较为困难的情况下，对人力资源的需求相对较少。

2. 企业的政策安排

企业的政策安排决定着招聘政策和招聘活动。一些大型企业由于工作岗位较多，一旦出现岗位空缺，更倾向于内部招聘，以便为员工提供更多的工作轮换和晋升机会，为员工发展创造空间。相对而言，小型企业更倾向于从组织外部招聘有岗位工作经验的人员。此外，企业的薪酬政策、培训政策等都对招聘有重大影响。

四、招聘的原则

1. 因事择人原则

所谓因事择人，就是员工的选聘应以实际工作需要和岗位空缺情况为出发点，以岗位对人员的实际要求为标准，根据岗位对任职者的资格要求选拔录用各类人才。遵循因事择人原则，一方面能够避免出现因人设岗现象带来的人浮于事、机构臃肿现象；另一方面可使员工与岗位相匹配，做到人尽其才，避免大材小用的人才浪费现象。

2. 经济效益原则

企业的员工招聘必须以确保企业的经济效益为目标。招聘计划的制订要以企业的需要为依据，以保证经济效益的提高为前提。因此，在招聘的时候不仅要考虑人员的素质，还要考虑报酬因素，综合分析对企业现在和将来经济效益的影响。坚持"可招可不招时尽量不招""可少招可多招时尽量少招"的原则，用尽可能低的招聘成本录用到合适的最佳人选。

3. 公开公平公正原则

企业招聘应贯彻公开公平公正原则，使整个招聘工作在社会监督之下开展。公开就是要公示招聘信息、招聘方法，这样既可以防止出现以权谋私、假公济私的现象，又能吸引大量应聘者。公平公正就是确保招聘制度给予合格应聘者平等的获选机会。遵循公开公平公正原则，可以有效防止不正之风，努力为有志之士、有才之子提供平等的竞争机会，还可以吸引大批的应聘者，扩大选择的范围，有利于人尽其才。

4. 竞争择优原则

竞争择优原则是指在员工招聘中引入竞争机制，在对应聘者的思想素质、道德品质、业务能力等方面进行全面考察的基础上，按照考察的成绩择优选拔录用员工。通过竞争上岗，择优录用，好中选优，优中选强，把人品和能力经得起检验的人选拔到合适的工作岗位上来，体现公平性，是让优秀人才脱颖而出的有效途径。

5. 双向选择原则

招聘是一个双向选择的过程。企业要选择能够胜任岗位工作，为企业创造价值的员工，而个人则是在寻找一份报酬公平，能够体现其个人价值的工作。双向选择能够实现人力资源的最优配置。企业要根据自身发展和岗位的要求实事求是地开展宣传，劳动者则根据自身能力和意愿，结合劳动力市场供求状况自主选择职业。双向选择原则一方面能使企业不断提高效益，改善自身形象，增强自身吸引力；另一方面，还能使劳动者为了获得理想的职业，努力提高自身的知识水平和专业素质，在招聘竞争中取胜。

第二节 员工招聘流程

一、招聘流程

员工招聘的流程包括招聘计划的制订、招聘信息发布、简历筛选、应聘者选拔、员工录用及招聘评估与总结等环节，如图 4-1 所示。

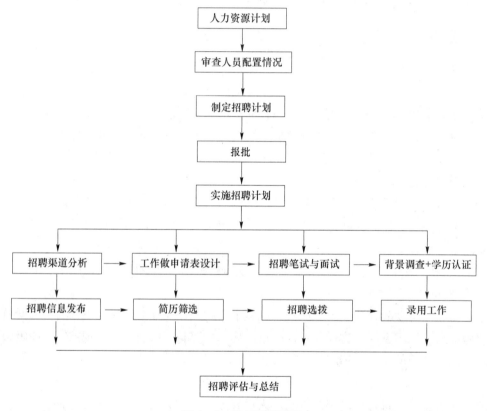

图 4-1 员工招聘流程

1. 招聘计划的制定

招聘计划是在人力资源计划基础上产生的。企业发现有些职位空缺需要有人来添补，就会提出员工招聘的要求。一份完整的招聘计划通常包括人员需求、招聘信息发布的时间和渠道、招聘小组人选、应聘者的考核方案、招聘费用预算及招聘的工作时间等。制订招聘计划是项复杂的工作，大型企业常聘请组织外部的人力资源问题专家制订和执行招聘计划，小型企业中通常由人力资源部人员负责此项工作。

2. 招聘信息发布

企业在做出招聘计划后，就可进行招聘信息发布工作。企业在发布招聘信息时，必须遵循一定的原则：第一，及时原则。招聘信息必须及时发布，这样可以使招聘信息尽早地向社会公布，有利于更多的人获取信息，使应聘人数增加。第二，面广原则。接收到信息的人越多，面越广，应聘的人也就越多，这样招聘到合适人选的概率也越大。第三，层次原则。招聘时要根据招聘岗位的特点，向特定层次的人员发布招聘信息。此外，招聘信息发布渠道的选择也十分重要。一般而言，广告招聘能够比其他的招聘方式吸引更多的应聘者。广告已经成为广大企业普遍采用的一种招聘方式。

3. 简历筛选

在众多的求职简历中筛选人才，是企业招聘的一项重要工作。规范的企业有详细的岗位说明书，按照岗位说明书精简出来的岗位描述和岗位要求是简历筛选的第一依据。简历与岗位说明书的匹配度越高，获得面试的机会也越大。在简历中需要满足的基本条件是教育程度、专业背景、相关工作经验、相关技能，简历的排版书写也是筛选的一项内容。只有在申请数量非常有限时，简历的筛选才会适度放宽条件。

4. 应聘者选拔

对应聘人员的选拔是招聘过程的重要步骤。选拔的方法主要有笔试、面试、情景模拟测试等，其中，面试是目前应用最为广泛、发展最为成熟的一种选拔方法。面试的过程要尽可能多地了解应聘者的各种信息，包括应聘者的工作经历、教育程度、家庭背景、现代社会适应特征、应聘者的动机与性格、情绪稳定性等。面试的目的主要是发现应聘者的态度、感情、思维方式、人格特征、行为特点及洞察其敬业精神。

5. 员工录用

经过简历筛选、面试等环节后，企业基本能够确定候选人。但在与候选人签订录用合同前，还必须对候选人进行背景调查及学历认证，主要是考察应聘者是否达到学历要求，过去的工作经历如何，是否有违法犯罪或者违纪等不良行为。一般来说，调查通常会由浅入深，主要采取电话（互联网）咨询、问卷调查和面对面访谈几种形式，必要的时候，企业还可向学校的学籍管理部门、历任雇佣公司的人事部门、档案管理部门进行公函式的调查，以得到最真实可靠的消息。如果背景调查及学历认证均无问题，那么就可以发出录用通知。

6. 招聘评估与总结

一般在一次招聘工作结束之后，都要对整个招聘工作做一个总结和评价，主要是对招聘结果、招聘的成本和效益及招聘方法进行评估，并将评估结果撰写成评估报告或工作总结，为下一次招聘提供借鉴。

二、招聘渠道

企业进行员工招聘的渠道一般有两种，即内部招聘和外部招聘。

1. 内部招聘

内部招聘是指在企业内部通过晋升、竞聘或人员调配等方式，由企业内部的人员来弥补空缺职位。企业内部招聘和人才选拔机制的确立，有利于员工的职业生涯发展，留住核心人才，形成人力资源内部的优化配置。

内部招聘对企业而言，有很多优点。首先，内部招聘可以使企业得到大量自己非常熟悉的员工，不必再花费很大力气去认识和了解新员工。其次，这些应聘者对企业的状况及空缺职位的性质都比较了解，省去了很多适应岗位的麻烦。但如果企业仅仅采用内部招聘的做法,久而久之会出现思维僵化、"近亲繁殖"等弊端,很难适应创新的市场要求。

2. 外部招聘

外部招聘是指从企业外部获取符合空缺职位工作要求的人员来弥补企业的人力资源短缺,或为企业储备人才。当企业内部的人力资源不能满足企业发展的需要时,如某些初等职位及一些特定的高层职位,企业内部可能没有合适的人选,则应选择通过外部渠道进行招聘。从外部招聘的人员可以为组织带来新的思维模式和新的理念,有利于组织的创新。

外部招聘和内部招聘两种渠道各有其优点和缺点,具体如表4-1所示。

表4-1 内部招聘和外部招聘的优缺点比较

内部招聘	外部招聘
优点: 组织对候选人的能力有清晰的认识 候选人了解工作要求和组织 鼓励高绩效,有利于鼓舞员工士气 更低的成本	优点: 更大的候选人选择空间 会把新的技能和想法带入组织 降低徇私的可能性 激励老员工保持竞争力,发展技能
缺点: 会导致"近亲繁殖"状态 会导致为了提升的"政治性行为" 需要有效的培训和评估系统 可能会因操作不公或心理因素导致内部矛盾	缺点: 增加与招聘和甄选相关的难度和风险 需要更长的培训和适应阶段 内部员工可能感到自己被忽略 新的候选人可能并不适应企业文化 增加搜寻成本

(资料来源:[Australian] Mater Human Resource Guide 2002, p.198, the global law firm.)

三、招聘方法

1. 内部招聘的方法

(1)内部晋升或岗位轮换

内部晋升是指企业内部符合条件的员工从现有的岗位晋升到更高层次岗位的过程。岗位轮换是指企业有计划地按照大体确定的期限,让员工轮换担任若干种不同工作的人才培养方式。

内部晋升和岗位轮换需要建立在系统的职位管理和员工职业生涯规划管理体系的基础之上。首先,要建立一套完善的职位体系,明确不同职位的关键职责、职位级别、职位的晋升轮换关系,指明哪些职位可以晋升到哪些职位,哪些职位之间可以进行轮换。其次,企业要建立完善的职业生涯管理体系。在每次绩效评定的时候,企业要对员工的工作目标完成情况及工作能力进行评估,建立员工发展档案。同时,要了解员工个人的职业发展愿望,根据员工意愿及发展可能性进行岗位的有序轮换,并提升有潜力的业绩优秀的员工。

(2)内部公开招聘

在公司内部有职位空缺时,可以通过内部公告的形式进行公开招聘。一般的做法是在公司的内部主页、公告栏或以电子邮件的方式通告给全体员工,符合条件的员工可以根据自己的意愿自由应聘。这种招聘方法能够给员工提供一个公平选择工作岗位的机会,能使企业内最合适的员工有机会从事该工作，有利于调动员工的积极性，更符合"人性化管理"理念。但这种方法若采用不当，会使企业内部缺乏稳定，影响落选员工的工作积极性和工作表现。为保证招聘的质量，对应聘内部招聘岗位的员工需要有一定的条件限定，鼓励工作负责、成绩优秀的员工合理流动。同时，参加内部应聘的员工也要像外部招聘的候选人一样接受选拔评价程序，对于经过选拔评价符合任职资格的员工才能予以录用。

（3）内部员工推荐

当企业内部出现职位空缺时，不仅要鼓励内部员工应聘，还要鼓励员工为公司推荐优秀人才。这里包含了两个方面的内容：一是本部门主管对员工的推荐，二是内部员工的评价推荐。主管对本部门员工的工作能力有较为全面的了解，通常当部门主管有权挑选或决定晋升人选时，他们会更关注员工的工作细节和潜在能力，会在人员培养方面投入更多的精力，同时会促使那些正在寻求晋升机会的员工努力争取更好的工作表现。但由于主管推荐很难不受主观因素的影响，多数员工会质疑这种方式的公平性，因此，主管推荐还应与员工评价相结合，从而保证推荐工作的客观性和公正性。同时，为了保证内部推荐的质量，企业还必须对推荐者的推荐情况进行跟踪和记录，以确保推荐的可靠性。

（4）临时人员转正

企业由于岗位需要会雇佣临时人员，这些临时员工也是补充职位空缺的来源。正式岗位出现空缺，而临时人员的能力和资格又符合所需岗位的任职资格要求时，可以考虑临时人员转正，以补充空缺。

2. 外部招聘的方法

（1）发布招聘广告

所谓招聘广告，即将企业有关岗位招聘的信息刊登在适当的媒体上，如报纸、杂志、电视、网站，或散发印刷品等，这是一种最为普遍的招聘方式。刊登的内容一般包括：公司的简单介绍，岗位需求，申请人的资历、学历、能力要求等。这种招聘方式的优点是，覆盖面比较广，发布职位信息多，信息发布迅速，联系快捷方便。缺点是对应聘者信息的真实性较难辨别，成本较高。各种媒体广告都有其不同的优缺点和适用情况，因此在发布招聘广告时，对媒体的选择尤为重要。表4-2对各种媒体广告进行了比较。

表4-2 招聘广告媒体的比较

媒体类型	适用情形	主要优点	主要缺点
报纸	比较适合于在某个特定地区招聘（这是由发行量大的报纸都具有区域性特点决定的）； 比较适合在短期内需要得到补充的空缺职位； 适合于候选人数量较大的职位； 适合于较高流失率的行业或职位	发行量大； 能够迅速将信息传达给读者； 广告的大小可以灵活选择	发行对象比较复杂，可能很多读者并不是用人单位所要寻找的职位候选人； 保留时间短，很多报纸只能在某一天被人看到，而潜在的候选人可能会错过这个时间； 报纸的纸质和印刷质量可能对广告的设计造成限制

续表

媒体类型	适用情形	主要优点	主要缺点
杂志	当要寻找的职位候选人集中在某个专业领域中时，选择该领域中人们广泛阅读的杂志会比较合适； 所需要的候选人地区分布较广； 空缺职位并非迫切需要补充	接触目标群体的概率比较大； 杂志便于保存，能够在较长时间内被看到； 杂志的纸质和印刷质量相对于报纸要好	申请的职位的期限会比较长； 发行的地域可能较为分散； 广告的预约期较长
广播电视	当公司需要迅速扩大影响时，可以将企业形象的宣传与人员招聘同时进行； 需要招聘大量人员时； 用于引起求职者对其他媒体上广告的注意	可以产生有较强冲击力的视听效果； 如果选择黄金时段则受众人数众多； 容易给人留下深刻印象	广告的时间较短； 费用比较昂贵； 缺乏持久性； 存在为不可能的接受者付费的问题
网站广告	适用于有机会使用网络的人群； 不论急需招聘的岗位还是长期招聘的岗位都适合	不受时间空间的限制； 方式灵活、快捷； 可以与招聘及人力资源管理的其他环节形成整体； 成本不高	没有在网站上查找工作的潜在候选人可能会看不到招聘信息
印刷品	在特殊的场合比较适合，如展示会、招聘会等，或者在校园等特殊的地点； 适合与其他形式的招聘活动配合使用	容易引起应聘者的兴趣，并引发他们的行动	宣传力度比较有限； 有些印刷品可能会被人抛弃

(2) 就业服务机构和猎头公司

就业服务机构是指帮助企业挑选人才，为求职者推荐工作单位的组织，根据举办方的性质可分为公共就业服务机构和私人就业服务机构。公共就业服务机构是由政府举办，向用人单位和求职者提供就业信息，并帮助解决就业困难的公益性组织，如我国各地市人事局下设的人才服务中心。随着人力资源流动的频繁，我国也出现了大量的私人就业中介机构。除提供与公共就业机构相同的服务职能外，更侧重于为企业提供代理招聘的服务，也就是招聘外包的解决方案。这类就业服务机构主要适用于招聘初级人才、中高年龄人才和一些技术工人。经就业服务机构推荐的人员一般都经过筛选，因此招聘成功率比较高，上岗效果也比较好；一些规范化的交流中心还能提供后续服务，使招聘企业感到放心，招聘快捷，省时省力，针对性强，费用低廉。

猎头公司是依靠猎取社会所需各类高级人才而生存、获利的中介组织。因此，主要适用于招聘那些工作经验比较丰富、在行业中和相应岗位上比较难得的尖端人才。这种源于西方国家的招聘方式，近年来成为我国不少企业招聘高级管理人员时的首选。但因其高额的收费，只能是在有足够的招聘经费预算的情况下，为企业非常重要的职位招聘时选择。

（3）校园招聘

当企业需要招聘财务、计算机、工程管理、法律、行政管理等领域的专业化工作的初级水平的员工，或为企业培养和储备专业技术人才和管理人才时，校园招聘是达到以上招聘目的的最佳方式。校园招聘的主要方式是张贴招聘广告、设摊摆点招聘、举办招聘讲座和校园招聘会及学校推荐等。在整个过程中，要熟悉招聘应届毕业生的流程和时间限制，特别加强与高校就业指导部门的联系，办理好接收应届毕业生的相关人事手续。校园招聘的应聘者一般都是应届大学生，他们普遍是年轻人，学历较高，工作经验少，可塑性强，进入工作岗位后能较快地熟悉业务。但由于毕业生缺乏工作经验，企业在将来的岗位培训上成本较高，且不少学生由于刚步入社会，对自己的定位还不清楚，工作的流动性也比较大。此外，毕业生往往面对多家企业的挑选，特别是出类拔萃的人选，很可能同时被多家企业录用，违约是比较常见的现象，也使得校园招聘成本比较高。

（4）人才交流会

随着人力资源市场的建立和发展，人才交流会成为重要的招聘形式。通常人才交流会是由有资格的政府职能部门或下属机构主办，有明确的主题，专门针对一个或少数几个领域开展人才交流活动。实际上就是为企业和应聘者牵线搭桥，使企业和应聘者可以直接进行接洽和交流，既节省了企业和应聘者的时间，还可以为招聘负责人提供不少有价值的信息。这种方法对招聘通用类专业的中级人才和初级人才比较有效。由于应聘者集中，人才分布领域广泛，企业的选择余地较大，企业通过人才交流会，不仅可以了解当地人力资源素质和走向，还可以了解同行业其他企业的人事政策等情况，而且招聘费用比较少，招聘周期较短，招聘工作量较小，能尽快招聘到所需人才。

（5）网络招聘

网络招聘也被称为电子招聘，是指通过技术手段的运用，帮助企业完成招聘的过程，即企业通过公司自己的网站、第三方招聘网站等机构，使用建立数据库或搜索引擎等工具来完成招聘的一种方式。

网络招聘已逐渐成为人员招聘最为重要的方式之一。数以万计的专门的求职招聘网站、大型门户网站的招聘频道和网上人才信息数据库等成为新兴的"人才市场"。网络招聘的兴起不仅是因为其成本低廉，更重要的是因为网络招聘是现存各种招聘方式中最符合未来社会人才高速流转要求的，而且随着网络音频、视频技术的飞速革新，网络招聘缺乏立体感的死结也将打开，应该说网络招聘的前景十分广阔。不过，网络招聘要警惕和排除虚假信息的感染，以免影响组织招聘的效益和效率。

网络招聘有以下几种渠道：

①注册成为人才网站的会员，在人才网站上发布招聘信息，收集求职者的信息资料，这是目前大多数企业在网上招聘的方式。由于人才网站上资料全，日访问量高，所以企业往往能较快招聘到合适的人才。同时，由于人才网站收费较低，很多企业往往会同时在几家网站注册会员，这样可以收到众多求职者的资料，可挑选的余地较大。

②在企业自己的主页或网站上发布招聘信息。很多企业在自己的站点上发布招聘信息，

以吸引来访问的人员加入。

③在某些专业的网站发布招聘信息。由于专业网站往往能聚集某一行业的精英，在这样的网站发布招聘信息往往效果更好。

④在特定的网站上发布招聘广告。有些公司会选择在一些浏览量很大的网站做招聘广告。

⑤利用搜索引擎搜索相关专业网站及网页，发现可用人才。

⑥通过网络猎头公司。专业的网络猎头公司利用互联网将其触角伸得更深更远，搜寻的范围更加广阔。

⑦在 BBS、聊天室里发现和挖掘出色人才。

网络招聘具有覆盖面广、方便、快捷、时效性强、成本低和针对性强等优势，但也存在着信息真实度低、应用范围狭窄、基础环境薄弱、信息处理的难度大和网络招聘的成功率较低等不足。

综上所述，员工招聘的方法是多种多样的，并有着各自不同的特点。在具体实施招聘工作时，企业要结合自身实际情况，灵活运用，选择适合的招聘方式。

第三节 员工招聘实务

一、招聘计划制定

招聘计划是根据企业的人力资源规划，在工作分析的基础上，通过分析与预测组织岗位空缺及合格员工获得的可能性，所制订的实现员工补充的一系列工作安排。

1. 招聘计划的内容

一份完整的招聘计划通常包括以下内容：

①人员需求，包括招聘的岗位名称、人数、任职资格要求等内容。

②招聘信息发布的时间和渠道。

③招聘小组人选，包括小组人员姓名、职务、各自的职责。

④应聘者的考核方案，包括考核的方式、考核的场所、答题时间、题目设计者姓名等。

⑤招聘费用预算，包括资料费、广告费等其他费用。

⑥招聘的工作时间，包括招聘的具体时间安排、招聘的截止日期。

2. 招聘计划的编写步骤

招聘计划的编写一般包括以下步骤：

①获取人员需求信息。人员需求信息一般来源于三个方面：一是企业人力资源计划中的明确规定；二是企业在职人员离职产生的空缺；三是部门经理递交的经领导批准的招聘申请。

②选择招聘信息的发布时间和发布渠道。

③初步确定招聘小组。

④初步确定选择考核方案。

⑤明确招聘预算。

⑥编写招聘工作时间表。
3. 实例介绍

案例 4-1　某公司年度招聘计划书

一、招聘目的及意义

随着企业规模的不断扩大，企业对人才的需求也是日益增长。本着发扬企业文化，提高企业员工整体素质，获取企业发展所需人才的宗旨，结合公司发展战略及相关计划安排，特制订以下年度招聘计划。

二、招聘原则

公司招聘员工应以用人所长、容人之短、追求业绩、鼓励进步为宗旨；以面向社会、公开招聘、全面考核、择优录用、相关专业优先为原则；从学识、品德、能力、经验、符合岗位要求等方面进行全面审核，确保为企业吸引到合适的人才。

三、招聘需求分析

目前公司员工共10人，其中内勤人数为3人，销售人员5人，管理人员2人，销售人员相对比例低，公司业务发展受限。为提高企业的业务量，扩大企业的经营规模，保证企业战略目标的实现，因此下一年度的招聘计划应该以招聘业务人员作为工作重心，内勤的辅助管理人员则按需招聘，同时做好企业人才库的整理、更新工作，增加企业的人才储备，为企业战略的实施做好硬件准备。目前拟招聘业务主管3名，电商市场专员1名，微商市场专员1名，企划1名，文秘1名。

四、招聘方式

1. 社会招聘

①公司招聘面试会：主要通过前程无忧和人才中介进行招聘，开展集体面试招聘会。

②社会双选招聘会：参加人力资源市场或政府组织的各种大小型企业集体双向选择招聘会。

2. 校园招聘

①校园专场宣讲会：和各大专科院校达成合作协议，进校园开展专场校园招聘宣讲会。

②校园双选招聘会：参加各大高等院校组织的大型校园双向选择招聘会。

五、招聘的实施

1. 第一阶段

2月下旬至4月初，求职高峰阶段，以社会招聘为主，具体方案如下：

①积极组织开展公司招聘面试会。

②每场招聘会根据规模，原则上安排至少2人以上负责现场面试，1人以上负责公司介绍，1人协助管理，保证所有参会人员都知晓我公司及招聘职位情况。

③积极参加人力资源市场和政府组织的各种集体双选招聘会。

④发动公司内部员工推荐。

⑤坚持每天刷新网络招聘信息，认真进行简历筛选，并与求职者联系，做好面试前的电话邀约和面试结果的及时通知。

⑥做好人才库的更新工作。

2. 第二阶段

4月中旬至6月，此阶段求职热潮逐渐冷淡，新增应聘人员较少，同时各高校陆续进入毕业季,有大批毕业生即将进入社会。因此,这段时间以公司组织招聘面试会为主,着重关注各高校的应届毕业生,做好高素质人才的储备工作,具体方案如下:

①坚持每天刷新网络招聘信息,争取不错过每一场招聘面试会。

②做好与各大高校的沟通交流工作,了解学校的就业需求,积极开展招聘组织工作。

③做好人才库的更新工作。

3. 第三阶段

6月底至8月底,此阶段整体求职人员数量较少且分散,故此段时间,以社会招聘为主,具体如下:

①坚持每天刷新网络招聘信息,认真进行简历筛选,并与求职者联系。

②主动搜寻补充人才库,补充少数岗位的空缺及离职补缺。

③组织部门架构的了解分析、在岗人员的了解分析。

④对当年新入职人员的关注、沟通、培训、统计分析。

⑤计划下半年的校园招聘会。

4. 第四阶段

9月初至12月中旬,此阶段各大高校都将陆续举办校园招聘会,此阶段主要以校园招聘会为主,社会招聘为辅,主要招聘各部门的储备性人才,具体如下:

①积极参加各校园双选招聘会,对工科类院校筹备公司单独举办专场招聘会。

②网络招聘平台及人才中介等信息正常刷新关注。

③社会招聘根据实际情况适当安排,不作为主要招聘方式。

5. 第五阶段

12月底至2017年1月底,此阶段,整体招聘环境不理想,主要关注同行业优秀人才,增加人才库高等人才的信息收集,以年度人力资源规划、总结报告及工作分析为主要工作,非紧急新增岗位,不重点做招聘工作,具体如下:

①公司年度招聘效果分析、公司人力资源分析、协助公司战略分析与讨论。

②编制年度人力资源规划。

③部门工作总结、讨论、分析,沟通确定新年部门工作计划,编制公司人才培养体系,建立人才成长计划。

④建立并完善人力资源管理制度、流程及体系。

⑤申报筹备2017年年度招聘计划。

六、公司面试

人事行政部经过初步的简历筛选后会在一个星期内通知应聘者参加面试初试。

1. 公司面试流程公布,原则上所有应聘人员,均需由人事行政部初试合格后,推荐给部门领导安排相关人员进行专业面试,专业面试合格者由人事行政部负责沟通确定试用期及相关薪资福利待遇。

2. 分公司及各部门人员岗位设置配备由各部室申请,人事行政部根据实际运营需要批准同意后生效,复试合格人员信息报公司人事行政部及相关领导确定后,即可办理入职手续,人事行政部应全力配合各分公司及各部门的人员招聘工作。

3. 面试要注意前期气氛的铺垫,双方互相介绍。

4. 面试评价。

七、录用决策

企业根据面试的综合结果，将会在最后一轮面试结束当天内告知应聘者结果，并告知录用者办理手续信息。

八、招聘效果统计分析

①人力资源部应及时更新员工花名册，每三个月做一次全面的招聘效果统计分析。

②根据效果分析的结果，调整改进工作。

③定期对新入职不足1年的员工作沟通了解，并采取相应的管理措施和方法。

案例 4-2   **××公司员工招聘计划书**

一、人员需求

岗位名称	人员数量	资格要求
软件工程师	5	本科以上学历，35岁以下
销售代表	3	本科以上学历，相关工作经验3年以上
行政专员	3	本科以上学历，1年以上行政管理相关工作经验

二、信息发布时间和渠道

1. ××日报　　　1月18日
2. ××招聘网站　1月18日

三、招聘小组成员名单

组长：张×（人力资源部经理）对招聘活动全面负责

成员：曾×（人力资源部薪酬专员）负责应聘人员接待、应聘资料整理

　　　李×（人力资源部招聘专员）负责招聘信息发布、面试、笔试安排

四、选拔方案

1. 软件工程师

资料筛选　　　开发部经理

初试（笔试）　开发部命题小组

复试（面试）　开发部经理

2. 销售代表

资料筛选　　　销售部经理

初试（面试）　销售部经理

复试（面试）　销售部副总经理

3. 行政专员

资料筛选　　　行政部经理

初试（笔试）　行政部命题小组

复试（面试）　行政部经理

五、招聘预算

××日报广告刊登费　　　5 000元

××招聘网站信息刊登费　1 000元

合计： 6 000元

六、招聘工作时间表

1月11日：起草招聘广告

1月12—13日：进行招聘广告版面设计

1月14日：与报社、网站进行联系

1月18日：报社、网站刊登广告

1月19—25日：接待应聘者，整理应聘资料，对资料进行筛选

1月26日：通知应聘者笔试

1月27日：进行笔试

1月29日：进行面试

1月30日：向通过复试的人员通知录用

2月1日：新员工上班

公司人力资源部
年　月　日

二、招聘广告撰写

招聘广告是企业员工招聘的重要工具之一。广告设计的好坏，直接影响到应聘者的素质和企业的竞争能力。

1. 招聘广告的编写原则

（1）真实

真实是招聘广告编写的首要原则。招聘广告的编写必须保证内容客观、真实，对广告中涉及的录用人员的劳动合同、薪酬、福利等政策必须兑现。

（2）合法

广告中出现的信息要符合国家和地方的法律、法规和政策。

（3）简洁

广告的编写要简洁明了，重点突出招聘岗位名称、任职资格、工作职责、工作地点、薪资水平、社会保障、福利待遇、联系方式等内容。对公司的介绍要简明扼要，不要喧宾夺主。

2. 招聘广告的内容

不同媒介使用的广告形式有所不同，但广告的内容基本相似。招聘广告的内容包括以下几方面：

①广告题目，一般是"××公司招聘""高薪诚聘"等。

②公司简介，包括公司的全称、性质、主营业务等，文字要简明扼要。

③招聘岗位，包括岗位名称、任职资格、工作职责、工作地点等内容。

④人事政策，包括公司的薪酬政策、社会保障政策、福利政策、培训政策等内容。

⑤联系方式，包括公司地址、联系电话、传真、网址、电子邮箱、联系人等内容。

3. 实例介绍

案例4-3

××有限公司招聘简章

××有限公司成立于2005年7月，注册资本2亿元，位于×××市经济转型开发区，是一家专业生产季戊四醇系列产品的国有控股高新技术企业。公司主产品为季戊四醇、乙醇，产品畅销美、日、韩、欧洲等35个发达国家和地区及国内20多个省市。公司自创立以

来，一贯坚持"为顾客创造价值，为员工创造平台，为股东创造效益，为社会承担责任"的宗旨，重视环境保护和安全生产，形成了具有自身特色的企业文化。因发展需要，特诚聘优秀人士加盟。

招聘岗位如下：

招聘岗位	人数	性别	年龄	学历	专业要求	岗位职责
证券人员	1	男	30岁以下	本科	金融证券 财务会计专业	公司上市财务、证券相关工作
销售员	3	男	30岁以下	本科	市场营销	按计划完成公司产品销售工作
化验员	2	男	30岁以下	大专	化学分析与检测、精细化工	对公司原料、产品进行质量检测检验；监督生产过程，为生产提供数据支持；质量分析结果偏差判断并优化分析方法等
安全员	3	男	30岁以下	大专	环境安全、化工相关专业	对生产现场进行安全监督、检查、指导，并做好安全检查记录；组织安全检查、安全教育、安全活动和特种作业人员培训考核
工艺技术员	8	男	35岁以下	本科	化学工程与工艺	熟悉公司生产工艺；对异常生产情况及时做出分析、调整；参与技术改造及研发工作等

福利待遇：

　　公司根据各岗位确定工资标准，为所有正式员工购买五险一金，并有工龄工资、年终奖、春节红包、免费住宿、福利用餐、带薪年休假。公司在员工宿舍区为所有员工设立了员工活动中心，有台球室、羽毛球场、棋牌室等活动场所，力求丰富员工的业余生活。为每一位员工提供良好的生活、工作环境，并创造良好的发展平台和晋升机会。

　　报名办法：发送电子版简历至××××@163.com邮箱。
　　邮件格式：姓名+应聘岗位+时间
　　联系人：李主任　　联系电话：××××
　　地址：××××市经济转型开发试验区

三、工作申请表设计

　　应聘者在应聘前，通常都要填写一份表格，这份表格就是工作申请表。工作申请表，一般有三个作用：第一，了解应聘者的基本信息，确定申请人是否符合工作所需的最低资格要求；第二，根据应聘者提供的信息，判断应聘者是否具有某些与工作岗位相关的能力与素质；第三，为后期应聘者进行选拔测试工作提供重要的参考信息。工作申请表是应聘者信息筛选的第一个关卡,精心设计的工作申请表可以让这一工具为招聘工作的有效实施发挥更大作用。

1. 工作申请表的设计原则

(1) 简明扼要

工作申请表是给多个应聘者申请职位时填写的,如果申请表设计得太过复杂烦琐,填写者出错的概率也会增加,也会给企业相关的人力资源工作带来麻烦。

(2) 针对性强

针对企业不同的岗位应设计出不同形式的申请表,这样不但能够提升工作申请表的效用,也为后续的工作收集了针对性的信息。

(3) 便于检索保管

工作申请表不仅仅用于对应聘者信息的收集和初选,还可以丰富企业人力资源部门的人才资源库,完善的工作申请表对企业开展人力资源数字化管理具有推动作用。

2. 工作申请表的设计内容

①工作申请表第一部分一般都用于采集应聘者的基本信息。例如,姓名、性别、籍贯、出生年月、文化程度、专业方向及联系方式等。

②工作申请表的第二部分一般用于采集应聘者的能力信息。例如,计算机英语水平、教育背景、爱好特长、工作经历、职业资格及获奖荣誉等。这些信息是判断应聘者是否具备岗位能力和条件的最基本依据。

3. 实例

工作申请表格式如表4-3所示。

表4-3 工作申请表

NO:000001

应聘部门:_____　　应聘岗位_____
应聘方式:□人才市场　□学校　□报纸广告/互联网　□内部推荐　□其他
应聘日期:___年___月___日

姓　名		性　别		出生年月		相片
专　业		学　历		民　族		
籍　贯		政治面貌		婚　否		
户籍性质	本市□ 外市城镇□外市农村□	健康状况		身　高		
身份证号码/地址	/					
现住址			紧急联络人/电话		/	
本人联系方式	手机:	家庭电话:		E-mail:		QQ/MSN:

续表

语言水平	英语 □四级 □六级 □其他证书_____		熟练何种办公软件	
兴趣爱好		薪资要求	可入职时间	
学习经历	学校名称	起止时间 由___月___年至 ___月___年	专业	学位
培训经历	教育培训机构	起止时间 由___月___年至 ___月___年	培训内容	获得何种证书
经历工作/ 社会实践	工作单位/岗位	起止时间 由___月___年至 ___月___年	离职原因/离职时工资	证明人/电话
	/	/		
	/	/		
	/	/		

承诺：

1. 本人承诺以上所填写内容及提供的证件属实，愿意接受背景调查。如有隐瞒或不实，一经查出愿意接受公司按《员工手册》及人事管理规章制度的处理，直至解除劳动合同，并不追诉任何经济补偿。

2. 至正式报到之日起，本人已与原所服务单位解除/终止劳动关系，如因此发生之一切法律责任与纠纷，由本人全部承担。

应聘者签名：_____

四、简历筛选

简历是对个人学历、经历、特长、爱好及其他有关情况所做的简明扼要的书面介绍。对于企业招聘来说，筛选简历是招聘工作中很重要的一项工作。

1. 简历阅读技巧

①浏览简历时,应从以下几方面采集应聘者信息,如表4-4所示。筛选过程中应注意那些易暴露应聘者缺点的地方。例如,对个人信息或教育背景过多地介绍,可能说明应聘者缺乏工作经验;只介绍工作单位、工作岗位,未介绍工作成果,则可能在原岗位工作平平,或不能很好地胜任原岗位工作;没有持续上升的职业发展状况,则可能说明潜力较低等信息。

表4-4 简历筛选关键点

序号	项目	内容
1	个人信息	年龄、工作年限
2	教育背景	学历、专业、相关资格证明
3	工作经验	工作稳定性(是否频繁更换工作)
		职业生涯发展状况
		工作成果(有无工作成果)
		原工作薪酬、职业定位

②寻找附有求职信的简历,这样的应聘者可能很在意企业提供的岗位。

③警惕冗长的简历,多余的解释可能表明办事不利索或用以掩盖基本努力和经验的不足。

④仔细寻找与成就有关的内容。

⑤制作草率简历的人,如简历中多次出现错别字的,通常不会把事情做好。

2. 简历分类技巧

经过筛选,可将简历分为拒绝类、基本类、重点类三种。

①拒绝类:完全不符合企业岗位的招聘要求,招聘人员无须再对其进行关注的简历。

②基本类:基本符合企业岗位的招聘要求,但是不太突出或者还有不太理想的方面,招聘人员可以先将这些简历保存,留作招聘后备人员。

③重点类:完全符合企业岗位招聘要求,或者应聘者有突出点,招聘人员应该对该类简历加以重点分析研究,作为下一步面试、笔试等工作的准备。

3. 简历筛选方法

简历筛选的方法多种多样,较为科学的筛选方法为加权计分法。加权计分法是企业在整理出所招聘岗位的各项要求标准后,按其重要程度进行排序并确定其权重大小,依据应聘者各方面的自身条件,对照所申请岗位的要求标准实施计分。具体分为四个步骤:第一,企业招聘人员整理出所招聘岗位的各项要求标准;第二,按照各要求标准的重要程度进行排序,确定其权重大小;第三,判断应聘者的条件是否符合所申请的工作岗位各项标准并且记分;第四,结合各项标准的权重,将每一个应聘者的各项得分相加,并从高到低排序;第五,依据企业下一步招聘计划,确定候选者。

五、面试工作

面试是最常见的招聘方式,是招聘专员通过与应聘者正式交谈,了解其业务知识水平、外貌风度、工作经验、求职动机、表达能力、反应能力、个人修养、逻辑性思维等项情况的方法。面试给企业和应聘者提供了进行双向交流的机会，能使企业和应聘者之间相互了解，从而双方都可更准确地做出聘用与否、受聘与否的决定。

1. 面试的分类

（1）结构化面试

又称标准化面试，是指根据特定职位的胜任特征要求，遵循固定的程序，采用专门的题库、评价标准和评价方法，通过考官小组与应聘者面对面的言语交流等方式，评价应聘者是否符合招聘岗位要求的人才测评方法。主要包括三方面的特点：一是面试过程把握的结构化，在面试的起始阶段、核心阶段、收尾阶段，主考官要做些什么、注意些什么、要达到什么目的，事前都会做相应的策划。二是面试试题的结构化，在面试过程中，主考官要考查考生哪些方面的素质，围绕这些考查角度主要提哪些问题，在什么时候提出，怎样提，都有固定的模式和提纲。三是面试结果评判的结构化，从哪些角度来评判考生的面试表现，等级如何区分，甚至如何打分等，在面试前都会有相应的规定，并在众考官间统一尺度。结构化面试适合于专业技术性强的岗位。

（2）非结构化面试

面试提问没有固定的模式和提纲，面试问题大多属于开放式问题，没有标准答案。非结构化面试主要考查应聘者的服务意识、人际交往能力、进取心等非智力素质，适合考察从事服务性或事物性工作的岗位。非结构化面试主要采用情景模拟方式开展。

（3）半结构化面试

这是指面试构成要素中有的内容作统一要求，有的内容则不作统一要求，也就是在预先设计好的试题的基础上，面试中主考官向应试者又提出一些随机的试题。半结构化面试是介于非结构化面试和结构化面试之间的一种形式，它结合了两者的优点，有效避免了单一方法上的不足，具有双向沟通性的特点。面试官可以获得更为丰富、完整和深入的信息，并且面试可以做到内容的结构性和灵活性的结合。近年来，半结构化面试越来越得到广泛使用。

2. 面试的方法

（1）面试前的准备

①面试场地布置：面试场地一般有三种类型，长条桌型的面试场地是最常见的，这种面试形式正规严谨，视野通透，便于观察应聘者的全部举动。圆形桌型的面试适合资深专业类和管理类的应聘者，这种形式能缓解应聘者的紧张感，给他们一种与面试官平等的感觉，但是看不到应聘者的全貌，有些身体语言信息容易被忽视。图4-2为长条桌型与圆形桌形的面试场地布置。

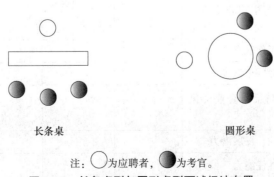

图4-2 长条桌型与圆形桌型面试场地布置

②面试问题准备：企业招聘面试应关注的问题，包括以下几个方面：应聘动机；以往的生活和工作经历；兴趣爱好和特长；与所聘岗位相关的知识和经验；素质与所聘岗位的匹配度；对待工作价值、责任、挑战、成就的看法；对工作条件和奖酬待遇的要求和看法；处理人际关系的方式和态度；研究和解决问题的习惯及思路等。

③面试表格准备：在面试的时候，招聘专员不但要积极倾听，还应该做一些笔记。一方面，由于应聘者各有特点，招聘专员很难准确地把握应聘者提供的信息并做出客观准确的判断；另一方面，做好面试记录也是招聘过程记录的一部分，能够为后期人才选拔提供参考资料。表4-5和表4-6是常用的面试评定表。

表4-5 面试评定表（一）

应聘人姓名：		性别：		年龄：		编号：	
应聘职位：				原单位：			

评价方向	评价要素	评价等级				
		1（差）	2（较差）	3（一般）	4（较好）	5（好）
个人基本素质评价	1. 仪容					
	2. 语言表达能力					
	3. 亲和力和感染力					
	4. 诚实度					
	5. 时间观念与纪律观念					
	6. 人格成熟程度（情绪稳定性、心理健康等）					
	7. 思维逻辑性，条理性					
	8. 应变能力					
	9. 判断分析能力					
	10. 自我认识能力					
相关的工作经验及专业知识	11. 工作经验					
	12. 掌握的专业知识					
	13. 学习能力					
	14. 工作创造能力					
	15. 所具备的专业知识、工作技能与招聘职位要求的吻合性					
录用适合性评价	16. 个人工作观念					
	17. 对企业的忠诚度					
	18. 个性特征与企业文化的相融性					
	19. 稳定性、发展潜力					
	20. 职位胜任能力					

续表

总得分			
人才优势评估		人才劣势评估	
评价结果			
建议录用	安排再次面试	储备	不予录用
	时间：		

评价人姓名：　　　　　职务：　　　　　面试时间：

表 4-6　面试评定表（二）

应聘人姓名		应聘职位	学历	专业
面试评价试题				
评价方向	评价要素	面试记录	评价（优秀、良好、一般、较差）	
语言表达能力方面	1. 请你介绍一下自己（包括家庭背景、工作经历、性格特点、爱好等）			
	2. 你最大的优点和缺点是什么？请举例说明			
	3. 你对所应聘职位的待遇期望值是多少？			
	4. 我公司吸引你前来求职的原因是什么？			
	5. 请你描述一下你是怎样计划一个特别忙碌的一天的？			

续表

应聘动机与工作愿景方面	1. 你的应聘动机是什么？对该工作有何愿望和打算？		
	2. 如果你应聘成功，请详细说明你的职业生涯规划。		
	3. 当你决定应聘该岗位的时候，你对成功的把握性有多大？		
	4. 你对所应聘岗位的兴趣度如何？		
	5. 你所能接受的薪酬待遇是多少？		
	6. 对加班你有什么样的看法？		
应变能力方面	1. 你对你未来的领导有何期望？		
	2. 什么事最影响你的工作热情和积极性？		
	3. 如果遇到你自己做不了的事情，你该怎么办？		
	4. 市场前景，加薪和升职，你更重视哪一个？		
	5. 从小对你影响最大的人？人生中最值得骄傲的事？说明为什么		
专业知识方面			
举止仪表方面	1. 穿着打扮是否得体		
	2. 举止是否符合一般礼节		
	3. 是否有多余的小动作		
	4. 气质修养是否符合岗位要求		

续表

面试评价及结果	
面试综合评价： 评价人签字：	面试结果： 录用　（　　） 不予录用（　　）

（2）面试的开场

让应聘者介绍自己，并介绍面试的大致安排，建立和谐的气氛。

（3）正式面试环节

招聘专员通过提问方式，介绍企业情况，获取应聘者信息。常见的提问形式如表4－7所示。

表4－7　常见问题形式

序号	问题形式	问题描述	举例	注意事项
1	开放式问题	非限定性问题，能够得到广泛回答	业余时间您做些什么？	提问者要注意控制应聘者的回答内容，避免跑题而浪费时间
2	封闭式问题	绝对性问题，只回答"是"或"不是"	是不是您负责整个项目的组织工作？	这种提问方式在一定程度上会暴露招聘专员所想要的答案，因此求职者可能不会真实回答
3	假设式问题	假设一种情况，问对方如何处理	如果您很长时间没有取得进展，您会怎样处理？	可以让招聘专员短时间内了解应聘者在特定情境下处理问题的能力，但应聘者如果提前准备充分，也不排除他们回答的真实性
4	肯定澄清式	用自己的语言将了解的信息重述一次，澄清对方的意思	您的意思是说您绝对不会放弃？	目的在于让应聘者对含糊不清的回答进一步明确，避免出现对应聘者能力和素质的误判
5	细分证实式	从广泛的问题渐渐细分得到一个肯定的答复	您如何安排时间上的冲突？	招聘专员对应聘者某个方面特别感兴趣时可深入了解
6	压力性提问	提出让回答者处理两难境地的问题	看上去您前一份工作做得很好，为什么您没有被提拔呢？	这类问题本身并不在于应聘者的答案怎样，而在于应聘者回答的过程和他的思维方式，以及他对这种压力性问题的表现

（4）面试结束

在面试结束时，应留有时间回答应聘者的提问，努力以积极的态度结束面试。如果不能马上做出决策时，应当告诉应聘者怎样尽快知道面试结果。

3. 无领导小组讨论

无领导小组讨论，是企业招聘选拔人员时，由一组应聘者开会讨论一个企业实际经营中存在的问题，讨论前并不指定谁主持会议，在讨论中观察每一个应聘者的发言，观察他们如何互相影响，以及每个人的领导能力和沟通技巧如何，以便了解应聘者心理素质和潜在能力的一种测评选拔方法。

（1）无领导小组讨论的类型

①根据讨论的主题有无情景性，分为无情景性讨论和情景性讨论。无情景性讨论一般针对某一个开放性的问题来进行。例如，好的管理者应具备哪些素质？或是一个两难问题。例如，在企业中，管理者应该更重公平还是更重效率？情景性讨论一般是把应聘者放在某个假设的情景中来进行。例如，假定各个应聘者均是某公司的高级管理者，让他们通过讨论去解决公司的裁员问题，或是解决公司的资金调配问题等。

②根据是否给应聘者分配角色，可以分为不定角色的讨论和指定角色的讨论。不定角色的讨论是指小组中的应聘者在讨论过程中不扮演任何角色，可以自由地就所讨论的问题发表自己的见解，既可以局中人的身份进行分析，也可以从旁进行客观的评论，具有一定的灵活性。在指定角色的小组讨论中，应聘者分别被赋予一个固定的角色。例如，让他们分别担任财务经理、销售经理、人事经理、生产经理等职务，以各自不同的身份参与讨论，在各角色的基本礼仪不完全一致甚至有矛盾的前提下，进行自由讨论，并达成一致意见。

（2）无领导小组讨论的流程

①编制讨论题目。无领导小组题目的类型包含实际操作性问题、开放式问题、选择与排序问题、两难问题与资源争夺性问题等，如表4-8所示。

表4-8 常见无领导小组题目类型

实际操作性问题	开放式问题	选择与排序问题	两难问题	资源争夺型问题
给被评价者一些材料、工具等，要求设计出一个方案，并动手实际操作得到一个结果。考察重点：主动性、合作能力等	例：如何进一步加强公司的企业文化建设？考察重点：思维分析能力	例：公司裁员、海上逃生考察重点：全面胜任素质	例：是工作取向还是人本取向的领导好？考察重点：思维敏捷性	例：公司如何对有限的资金进行投入分配？考察重点：压力反应、人际影响力

②设计评分表（表4-9）。

表4-9 无领导小组讨论评分表

测评指标	决策能力	计划能力	组织协调能力	人际影响力	团队合作能力	语言表达能力	灵活性	推理能力	创新能力
权重	17	15	15	13	13	10	6	5	6
行为记录									

续表

测评指标	决策能力	计划能力	组织协调能力	人际影响力	团队合作能力	语言表达能力	灵活性	推理能力	创新能力
评分									
加权得分									
评分标准：优－10　良－7　中－4　差－1									

③讨论场地布置。无领导小组讨论的实施环节一般要求为：场地安静、宽敞、明亮。讨论者、观察者之间的距离应该远近适中。常见的无领导小组讨论的场地布置形式有方形布置和条形布置。无领导小组讨论会场布置，如图4-3所示。

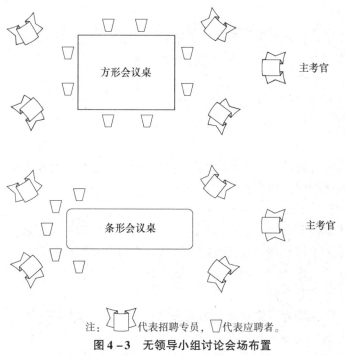

图4-3　无领导小组讨论会场布置

④组织应聘者抽签，确定座次，组织应聘者进入场地并对号入座。

⑤宣读指导语。主考官向应聘者宣读无领导小组讨论测试的指导语，介绍讨论题的背景资料、讨论步骤和讨论要求。主考官要使用规范的指导用语，指导用语的内容包括每组所要完成的任务、时间及注意事项。

⑥讨论阶段。进入正式讨论阶段，一切活动都由被测评小组成员自己决定，主考官一般不做任何发言，招聘专员要做的就是观察各成员，并在评分表上给每个人进行计分。

应聘者讨论的内容既可以是对自己最初观点的补充与修正，也可以是对他人的某一观点与方案进行分析或者提出不同见解，还可以是在对大家提出的各种方案的比较基础上提出更加优秀、可行的行为方案。讨论最后必须达成一致意见。讨论的一般流程是，小组成员先轮流阐述自己的观点，然后相互之间进行交叉辩论，继续阐明自己的观点，最后小组选出一名核心人物，以小组领导者的身份进行总结。

无领导小组在讨论过程中，招聘专员的观察要点包括以下几个方面：一是发言内容，也就是应聘者说话的内容；二是发言形式和特点，也就是应聘者说话的方式和语气；三是发言的影响，也就是应聘者的发言对整个讨论的进程产生了哪些作用。

⑦评价与总结。在整个无领导小组讨论中，可以采用录像机进行检测录像，在应聘者讨论过程中，考官按照事先设计好的测评要素和观察点进行评价，并召开评分讨论会，参考录像资料再对每个应聘者的表现逐一进行评价。通过召开讨论会，招聘专员之间可以充分交换意见，补充自己观察时的遗漏，对应聘者做出更加全面的评价。

当招聘专员都认为他们已经获得了足够的信息，就可以针对各测评指标进行评分。再结合具体的测评权重系数，计算出应聘者的综合得分。最后根据评定意见和综合得分形成最终的综合评定录用结果。

六、录用工作

经过简历筛选、笔试、面试等一系列招聘选拔手段后，企业能够做出初步的录用决策。但在正式签署录用合同前，还需对应聘者进行背景调查和学历认证。

1. 背景调查

在前期的招聘选拔过程中，所有的信息都是从应聘者方面直接获得的，企业还应了解应聘者的一些背景信息。背景调查就是对应聘者的与工作有关的一些背景信息进行查证，以确定其任职资格。通过背景调查，一方面可以发现应聘者过去是否有不良记录，另一方面也可以考察应聘者的诚信度。此外，当企业在面试过程中对应聘者某些表现或所描述的事件表示怀疑，需要寻求有效证据时，也应进行背景调查。

背景调查一般由以下几个路径实现：

①人事部门：了解离职原因、工作起止时间、是否有违规行为等记录。

②部门主管：了解工作表现、胜任程度、团队合作情况和工作潜力。

③部门同事：了解工作表现、服务意识、团队合作等方面。

进行背景调查应注意几个问题：

①不要只听信一个被调查者或者一个渠道来源的信息，应该从各个不同的信息渠道验证信息。尤其是遇到某些不良评价时，不能轻信，而应扩大调查范围，确保调查客观、公正。

②如果一个应聘者还没有离开原有的工作单位，那么在向他的雇主进行背景调查时应该注意技巧，不要给原雇主留下该应聘者将要跳槽的印象，否则对该应聘者不利。

③只花费时间调查与应聘者未来工作有关的信息，不要将时间花在无用的信息上。

④必要的时候，可以委托专业的调查机构进行调查，因为他们会有更加广泛的渠道与证明人联系，并且在询问的技巧方面更加专业。

2. 学历认证

在招聘中有部分应聘者会在受教育程度上作假，因为目前很多招聘的职位都会对学历提出要求，所以那些没有达到学历要求的应聘者就有可能对此进行伪装，因此在招聘中有必要对应聘者的学历进行认证。在我国，基本所有大学的毕业证书和正规部门出具的技能证书，都能在官网上进行查询认证。针对国外的证书，我国教育部和人力资源社会保障部特别设立海外大学文凭认证中心，帮助用人单位鉴定应聘者的学历真伪，但这项认证程序较多，耗时较长。

3. 录用决定

企业在做出录用决定时，应尽可能地将一些不确定因素考虑在内。例如，企业要做好应聘者拒绝录用的心理准备，在录用时应该准备不止一名候选人的录用材料。同时，还应准备新员工个人档案登记表，以便新员工入职时登记员工的基本信息，为建立员工档案做好准备，如表4-10所示。

表4-10 员工入职档案登记表

员工入职档案登记表					
应聘部门		应聘职位		入职时间	
姓　名		性　别		出生年月	照片
年　龄		身　高		体　重	
民　族		籍　贯		婚姻状况	
学　历		毕业院校		计算机水平	
手机电话		身份证号			
家庭地址					
现住地址					
紧急联系人					
教育经历（高中起）					
起止时间		毕业学校		学历和专业	
工作经历					
起止时间		工作单位名称		职务与工作内容	

续表

社会关系			
姓　名	关　系	年　龄	联系方式

附：　身份证复印件（　　）学历证复印件（　　）1寸照片（　　）其他（　　）

备注：以上信息员工必须如实填写，如有不实之处，后果自负

	签名确认
	年　　月　　日

4. 录用通知

录用通知一般是通过面谈或者电话告知应聘者，在沟通时，要注意了解应聘者所关心或担心的问题，了解其何时能做出接受录用的决定，了解他们是否在考虑其他企业。对于那些没有被录用的候选人，也应告诉他们未被录用的信息。

七、招聘工作评估与总结

招聘评估主要是对招聘的结果、招聘的成本和招聘的方法等方面进行评估。一般在一次招聘工作结束之后，要对整个招聘工作做一个总结和评价，目的是进一步提高下次招聘工作的效率。

1. 招聘成本效益评估

招聘成本效益评估是指对招聘中的费用进行调查、核实，并对照预算进行评价的过程。计算公式为：招聘单位成本 = 招聘总成本（元）/实际录用人数（人）。

招聘总成本由两部分组成，一部分是直接成本，包括招聘费用、选拔费用、录用员工的家庭安置费用和工作安置费用、其他费用（如招聘人员差旅费、应聘人员招待费等）。另一部分是间接成本，包括内部提升费用、工作流动费用等。

如果招聘总成本少，录用人数多，意味着招聘单位成本低；反之，则意味着招聘单位成本高。

2. 录用人员评估

录用人员评估是指根据招聘计划对录用人员的质量和数量进行评价的过程。一般包括以下几个指标。

（1）录用比

录用比反映的是最终录用人数在应聘人数中所占比例情况。录用比越小，录用者的素质越高；反之，录用者的素质较低。

录用比 =（录用人数/应聘人数）×100%

（2）招聘完成比

招聘完成比反映招聘完成情况。如果招聘完成比等于或大于100%，则说明在数量上全面或超额完成招聘计划。

招聘完成比 =（录用人数/计划招聘人数）×100%

（3）应聘比

应聘比反映的是招聘宣传的力度和招聘广告的吸引力。应聘比越大，说明招聘信息发布效果越好，同时说明录用人员素质可能较高。

应聘比 = 应聘人数/计划招聘人数

3. 撰写招聘总结

招聘工作的最后一步，是撰写招聘工作总结，对招聘工作进行全面概括，总结招聘成果，指出招聘过程中的不足之处，为下一次招聘提供参考。招聘总结主要包括招聘计划、招聘进程、招聘结果、招聘经费和招聘评定五方面的内容。

案例4-4　　招聘工作总结报告

一、公司概况

公司是以经营家具、建材为主的大型连锁超市，员工的流动率较高，加上公司业务的不断拓展，使公司对人员的需求量较大。

二、招聘计划

根据公司目前的发展状况，并经门店店长批准，公司决定在8月20日前招聘如下人员：管理人员60人（其中储备干部40人）、专业技术人员30人、骨干人员5人、基层员工20人。

对于管理人员，主要考察应聘人员的综合素质和学历，其中有两个硬性的条件：一是学历要求在本科以上，二是年龄在35岁以下，目的是保证公司的管理层在知识结构、思维方式、学习能力等方面具备良好的潜能和发展的空间，成为公司高层队伍的"蓄水池"。

对于专业人员，主要考察应聘者的经验和操作技能。零售行业企业在经营过程中，会有一些专业化的问题，如商品的陈列、库存的管理等。零售行业企业应招聘一定数量的专业人员，以促进营运部门专业化。

对于骨干人员要大力进行培养和储备。骨干人员招聘主要采用内部招聘的方法，如采取在职培训、分布职位公告等方式进行。

对于基层员工的学历要求不高，招聘专员应主要考察应聘人员个人道德品质、工作态度、工作责任等方面。

三、招聘渠道的选择

招聘人员的类型	招聘渠道
管理人员（储备干部）	网络招聘、报纸杂志（校园招聘）
专业人员	招聘会、网络招聘
骨干人员	内部招聘
基层员工	招聘会

四、招聘进程安排

时间	工作项目	具体工作内容
6月15—18日	拟订人员需求计划	1. 明确招聘人员的总数量。 2. 对招聘人员的要求：学历、身高、性别、经验等
6月19—26日	招聘准备	1. 招聘广告、公司宣传资料的制作。 2. 招聘小组人员的确定及各自的分工。 3. 招聘工作流程的制定。 4. 面试、笔试题目的编制及考评标准的制定。 5. 招聘时间和地点的确定。 6. 应变措施方案的制定
6月27日—7月3日	发布招聘信息	1. 在相应的人才招聘网站上发布公司的招聘信息。 2. 参加人才招聘会。 3. 在公司内部发布职位公告 （注：由于校园招聘时间的特殊性，公司已于5月中旬提前完成了校园招聘工作）
7月10—13日	筛选简历	1. 从应聘者的简历（600份）中，初步挑选出190份简历，其中，应聘管理人员的80份、专业人员的60份、骨干人员的20份、基层员工的30份。 2. 通知面试
7月14—21日	面试	1. 集体面试的方式，对应聘管理人员的80名应聘者进行初试，其中三人因工作原因没来参加面试。 2. 以集体面试的方式对应聘专业人员的60名应聘者进行初试。 3. 由公司中高层领导面试骨干人员
7月22—29日	复试	1. 经过第一轮面试，对经初步考察合格的应聘管理人员和应聘专业人员的应聘者进行复试。 2. 对骨干人员的复试，由所需用人部门的经理实施
7月30日—8月6日	作出录用决策	1. 招聘小组对应聘者两轮的考核给予最后的评定并确定人选。 2. 骨干人员的人选根据应聘者的表现，最终由部门经理拟订并报门店店长批准确定
8月8—10日	电话通知被录用者	告知被录用者到公司报到的时间、应聘的职位等具体事项
8月12—15日	新员工入职事宜的安排	在被录用的管理人员中，有两个因与公司未达成一致的协议没来报到

五、招聘经费
六、招聘结果

工作项目	费用支出（单位：元）
材料制作费	200
网络广告招聘	400
参展费	600
办公费用	100
人工成本	3 000
合计	4 300

在需招聘人员的总体数量方面，需招聘115名员工，实际招聘113人。

$$招聘完成比 = 113/115 \times 100\% = 98.26\%$$
$$录用比 = 113/187 \times 100\% = 60.42\%$$
$$应聘比 = 600/115 = 521.74\%$$

七、招聘评定

招聘的成功之处如下：

1. 招聘准备工作充分

在校园招聘过程中，安排了公司高层领导精彩的宣讲，辅助以PPT的形式，工作人员耐心、细致地回答同学们的提问，足够的公司宣传资料等。

2. 招聘面试流程的科学制定

招聘工作的每个步骤都分工明确，招聘工作小组成员也尽职工作，配合良好，整个招聘工作基本顺利地得以完成。

3. 基本上按照招聘计划完成了人员招募工作，为公司的发展提供了人员的保障。

招聘的不足之处如下：

1. 人员招聘的完成率欠佳，原因是时间安排紧张。
2. 招聘预算费用超支。

本章小结

员工招聘是企业人力资源管理工作当中的一项重要内容，几乎任何一家企业都存在招聘活动。随着经济的发展，各行各业对人才的需求也越来越强烈，招聘工作的规范化和高效性对人才选拔及企业发展具有重要影响。本章介绍了员工招聘的概念及招聘的意义、目的和原则，叙述了招聘的主要流程和基本方法，重点采用实例介绍的方法，对招聘计划制定、招聘广告撰写、工作申请表设计及简历筛选的方法、面试工作流程、录用工作管理，乃至招聘工作的评估与总结等实务性内容做了详细说明。

课后思考练习

一、名词解释

内部招聘　无领导小组讨论　招聘评估

二、单项选择题

1. （　　）的优点是对候选人的了解比较准确。
   A. 校园招聘　　　B. 中介　　　C. 猎头公司　　　D. 内部员工推荐
2. （　　）可以是漫谈式的，面试考官与应聘者随意交谈。
   A. 初步面试　　　B. 结构化面试　　　C. 诊断面试　　　D. 非结构化面试
3. （　　）评估是指对招聘中的费用进行调查、核实，并对照预算进行评价的过程。
   A. 招聘预算　　　　　　　　　　B. 招聘管理成本
   C. 招聘费用　　　　　　　　　　D. 招聘成本效益

三、简答题

1. 什么是招聘？招聘的目标是什么？
2. 招聘工作的具体流程是什么？
3. 招聘的主要渠道有哪些？试比较它们的优缺点及适用情况。

四、案例分析题

公司销售部需要招聘两名销售助理，已经入司三个多月的招聘主管很快按照公司招聘流程，完成了职位发布、简历收集、人员初试、部门复试、录用报批工作。从发布职位广告到确定人员录用，只有一周时间，面试五人，录取两人，可谓效率很高。另外，公司给出的工资标准略高于她们的期望，两名销售助理也按照公司要求，完成了录用前体检和入职手续办理，并顺利上岗。招聘主管为此还颇为得意，告诉自己的上司说："销售助理实在是太好招聘了。"

一切看起来都非常圆满、顺利，甚至顺利得出人意料。可在顺利的背后，一些问题慢慢显露出来。两名销售助理入职后，上司在不同场合和她们打过照面，均发现面无表情的时间居多，基本的招呼问候都很少，丝毫感觉不出这是刚刚加入公司的新人，让人担心她们是否缺乏应有的工作热情。上司和招聘主管私下谈过这些感受，并希望两名新员工只是性格和不熟悉等原因，才会出现这种情况，工作业务上能够完全胜任岗位要求。

试用到了第二周，销售部负责人忽然告诉人力资源部，两名新人都不太合适，请重新招聘。问及具体原因，告诉是两人工作不主动、不积极，无法融入团队中，而且公司高层也有此感觉；另外，完成工作后，不汇报，无沟通，不知道主动帮助同事。至此，原有的担心变成了现实，两人离职已成定局，一次超乎寻常的顺利招聘变成了极其失败的招聘。

请思考：
1. 公司此次招聘失败的原因是什么？应由谁来承担主要责任？
2. 公司招聘过程中哪些做法不符合科学的招聘管理的要求？
3. 请根据公司的实际情况和职位要求，设计一套招聘方案。

技能实训

一、实训内容

完成一次招聘模拟
1. 制作招聘广告。
2. 安排招聘流程。
3. 现场面试招聘。

二、方法步骤

1. 分组分工：学生分组组成实训团队，进行团队角色分工，分别模拟公司招聘官和应聘人员。

2. 布置任务：准备企业简介、招聘广告、招聘岗位的工作说明书、招聘表格等，要求应聘者准备中文简历等应聘资料。

3. 发布信息：由实训团队代表进行招聘宣传，介绍企业，发布招聘信息，进行简历筛选，实施现场招聘。

4. 现场招聘：第一阶段，各组分为两部分：一部分同学扮演招聘人员，搭台进行招聘，另一部分同学应聘；第二阶段，角色互换，之前应聘的同学扮演招聘人员，原来负责招聘的改为应聘。要求各组主考官精心组织，做好招聘记录，应聘同学认真填写招聘表格，完成应聘。

5. 宣布结果：各招聘小组综合两个阶段的现场招聘情况，进行充分讨论，确定录用人员。

6. 总结分析：各组同学对招聘模拟总结分析，派一名小组成员总结发言，并提交招聘材料。

三、实训考核

实训考核分为小组考核和个人考核，采取百分制，其中小组考核成绩占60%，个人考核成绩占40%，按照考核标准进行成绩认定并给予点评。

第五章

员工培训

知识目标

1. 了解员工培训的概念及培训目的、作用和原则
2. 掌握培训需求分析的方法,设计培训规划及完成教学设计
3. 能够熟练掌握、使用一定的培训方法完成培训任务
4. 了解评估程序,掌握培训评估方法

技能目标

1. 能正确地进行员工培训需求的调查分析,并能完整地写出培训需求分析报告
2. 会制定员工培训计划
3. 能正确地进行培训实施过程中的基础性管理
4. 能合理地选择员工培训方法
5. 能初步进行培训效果评估并写出培训效果评估报告

导入案例

培训是德国企业发展的奥秘

德国的企业管理模式是近年来受到世界企业界广泛推崇和学习的,其中关键之一就是完善的员工培训管理。

德国是世界上进行职业培训教育最好的国家之一,其法律规定的有三项:一是带职到高等学校学习,二是企业内部进修,三是由劳动总署组织并付费的专项职业技能培训。第三项主要是针对失业人员。在德国,要想找到一份好工作,除了必备的文凭外,没有经过三年专业职业教育是不可能的,即便是一个传统经营农业生产的家庭,如果其子女没有经过专业农业培训教育,也不可能继承家业来从事农业生产。除了成年人在上岗前必须经过专业培训外,既使是对口学校毕业出来的高中学生,一旦被企业录为学徒,首先也必须进行三年的双

轨制教育培训：每周3天半到4天在企业学习实际操作技巧，1天到2天去职业学校学习理论知识，这三年的培训费用和学徒工资全部由企业负担。例如，德国的大型客货车生产厂家曼营车辆股份有限公司是一个有100多年历史的老企业，2009年年营业收入180亿欧元。其成功的重要因素之一就是把各级各层人员的培训当作系统工程来抓。培训部经理麦希先生说，该公司1988年以前，80%的领导人是由外面培训的，或者是招聘来的，到了20世纪末和21世纪初，公司改变策略，加强了内部培训力度，而现在90%左右是经由公司自己培训出来的。

案例启示： 培训是企业发展的不竭动力，由于现今时代正处于知识爆炸和科技高速发展阶段，社会环境及市场不断发生的变化，使每个人的知识和技能都在快速老化，而一个企业要使自己的员工不断去适应新形势的发展要求，提高企业员工素质尤为重要。要不断地提高企业的经营管理效益，使自己的企业能在国内激烈的市场竞争中始终保持人力资源优势和永远立于不败之地，就必须十分重视对本企业员工的培训和人力资源开发，这是关系到企业生存和发展的一项根本性的战略任务。

第一节 员工培训概述

一、员工培训的内涵及分类

1. 员工培训的内涵

员工培训是指企业为开展业务及培育人才的需要，采用各种方式对员工进行有目的、有计划的培养和训练的管理活动，其目标是使员工不断地更新知识，开拓提升，改进员工的动机、态度和行为，是企业员工适应新要求，更好地胜任现职工作或担负更高级别职务的重要手段，也是促进组织效率提高和组织目标实现的关键途径，培训的出发点和归宿是"企业的生存与发展"。

2. 员工培训的分类

（1）岗前培训

①新员工入职培训。主要内容为：公司简介、员工手册、企业人事管理规章制度的讲解；企业文化知识的培训；请所在部门进行业务技能、工作要求、工作程序、工作职责等的培训与说明。

②调职员工岗前培训。培训内容主要是工作要求、工作程序、工作职责、业务技能等。

（2）在职培训

在职培训的目的主要在于提高员工的工作效率，以更好地协调公司的运作及发展。培训的内容和方式均由部门决定。

主要可以采用：解释工作程序、给员工演示工作过程等步骤。

（3）专题培训

专题培训是指公司根据发展需要或者部门根据岗位需求，组织部分或全部员工进行某一主题的培训工作。

（4）员工业余自学

员工业余自学是指员工利用业余时间参加的自费学历教育、自费进修或培训、自费参加职业资格或技术等级考试及培训。对于员工业余学习的费用，凡是所学内容与企业相关的，企业一般都给予一定比例的报销。

二、员工培训的目的

1. 适应企业内外部环境的发展变化

企业的发展是内外因共同起作用的结果。一方面，企业要充分利用外部环境所给予的各种机会和条件，抓住时机；另一方面，企业也要通过改革内部组织去适应外部环境的变化。企业是一个不断与外界相交互、相适应的系统。这种适应并不是静态的、机械的适应，而是动态的、积极的适应。企业的主体是员工，企业要想在市场竞争中处于不败之地，必须不断培养员工，才能使他们跟上时代，适应技术及经济发展的需要。外因通过内因起作用，企业的生存和发展应落实到如何提高员工素质、调动员工的积极性和发挥员工的创造力上。

2. 满足员工自我成长的需要

员工希望学习新的知识技能，希望接受具有挑战性的任务，希望晋升，这些都离不开培训。因此，通过培训可以增强员工的满足感，而且对受训者期望越高，受训者的表现就越佳；反之，受训者的表现就越差。这种自我实现诺言的现象被称为皮格马利翁效应。

3. 提升技能，促进工作绩效提高

员工通过培训，可以提升工作技能，在工作中减少失误，在生产中减少工伤事故，降低因失误而造成的损失。同时，员工经培训后，随着技能的提高，可减少废品、次品，减少消耗和浪费，提高工作质量和工作效率，提高企业效益。

4. 增强企业认同感，提高企业竞争力

员工通过培训，不仅仅能提高知识和技能，而且能使具有不同价值观、信念，不同工作作风及习惯的人，按照时代及企业经营要求进行文化养成，以便形成统一、和谐的工作集体，使劳动生产率得到提高，工作及生活质量得到改善，进而提高企业竞争力。

三、员工培训的作用

1. 补偿企业经营机能

员工培训具有支持企业经营机能的补偿作用。企业内"文化育人"的目的是实现企业经营战略。只有恰当地利用人力资源，才能获得更高的劳动生产率，而技能培训对人力发展极为重要。因此，员工培训与企业经营战略密切配合，则能补偿企业经营机能的某些不足。

2. 保持企业竞争力

高素质的企业员工队伍是企业最重要的竞争因素。通过培训，可以提高员工的知识水平，提高员工的首创精神和创新能力，同时可以提高员工的工作热情和合作精神。建立良好的工作环境和工作氛围，可以提高员工的工作满足感和成就感，从而提高员工队伍的整体素质，增强企业竞争力。

3. 降低员工流失率、提高生产力

培训能增强员工对企业的归属感和主人翁责任感。就企业而言，对员工培训得越充分，对员工越具有吸引力，就越能发挥人力资源的高增值性，从而为企业创造更多的效益。培训不仅提高了员工的技能，而且提高了员工对自身价值的认识，使员工对工作目标有了更好的理解，也使员工更愿意继续留在公司工作。

四、员工培训的原则

为了保证培训与开发的方向不偏离组织预定的目标和企业制度的基本原则,并以此为指导。员工培训的原则具体包括以下几个方面:

1. 战略与激励原则

企业必须将员工的培训与开发放在战略高度来认识,许多企业将培训看成是只见投入不见产出的"赔本"买卖,往往只重视当前利益,安排"闲人"去参加培训,真正需要培训的人员却因为工作任务繁重而抽不出身。结果就出现了所学知识不会或根本不用的"培训专业户",使培训失去了原本的意义。而现实是真正需要学习的人才会学习,这种学习愿望称之为动机。一般而言,动机多来自需要,所以在培训过程中可用多种激励方法,使受训者在学习过程中因需要的满足而产生学习意愿。因此,企业必须树立战略观念,以激励作为手段,根据企业发展目标及战略制定培训计划并实施培训。

2. 理论联系实际,学以致用原则

员工培训应当有明确的针对性,从实际工作需要出发,与岗位特点紧密结合,与培训对象的年龄、知识结构、能力结构、思想状况紧密结合,目的在于通过培训让员工掌握必要的技能以完成规定的工作,最终为提高企业的经济效益服务。

3. 技能培训与企业文化培训兼顾的原则

培训与开发的内容,除了文化知识、专业知识、专业技能的培训外,还应包括理想、信念、价值观、道德观等方面的培训内容,而后者又要与企业目标、企业文化、企业制度、企业的优良传统等结合起来,使员工在各方面都能够符合企业的要求。

4. 全员培训与重点提高相结合的原则

全员培训就是有计划、有步骤地对在职的所有员工进行培训,这是提高全体员工素质的必经之路。为了提高培训投入的回报率,必须有重点地对企业兴衰有着重大影响的管理和技术骨干,特别是中高层管理人员、有培养前途的梯队人员,有计划地进行培训与开发。

5. 培训效果的反馈与强化原则

培训效果的反馈指的是在培训后对员工进行检验,其作用在于巩固员工学习的技能,及时纠正错误和偏差,反馈的信息越及时、准确,培训的效果就越好。强化则是指由于反馈而对接受培训的人员进行的奖励或惩罚。其目的一方面是为了奖励接受培训并取得绩效的人员,另一方面是为了加强其他员工的培训意识,使培训效果得到进一步强化。

第二节 培训需求分析

培训需求分析是培训管理工作的第一环,是否能准确地预测和把握真实的需求,直接决定了培训的合理性和有效性,从而影响到整个组织的绩效和经营目标的实现。

一、培训需求分析的含义

培训需求分析就是采用科学的方法弄清谁最需要培训、为什么要培训、培训什么等问题,并进行深入探索研究的过程。

二、培训分析的作用

培训需求分析具有很强的指导性,是确定培训目标、设计培训计划、有效地实施培训的前提,是现代培训活动的首要环节,是进行培训评估的基础。它的作用如下:

1. 有利于找出差距,确立培训目标

进行培训需求分析时,首先应确认培训对象的实际状况同理想状况之间的差距,明确培训的目标和方向。差距确认一般包括三个环节:一是明确培训对象目前的知识、技能和能力水平;二是分析培训对象理想的知识、技能和能力标准或模型;三是对培训对象的理想和现实的知识、技能和能力水平进行对比分析。

2. 有利于找出解决问题的方法

解决需求差距的方法有很多,可以用培训的方法,也可以用与培训无关的方法,如人员变动、工资增长、新员工吸收等,或者是这几种方法的综合。

3. 有利于进行前瞻性预测分析

企业的发展过程是一个动态的、不断变化的过程,培训计划必须进行相应的调整。而培训需求分析是培训计划的前提,因此必须做好前瞻性和预测性分析,迅速把握变革,为制定完善的培训计划做准备。

4. 有利于进行培训成本的预算

当进行培训需求分析并找到了解决问题的方法后,培训管理人员就能够把成本因素引入培训需求分析中,预算培训成本。

5. 有利于促进企业各方达成共识

通过培训需求分析收集了制定培训计划、选择培训方式的大量信息,为确定培训的对象、目标、内容、方式提供了依据,促进企业各方达成共识,有利于培训计划的制定和实施。

三、培训需求分析的内容

传统的培训需求分析一般包括战略分析、组织分析、员工个人分析,如图5-1所示。

1. 战略层次分析

战略层次分析一般由人力资源部发起,需要企业执行层或咨询小组的密切配合。企业战略决定着培训目标,如果企业战略不明确,那么培训采用的标准就难以确定,培训工作就失去了指导方向和评估标准。因此,人力资源部必须弄清楚企业战略目标,方可在此基础上做出一份可行的培训规划。

2. 组织层次分析

组织层次分析主要分析的是企业的目标、资源、环境等因素,准确找出企业存在的问题,并确定培训是否是解决问题的最佳途径。组织层次的分析应首先将企业的长期目标和短期目标作为一个整体来考察,同时考察那些可能对企业目标发生影响的因素。

3. 员工个人层次分析

员工个人层次分析主要是确定员工目前的实际工作绩效与企业的员工绩效标准对员工技能的要求之间是否存在差距,为将来培训效果和新一轮培训需求的评估提供依据。

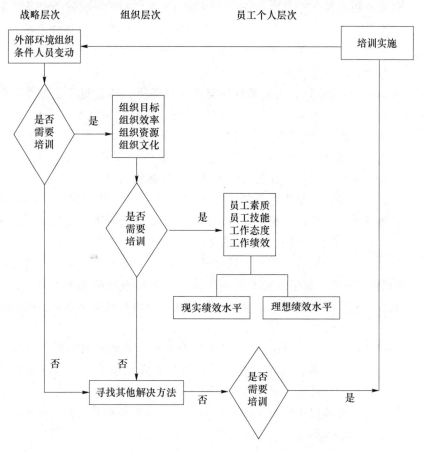

图 5-1　培训需求分析图

案例 5-1　员工为何赌气罢考

一天上午，山东胜利油田下属企业某基层队的培训室里正在进行每季度一次的正常轮考。

不一会儿，监考老师发现，一位员工在偷偷摸摸地抄袭。于是，监考老师走过来，悄声劝其将小抄收起来，不料这位员工非但不听反而索性把事先准备的答案摆在桌面，"大大方方"地抄了起来。无奈之下，监考老师去找队长。队长来后，劝其停止抄袭行为。没想到这位员工高声嚷了起来："我不考了，你们爱怎么着怎么着！"随即撂下试卷离开考场，气冲冲地奔向队长办公室，理直气壮地"怒斥"队长说："我们工人就是干活的，考什么试？会干活就行了，《劳动法》中哪条哪款规定我们非要参加培训考试？"队长严正指责地说："你是企业员工，就必须参加企业规定的技术培训和考试。你今天的表现非常恶劣，必须严肃处理。"

该员工当众罢考且与领导争执的事儿，在员工中引起了很大的震动。有人说："他的表现确实太差了，简直是不识时务。"也有人替他打圆场："他是转岗员工嘛，都40多岁了，还要与年轻人一起参加考试，不满意也情有可原。"还有一些员工则私下嘀咕："现在的培训和考试出题的确有点脱离实际，考试题就是要我们死记硬背理论知识，有这个必要吗？"

就在大家议论纷纷之时，干部们也陷入了深刻的反思。有的干部认为，员工罢考看似是偶然事件，实际上是一个爆发点，反映出当今企业培训工作中存在的种种问题，最起码表明员工不喜欢这个考试，大家觉得非常有必要诊断一下培训工作中存在的问题并对症下药。于是召开了培训专题会，就罢考一事让大家畅所欲言。

会上队长指出："这次考试，有的题确实有点脱离实际，有些题理论性要求偏高。部分员工确实考得不理想，但并不是所有员工都考得不好，像赵江涛就考出了 95 分的高分，这对大家都是公平的。"他把目光向员工们一扫，加重语气指出："出现罢考事件在我们队上还是第一次！但是，冰冻三尺，非一日之寒。其根源值得大家深究，我们决不能等闲视之。希望大家畅所欲言，对培训工作存在的问题和建议大胆提出来。"

有位与罢考员工有着类似经历的师傅说："我刚转岗一年多的时间，今年45岁了。对这些理论知识实在学不进去，我以前都是这么混过来的，没想到转到这个队上要求这么严，实在难以适应。"另一位师傅接茬道："考试题出得有点偏，本来这活我们都会干，可把这些变成理论就听不懂了。有些操作技巧我上课时好像学会了，可到现场演练，又觉得不是这么回事。"有位考试成绩一向不错、技能水平一流的员工竟然也不喜欢参加培训，他说："每次考试我都是前几名，可有啥用，也没有多拿钱，成绩差的也没有少拿钱，这样的培训谁还愿意参加？"

会上经过一番讨论，队长总结道："听了大家的发言，罢考固然不对，但我们的工作也确实做得不够细，有许多需要改进的地方。比如培训方式比较单一，考核没有根据员工性别、岗位特点、年龄结构、是不是新转岗等因素区别对待。虽然以前也有培训考核奖惩办法，但落实不严，让大家感觉学得好与不好一个样。下一步要对考核技能优秀者与差者拉开分配差距。"

队长最后语重心长地说："说句内心话，培训不是我们强加给你们的，希望通过培训，实实在在地提高大家的技能素质！大家都好好地思考一下，从培训方式、内容、考核等方面提出意见，综合大家的意见后，队上近期要拿出改进措施来。"不久，在广泛征求员工意见的基础上，该队出台了新的培训、考核一揽子管理办法，成了员工培训的指南。

四、培训需求分析的实施程序

1. 做好培训前期的工作

培训活动开展之前，培训者就要有意识地收集有关员工的各种资料。这样不仅能在培训需求调查时很方便地调用，而且能够随时监控企业员工培训需求的变动情况，以便在恰当的时候向高层领导者请示开展培训。培训前期工作主要包括：建立员工背景档案；同各部门人员保持密切联系；向主管领导反映情况；准备培训需求调查。

2. 制定培训需求调查计划

培训需求调查计划应包括以下几项内容：培训需求调查工作的行动计划；确定培训需求调查工作的目标；选择合适的培训需求调查方法；确定培训需求调查的内容。

3. 实施培训需求调查工作

在制定了培训需求调查计划以后，就要按计划规定的步骤依次开展工作。开展培训需求调查主要包括以下步骤：

①提出培训需求动议或愿望。

②调查、申报、汇总需求动议。

③分析培训需求。分析培训需求需要关注以下问题：受训员工的现状；受训员工存在的问题；受训员工的期望和真实想法。

④汇总培训需求意见，确认培训需求。

4. 分析与输出培训需求结果

分析与输出培训需求结果主要包括：对培训需求调查信息进行分类、整理；对培训需求进行分析、总结；撰写培训需求分析报告。

五、撰写员工培训需求分析报告

撰写员工培训需求分析报告的目的在于：对各部门申报、汇总上来的建议、培训需求的结果做出解释并提供分析结论，以最终确定是否需要培训及培训什么。需求分析结果是确定培训目标、设计培训课程计划的依据和前提。需求分析报告可为培训部门提供关于培训的有关情况、评估结论及其建议。培训需求分析报告包括以下主要内容：需求分析实施的背景，即产生培训需求的原因或培训动议；开展需求分析的目的和性质；概述需求分析实施的方法和过程；阐明分析结果；解释、评论分析结果和提供参考意见；附录，包括收集和分析资料的图表、问卷、部分原始资料等；报告提要。

撰写报告时，在内容上要注意主次有别、详略得当，使报告成为有机联系的整体。为此，在撰写前应当认真草拟写作提纲，按照一定的主题及顺序安排内容。

六、培训需求信息的收集方法

培训需求信息的收集方法有很多种，在实际工作中培训管理人员通常使用一种以上的方法，因为采用不同的方法，在研究目标员工和他们的工作时，分析的准确程度会显著提高。常用的收集培训需求信息的方法有：

1. 面谈法

面谈法是指培训组织者为了了解培训对象在哪些方面需要培训，就培训对象对于工作或对于自己的未来抱有什么样的态度，或者说是否有什么具体的计划，并且由此产生相关的工作技能、知识、态度或观念等方面的需求而进行的面谈方法。面谈法是一种非常有效的需求分析方法。培训者和培训对象面对面进行交流，可以充分了解相关方面的信息，有利于培训双方相互了解，建立信任关系，从而使培训工作得到员工的支持，而且会谈中通过培训者的引导提问，能使培训对象更深刻地认识到工作中存在的问题和自己的不足，激发其学习的动力和参加培训的热情。但是面谈法也有自身的缺点，培训方和受训方对各问题的探讨需要较长时间，这在一定程度上可能会影响员工的工作，会占用培训者大量的时间，而且面谈对培训者的面谈技巧要求很高。

面谈法有个人面谈法和集体面谈法两种具体操作方法。个人面谈法是指分别和每一个培训对象进行一对一的交流，可以采用正式或非正式的方式进行。集体面谈法是以集体会议的方式，培训者和培训对象在会议室参加讨论，但会议中不宜涉及有关人员的缺点和隐私问题。无论是哪一种方式的面谈，培训者在面谈之前都要进行面谈内容的详细准备，并在面谈中加以引导。面谈中一般应包括以下一些问题：

①你对组织现状了解多少？你认为目前组织存在的问题主要有哪些？谈谈你对这些问题

的看法。

②你对自己以后的发展有什么计划？你目前的工作对你有些什么要求？你认为自己在工作过程中的表现有哪些不足之处？你觉得这些不足是由什么导致的？你希望我们在哪些方面给予你帮助？

2. 重点团队分析法

重点团队分析法是指培训者在培训对象中选出一批熟悉问题的员工作为代表参加讨论，以调查培训需求信息。重点小组成员的选取要符合两个条件：一是他们的意见能代表所有培训对象的培训需求，一般是从每个部门、每个层次中选取数个代表参加；二是选取的成员要熟悉需求调查中讨论的问题，他们一般在其岗位中有比较丰富的经历，对岗位各方面的要求、其他员工的工作情况都比较了解，通常由 8～12 人组成一个小组，其中有 1～2 名协调员，一人组织讨论，另一人负责记录。

这种需求调查方法是面谈法的改进，优点在于花费的时间和费用比面谈法要少得多，而且各类培训对象代表会聚一堂，各抒己见，可以发挥出头脑风暴法的作用，各种观点意见在小组中经过充分讨论后，得到的培训需求信息更有价值，且易激发出小组长各成员对企业培训的使命感和责任感。但其局限性在于对协调员和讨论组织者要求较高，由于一些主客观方面的原因，可能会导致小组讨论时大家不会说出自己的真实想法，不敢反映本部门的真实情况，某些问题的讨论可能会流于形式。

3. 工作任务分析法

工作任务分析法是以工作说明书、工作规范或工作任务分析记录表作为确定员工达到要求所必须掌握的知识、技能、态度的依据，将其和员工平时工作中的表现进行对比，以判定员工要完成工作任务的差距所在。工作任务分析法是一种非常正规的培训需求调查方法，它通过岗位资料分析和员工现状对比得出员工的素质差距，结论可信度高。但这种培训需求调查方法需要花费的时间和费用较多，一般只在非常重要的一些培训项目中才会运用。

（1）工作任务分析记录表的设计

工作任务分析记录表通常包括主要任务和子任务、各项工作的执行频率、绩效标准、执行工作任务的环境、所需的技能和知识，以及学习技能的场所等，具体工作可以根据本身要求进行相应的修改。

（2）工作盘点法

工作盘点法是一种比较有名的工作方法，它列出了员工需要从事的各项活动内容、各项工作的重要性，以及执行时需要花费的时间。因此，这些信息可以帮助负责培训的人员安排各项培训活动的先后次序。

4. 观察法

观察法是指培训者亲自到员工身边了解员工的具体情况，通过与员工一起工作，观察员工的工作技能、工作态度，了解其在工作中遇到的困难，收集培训需求信息的方法。观察法是最原始、最基本的需求调查工具之一，它比较适合生产作业和服务性工作人员，而对于技术人员和销售人员则不太适应。这种方法的优点在于培训者与培训对象亲密接触，对他们的工作有直接的了解。但需要很长的时间，观察的结果也易受培训者对工作熟悉程度、主观偏见的影响等。

5. 问卷调查法

问卷调查法是指培训部门首先将一系列的问题编制成问卷，发放给培训对象填写之后再回收进行分析的方法。调查问卷发放简单，可节省培训组织者和培训对象双方的时间，同时成本较低，又可针对许多人实施，所得资料来源广泛。但由于调查结果是间接取得的，无法断定其真实性，而且问卷设计、分析工作难度较大。

在进行调查问卷设计时，我们应注意以下问题：

①语言简洁、问题清楚明了，不会产生歧义。

②问卷尽量采用匿名方式；多采用客观问题方式，易于填写。

③主观问题要有足够的空间填写意见。

表5-1是一份培训需求调查表的样式。

表5-1 培训需求调查表

为了公司和员工个人长远发展的需要，计划近期对部分员工提供培训，请您根据实际情况配合完成此项调查，这对您将非常有益，谨此感谢您的配合					
工作岗位：			在岗时间：		
目前职务：			在职时间：		
年龄：		性别：	健康状况：		
调查项目	优	良	中	低	差
当前工作表现					
非常需要的培训					
工作技能熟练程度					
……					
1. 当前您工作中最大的问题是什么？					
2. 您觉得这些不足是由什么导致的？为了弥补不足，当前您需要的培训是什么？					
3. 您对个人未来发展有什么计划？					
……					
备注：					
时间：		地点：			

第三节 培训的实施与管理

一、培训计划的制定

（一）培训计划的主要内容构成

培训计划是企业培训组织管理的实施规程，要使培训计划顺利实施，培训计划就必须具备以下几个内容：

①目的：即从企业整体的宏观管理上对培训计划要解决的问题或者要达到的目标进行表述。

②原则：即制定和实施计划的规则。

③培训需求：即在企业运营和管理过程中，什么地方和现实需要存在差距、需要弥补之处。

④培训的目的或目标：即培训计划中的培训项目需要达到一个什么样的培训目的、目标或结果。

⑤培训对象：即培训项目是对什么人或者什么岗位的任职人员进行的，这些人员的学历、经验、技能状况如何。

⑥培训内容：即每个培训项目的内容是什么。

⑦培训时间：包括三个方面的内容，首先，培训计划的执行期或者有效期；最后，培训计划中每一个培训项目的实施时间或培训时间；最后，培训计划中每一个培训项目的培训周期或课时。

⑧培训地点：包括两个方面的内容：一是每个培训项目的实施地点；二是实施每个培训项目时的集合地点或者召集地点。

⑨培训形式和方式：即培训计划中的每个培训项目所采用的培训形式和培训方式。例如，是外派培训，还是内部组织培训；是外聘教师培训，还是内部人员担任培训讲师；是半脱产培训、脱产培训，还是业余培训等。

⑩培训教师：培训计划中每个培训项目的培训教师由谁来担任，是内聘还是外聘。

⑪培训组织人：包括两个方面的人员，培训计划的执行人或者实施人；培训计划中每一个培训项目的执行人或者责任人。

⑫考评方式：每一个培训项目实施后，对受训人员的考评方式，分为笔试、面试、操作三种方式。笔试又分为开卷和闭卷，笔试和面试的试题类型又分为开放式试题或者封闭式试题。

⑬计划变更或者调整方式：指计划变更或者调整的程序及权限范围。

⑭培训费用预算：分为两个部分：一部分是整体计划的执行费用；另一部分是每一个培训项目的执行或者实施费用。

⑮签发人：本培训计划的审批人或者签发人。

培训计划可以像上述内容那样详细，也可以只制定一个原则和培训方向，在每个培训项目实施前再制定详细的实施计划。

(二) 培训方法的选择

培训方法的选择要和培训内容紧密相关，不同的培训内容适用于不同的培训方法。不同的培训方法有不同的特点，在实际工作中，应根据公司的培训目的、培训内容及培训对象，选择适当的培训方法。

1. 直接传授型培训法

该培训法适用于知识类培训，主要包括讲授法、专题讲座法和研讨法等。

2. 实践型培训法

该培训法简称实践法，主要适用于以掌握技能为目的的培训。

实践培训法是通过让学员在实际工作岗位或真实的工作环境中，亲自操作、体验，以掌握工作所需的知识、技能的培训方法,在员工培训中应用最为普遍。这种方法将培训内容和实际工作直接结合,具有很强的实用性,是员工培训的有效手段,适用于从事具体岗位所应具备的能力、技能和管理实务类培训。

实践法的常用方式如下:

(1) 工作指导法

又称教练法、实习法。是指由一位有经验的工人或直接主管人员在工作岗位上对受训者进行培训的方法。指导教练的任务是教受训者如何做及提出如何做好的建议,并对受训者进行激励。

这种方法并不一定要有详细、完整的教学计划,但应注意培训的要点:一是关键工作环节的要求;二是做好工作的原则和要求;三是要避免、防止的问题和错误。

(2) 工作轮换法

指让受训者在预定时期内变换工作岗位,扩大受训者对整个企业各环节工作的了解,使其获得不同岗位工作经验的培训方法。

(3) 特别任务法

指企业通过为某些员工分派特别任务对其进行培训的方法,此法常用于管理培训。其具体形式如下:

①委员会或初级董事会。这是为有发展前途的中层管理人员提供,培养分析全公司范围问题的能力,提高决策能力的培训方法。

②行动学习。这是让受训者将全部时间用于分析、解决其他部门而非本部门问题的一种课题研究法。

(4) 个别指导法

此方法与我国以前的"师傅带徒弟"或"学徒工制度"相类似。目前我国仍有很多企业在实行这种"传帮带"式培训方式,主要是通过资历较深的员工的指导,使新员工能够迅速掌握岗位技能。

3. 参与型培训法

参与型培训法是调动培训对象的积极性,让其在培训者与培训对象双方的互动中学习的方法。这类方法的主要特征是每个培训对象积极参与培训活动,从亲身参与中获得知识、技能,掌握正确的行为方法,开拓思维,转变观念。其主要形式有:自学、案例研究法、头脑风暴法、模拟培训法、敏感性训练法和管理者训练法。

4. 态度型培训法

态度型培训法主要针对行为调整和心理训练,具体包括角色扮演法和拓展训练等。

5. 科技时代的培训方式

随着现代社会信息技术的发展,大量的信息技术被引进到培训领域。在这种情况下,新兴的培训方式不断涌现,如网上培训、虚拟培训等培训方式在很多公司受到欢迎。

(1) 网上培训

网上培训又称为基于网络的培训,是指通过企业的内部网或互联网对学员进行培训的方式。它是将现代网络技术应用于人力资源开发领域而创造出来的培训方法,它以其无可比拟的优越性受到越来越多企业的青睐。

(2) 虚拟培训

虚拟培训是指利用虚拟现实技术生成实时的、具有三维信息的人工虚拟环境,学员通过运用某些设备接受和响应环境的各种感官刺激进入其中,并可根据需要通过多种交互设备来驾驭环境、操作工具和操作对象,从而达到提高培训对象各种技能或学习知识的目的。

6. 其他方法

除上述培训方法外,还有函授、业余进修、开展读书活动、参观访问等方法,这些方法是通过参加者的自身努力、自我约束能够完成的,公司只起鼓励、支持和引导作用。

(三)培训的经费预算

进行培训计划的经费预算,需分析以下因素和指标:
①确定培训经费的来源,是由企业承担,还是企业和员工共同承担。
②确定培训经费的分配与使用。
③进行培训成本——收益计算。
④制定培训预算计划。
⑤培训费用的控制及成本降低。

二、培训的组织与实施

培训课程的实施是指把课程计划付诸实践的过程,它是达到预期课程目标的基本途径。培训计划能否成功实施,除了有一个完善的培训计划外,培训课程的严格认真实施与科学的管理也都极为重要。

(一)前期准备工作

在新的培训项目即将实施之前,做好各方面的准备工作,是培训成功实施的关键。准备工作主要包括以下几个方面:

1. 确认并通知参加培训的学员

如果先前的培训计划已有培训对象,在培训实施前必须先进行一次审核,看是否有变化,须考虑的相关因素如下:学员的工作内容、工作经验与资历、工作意愿、工作绩效、公司政策、所属主管的态度等。

2. 确认培训后勤准备

确认培训场地和设备须考虑如下相关因素:培训性质、交通情况、培训设施与设备、行政服务、座位安排、费用(场地、餐费)等。

3. 确认培训时间

确认培训时间须考虑如下相关因素:能配合员工的工作状况、合适的培训时间长度(原则上白天8个小时,晚上3个小时为宜)、符合培训内容、教学方法的运用、时间控制。

4. 相关资料的准备

相关资料的准备主要包括:课程资料编制、设备检查、活动资料准备、座位或签到表印制、结业证书等。

5. 确认理想的培训师

尽可能与培训师事先见面,在授课前说明培训目的、内容。确认培训师须考虑如下相关因素:符合培训目标、培训师的专业性、培训师的配合性、培训师的讲课报酬是否在培训经费预算内。

(二)培训实施阶段

1. 课前工作

①准备茶水,播放音乐。

②学员报到，要求在签到表上签名。
③引导学员入座。
④课程及讲师介绍。
⑤学员心态引导，宣布课堂纪律。

2. 培训开始的介绍工作

做完准备工作后，课程就要进入具体的实施阶段。无论什么样的培训课程，开始实施以后要做的第一件事都是介绍，具体内容包括：

①培训主题。
②培训者的自我介绍。
③后勤安排和管理规则介绍。
④培训课程的简要介绍。
⑤培训目标和日程安排的介绍。
⑥"破冰"活动，即打破人与人之间相互怀疑的状态，帮助人们放松心态并变得乐于交往，以促进团队融合的活动。
⑦学员自我介绍。

3. 培训器材的维护、保管

对培训的设施、设备要懂得爱护，小心使用，不能粗暴，对设备要定期除尘，不要把食物、饮料放在设备附近等。

4. 做好培训课程进行过程中的服务与协调工作

①注意观察讲师的表现、学员的课堂反应，及时与讲师沟通、协调。
②协助上课、休息时间的控制。
③做好上课记录（录音）、摄像、录像工作。

5. 对学习情况进行总结和评价

做任何事情都要有始有终，培训也是一样。但培训者通常很重视开始和整个培训过程，而忽略了结束部分。其实回顾和评估具有承上启下的作用，它既高度概括培训的中心内容，又要提示学员注意将所培训的内容应用到今后的工作中去。

（三）培训结束后的工作

①向培训师致谢。
②作问卷调查。
③颁发结业证书。
④清理、检查设备。
⑤培训效果评估。

第四节　培训效果的评估

员工培训效果评估是企业培训工作最后的也是极为重要的一个阶段。它是通过建立培训效果评估指标和标准体系，对员工培训是否达到了预期的目标，培训计划是否有效实施等进行全面检查、分析和评价，然后将评估结果反馈给主管部门，作为以后制定、修订员工培训计划，以及进行培训需求分析的依据。

一、常见的评价培训效果信息的种类

根据对培训对象、目标等的考评要求，常见的评价培训效果的信息种类有：培训的及时性、培训目的设定合理与否、培训内容设置、教材选用与编辑、教师选定、培训时间选定、培训场地选定、受训群体选择、培训形式选择、培训组织与管理等方面的信息。

二、培训效果信息收集的渠道

培训效果信息的收集，也可以说是培训效果的追踪。为了达到培训的目的，应对培训结果进行考评、确认，否则就会失去培训的意义。从信息的种类分析来看，要了解或采集上述信息，不外乎以下几个渠道：生产管理或计划部门、受训人员、受训人员所在岗位的管理部门和主管领导，以及培训教师等。

三、培训效果评估的指标

（一）认知成果

认知成果可用来衡量受训者对培训项目中强调的原理、事实、技术、程序或过程的熟悉程度。认知成果用于衡量受训者从培训中学到了什么，一般应用笔试来评估认知结果。

（二）技能成果

技能成果用来评估技术或运动技能及行为方式的水平，它包括技能的获得与学习（技能学习）及技能在工作中的应用（技能转换）两个方面。可通过观察在工作抽样（如模拟器）中的绩效来评估受训者掌握技能的水平。技能转换通常是用观察法来判断的。

（三）情感成果

情感成果包括态度和动机在内的成果。评估情感成果的重要途径是了解受训者对培训项目的反应。反应是受训者对培训项目的感性认识，包括对设施、培训教师和培训内容的感觉。这类信息通常是在课程结束时收集的。这类反应有助于明确受训者的哪些想法有助于或会阻碍学习，虽然反馈能提供有用的信息，但它们通常与学习和培训转换的关系不大。

评估还需要收集其他一些情感因素，包括对多样化的忍耐力、学习动机、安全态度和顾客服务定位。情感成果可通过调查来进行衡量。

（四）绩效成果

绩效成果用来决策公司为培训计划所支付的费用。绩效成果包括由于员工流动率或事故发生率的下降导致的成本降低、产量的提高及产品质量或顾客服务水平的改善。

（五）投资回报率

投资回报率是指培训的货币收益和培训成本的比较。培训成本包括直接成本和间接成本，收益指公司从培训中获得的价值。

四、培训效果信息的收集方法

不同培训评估的信息收集渠道和收集方法是不同的，培训评估的内容与培训评估信息收集渠道存在对应关系，一般包括以下几种：通过资料收集信息；通过观察收集信息；通过访问收集信息；通过培训调查收集信息；通过调查评估表等形式收集信息。

五、培训效果信息的整理与分析

培训评估需要的信息来自不同的渠道，信息的形式多种多样，因此有必要对收集到的信息进行分类，并根据不同的评估内容进行信息归档，同时要制作一些表格对信息进行统计，并绘制直方图、分布曲线图等将信息趋势和分布状况形象地表达出来，使培训信息的分析报告清楚、直观、简洁、明了。

本章小结

员工培训是人力资源开发管理的重要组成部分。现代社会科学技术的迅猛发展，要求企业员工不断地适应新形势发展的要求，因此企业必须重视对员工的培训，保持企业内部的人力资源优势。本章介绍了员工培训的含义、目的、作用及原则等；重点叙述了在负责员工培训任务时，如何分析培训需求，制定培训计划；讲述了培训实施前、实施中、实施后应注意的事项与内容；介绍了培训结束后如何运用一定的评估指标和评估方法，检查和评定培训效果。

课后思考练习

一、名词解释

培训需求分析　重点团队分析法　虚拟培训　投资回报率　情感成果

二、单项选择题

1. （　　）对企业培训工作起全局性的指导和控制作用。
   A. 管理性培训规划　　　　　　　B. 战略性培训规划
   C. 培训课程规划　　　　　　　　D. 培训需求分析
2. 现代培训按其性质分为五个层次，依次为（　　）。
   A. 知识培训、技能培训、观念培训、思维培训、心理培训
   B. 知识培训、技能培训、思维培训、观念培训、心理培训
   C. 知识培训、思维培训、技能培训、观念培训、心理培训
   D. 技能培训、知识培训、思维培训、观念培训、心理培训
3. （　　）是制定好培训计划的基本问题。
   A. 培训课程设计　　B. 课程目标　　C. 课程评价　　D. 课程模式
4. 培训后的评估内容不包括（　　）。
   A. 目标达成情况　　　　　　　　B. 培训环境
   C. 培训主管工作绩效　　　　　　D. 培训效果效益

三、简答题

1. 什么是员工培训？为什么要进行员工培训？
2. 简述员工培训的目的和原则。
3. 培训在实施过程中应考虑和注意哪些事项？
4. 员工培训有哪些主要方法？
5. 培训效果可从哪些方面进行评估？

四、案例分析题

RB 制造公司是一家位于华中某省的皮鞋制造公司，拥有近 400 名工人。大约在一年前，公司因产品有过多的缺陷而失去了两个较大的客户。RB 公司领导研究了这个问题之后，一致认为公司的基本工程技术方面还是很可靠的，问题出在生产线上的工人、质量检查员及管理部门的疏忽大意，缺乏质量管理意识。于是公司决定通过开设一套质量管理课程来解决这个问题。

质量管理课程的授课时间被安排在工作时间之后，每周五晚上 7:00—9:00，历时 10 周，公司不付给来听课的员工额外的薪水，员工可以自愿听课，但是公司的主管表示，如果一名员工积极地参加培训，那么这个事实将被记录到他的个人档案里，以后在涉及加薪或提职时，公司将予以考虑。

课程由质量监控部门的李工程师主讲。主要包括各种讲座，有时还会放映有关质量管理的录像片，并进行一些专题讲座，内容包括质量管理的必要性、影响质量的客观条件、质量检验标准、检查的程序和方法、抽样检查及程序控制等。公司所有对此感兴趣的员工，包括监管人员，都可以去听课。

课程刚开始时，听课人数平均为 60 人左右。在课程快要结束时，听课人数已经下降到 30 人左右。而且因为课程是安排在周五的晚上，所以听课的人员都显得心不在焉，有一部分离家远的人课听到一半时就提前回家了。

在总结这一课程培训的时候，人力资源部经理评论说："李工程师的课讲得不错，内容充实，知识系统，而且他很幽默，使得培训引人入胜。听课人数的减少并不是他的过错。"

请思考：

1. 你认为这次培训在组织和管理上有哪些不合理的地方？
2. 如果你是 RB 公司的人力资源部经理，你会怎样安排这个培训项目？

技能实训

一、实训内容

以学习小组为单位选择 M 公司某一部门为对象，选择适合该部门员工的培训方法，并进行分析，思考并制定出适合该部门的培训方案。请说明小组内各成员的分工情况和完成作业的过程。（参考部门：采购部、技术部、产品开发部、销售部、市场部等）

二、方法步骤

1. 5~7 人为一个小组，对 M 公司某一部门的培训方案进行分析。
2. 每个小组派一名代表在课堂上交流、讨论。

三、实训考核

1. 对某部门的培训方案设计按要求给予成绩认定。
2. 对讨论交流的成果给予点评。

第六章

员工职业生涯管理

知识目标

1. 在理解职业含义的基础上，掌握两种著名的职业选择理论
2. 在掌握职业生涯、职业规划、职业生涯管理内涵的基础上，了解职业生涯发展及其阶段理论和职业锚理论

技能目标

1. 在了解影响职业选择因素之后，掌握个人职业计划设计的制定方法，了解实现职业与家庭平衡的意义和措施
2. 掌握组织职业计划的构成因素及不同职业生涯阶段企业职业管理的特点及内容。

导入案例

在外企中的职业道路与心路历程

在最著名的计算机产业的外企——IBM 和微软中国公司均担任了领导要职的吴士宏，在谈到她的职业生涯历程时说：在微软学到了"狠"，但她不喜欢"狠"。她追求的是"卓越的人生"。

经理角色

我在微软的最后几个月里，高密度地综合实践了职业经理人的几重角色：战地指挥官、团队领袖、协调、激励、鞭策、放权及激发并综合团队的智慧。这最后一点，是我做经理人以来最得意的成功经验之一。也是在微软，我学到了"狠"，但我不喜欢"狠"，这违背我的天性。但是我知道，职业经理人必须有该断则断的狠辣，不然，断臂疗毒的壮烈也可能医不好入髓的沉疴，自己"死"了不要紧，别辜负了经理人的基本职业要求。职业的"狠"，不妨碍做好人的原则。我坚信，好的职业经理人必须是好人，只有好人才会更有人格魅力，真正卓越的人生，少不了正直的生活。

1. 艰难历程

能进入外企的本地人大多都很优秀，但是最优秀的中国人也与人家差着整整一个社会基础——整个中国重新进入国际市场才不过20年。求生，求存，牛一样的熬夜苦耕，一点一点学会学习，学会思考，学会竞争法则，受委屈、摔跟头是免不了的，人人如此，并非我的专利。外企中的中国白领们都有一段艰难的心路历程。

外企对白领们的最初吸引多半是因为有职业训练和发展的机会，工作环境和优厚报酬也很重要，等到终于爬上几个台阶，当上经理，生活小康起来之后，很多人又会经历"理想迷茫"的失落。

2. 认定理想

我没有再给自己定"在××时间内，要做到××职位"的目标，我认定要开始追求理想：把优秀外企做成中国的；或者，把中国企业做到国际上去。理想给了我更高的追求，为了它可进可退，海阔天空。有理想是很幸福的境界，许多小事不会再让我烦恼，变得比以前乐观大度，别人更喜欢我了，我也更喜欢自己。许多精英人物都有自己的理想，我自己是混沌迟开，领悟得相对较晚。外企中的中国白领要真正成长为国际标准的职业人、经理人，是非常艰难的过程。经过十几年，外企在中国已全面推行人才本地化，本地人在外企越来越受到重用，我们不愿被当作"矮子"里拔出的一族，而想以自己的能力和智慧，真正立足于世界民族之林。在"高大"起来以前，我们在外企注定是"另类"，人多而势不"众"，不能真正影响外企在中国的经营决策。

3. 需要"成功"

我本打算承担下去——如果我有机会影响微软在中国市场的策略和做法！只需要成功。我希望看到我的一族在外企更快地成功，出现更多的担纲领军将帅，在更高的位置上，去实现更大的中华民族的利益。职业白领要在外企成长、成功，每一步都要付诸"实践"——做好自己的本职工作！

我坚信，外企对员工的认可程度最终看的是同一个底线——业绩。这也应该是所有成功职业人的最重要标准。

第一节　职业生涯规划概述

一、职业的概念

所谓职业，是指人们从事的相对稳定的、有收入的、专门类别的工作。"职"字的含义是职责、权力和工作的位置，"业"字的含义是事情、技术和工作本身。进一步来说，是一个人的权利、义务、权力、职责，即是一个人社会地位的一般性表征。也可以说，职业是人的社会角色的一个极为重要的方面。

现代管理学的发展趋势是，越来越讲求组织运行中的社会层和文化内容，这使组织成员"人"的地位逐渐回归。在现代管理活动中，组织也就日益注意员工个人的职业问题，而不仅仅是从"组织分工"的单一角度出发进行人力资源的开发与管理，在最具有现代管理理念的组织中，甚至从是员工的个人意愿和生涯出发进行人力资源的开发与管理。

二、职业生涯基本分析概述

(一) 职业生涯概念

"生涯"（career），有人生经历、生活道路和职业、专业、事业的含义。在人的一生中，有少年、成年、老年几部分,成年阶段无疑是职业生涯最重要的时期。这一时期之所以最重要,正因为这是人们从事职业生活的关键时期,是人生全部生活的重要阶段。因此,人的一生在职业方面的发展历程就是职业生涯。

麦克法兰德指出:生涯是指一个人依据心中的长期目标所形成的一系列工作选择及相关的教育或训练活动,是有计划的职业发展历程。美国著名职业问题专家萨帕指出:生涯是生活中各种事件的前进方向和历程,是整合人一生中的各种职业和生活角色,由此表现出个人独特的自我发展组型;它也是人自青春期开始直至退休之后,一连串有酬或无酬职位的综合,甚至包括副业、家庭和公民的角色。

职业生涯是指一个人一生在职业岗位上度过的、与工作活动相关的连续经历。职业生涯是一个动态过程,它一方面反映人们参加工作时间的长短,同时也涵盖了人们职业的发展、变更的历程和过程;另一方面是以心理、生理、智力、技能、伦理等人的潜能的开发为基础,以工作内容的确定和变化,工作业绩的评价,工作待遇、职称职务的变动为标志,以满足需求为目标的工作经历和内心体验的经历。

(二) 工作三阶段

在人生漫长的职业生涯各个时期中,从人在工作岗位的角度,可以分为早期、中期、后期三个时期,在这三个时期,人们的职业生涯有着不同的、特定的任务。具体内容如表6-1所示。

表6-1 职业生涯的三个时期

阶段	所关心的问题	应开发的工作
早期职业生涯	1. 第一位是要得到工作。 2. 学会如何处理和调整日常工作中所遇到的各种麻烦。 3. 要为成功地完成所分派的任务而承担责任。 4. 要作出改变职业和换掉工作单位的决定	1. 了解和评价职业和工作单位的信息。 2. 了解工作和职业的任务、职责。 3. 了解如何与上级、同事与其他人搞好(工作方面)的关系。 4. 开发某一方面或更多方面的专门知识
中期职业生涯	1. 选择专业和决定承担义务的程度。 2. 确定从事的专业,并落实到工作单位。 3. 确定生涯发展的行程和目标等。 4. 在几种可供选择的生涯方案中做出选择(如技术工作还是管理职位)	1. 开辟更宽的职业出路。 2. 了解如何自我评价的信息(如工作的成绩效果)。 3. 了解如何正确解决工作、家庭和其他利益之间的矛盾
后期职业生涯	1. 取得更大的责任或缩减在某一点上所承担的责任。 2. 培养关键性的下属或接班人。 3. 退休	1. 扩大个人对工作的兴趣,扩大所掌握技术的广度。 2. 了解工作和单位的其他综合性成果。 3. 了解合理安排生活之道,避免完全被工作所控制

三、职业选择理论

英国经济学家舒马赫（E. F. Schumacher）指出职业具有三个关键功能："一是给人们提供一个发挥和提高自身才能的机会；二是通过和别人一起共事来克服以自我为中心的意识；三是提供生产所需的产品和服务。"而职业选择实际上是实现上述三方面功能的前提。在人的整个职业生涯乃至整个人生当中，职业选择是极其重要的环节。大哲学家罗素说："选择职业是人生大事，因为职业选择了一个人的未来，选择职业，就是选择将来的自己。"

职业选择就是劳动者依照自己的职业期望和兴趣，凭借自身能力挑选职业，使自身能力素质与职业需求特征相符合的过程。职业选择是一项非常复杂的工作，会受到多种因素的影响，人们一般会从自己的职业期望和理想出发，根据个人的兴趣、能力、特点等自身素质，从社会现有的职业中选择适合自己的职业。鉴于职业选择对个人事业及生活的重要影响，许多心理学家和职业指导专家对职业选择问题进行了专门的研究，提出了自己的理论。

（一）帕森斯的人与职业相匹配理论

人与职业相匹配的职业选择理论，是由美国波士顿大学的帕森斯教授提出的，是用于职业选择与职业指导的最经典理论之一。1909 年，帕森斯在其所著的《选择一个职业》一书中提出了人与职业的匹配是职业选择的焦点的观点。他认为，每个人都有自己独特的人格模式，每种人格模式的个人都有与其相适应的职业类型，所以人们选择职业应寻求与个人特性相一致的职业。他认为，有三大因素影响职业选择：第一，要了解个人的能力倾向、兴趣爱好、气质性格特点和身体状况等个人特征；第二，分析各种职业对人的要求，以获得相关的职业信息。这包括职业的性质、工资待遇、工资条件及晋升的可能性、求职的最低条件（如学历要求、身体要求、所需的专业训练等），以及其他各种能力、就业的机会等；第三，以上两个因素的平衡，即在了解个人特征和职业要求的基础上，选择确定一种适合个人特点又可获得的职业。

帕森斯理论的内涵即是在清楚认识、了解个人的主观条件和社会职业需求条件的基础上，将主客观条件与社会职业岗位相对照、相匹配，最后选择一种职业需求与个人特长匹配的职业。该理论在职业指导和职业选择实践中有着深刻的指导意义。

（二）霍兰德的职业性向理论

美国约翰·霍普金斯大学心理学教授约翰·亨利·霍兰德（John Henry Holland）是美国著名的职业指导专家。他于 1971 年提出了具有广泛社会影响的职业性向理论（Career Orientation），他认为职业选择是个人人格的反映和延伸，职业选择取决于人格与职业的相互作用。

这一理论首先将职业归属为六种典型的"工作环境"中的一种，分别是：现实型的：建筑、驾驶卡车、农业耕作；调研型的：科学和学术研究；艺术型的：雕刻、表演和书法；社会型的：教育、宗教服务和社会性工作；企业型（开拓性）的：销售、政治和金融；常规型的：会计、计算机技术、药理学。

根据自己对职业性向测试（Vocational Preference Test，VPT）的研究，霍兰德认为职业性向是决定一个人选择何种职业的重要因素，进而提出了决定个人选择何种职业的六种基本的"人格性向"：现实型、调研型、艺术型、社会型、企业型、常规型。由于不同类型的人的人格特点、职业兴趣各不相同，从而所选择和匹配的职业类型也不相同。因此，所能选择和对应的职业也相应地分为六种基本类型,如表6-2所示。

表6-2 霍兰德人格性向与职业类型对应表

人格性向	人格特点	职业兴趣	代表性职业
现实型	真诚坦率、重视现实、讲求实际、有坚持性、实践性、稳定性	各类工程技术工作,农业工作,通常需要一定的体力,需要运用工具或操作机器	体力员工、机器操作者、农民、矿工、园艺工人、工程艺术人员等
调研型	分析性、批判性、好奇心,理想的、内向的、有推理能力的	各项科学研究与科学实验工作	物理学家、化学家、生物学家、医学技术人员等自然科学与社会科学方面的研究与开发人员
艺术型	感情丰富的、理想主义的、富有想象力的、易冲动的、有主见的、直觉的、情绪性的	各类艺术创作工作	诗人、艺术家、文学家、音乐家、演员、画家、剪辑、设计师等
社会型	富有合作精神的、友好的、肯于帮助别人的、和善的、爱社交和易了解的	各种直接为他人服务的工作,如医疗服务、教育服务、生活服务等	教师、行政人员、医护人员、社会工作人员、咨询师、精神健康工作者等
企业型	喜欢冒险的、有雄心壮志的、精神饱满的、乐观的、自信的、健谈的	组织与影响他人共同完成组织目标的工作	企业经理人、推销员、政府官员、律师、政治家等
常规型	谨慎的、有效的、无灵活性的、服从的、守秩序的、能自我控制的	各类与文件档案、图书资料、统计数据及报表等相关的行政工作	会计、出纳、银行职员、统计员、图书及档案管理员、邮递员、文秘等

霍兰德职业性向理论的实质在于寻求人的人格类型所对应的职业性向与职业类型的对应。按照这一理论,最为理想的职业选择应是个人能够找到与其人格类型相重合的职业环境。在这样的环境中工作,个人就容易感到内在的满足和舒适,最有可能发挥其才能,即职业性向与职业类型的相关系数越大,二者适应程度越高;二者相关系数越小,相互适应程度就越低。

知识链接6-1　　　　**霍兰德职业兴趣测试**

以下有60道题目,如果你认为是符合自己情况的选项,便在题目后面的表格中相应的序号上画个圈,反之,则不必做记号。答题时不需要反复思考。

1. 我喜欢自己动手干一些具体的、能直接看到效果的活。
2. 我喜欢弄清楚有关做一件事情的具体要求,已明确如何去做。
3. 我认为追求的目标应该尽量高些,这样才可能在实践中多获得成功。
4. 我很看重人与人之间的友情。
5. 我常常想寻找独特的方式来表现自己的创造力。

6. 我喜欢阅读比较理性的书籍。
7. 我喜欢生活与工作场所布置得朴实些、实用些。
8. 在开始做一件事情以前，我喜欢有条不紊地做好所有准备工作。
9. 我善于带动他人，影响他人。
10. 为了帮助他人，我愿意做些自我牺牲。
11. 当我进入创造性工作时，我会忘却一切。
12. 在找到解决困难的办法前，我通常不会罢手。
13. 我喜欢直截了当，不喜欢说话婉转。
14. 我比较善于注意和检查细节。
15. 我乐于在所从事的工作中承担主要责任。
16. 在解决个人问题时，我喜欢找他人商量。
17. 我的情绪容易激动。
18. 一接触到有关新发明、新发现的信息，我就会感到兴奋。
19. 我喜欢在户外工作与活动。
20. 我喜欢有规律、干净整洁。
21. 在我要做重要的决定之前，总觉得异常兴奋。
22. 当别人叙述个人烦恼时，我能做一个很好的倾听者。
23. 我喜欢观赏艺术展和好的戏剧和电影。
24. 我喜欢先研究所有的细节，然后再做出合乎逻辑的决定。
25. 我的手工操作和体力劳动永远不会过时。
26. 我不太喜欢由我一个人负责来做重大的决定。
27. 我善于和能为我提供好处的人交往。
28. 我善于调节他人之间的矛盾。
29. 我喜欢别致的着装，喜欢新颖的色彩与风格。
30. 我对各种大自然的奥秘充满好奇。
31. 我不怕干体力活，通常还知道如何巧干。
32. 在做决定时，我喜欢保险系数比较高的方案，不喜欢冒险。
33. 我喜欢竞争与挑战。
34. 我喜欢与人交往，以丰富自己的阅历。
35. 我善于用自己的工作来体现自己的情感。
36. 在动手做一件事情之前，我喜欢在脑中仔细思索几遍。
37. 我不喜欢购买现成的物品，希望能购买到材料自己去做。
38. 只要我按照规划做了，心里就会踏实。
39. 只要成果大，我愿意冒险。
40. 我通常能比较敏感地察觉到他人的需求。
41. 音乐、绘画、文字，任何优美的东西都特别容易给我带来好心情。
42. 我把受教育堪称是不断提高自我的一辈子的过程。
43. 我喜欢把东西拆开，然后再使之复原。
44. 我喜欢每一分钟都过得很充实。

45. 我喜欢启动一项项工作，而具体的细节让其他人去负责。
46. 我喜欢帮助他人，提高他人的学习能力。
47. 我很善于想象。
48. 有时候我能独坐很长时间来阅读。
49. 我不怎么在乎干活时弄脏自己。
50. 只要能仔细地完整地做完一件事情，我就感到十分满足。
51. 我喜欢在团体中担任主角。
52. 如果我与他人有了矛盾，我喜欢采取平和的方式加以解决。
53. 我对环境布置比较讲究，哪怕是一般的色彩、图案，都希望能赏心悦目。
54. 哪怕物品明知结果会与我的期盼相悖，我也要探究到底。
55. 我很看重拥有健壮灵活的身体。
56. 如果我说了我来干，我就会把这件事情彻底干好。
57. 我喜欢谈判，喜欢讨价还价。
58. 人们喜欢向我倾诉他们的烦恼。
59. 我喜欢尝试有创意的新主意。
60. 凡事我都喜欢问一个"为什么"。

评分标准

在下表中将每一列画圈的数量加起来填在每一列最下面，哪一列分数高，便倾向于哪种类型。

分值表

R	C	E	S	A	I
1	2	3	4	5	6
7	8	9	10	11	12
13	14	15	16	17	18
19	20	21	22	23	24
25	26	27	28	29	30
31	32	33	34	35	36
37	38	39	40	41	42
43	44	45	46	47	48
49	50	51	52	53	54
55	56	57	58	59	60

自我评析

R：现实型。喜欢做使用工具、实物、机器或与物有关的工作，具有手工、机械、农业、电子方面的技能，爱好与建筑、维修有关的职业，脚踏实地，实事求是。适合做机械师、工程师、司机、电工、木匠等。

C：常规型。喜欢做系统的整理信息资料一类的事情，具有办公室工作和数字方面的能力，爱好记录、整理文件、打字、复印及操作计算机等职业，尽职尽责，忠实可靠。适合做会计师、银行出纳、计算机操作员、打字员、书记员等。

E：企业型。喜欢领导和左右他人，具有领导能力、说服能力及其他一些与人打交道所必需的重要技能，爱好商业或与管理人有关的职业，雄心勃勃，友好大方，精力充沛，信心十足。适合做公司经理、电视制作人、广告部长、销售、个体工商业者等。

S：社会型。喜欢参加自学、培训、教学和各种理解、帮助他人的活动，具有与他人相处共事的能力，爱好教师、护士、律师一类的职业。乐于助人，友好热情。适合做教师、医生、教练、导游、公务员等。

A：艺术型。喜欢不受常规约束，以便利用时间从事创造性的活动，具有语言、美术、音乐、戏剧、写作等方面的技能，爱好能发挥创造才能的职业，天资聪慧，创造性强，不拘小节，自由放任。适合做音乐家、作家、记者、演员、主持人等。

I：研究型。喜欢各种与生物科学、物理科学有关的活动，具有极好的数学研究能力，爱好科学或医学领域里的职业。好奇心强，勤奋自立。适合做学者、科学者、编辑、医学实验室的技术人员等。

第二节　职业生涯管理理论

一、职业生涯管理的内涵

（一）职业规划与管理

职业规划是指对人们职业生涯的规划和安排，包括个人计划与组织计划两个层次。从个人层次看，每个人都有从现在和将来的工作中得到成长、发展和获得满意的强烈愿望和要求。为了实现这种愿望和要求，他们不断地追求理想的职业，并希望在自己的职业生涯中得到顺利的成长和发展，从而制定了自己成长、发展和不断追求满意的计划。从组织的层次看，职业规划是指组织为了不断地增强员工的满意感并使其能与组织的发展和需要统一起来而制定的，协调员工个人成长、发展与组织需求和发展相结合的计划。

（二）职业生涯管理

职业生涯管理，又称职业管理，是对职业生涯的设计与开发的过程。它同样需要从个人和组织两个不同的角度进行。从个人角度讲，职业生涯管理就是一个人对自己所要从事的职业、要加入的工作组织、在职业发展上要达到的高度等做出规划和设计，并为实现自己的职业目标而积累知识、开发技能的过程。它一般通过选择职业、选择组织、选择工作岗位，通过工作使技能得以提高、职位得到提升、才干得到发挥。而从组织角度讲，则是指对员工所从事的职业所进行的一系列计划、组织、领导和控制的管理活动，以实现组织目标和个人发展的有机结合。

现代企业人力资源管理要求企业组织具有"职业发展观"。职业发展观的主要内容是：企业要为其成员构建职业发展通道，使之与组织的需求相匹配、相协调、相融合，以达到满足组织及其成员的各自需要，同时实现组织目标与员工个人目标的目的。职业发展观的核心是使员工个人职业生涯与组织需求在相互作用中实现协调与融合。要实现该目标，组织对员工的职业管理就必不可少。职业生涯管理是组织与员工双方的责任,它贯穿于员工职业生涯发展的全过程和组织发展的全过程,是一种持续的、动态的管理。

根据职业生涯管理的内涵与特点,其管理流程如图6-1所示。

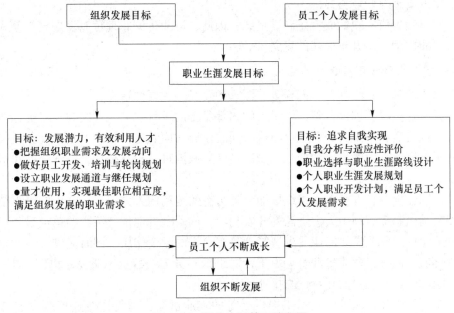

图6-1 职业生涯管理流程图

二、员工职业生涯管理的意义

现代社会,人的一生中大部分时间是在职业中度过的,职业生涯跨越人生中精力最充沛、知识经验日臻丰富和完善的几十年,职业成为绝大多数人生活的最重要组成部分。职业不仅提供了个人谋生的手段,而且创造了迎接挑战、实现自我价值的大好机会和广阔空间。企业也越来越认识到,人才是其最本质、最重要的资源。企业一方面想方设法保持员工的稳定性和积极性,不断提高员工的业务技能以创造更好的经济效益;另一方面,又希望能维持一定程度的人员、知识、观念的更新换代以适应外界环境的变化,保持企业活力和竞争力。而开展职业生涯管理则是满足员工与企业双方需要的最佳方式。

(一)职业生涯管理对员工个人的意义

职业生涯管理对员工个人而言其意义与重要性主要体现在以下三个方面:

第一,职业生涯开发与管理可以使员工个人了解到自身的长处与不足。通过职业生涯规划与管理,员工不仅可以养成对环境和工作目标进行分析的习惯,而且可以使员工合理计划、安排时间和精力开展学习和培训,以完成工作任务,提高职业技能。这些活动的开展都有利于强化员工的环境把握能力和困难控制能力。

第二,职业生涯管理可以帮助员工协调好职业生活与家庭生活的关系,更好地实现人生目标。良好的职业规划和职业生涯开发与管理的工作可以帮助员工从更高的角度看待职业生活中的各种问题和选择,将各个分离的事件结合在一起,相互联系起来,共同服务于职业目标,使职业生活更加充实和富有成效。同时,职业生涯管理帮助员工综合地考虑职业生活同个人追求、家庭目标等其他生活目标的平衡，避免顾此失彼、左右为难的困境。

第三，职业生涯管理可以使员工实现自我价值的不断提升和超越。员工寻求职业的最初目的可能仅仅是找一份可以养家糊口的差事，进而追求的可能是财富、地位和名望。职业规划和职业生涯管理对职业目标的多层次提炼可以逐步使员工的工作目的超越财富和地位，追求更高层次自我价值实现的成就感和满足感。因此，职业生涯管理可以发掘出促使人们努力工作的最本质的动力，升华成功的意义。

（二）职业生涯管理对组织的意义

职业生涯管理对组织而言，同样具有深远的意义，主要体现在：

第一，职业生涯管理可以帮助组织了解内部员工的现状、需求、能力及目标，调和它们与存在于企业现实和未来的职业机会与挑战间的矛盾。职业生涯管理的主要任务就是帮助组织和员工了解职业方面的需求和变化，帮助员工克服困难，提高技能，实现企业和员工的发展目标。

第二，职业生涯管理可以使组织更加合理与有效地利用人力资源，合理的组织结构、组织目标和激励机制都有利于人力资源的开发利用。同薪酬、地位、荣誉的单纯激励相比，切实针对员工深层次职业需要的职业生涯管理具有更好的激励作用，同时能进一步开发人力资源的职业价值，而且，职业生涯管理由于针对组织和员工的特点"量身定做"，同一般奖惩激励措施相比，具有较强的独特性与排他性。

第三，职业生涯管理可以为员工提供平等的就业机会，对促进企业持续发展有重要意义。职业生涯管理考虑了员工不同的特点与需要，并据此设计不同的职业发展途径和道路，以利于不同类型的员工在职业生活中扬长避短。在职业生涯管理中的年龄、学历、性别差异，不是歧视，而是不同的发展方向和途径，这就为员工在组织中提供了更为平等的就业和发展机会。因此，职业生涯管理的深入实施有利于组织人力资源管理水平的稳定与提高。尽管员工可以自由流动，但职业生涯的管理开展使得全体员工的技能水平、创造性、主动性和积极性保持稳定提升，这对于促进组织的持续发展具有至关重要的作用。

三、职业生涯发展理论

在个人漫长的职业生涯中，尽管个人的具体情况、职业选择与职业转换等情况各不相同，但职业发展是每个人的共同追求。职业生涯发展是指个体逐步实现其职业生涯目标，并不断制定和实施新的目标的过程。职业生涯发展的形式多种多样，主要可分为职务变动发展与非职务变动发展两种基本类型。职务变动发展包括晋升和平行两种方式，而非职务变动发展则包括工作的范围扩大、观念改变及方法创新等内容，两种形式都是个人发展的路径选择，也都意味着个人能力的提高和收益的增长。

更普遍的是，伴随着年龄的增长，每个人在不同的年龄阶段表现出大致相同的职业特征和职业需求及职业发展任务。因此，一些著名的职业管理专家对于职业生涯的发展过程经过长期研究，发现并总结出了许多关于职业生涯发展的理论和规律。这些理论主要有：职业生涯发展阶段理论及职业锚理论。

（一）职业生涯发展阶段理论

人的生命是有周期的，我们常常把人生分为幼年、少年、青年、壮年和老年几个阶段，而作为人生组成部分的职业生涯同样也要经历几个阶段，通常也将其称作职业周期。在职业周期的不同阶段,人的性格、兴趣、知识水平及职业偏好都有不同。美国著名的职业管理学家萨柏（Donald E. Super）将人的职业生涯分为以下五个主要阶段：

1. 成长阶段（Growth stage）

成长阶段大体上可以界定为 0～14 岁这一年龄段。在这个阶段，个人通过对家庭成员、朋友、老师的认同，以及与他们之间的相互作用，逐渐建立起了自我的概念。在这一时期，儿童将尝试各种不同的行为方式，使得他们形成了人们如何对不同行为做出反应的印象，并帮助他们建立起一个独特的自我概念和个性。到这一阶段结束的时候，进入青春期的青少年经历了对职业的好奇、幻想到兴趣，开始对各种可选择的职业进行带有现实性的思考了。

成长阶段又由三个子阶段构成：幻想期（10 岁之前）：从外界感知到许多职业，对于自己觉得好玩和喜爱的职业充满幻想，并进行模仿；兴趣期（11～12 岁）：以兴趣为中心理解、评价职业，开始做职业选择；能力期（13～14 岁）：开始考虑自身条件与喜爱的职业是否符合，有意识地进行能力培养。

2. 探索阶段（Exploration stage）

探索阶段大体上发生在 15～24 岁这一年龄段上。在这一时期，人们将认真地探索各种可能的职业选择。人们试图将自己的职业选择与他们对职业的了解，以及通过学校教育、休闲活动和业余工作等途径所获得的个人兴趣和能力匹配起来。在这一阶段的初期，人们往往做出一些带有试验性质的较为宽泛的职业选择，但随着个人对选择职业及自我的进一步了解，他们的这种最初选择往往又会被重新界定。待这一阶段结束的时候，一个看上去比较恰当的职业就已经被选定，他们也已经做好了开始工作的准备，人们在这个阶段需要完成的最重要任务就是对自己的能力和天资形成一种现实性的评价，并根据各种职业信息做出相应的教育决策。

探索阶段又可分为以下三个子阶段：试验期（15～17 岁）：综合认识和考虑自己的兴趣、能力与职业社会价值、就业机会，开始对未来职业进行尝试性选择；转变期（18～21 岁）：正式进入劳动力市场，或者进行专门的职业培训，由一般性的职业选择转变为特定目标职业的选择；尝试期（22～24 岁）：选定工作领域开始从事某种职业，对职业发展目标的可行性进行试验。

3. 确立阶段（Establishment stage）

确立阶段一般为 25～44 岁这一年龄段。这是大多数人职业生涯中的核心部分。人们一般希望在这一阶段尤其是在早期能够找到合适的职业，并随之全力以赴地投入有助于自己在此职业中取得永久发展的各种活动中。然而，在大多数情况下，在这一阶段人们仍然在不断地尝试与自己最初的职业选择所不同的各种能力和理想。

确立阶段本身又由三个子阶段构成：尝试期（25～30 岁）：在这一阶段，一个人确立当前所选择的职业是否适合自己，如果不适合，就会重新做出选择；稳定期（31～44 岁）：在这一阶段，人们往往已经定下了较为坚定的职业目标，并制定了较为明确的职业计划来确定自己晋升的潜力、工作调换的必要性及为实现这些目标需要开展哪些教育活动等；职业中期危机阶段（30～40 岁之间的某个时段）：在这一阶段，人们往往根据自己最初的理想和目标对自己的职业进步情况做一次重要的重新评价。人们可能会发现，自己并没有朝着自己所梦想的目标靠近，或者已经完成了他们自己所预定的任务后才发现，自己过去的梦想并不是自己所想要的全部东西。在这一时期，人们还有可能会思考，工作和职业在自己的全部生活中到底有多重要。在通常情况下，在这一阶段的人们第一次不得不面对一个艰难的抉择，即判定自己到底需要什么，什么目标是可以达到的，以及为了达到这一目标，需要做出多大的牺牲。

4. 维持阶段（Maintenance stage）

此阶段在45~65岁，是职业的后期阶段。这一阶段的人们长时间在某一职业上工作，在该领域已具有一席之地，一般达到常言所说的"功成名就"，已不再考虑变换职业，力求保住这一位置，维持于取得的成就和社会地位，重点是维持家庭和工作间的和谐关系，传承工作经验，寻求接替人选。

5. 衰退阶段（Decline stage）

人达到65岁以上，其健康状况和工作能力逐步衰退，即将退出工作，结束职业生涯。因此，这一阶段要学会接受权力和责任的减少，学习接受一种新角色，适应退休后的生活，以减轻身心的衰退，维持生命力。

萨柏以年龄为依据，对职业生涯阶段进行划分。在不同的人生阶段，人的生理特征、心理素质、智能水平、社会负担、主要任务等都不尽相同，这就决定了在不同阶段其职业发展的重点和内容也是不同的，但职业生涯是个持续的过程，各阶段的时间并没有明确的界限。其经历的时间长短常因个人条件的差异及外在环境的不同而有所不同，有长有短，有快有慢，有时还有可能出现阶段性反复。

（二）职业锚理论

职业锚是由美国著名的职业指导专家埃德加·H·施恩（Edgar. H. Schein）教授提出的。他认为职业发展实际上是一个持续不断的探索过程，在这一过程中，每个人都在根据自己的天资、能力、动机、需要、态度和价值观等慢慢地形成较为明晰的与职业有关的自我概念。随着一个人对自己越来越了解，这个人就会越来越明显地形成一个占主要地位的职业锚（Career anchor）。

所谓职业锚，是指当一个人不得不做出选择的时候，他无论如何都不会放弃职业中的那种至关重要的东西，正如其中"锚"字的含义一样，职业锚实际上就是人们选择和发展自己的职业时所围绕的中心。一个人对自己的天资和能力、动机和需要及态度和价值观有清楚的了解之后，就会意识到自己的职业锚到底是什么。具体而言，是个人进入职业生涯早期的工作情境后，由习得的实际工作经验所决定，并在经验中与自身的才干、动机、需要和价值观相符合，逐渐发展出的更加清晰全面的职业自我观，以及达到自我满足和补偿的一种长期稳定的职业定位。

施恩教授通过研究提出了以下五种职业锚：第一，技术或功能型职业锚，即职业发展围绕着自己所擅长的特别技术或特定功能而进行。具有这种职业锚的人总是倾向于选择那些能够保障自己在既定技术或功能领域中不断发展的职业。第二，管理型职业锚，具有这种职业锚的人会表现出成为管理人员的强烈动机。他们的职业发展路径是沿着组织的权力阶梯逐步攀升，承担较高责任的管理职位是他们的最终目标。第三，创造型职业锚，这种人的职业发展都是围绕着创业性努力而组织的。这种创业性努力会使他们创造出新的产品或服务，或是搞出创造发明，或是创办自己的企业。第四，自立与独立型职业锚，具有这种职业锚的人总是愿意自己决定自己的命运，而不依赖于别人，愿意选择一些自己安排时间、自己决定生活方式和工作方式的职业，如教师、咨询、写作、经营小型企业等。第五，安全型职业锚，具有这种职业锚的人极为重视长期的职业稳定和工作的保障性,他们愿意在一个熟悉的环境中维持一种稳定的、有保障的职业,倾向于让雇主来决定他们去从事何种职业,如政府公务员。

第三节　个人职业生涯管理

一、个人职业生涯的影响因素

任何人的职业生涯都不可能是一帆风顺的,它要受到个人和环境两方面多种因素的影响,了解这些因素无论对个人还是企业组织都具有非常重要的意义。

(一) 影响职业生涯的个人因素

职业生涯是一个人一生的最佳年华,能否成功地开创和发展自己的职业生涯,首先与个人对自己的认知和剖析程度有很大的关系。通过自我剖析,明确自己的职业性向、能力水平、职业偏好,这样才能做出切合实际的职业选择。

1. 职业性向

霍兰德教授提出的职业性向模型,将人的性格与职业类型划分为现实型、调研型、艺术型、社会型、企业型、常规型六种基本类型。通过对自我职业性向的判断,选择与其相对应或相关性较大的职业,将会感觉到舒适和愉悦,获取职业成功的可能性也会增加。

2. 能力

对企业组织的员工来讲,其能力,也是指劳动的能力,也就是运用各种资源从事生产、研究、经营活动的能力。它是员工职业发展的基础,与员工个体发展水平成正比,具体包括一个人的体能、心理素质、智能在内的全面综合能力。体能即生理素质,主要就是人的健康程度和强壮程度,表现在对劳动负荷的承受能力和劳动后消除疲劳的能力。心理素质指人的心理成熟程度,表现为对压力、挫折、困难等的承受力。智能包括三方面的内容:第一,智力,即员工认识事物、运用知识解决问题的能力,包括观察力、理解力、思维判断力、记忆力、想象力、创造力等。第二,知识,即员工通过学习、实践等活动所获得的理论与经验。第三,技能,即员工在智力、知识的支配和指导下操作、运用、推动各种物质与信息资源的能力。

个人能力对个体职业发展有着重要的影响。第一,能力越强者,对自我价值实现、声望和尊重的要求越高,发展的欲望越强烈,对个体发展的促进也越大;同时,能力强者接受新事物、新知识快,能力与发展呈良性循环,不断上升。第二,在其他条件一定的情况下,能力越强,贡献越大,收入相对越高。高收入一方面为个人发展提供了物质保证,另一方面能激发更多自我发展的潜质。所以,能力既对员工个人发展提出了强烈要求,又为个体自我发展的实现提供了可能条件,是个人职业发展的重要基础和影响因素。

3. 职业锚

正如前文所述,职业锚是人们选择和发展自己的职业时所围绕的中心。职业锚作为一个人自身的才干、动机和价值观的模式,在个人的职业生涯及组织的事业发展过程中都发挥着重要的作用,职业锚能准确地反映个人职业需要及其所追求的职业工作环境,反映个人的价值观与抱负,了解自己的职业锚类型,有助于增强个人的职业技能,提高工作效率,进而取得职业成功。

4. 职业发展阶段

每个人的职业生涯都要经历许多阶段，只有了解不同阶段的特征、知识水平要求和各种职业偏好，才能更好地促进个人的职业生涯发展。萨柏教授的职业生涯阶段为个人判断自己所处的职业生涯阶段及分析所处阶段的特点和要求提供了很好的参照。

知识链接6-2　　秦奇的职业规划之路

秦奇大学毕业两年，在湖南省一家知名的报社做新闻版主编的工作，在他看来这是一份富有挑战性和成就感的工作，回顾求职经历，他将成功归因于大学期间自己"做对了四件事"，这四件事分别是：

他从江西一个县城考入湖南某大学中文系。对于未来，秦奇有两个选择：一是努力学习学校课堂知识，三年后回到生我养我的小镇做一辈子的老师；二是另寻出路，留在城市。要强的秦奇选择了后者，用他的话来说，这是他大学里做的第一件事。对此，他用职业规划的术语称作"明确目标"。

第二件事是重新审视自我。秦奇发现自己的长项和爱好并不在于教书，他比较喜欢搞一些文字工作，比如写新闻。这件事用职业规划的术语可以解释为"认识自己"。

接下来，秦奇花了很长的一段时间思考自己未来会扮演一个什么样的角色。这也是他的第三件事——角色定位。最终他认识到，在一所大家都在往老师这条道路上行走的高校里，搞新闻工作，一定会引起重视，加上中文专业基础，学校的院报、广播等很多资源都可以被利用来很好地锻炼自己。在对职业定位的思考中，秦奇还充分考虑到了市场的因素，对此，他的心得是："有很多时候，我们的职业定位都是从自己出发的，但是如果不把自己放到社会的大环境中，看自己会扮演一个什么样的角色，就不一定能成功。比如，有人认为自己对考古很有兴趣，但是社会对这种人才的需求是很少的，你朝这条职业道路发展，那必然会很艰难。"

做一次早起的鸟儿，就是秦奇做的第四件事。都说"早起的鸟儿有虫吃"，但是真正有多少人愿意做早起的鸟儿呢？秦奇不无感慨地说："我是从大一开始去报社实习的。我读了四年大学，实习了五次。前几次都是直接去敲总编辑的门。通过几次实习，我积累了大量的人际资源，他们甚至直接影响到我找工作；同时，我也获得了新闻实战的经验。"

秦奇的职业发展无疑是成功的，并且他过去的经历让我们看到这成功背后的必然性。

思考：秦奇职业规划之路的成功点主要有哪些？

（二）影响职业生涯的环境因素

1. 社会环境因素

（1）经济发展水平

一个地区的经济发展水平不同、企业规模的数量不同，个人职业选择的机会也不一样。一般来说，经济发展水平高的地区，企业尤其是优秀企业比较多，个人择业和发展的机会相对较多，就会有利于个人的职业发展。

（2）社会文化环境

这具体包括教育水平、教育条件、社会文化设施等。一般地讲，在良好的社会文化氛围中，个人能受到良好的教育和熏陶，从而有利于个人职业的发展。

（3）领导者素质和价值观

一个企业的员工职业发展是否能够顺利实施，在很大程度上取决于领导者的重视程度，而其是否重视又取决于领导者的素质和价值观，所有这些都会影响到员工的职业发展。

2. 组织环境因素

（1）企业文化

前面我们已经提到过，企业文化决定了一个企业如何看待其员工，所以，员工的职业生涯是被企业文化所左右的。一个主张员工参与管理的企业，显然比一个独裁的企业更能为员工提供更多的发展机会；渴望发展、追求挑战的员工，也很难在论资排辈的企业受到重用。

（2）管理制度

员工的职业发展，归根到底要靠管理制度来保障，包括合理的培训制度、晋升制度、考核制度、奖惩制度等。企业价值观、企业经济哲学，也只有渗透到制度中，才能得到切实的贯彻执行。没有制度或者制度定得不合理、不到位，员工的职业发展就难以实现，甚至可能流于空谈。

（3）领导者素质和价值观

一个企业的文化和管理风格与其领导者的素质和价值观有直接的关系，企业经济哲学往往就是企业家的经营哲学，如果企业领导者不重视员工的职业发展，这个企业员工的职业生涯也就没有希望了。

3. 经济环境因素

职业生涯影响因素的关系可概括为：知己、知彼、抉择。经济环境对职业生涯的成功也起着重要作用。

职业生涯成功是个人职业生涯追求的最终目标。职业生涯成功的含义因人而异，具有很强的相对性，对于同样的人在不同的人生阶段也有着不同的含义。每个人都可以对自己的职业生涯成功进行明确界定，包括成功意味着什么，成功时发生的事和一定要拥有的东西、成功的时间、成功的范围、成功与健康、被承认的方式、想拥有的权势和社会的地位等。对有些人来讲，成功可能是一个抽象的、不可量化的概念，如觉得愉快，在和谐的气氛中工作，有工作完成后的成就感和满足感。在职业生涯中，有的人追求职务晋升，有的人追求工作内容的丰富化，对于年轻员工来说，职业生涯的成功应是在其工作上建立满足感与成就感，而不是一味地追求快速晋升；在工作设计上，设法扩大其工作内容，使其工作更具挑战性。

职业生涯成功能使人产生自我实现感，从而促进个人素质的提高和潜能的发挥，职业生涯成功的标准与方向具有明显的多样性。

目前大家共识的有五种不同的职业生涯成功方向：

进取型——使其达到集团和系统的最高地位。

安全型——追求认可、工作安全、尊重和成为"圈内人"。

自由型——在工作过程中得到最大的控制而不是被控制。

攀登型——得到刺激、挑战、冒险和"擦边"的机会。

平衡型——在工作、家庭关系和自我发展之间取得有意义的平衡，以便工作不至于变得太耗费精力或太乏味。职业生涯成功和标准也具有多样性。

二、个人职业计划

对于员工职业发展的管理，企业组织应当承担重要责任。但对职业成功负有主要责任的还是员工自己。在这当中就个人而言，最重要的是制定适当的个人职业计划。

（一）制定个人职业计划的原则

1. 实事求是

这要求员工应准确地认识自己，并能客观地自我评价，这是制定个人职业计划的前提。

2. 切实可行

个人的职业目标一定要同自己的知识、能力、个人特质及工作适应性相符合。同时，个人职业目标和职业道路的确定，要考虑到客观环境和条件。

3. 个人职业计划要与组织目标协调一致

离开组织目标，就不可能有个人的职业发展，甚至难以在组织中立足。员工应积极主动地与组织沟通，获得组织的帮助和支持，以此来制订一个适合自己的职业计划。

4. 在动态变化中制定和修正个人职业计划

随着时间的推移，员工本人的知识、经验、技能、态度等情况及外部环境条件都会发生变化，这就要求员工及时调整自己的个人职业计划，修正和调整计划中一些不断变化的内容，如职业发展的具体活动、短期职业目标等。

（二）职业计划设计

职业计划设计是员工对自己一生职业发展的总体计划和总体轮廓的勾画，它为个人一生的职业发展指明了路径和方向。在设计职业计划中一般应考虑以下因素：

1. 个人自我评价

个人自我评价是对自己的各方面进行分析评价。员工只有充分认识自己之后，才能设定可实现的目标，自我评价要对包括人生观、价值观、受教育水平、职业锚、兴趣、特长、性格、技能、智商、情商、思维方式和方法等进行分析评价，全面认识自己、了解自己，这样才能选定自己的职业发展路线，增加事业成功的机会。

橱窗分析法是自我评价的重要方法之一。心理学家把个体对自己的了解比作一个橱窗。为了便于理解，可以把橱窗放在一个直角坐标系中加以分析。坐标的横轴正向表示别人知道，负向表示别人不知道，纵轴正向表示自己知道，负向表示自己不知道。坐标橱窗如图6-2所示。

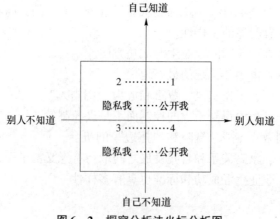

图6-2 橱窗分析法坐标分析图

坐标橱窗图明显地把自我分成了四部分，即四个橱窗。

橱窗 1 为"公开我"，是自己知道、别人也知道的部分，属于个人展现在外、无所隐藏的部分。

橱窗 2 为"隐私我"，是自己知道、别人不知道的部分，属于个人内在的隐私和秘密的部分。

橱窗 3 为"潜在我"，是自己不知道、别人也不知道的部分，是有待进一步开发的部分。

橱窗 4 为"背脊我"，是自己不知道、别人知道的部分，就像自己的背部一样，自己看不到，别人却看得清楚。

在进行自己剖析和评论时，重点是了解橱窗 3——"潜在我"和橱窗 4——"背脊我"。"潜在我"是影响一个人未来发展的重要因素，了解和认识"潜在我"有助于发掘个人潜能。"背脊我"是准确对自己进行评价的重要方面，如果能够诚恳地对待他人的意见和看法，就不难了解"背脊我"。当然，这需要开阔的胸怀和正确的态度，否则就很难听到别人的真实评价。

2. 职业发展机会评估

职业发展机会评估，主要是评估各种环境因素对自己职业发展的影响。如前所述，环境因素包括经济发展、社会文化和政治制度等社会环境和企业环境等因素。在设计个人职业机会时，应分析环境发展的变化情况、环境条件的特点，对人与环境的关系（包括自己在此环境中的地位、环境对自己提出的要求及环境对自己有利的条件与不利的条件）等，只有充分了解和认识这些环境，才能做到在复杂多变的环境中趋利避害，设计出切实可行、有实际意义的职业计划。

3. 选择职业

职业选择的正确与否，直接关系人生事业的成败，这是职业发展计划中最关键的一步。在选择职业时，要慎重考虑自己的职业性向、能力、职业锚、人生阶段等重要因素与职业的匹配性。

4. 设定职业生涯目标

设定职业生涯目标是指预先设定职业的发展目标，这是设计职业计划的核心步骤。职业生涯目标的设定是在继职业选择后对人生目标做出的又一次抉择，它是依据个人最佳才能、最优性格、最大兴趣和最有利环境的信息所做出的。职业生涯目标通常为分短期目标、中期目标、长期目标和人生目标。短期目标一般为 1~2 年，中期目标为 3~5 年，长期目标为 5~10 年。

在确定目标的过程中要注意如下几个方面的问题：

①目标要符合社会与组织的需要，有需要才有市场，才有位置。

②目标要适合自身特点，并使其建立在自身的优势之上。

③目标要高远但不能好高骛远，一个人追求的目标越高，其才能发展得越快。

④目标幅度不宜过宽，最好选择窄一点的领域，并把全部身心投入进去，这样容易取得成功。

⑤要注意长期目标与短期目标的结合，长期目标指明了发展的方向，短期目标是长期目标的保证，长短结合更有利于目标的实现。

⑥目标要明确具体，同一时期的目标不要太多，目标越简明、越具体，就越容易实现，越能促进个人的发展。

⑦要注意职业目标与家庭目标，以及个人生活与健康目标的协调与结合，是事业成功的基础和保障。

5. 职业生涯路线的选择

在确定职业和发展目标后，就面临着职业生涯路线的选择。例如，是向行政管理路线发展，是走专业技术路线，还是先走技术路线再转向行政路线等。由于发展路线不同，对职业发展的要求也不一样。因此，在设计职业生涯时，必须做出抉择，以便为自己的学习、工作及各种行动措施指明方向，使职业沿着预定的路径和预先设计的职业计划发展。

在进行生涯路线选择时，可以从以下三个问题出发思考：

①个人希望向哪一条路发展，主要考虑自己的价值观、理想、成就、动机，确定自己的目标取向。

②个人适合向哪一条路发展，主要考虑自己的性格、特长、经历、学历等主观条件，确定自己的能力取向。

③个人能够向哪一条路发展，主要考虑自身所处的社会环境、政治与经济环境、组织环境等，确定自己的机会取向。职业生涯路线选择的重点是对生涯选择要素进行系统分析，在对上述三方面的要素综合分析的基础上确定自己的生涯路线。

6. 制定行动计划与措施

无论多么美好的理想与想法，最终都必须落实到行动上才有意义，否则只能是空谈。在确定了职业计划表与职业生涯路线后，行动便成为关键的环节，这就是贯彻落实目标的具体措施，包括工作、训练、教育、轮岗等方面的措施。

7. 评估与调整

如前所述，影响职业计划设计的因素很多，其中环境变化是最为重要的因素。在现实社会生活中，要是职业计划设计行之有效，就必须不断地对职业计划进行评估与调整，如职业的重新选择、职业生涯路线的选择、人生目标的修正，以及实施措施与计划的变更等都是调整的主要内容。

三、个人职业发展趋向

人格（包括价值观、动机和需要等）是决定一个人选择何种职业的一个重要因素，其具体的表述可归纳为决定个人选择何种职业的六种基本趋向。

（一）实际趋向

具有这种趋向的人会被吸引从事那些包含体力活动并且需要一定技巧、力量和协调的职业，如采矿工人、运动员等。

（二）调研趋向

具有这种倾向的人会被吸引从事那些包含着较多认知活动的职业，而不是那种以感知活动为主的职业，如研究学者和大学教授等。

（三）社会趋向

具有这种趋向的人会被吸引从事那些包含大量人际交往活动的职业，而不是那些有大量智力活动或体力活动的职业，如心理医生和商务人员等。

（四）常规趋向

具有这种趋向的人会被吸引从事那些包含大量结构化和规则性的职业，如会计人员和银行职员等。

（五）企业趋向

具有这种趋向的人会被吸引从事那些包含大量影响他人为目的的人际活动的职业，如管理人员、律师等。

（六）艺术趋向

具有这种趋向的人会被吸引从事那些包含大量自我表现、艺术创造、感情表达和个性化的职业，如艺术家、广告创意人员等。

职场上每个人不是只包含一种职业趋向，更多的是几种职业趋向的混合。当这种趋向越相似，则一个人在选择职业时面临的内在冲突和犹豫就越少。简单地说，只要不断成熟的个性和兴趣支持了原先的职业趋向，自然职业锚也就成为可能。

知识链接6-3　　　　　新员工职业生涯规划

一、初定岗位

新员工的初定部门和岗位是公司人力资源部根据各部门人才需求情况及新员工的专业来设定的，新员工不能自主选择。

二、入职培训

新员工报到后进行为期一个月的入职培训，使新员工了解公司和岗位情况，了解自己与公司、岗位的适应程度，为他们设计自己的职业生涯规划提供帮助。新员工培训包括：

①职前培训，包括公司企业文化、战略规划、组织结构、基本产品知识、相关人事制度及职业发展教育等方面的培训。

②部门培训，包括初定岗位、相关岗位业务知识和技能培训及经验的交流。

三、入职引导

新员工一报到，人力资源部就为他们每人安排一名入职引导人，入职引导人为新员工初定部门领导或有5年以上工作经验的资深员工。

入职引导人在新员工入职初期，主要帮助其熟悉工作、生活、学习环境，包括吃、住、行、看病、图书馆、健身、工作部门情况等。

入职一个月后主要是对本岗位的了解，并进一步加深对新员工的了解；在试用期即将结束时，与新员工交流沟通，根据其职业兴趣、资质、技能、背景、特长等明确职业发展意向，设立未来职业目标，制定发展计划表。以上工作需要在年底竞聘前完成。

在年底公开竞聘后，人力资源部根据实际情况调整入职引导人。入职引导人长期的工作包括：定期沟通、跟踪检查职业发展计划实施情况、了解工作、学习情况、评估和修正职业发展路线、计划等。

人力资源部制定《入职引导人考核管理制度》，将入职引导人引导新员工进行职业生涯规划工作纳入其个人绩效考核体系中，切实发挥入职引导人的作用。

四、新员工自我规划

自我规划由新员工自己完成，人力资源部和入职引导人进行必要的帮助、引导或监督、检查。

(1) 确定志向

志向是事业成功的基本前提,没有志向,事业的成功也就无从谈起。

(2) 综合评估

综合评估包括:

①自我评估:自我SWOT分析,包括兴趣、特长、性格、学识、技能、智商、情商、思维方法等。

②职业生涯机会的评估:主要是评估各种环境因素对自己职业生涯发展的影响,包括环境的特点、环境的发展变化情况、自己与环境的关系、自己在这个环境中的地位、环境对自己提出的要求及环境对自己有利的条件与不利的条件等。

(3) 职业的选择

在选择职业上至少应考虑以下几点:性格、兴趣、特长等与职业的匹配及内外环境与职业相适应。

五、设定职业生涯目标

在选定职业生涯路线后,必须设定职业生涯目标。目标分短期目标、中期目标、长期目标和人生目标。短期目标一般为1~2年,短期目标又分日目标、周目标、月目标、年目标。中期目标一般为3~5年。长期目标一般为5~10年。

六、制定行动计划与措施

落实目标的具体措施,主要包括工作、学习、培训、轮岗等。员工在制定个人发展计划时应当结合公司及部门的计划目标。

七、评估与回馈

影响职业生涯规划的因素很多。要使职业生涯规划行之有效,就须不断地根据变化因素对职业生涯规划进行评估与修订,包括:职业及发展路线的重新选择、人生目标的修正、实施措施与计划的变更等。

第四节 组织职业生涯管理

一、组织职业计划设计

一般而言,开发一个职业计划,就是把本企业组织中存在的人力资源职责和结构有机地整合在一起,从而在人力资源的各个方面的相互强化中产生协同作用。

(一) 确定个人和组织的需要

一项职业计划应当能够满足管理者、员工个人和组织的需求。一方面,为了建立目标和完善职业计划,个人需要认识自身的知识、技能、能力、兴趣和价值观,并寻找有关职业选择的信息;另一方面,管理者应在个人业绩和有关组织工作、感兴趣的职业机会等方面的信息上,以反馈的形式对员工个人提供帮助,而组织要负责提供有关任务、政策和计划的信息,并支持员工进行自我评估、培训和发展。当个人的动机与企业组织所提供的机会相融合时,就会极大地促进其职业的发展。

1. 组织的需要

同其他人力资源规划一样,组织的需要是一项职业计划的开始和基础,它所关注的是在未来一段时期，企业组织的主要战略问题。它包括：

①在未来一段时期内企业组织将面临的最关键的需求和挑战是什么。

②为了满足这些挑战所需要的关键技能、知识和经历是什么。

③企业组织将需要什么水平的人员配置。

④企业组织是否有必要为满足这些关键性的挑战而提供工作舞台。

2. 个人职业的需要

从个人职业需求看，要确定个人在企业组织内是如何发现机会的，具体包括：是发挥个人的力量？是提出个人的发展需要？是提供挑战？是满足自我的兴趣？是符合自我的价值观？还是与个人的风格相匹配？

对需要的评价可采用多种方法，如测试、非正式组织的讨论、面试等，并且应该通过不同团体的人员来进行。对从这些方面所确定的要求和问题，为企业组织的职业机会奠定了基础。职业计划的管理就是将组织的需要与个人的职业要求有机地联系在一起。

（二）创造有利的条件

实施职业计划需要具备一些基本的条件，从而为职业机会开发创造一个有利的环境。

1. 管理层的支持

职业计划要想成功，就必须得到企业组织高层管理者的全力支持。高层管理者是企业组织的决策者，他们的思想往往代表着组织的文化政策。试想，一个没有人本观念的领导者，很难去重视员工的职业生涯，更谈不上制定有益于员工发展的职业计划。所以，企业组织应当从上到下共同设计能够反映组织文化目标的职业发展计划系统，为员工指明有关其自身职业发展的方向。

2. 确定职业目标

对组织尤其是对员工个人，在开始其职业规划之前，他们不仅需要清楚地认识组织的文化，而且更重要、更直接的是要求他们明确地了解组织的近期目标，这样他们才能在知道其自身目标与组织目标相匹配的情况下，为个人的变化和成长做出规划。

3. 人力资源管理政策的变化情况

企业组织的人力资源管理政策对职业计划有很大的影响，要确保其职业计划有效，企业组织可能需要改变或调整目前的人力资源管理政策。例如，调换职位就可能要求员工改变工作团体、工作场地或组织单位，也可能会要求员工做必要的迁移，到外地工作。对组织来讲，调换职位可以使员工到那些最需要其服务的地方及他们可以学到新知识和技能的地方去；而对员工而言，则不仅要适应新的环境，而且还要更新其技能、知识和能力。

4. 公布计划

职业计划应该在企业组织内进行广泛的宣传，以使每一个管理者和员工都能清楚地了解和认识组织的目标和工作机会。例如，可将其公布在企业宣传物上，可以编辑在员工手册里等。

（三）展示工作机会

1. 工作能力的要求

从企业组织角度讲，需要了解一项工作对于个人所要求掌握的知识和技能水平。这就是要进行工作分析。研究显示，一项工作需要有三种基本能力：技术诀窍、解决问题的能力和责任心。其中技术诀窍可分为三种类型的工作知识：技术型、管理型和人际关系。要对每一项工作的三种主要能力进行评分,而且对每一个工作都要计算其总价值。

2. 工作提升

工作提升是一个新员工可能会经历的等级,包括从起始工作一直到需要更多知识和技能的工作。企业组织可能根据工作的重要性对其所需的技能进行确定,在此基础上进行工作提升的规划。一般企业组织都采用管理型、专家型和技术型的工作提升,也就是说从人力资源管理的角度为员工提供一个清晰、明确的职业晋升路线,以此作为个人发展的基础和阶梯。

3. 安排双重职业成长道路

作为职业计划的制定,应该为员工提供多条职业成长途径。比如,一个员工最终可能变成一个管理者,这不仅使员工得到了企业组织的认可,同时也是一条补偿技术专业人员的职业途径。尤其是对于一些特殊领域,如财会、市场营销和工程,可以用向其提供相当于不同层次管理者所获取的薪金作为给予员工的一种晋升。

4. 培训的需要

在一个人的职业成长道路中,在工作之外接受培训是必需的。通过适当的培训,才能适应全新工作方式的要求和保持高效的工作业绩。当然,不同的员工因职位的不同其所需的培训也不一样。

(四) 测量员工的潜能

要保证员工能在职业成长道路中获得成功,就要在职业计划中提供测量员工潜能的工具和技术,这是职业计划的一个重要目标,这个目标可以不同的方式得以实现,但都要有员工自身的积极参与。常见的方法有:

1. 职业计划工作手册

职业计划工作手册是通过涉及价值观、兴趣、能力、目标和个人发展计划的自我评价系统来分别引导员工。许多大公司及一些出版书刊都用其来帮助员工个人研究各种各样的职业决策问题,以规划他们各自的职业。

2. 职业咨询

职业咨询是指作为企业组织与员工讨论其当前的工作表现、他们的职业目标、个人技能及合适的职业发展目标的过程。职业咨询在企业里一般是自愿进行的,一些企业组织将咨询作为年度绩效评估的一部分。职业咨询由人力资源部的职员、监考者、专门的人事咨询员或外部的咨询专家来组织进行,对员工的职业发展具有重要的指导意义。

二、职业生涯阶段管理

在组织里面进行职业生涯管理,主要是对员工的职业发展进行正确引导,协调企业目标与员工目标,尽量让员工目标与组织目标保持一致。帮助员工制定员工职业发展计划,让员工和企业共同成长和发展。在职业发展的不同阶段,企业进行直接管理的重点也不尽相同。

(一) 招聘时的职业生涯管理

员工的职业生涯管理是一个长期的动态过程,所以从招聘新员工时就应该开始。招聘的过程实际上是应聘者和组织相互了解的过程。企业组织在招聘时,向应聘者提供目前企业状况与未来工作的展望,向其传达企业组织的基本理念和文化理念,以使他们尽可能真实地了解企业组织。同时,企业组织还要尽可能全面地了解候选人,了解他们的能力倾向、个性特征、身体素质、受教育水平和工作经历等,以为空缺职位配备合适的人选,并为新员工未来的职业发展建立良好的开端。

(二) 职业生涯早期管理

职业生涯早期阶段是指一个人由学校进入组织，在组织内逐步"组织化"并为组织所接纳的过程。这一阶段一般发生在 20~30 岁之间，是一个人由学校走向社会、由学生变为雇员、由单身生活变为家庭生活的过程，一系列角色和身份的变化，必然要经历一个适应过程。在这一阶段，个人的组织化及个人与组织的相互接纳是个人和组织共同面临的职业生涯管理任务。所以对于企业组织来讲，其职业管理的主要任务如下：

1. 协调企业目标与个人目标

第一，树立人力资源开发思想。人力资源管理应坚持以人为本，强调企业不仅要用人，更要培养人。职业管理正是培养人的重要途径，牢固树立人力资源开发思想是真正实施职业管理的前提。

第二，了解员工的需要。员工的需要包括员工的职业兴趣、职业技能等。企业只有准确地把握员工的主导需求，才能把他们放到最合适的职业位置上，做到有针对性地满足其需求。

第三，使员工与企业利益建立共同体。企业在制定目标时，要使企业目标包含员工个人目标，并通过有效的沟通使员工了解企业目标，让他们看到实现企业目标给自己带来的利益。

2. 帮助员工制定职业计划

第一，对员工进行岗前培训，引导新员工。这主要是向新员工介绍组织的基本情况，即历史和现状、宗旨、任务和目标有关的制度、政策和规定，工作职责、劳动纪律和组织文化等，目的是引导员工熟悉环境，减少忧虑感，增加归属感和认同感。

第二，设计职业计划表。职业计划表是一张工作类别结构表，即通过企业中的各项工作进行分门别类的排列，形成一个较系统反映企业人力资源配给状态的图表。借助该图表，企业组织的普通员工及专业技术人员就可以瞄准增加的目标并在经验人士、主管经理的指导下，正确地选择自己的职业道路。

第三，为员工提供职业指导。企业为员工提供职业指导有三种途径：一是通过管理人员进行，管理人员为员工提供职业指导是其应尽的责任和义务。管理人员与其下属共事，对下属的能力和专长有较深的了解，所以有可能在下属合适从事的工作方面给其提供有价值的建议。同时，可以帮助下属分析未来晋升及调动的可能性。二是通过外请专家进行，企业可以外请专家为员工进行职业发展咨询。三是向员工提供有关的自测供给，有很多职业测试工具都可以帮助员工进行能力及个人特质方面的测试，具体可以通过发测试手册将这些工具放在内部网上，供员工自行测试使用。

第四，分配给员工一项工作进行测试。这样做，可以对其工作表现和潜能进行考察和实际测试，并及时给予初期绩效反馈，使员工了解自己做得如何，以消除不确定因素带来的紧张和不安，帮助其学会并适应该工作。

第五，协助员工制定自己的职业计划。企业可以经常举办一些咨询会议，在会议上员工和他们的主管人员将根据每一位员工的职业目标来评价他们的职业进步情况，同时确认他们应在哪些方面开展职业开发活动。企业应开发职业计划方面的培训，使员工意识到对自己的职业加以规划且完善职业决策的重要性，通过培训，学到职业规划的基本知识和方法。

(三) 职业生涯中期的管理

个人职业生涯在经历了职业生涯早期阶段，完成了雇员与组织的互相接纳后，必然步入职业生涯中的中期阶段。职业生涯中期的开始，有两种表现形式：一是获得晋升，进入更高一层的领导或技术职位；二是薪资福利增加，在选定的职业岗位上成为稳定贡献者。职业生涯中期阶段是一个时间周期长（年龄跨度一般是从 25～50 岁）、富于变化，既有可能获得职业生涯成功，又有可能出现职业生涯危机的一个很宽阔的职业生涯阶段。在这一时期的职业管理中，组织要保证员工合理地轮换和晋升，为员工设置合理畅通的发展道路。

1. 帮助员工自我实现

第一，对员工工作进行多样化、多层次的培训。培训与员工职业发展的关系最为直接，职业发展的基本条件是员工素质的提高，而且这种素质不一定要与目前的工作相关，这就有赖于持续不断的培训，企业应建立完善的培训体制，使员工在每次职业变化时都能够得到相应的培训。同时，应鼓励和支持员工自行参加企业内外提供的各种培训。不仅在时间上，还应在资金上给予支持和帮助。

第二，提供阶段性的工作轮换。工作轮换对员工的职业发展具有重要意义。它一方面可以使员工在一次次的新尝试中了解自己的职业性向和职业锚，更准确地评价自己的长处和短处；另一方面可以使员工经受多方面的锻炼，开阔视野，培养多方面的技能，满足各个方面和各个层次的需求，从而为将来承担更重要的工作任务打下基础。

第三，以职业发展为导向的考核。考核的目的不仅是评价员工的绩效、态度和能力，从而为分配、晋升提供依据，而且可以保证组织目标的实现，激励员工进取及促进人力资源的开发。考核不仅是总结过去，还应面对未来，以职业发展为导向的考核就是要帮助员工发现问题和不足，使之结合明确的努力方向和改进方法，促进员工的成长和进步。为此，组织和管理者应该把考核和员工职业发展结合起来，定期与员工沟通，及时指出员工的问题并提出解决办法，为员工的职业发展指明方向。

第四，改善工作环境，预防职业生涯中期危机。工作环境和条件，对雇员的发展有重要影响。组织的硬环境和条件，如机器设备、厂房、各种设施、照明等，会对雇员的身心健康产生直接的影响；组织的软环境和条件，如组织文化、目标、价值观、具体规章制度、劳动关系、组织风气等，会对雇员的进取心、归属感和工作积极性产生重要影响。组织进行职业生涯管理的一个重要职责和措施，就是要不断改造上述工作环境和条件，促进雇员的职业生涯发展。

2. 进行晋升和调动管理

晋升与调动是雇员职业生涯发展的直接表现和主要途径。企业有必要建立合理的晋升和调动的管理制度，保证员工能够得到公平竞争的机会。组织中的职业发展通道不应是单一的，而应是多重的，以便不同类型的员工都能找到适合自己的职业发展途径。

3. 实施职业生涯阶梯设计

职业生涯发展阶梯是组织为员工设计的自我认知、成长和晋升的管理方案。组织为员工建立科学合理的职业生涯发展阶梯，对调动员工的积极性与创造性，增加其对组织的忠诚感，从而促进组织的持续发展，具有重要意义。目前的职业生涯阶梯模式主要有三种：单阶梯模式、双阶梯模式和多阶梯模式。传统的组织或企业的企业阶梯只有一种，即行政管理职位的路径，在这种情况下，做出突出业绩的技术人员只能通过管理职位的提升才能获得职业方面的发展，发展路径狭窄，效果并不理想。目前组织中实行最多的是双阶梯的职业生涯阶梯模式，在该模式下，组织为员工提供管理生涯阶梯与技术生涯阶梯两条职业路径，员工可以自由选择在其中任何一个阶梯上得到发展，从而大大弥补了单阶梯模式的缺陷。也有一些组织根据自身情况设计了多阶梯模式，以满足员工的发展需要。

（四）职业生涯后期的管理

从年龄上看，职业生涯后期阶段的雇员一般处在50岁至退休年龄之间。由于职业性质及个体特征的不同，个人职业生涯后期阶段的开始与结束时间也有明显的差别。到这一时期，员工的退休问题必然提到议事日程。大量事实证明，退休会对员工产生很大的冲击，也会对企业组织的工作，尤其是对在职员工产生影响，组织有责任帮助员工认识、接受这一客观事实，并帮助每一个即将退休的员工制定具体的退休计划，尽可能地把退休生活安排得丰富多彩，并且让其有机会继续发挥潜能和余热。

1. 退休计划的含义

退休计划是组织向处于职业生涯晚期的雇员提供的，用于帮助他们结束职业工作，适应退休生活的计划和活动。良好的退休计划可以使员工尽快适应退休生活，维持正常的退休秩序，最终达到稳定组织在职人员的心理，保持组织员工年龄结构的正常新陈代谢，为组织在职人员提供更多的工作和晋升机会的目的。

2. 退休计划的管理

即将退休的员工会面临财务、住房、家庭等各方面的实际问题，同时要应付结束工作开始休闲生活的角色转换和心理转换。因此，退休者需要同时面对社会和心理方面的调节，通过适当的退休计划和管理措施，满足退休人员情绪和发展方面的需要，是组织应当承担的一项重要工作，其具体做法和措施有：

第一，开展退休咨询，着手退休行动。退休咨询就是向即将和已退休的员工提供财务、住房、家庭和法律、再就业等方面的咨询和帮助。同时，组织开展的递减工作量、预备退休等适应退休生活的退休行动，对雇员适应退休生活具有重要帮助。

第二，做好退休员工的职业工作衔接。员工退休而组织的工作还要正常运转，因此，企业组织要有计划地分期分批安排应当退休的人员，切不可因为退休影响工作正常进行。在退休计划中选好退休人员工作的接替人，及早进行接替人员的培养工作，保证工作顺利进行。

第三，采取多种措施，做好员工退休后的生活安排。因人而异地为每一个即将退休的员工制定具体的退休计划，尽可能把退休后的生活安排得丰富多彩，可以通过组织座谈会的形式，增进退休员工与企业的互动，如果退休员工个人身体和家庭情况允许，组织上可采取兼职、顾问或其他方式聘用他们，使其发挥余热。

本章小结

职业生涯管理是人力资源管理的一个重要环节，很多人力资源管理不规范、不科学的组织往往忽略这一环节，组织发展目标与个人发展目标有机地融合主要通过人力资源管理环节来实现。为组织员工设计科学合理的职业晋升通道，有助于提高员工的工作积极性和组织的凝聚力、向心力，使员工与组织共同成长。组织科学合理地为员工设计职业生涯通道，也是组织以人为本管理思想的深刻体现。

在本章的学习中，在理解职业含义的基础上，掌握两种著名的职业选择理论；在掌握职业生涯、职业规划、职业生涯管理内涵的基础上，了解职业生涯发展及其阶段理论和职业锚理论；在了解影响职业选择因素之后，掌握个人职业计划设计的制定方法，了解实现职业与家庭平衡的意义和措施；掌握组织职业计划的构成因素及不同职业生涯阶段企业职业管理的特点及内容。熟练地掌握这些知识点，对深刻认识组织中员工职业生涯管理在整个组织中所起的作用具有重要的意义。

课后思考练习

一、名词解释
职业生涯管理　职业锚

二、单选题
1. 美国著名的职业管理学家萨柏（Donald E. Super）将人的职业生涯分为五个主要阶段，其中（　　）是人们将认真地探索各种可能的职业选择。
   A. 成长阶段　　　　　　　　　　　B. 探索阶段
   C. 确立阶段　　　　　　　　　　　D. 维持阶段

2. 目前大家共识的五种不同的职业生涯成功方向当中（　　）是使其达到集团和系统的最高地位。
   A. 进取型　　　　　　　　　　　　B. 安全型
   C. 自由型　　　　　　　　　　　　D. 攀登型

3. 具有（　　）的人会被吸引从事那些包含体力活动并且需要一定技巧、力量和协调的职业，如采矿工人、运动员等。
   A. 常规趋向　　B. 社会趋向　　C. 调研趋向　　D. 实际趋向

三、简答题
1. 什么是职业生涯？什么是职业规划？
2. 简述帕森斯、霍兰德的职业选择理论。
3. 试述职业生涯发展的不同阶段。
4. 员工如何制定个人职业计划？
5. 如何从组织角度对员工进行职业管理？

四、案例分析题

美国惠普公司员工职业发展的自我管理

美国惠普是世界知名的高科技大型企业，其被称为"惠普之道"的独特而又有效的管理模式为世人所称道。该公司集聚了大量的素质优秀、训练良好的技术人才，是惠普最宝贵的财富，是其发展与竞争力的主要源泉。惠普能吸引来、保留住并激励这些高级人才，不仅靠丰厚的物质待遇，更重要的是靠向这些员工提供良好的提高、成长和发展的机会。帮每位员工制定令他们满足的、有针对性的职业发展计划，这是其中的一个重要因素。

例如，该公司的科罗拉罗京城分部就开发出一种职业发展自我管理的课程，要三个月才能学完。这门课程主要包含两个环节：先是让参加者用各种信度的测试工具及其他手段进行个人特点的自我评估，然后将评估中的发现结合其工作环境，编制出每个人自己的一份职业发展路径图来。

把自我评估当作职业发展规划的第一步，当然不是什么新创意，自我帮助的书籍泛滥成灾已经多年了，不过这些书本身却缺乏一种成功的要素，那就是在一种群体（小组会班组）环境中所具有的感情支持，在这种环境里大家可以共享激情与干劲，并使之维持长久不衰。

这家公司从哈佛MBA班第二学年的职业发展课里学到六种工具，来获取每个人的个人特点资料。这些工具是：

(1) 一份书面的自我访谈记录

给每位参加者发一份提纲，其中有11个问及他们自己情况的问题，要他们提供有关自己的生活（有关的人物、地点、事件），他们经历过程的转折点及未来的设想，并让他们在小组中互相讨论。这篇自传摘要载体的文件将成为随后的自我分析所依据的主要材料。

(2) 一套"斯特朗——坎贝尔个人兴趣调查问卷"

这份包含有325项问题的问卷填答后，就能据此确定他们对职业、专业领域、交往的人物类型喜恶倾向等，为每个人与各种不同职业中成功人物的兴趣进行比较提供数据。

(3) 一份"奥尔波特价值观量表"

该量表中列有的相互矛盾的多种价值观，每个需对之做出45种选择，从而测定这些参加者对多种不同的关于理论、经济、美学、社会、政治及宗教价值观接受和同意的相对强度。

(4) 一篇24小时活动日记

参加者要把一个工作日及一个非工作日全天的活动如实无遗漏地记下来，用来对照其他来源所获同类信息是否一致或相反。

(5) 对另两位"重要人物"（指跟他们的关系对自己有较重要意义的人）的访谈记录

每位参加者要对自己的配偶、朋友、亲戚、同事或其他重要人物中的两个人，就自己的情况提出一些问题，看看这些旁观者对自己的看法，这两次访谈过程需要录音。

(6) 生活方式描述

每位参加者都要用文字、照片、图片或他们自己选择的任何其他手段，把自己的生活方式描述一番。

这项活动的关键之处就在于所用的方法是归纳式的而非演绎式的。一开始就让每位参加者列出有关自己的新资料，而不是先从某些一般规律去推导出每个人的具体情况。这个过程是从具体到一般，而不是从一般到具体，参加者观察和分析了自己列出的资料，再从中认识到一些一般性规律。他们先得把六种活动所获资料，一种一种地分批研究，分别得出初步结论，再把六种所得资料合为一体，进行分析研究。

每人都做好了自我评估后，部门经理们逐一采访参加过此活动的下级，听他们汇报自己选定的职业发展目标，并记录下来，还要写出目前在他们部门供职的这些人的情况与职位。这些信息便可供高层领导用来制定总体人力资源规划，确定所要求的技能，并拟定一个时间进度表。当公司未来需要的预测结果与每位学习参加者所定职业发展目标对照后相符时，部门经理就可据此帮助他的部下绘制出自己在本公司内发展升迁的路径图，标明每一次升迁前应接受的培训或应增加的经历。每位员工的职业发展目标还得和绩效考核目标与要求结合起来，供将来绩效考评时用。部门经理要监测他的部下在职业发展方面的进展，作为考评内容的一部分，并需负责对他们提供尽可能的帮助和支持。

请思考：

1. 你觉得本案例所介绍的惠普公司的特点是什么？有什么启发？
2. 你预计这套办法在保留和激励惠普的人才方面会不会有效？为什么？
3. 这套办法可否用到中国企业中？为什么？如果你的单位使用这种方法，应做哪些修改以适应企业实际情况？

技能实训

一、实训内容：个人职业生涯规划与设计

1. 个人职业生涯规划的步骤。
2. 职业生涯目标的确定。
3. 职业生涯规划书的主要内容与基本格式。

二、方法步骤

1. 聆听实训指导教师阐述实训内容。
2. 学生做出个体决策，各小组讨论协作下完成。
3. 撰写个人职业生涯规划设计书并进行汇报展示。

三、实训考核

职业生涯规划书的制作及展示，小组互评及教师点评。

第七章

绩效管理

知识目标

1. 了解绩效、绩效管理、绩效考评的含义及绩效考评的目的和原则
2. 掌握绩效考评体系的设计和绩效考评方法
3. 掌握关键业绩指标体系的建立
4. 了解绩效考核面谈、反馈与改进

技能目标

学习领会绩效管理方案的制定及绩效体系指标的建立，掌握绩效面谈的方法

导入案例

W 公司的绩效考评

W公司是一家外资公司，主要从事海外贸易。由于受国际竞争形势的影响，公司董事长为了提高员工的工作效率，决定在公司内部引入绩效管理来代替多年的单纯职级工资制度。听到这个消息，全厂员工无不欢欣喜悦，尤其是对于那些基层员工来说，更是悦不可言。当月公司的生产效率就有了比较明显的提高。因为按照以前的制度来讲，你在公司处在哪个层级直接决定你的薪水，基层员工处于公司中比较低的层级自然会影响到他们每月的薪水。但若是实行绩效管理体制，薪水除了与职级挂钩之外，也与其工作绩效紧密相连。于是人力资源部门在董事长的授权下，开始紧锣密鼓地制定绩效管理制度。经过人力资源部门全体成员六个月的艰苦奋战，绩效管理制度终于在众人的期盼中"始"出来。新制度规定为了对员工进行有效激励，提高工作效率，公司将每半年实施一次绩效考评，普通员工与主管及以上人员分开进行评估。考评成绩与奖金相连，绩效考评最优秀的普通员工可以获得其考评前6个月平均工资3倍的奖金，绩效考评最优秀的主管及以上人员可获得其平均工资2倍的奖金。董事长由于迫切想知道新制度的实施效果，要求人力资源部门依据新制度对全厂员

工过去6个月的工作绩效进行评估,并依据评估结果发放奖金。人力资源部门原本以为这肯定会受到员工的欢迎,毕竟可以发奖金。然而,事与愿违,随着新制度逐渐地被认识,人力资源部门面临的压力也越来越大,首先是有相当一部分普通员工抵制对其进行绩效考评,接着出现新来的销售人员(公司销售队伍一直都很不稳定)离职。主管层人员也有了不满情绪。总之,由于实行新制度,公司可谓出现了人声鼎沸、怨言颇多的局面。最后在董事长的亲自干预之下,不断与员工沟通和许诺才稳住了这壶"沸腾的开水",责令人力资源部门停止实施新制度,并大手笔地修改和完善新制度。可以说这次所谓的改革弄得人力资源部门不知所措。正如后来人力资源组长半开玩笑而无奈地说:"我们得罪谁了,没有功劳也有苦劳啊!"实施绩效考核后为什么会出现上述的结果呢?

第一节　绩效管理概述

绩效管理是人力资源管理过程中最重要的环节之一,也是组织强有力的管理手段之一。员工工作的好坏、绩效的高低直接影响企业的整体绩效。因此,只有通过绩效管理,确认员工的工作成就,才能整体提高工作的效率和效益,进而实现组织目标。组织建立员工绩效管理制度,设计出行之有效的绩效管理体系,是合理利用和开发人力资源的重要措施。现代绩效管理指标体系的设置和管理方法多种多样,组织只有根据自身的实际情况采用最合适的指标和方法才能实现最有效的绩效管理。

一、绩效的含义和特点

(一)绩效的含义

绩效具有丰富的含义,一般来说,是指一个组织为了达到目标而采取的各种行为的结果,是客观存在,可以为人所辨别确认。绩效又分为组织绩效和员工绩效。组织绩效是组织为了实现一定的目标所完成的各种任务的数量、质量及效率。员工绩效就是员工的工作效果、业绩、贡献。其主要包括完成工作的数量、质量、成本费用,以及为改善组织形象所做出的其他贡献。绩效是员工知识、能力、态度等综合素质的反映,是组织对员工的最终期望。

绩效是对工作行为及工作结果的一种反映,也是员工内在素质和潜能的一种体现。它主要包括三个方面:

1. 工作效果

包括工作中取得的数量和质量,主要指工作活动所实现的预定目标的程度。工作效果涉及工作的结果。

2. 工作效率

包括组织效率、管理效率、作业效率等方面。主要指时间、财物、信息、人力及其相互利用的效率。工作效率涉及工作的行为方式,是投入大于产出,还是投入小于产出。

3. 工作效益

包括工作中所取得的经济效益、社会效益、时间效益等。工作效益主要涉及对组织的贡献。

(二) 绩效的特点

人力资源管理中的绩效指的是员工或部门的绩效,我们主要分析员工绩效。绩效具有多因性、多维性和动态性三大特点。

1. 多因性

绩效的多因性是指绩效的优劣不仅仅受某一个因素的作用,而是受到多种因素的共同影响,是员工个人因素和工作环境共同作用的结果。为了绩效的相关因素,对正确设计和实施绩效管理有着重要的作用,这些因素主要包括:工作技能、员工的知识水平、工作态度和工作环境等。可以用下面的公式来表示:

$$P = f(S, K, A, E)$$

其中:P(Performance)代表绩效;S(Skills)代表工作技能;K(Knowledge)代表知识水平;A(Attitude)代表工作态度;E(Environment)代表工作环境。

(1) 员工的知识水平

员工的知识水平与其绩效的优劣息息相关,在其他条件相同的情况下,有较高知识水平的员工通常能取得较好的工作绩效。

(2) 员工的工作技能

工作技能指的是员工的技巧和能力,具有较高技能的员工往往取得卓越的工作成绩。员工的工作技能取决于员工的知识水平、智力、工作经历和受教育程度。在一个组织中,员工的技能一般参差不齐、千差万别。

(3) 员工的工作态度

员工的工作态度是指员工的工作积极性和工作热情,体现为员工在工作过程中主观能动性的发挥。在其他条件相同的情况下,工作积极热情的员工一般能取得较好的工作绩效。员工的工作态度取决于主观和客观两方面的因素。主观方面的因素有:员工的需要、兴趣、受教育程度和价值观等。客观方面的因素是:组织内人际关系、工作本身的挑战性、组织文化和竞争环境等。

(4) 工作环境

环境包括组织内外环境。组织内的环境由工作条件、企业文化和人际关系等构成。组织外的环境包括组织所处的社会风气、政治形势和经济形势。

多因性的另一个说法,绩效的优劣受主客观多种因素影响,即员工的激励、技能、环境与机会,前两者是员工自身的主观影响因素,后两者是客观性影响因素。

2. 多维性

员工的工作绩效可以从多方面或多角度表现出来,工作绩效是工作态度、工作能力和工作结果的综合反映。员工的工作态度取决于对工作的认知态度及为此付出的努力程度,表现为工作干劲、工作热情和忠于职守等,是工作能力转换为工作结果的媒介,直接影响着工作结果的形成。员工的工作能力是绩效的本质来源,没有工作能力就无所谓工作绩效。工作能力主要体现在常识、知识、技能、技术和工作经验等几个方面。工作结果以工作数量、质量、消耗的原材料、能源的多少等形式表现出来。绩效的多维性决定了考评员工时必须从多个侧面进行考评才能对绩效做出合理的评价。

3. 动态性

绩效的动态性是指绩效处于动态的变化过程中,不同时期员工的绩效有可能截然不同。

我们经常遇到这样的情况,绩效差的员工经过积极的教育、引导和适当的激励后,会努力工作取得较好的工作绩效;而工作绩效较好的员工由于未受到适当的激励等原因,会出现不再努力工作,使工作绩效变得较差等现象。绩效的动态性特点要求我们运用发展和一分为二的观点为员工进行绩效考评。

二、绩效管理的含义及目的

(一) 绩效管理的含义

绩效管理是根据管理者与员工之间达成的一致协议来实施管理的一个动态的沟通过程,以激励员工业绩持续改进并最终实现组织战略及个人目标,是为了实现一系列中长期的组织目标而对员工绩效进行的管理。随着人们对人力资源管理理论和实践研究的逐步重视,绩效管理在组织中达到了前所未有的高度。对大多数组织而言,绩效管理的首要目标是绩效考评。但是,在这些组织中,实施绩效考评的效果却并不理想,员工的工作积极性并未被充分激发,企业的绩效也没有得到明显的改善等这些问题仍然存在。其原因在于,人们往往知道绩效考评而并不知道绩效管理,但两者并不相等,人们在强调绩效考评的同时,往往会忽视绩效管理的全过程。绩效管理的系统过程如图7-1所示。

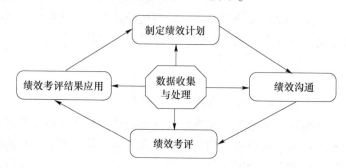

图7-1 绩效管理系统过程

所谓绩效管理,就是为了更有效地实现组织目标,由专门的绩效管理人员运用人力资源管理的知识、技术和方法与员工一起进行绩效计划、绩效沟通、绩效考评、绩效反馈与改进、绩效结果应用等五个基本过程。绩效管理的基本特征有:

1. 绩效管理的目的是为了更有效地实现组织预定的目标

绩效管理本身并不是目的,之所以要开展绩效管理是要更大限度地提高组织的管理效率及组织资源的利用效率,进而不断提高组织绩效,最终更有效地达到组织预定的目标。更有效地实现组织的预定目标是绩效管理的终极目的。

2. 绩效管理的主体是掌握人力资源知识、专门技术和手段的绩效管理人员和员工

绩效管理由掌握专门知识技能的绩效管理者推动,然后落实到员工身上,最终由每一位员工的具体实践操作实现。可以看出,绩效管理的主体不仅是绩效管理人员,还要包括每一位参与绩效管理的员工。

3. 管理的核心是提高组织绩效

绩效管理围绕如何提高组织绩效这个核心展开,其中所涉及的任何具体措施都是为了持续改进组织绩效服务的。绩效管理"对事不对人",以工作表现为中心,考察个人与组织目标达成相关的部分。

4. 一个包括多阶段、多项目标的综合过程

绩效管理是一套完整的"P-D-C-A"循环体系，所谓"P-D-C-A"循环即是计划（Plan）、实施（Do）、检查（Check）、调整（Adjust）的循环。落实到绩效管理上就是绩效计划制是由绩效计划制定、动态持续的绩效沟通、绩效实施、绩效评估、绩效结果运用等环节构成的循环。

绩效管理是以目标为导向，将企业要达到的战略目标层次分解，通过对员工的工作表现和业绩进行诊断分析，改善员工在组织中的行为，通过充分发挥员工的潜能和积极性，提高工作绩效，更好地实现企业各项目标。绩效管理更突出的是过程管理，它以改善行为为基础，通过有计划的双向沟通的培训辅导，提高员工绩效，最终实现提高部门绩效和企业整体绩效的目的。绩效管理对企业来说，是一项管理制度；对管理者个人来说，则是管理技能和管理理念。在进行绩效管理的企业中，绩效管理是贯穿各级管理者管理工作始终的一项基本活动。

三、绩效管理的目的

各个组织根据自身的不同情况运用绩效管理系统会侧重于不同的目的：

（一）了解员工的工作绩效

员工希望了解自己的工作成绩，希望知道如何提高自己的工作绩效，并以此来提高自己的薪酬水平和获得晋升的机会。因此，绩效管理的结果可以向员工反馈其工作绩效水平高低，使员工了解自己工作中的不足之处，帮助员工改进，从而提高整个组织的绩效。通过绩效管理指出员工存在问题的同时，能够发现培训需求。有针对性地对员工进行培训，可以帮助员工提高工作知识、技能及在人际关系、计划、监督等方面的能力（针对管理人员），促进员工的发展。因此，绩效管理是培训方案设计和实施的基础。

（二）绩效管理的信息可以为组织的奖惩系统提供标准

在组织的多项管理决策中都要使用管理信息（特别是绩效考评信息）。绩效考评能够使不同岗位上员工的工作绩效得到合理的比较，从而使组织在进行薪酬决策、晋升决策、奖惩决策、保留/解聘等决策时做到公平合理，使整个激励体系真正起到应有的作用。

（三）使员工的工作和组织的目标结合起来

工作绩效管理有利于发现组织中存在的问题，绩效考评的信息可以被用来确定员工和团队的工作与组织目标之间的关系，当各种工作行为与组织目标发生偏离时，要及时进行调整，确保组织目标的实现。

（四）促进组织内部信息沟通和企业文化建设

绩效管理非常注重员工的参与性。从绩效目标的制定、绩效计划的形成、实行计划中的信息反馈和指导到绩效考评、对考评结果的应用，以及提出新的绩效目标等都需要员工的参与，满足员工的尊重需要和自我实现的需要，为组织创造一个良好的氛围。因此，绩效管理对于创建民主的、参与性的企业文化是非常重要的。

需要指出的是，无论绩效管理系统有多完美，也只有最终被它所影响的人接受才能够发挥作用。

四、绩效考评与绩效管理的区别与联系

绩效考评又称绩效评估。就是组织的各级管理者通过某种方法对其下属的工作完成情况

进行定量与定性评价，通常被看作管理人员一年一度的短期阶段性事务工作。在单纯的绩效考评中，管理者和下属关注的焦点主要集中在考评的指标和考评的结果上。这种关注的角度往往导致企业将现有绩效考评系统的失败归咎于考评指标的不完美、不够量化等因素，进而不断花费成本寻求更完美的考评指标。管理者和下属对考评结果的关注，则容易产生对立情绪。管理者面对打分的压力，下属则普遍抱有抵触情绪，双方处于矛盾和对立之中。

(一) 绩效管理与绩效考评的联系

绩效考评是绩效管理一个不可或缺的组成部分，通过绩效考评可以为组织绩效管理的改善提供资料，帮助组织不断提高绩效管理水平和有效性，使绩效管理真正帮助管理者改善管理水平，帮助员工提高绩效能力，帮助组织获得理想的绩效水平。

(二) 绩效管理与绩效考评的区别

①绩效管理包括制定绩效计划、动态持续的绩效沟通、绩效考评、绩效反馈与改进、绩效考评结果的应用，是一个完整的绩效管理过程；而绩效考评只是这个管理过程中的局部环节和手段。

②绩效管理是一个过程，贯穿于日常工作，循环往复进行；而绩效考评是一个阶段性的总结，只出现在特定时期。

③绩效管理具有前瞻性，能帮助组织和管理者前瞻性地看待问题，有效规划组织和员工的未来发展；而绩效考评则是回顾过去的一个阶段的成果，不具备前瞻性。

④绩效管理以动态持续的绩效沟通为核心，注重双向的交流、沟通、监督、评价；而绩效考评只注重事后的评价。

⑤绩效管理根据预期目标，评价绩效结果，提出改善方案，侧重日常绩效的提高；而绩效考评则只比较预期的目标，注重进行绩效结果的评价。

⑥绩效管理充分考虑员工的个人发展需要，为员工能力开发及教育培训提供各种指导，注重个人素质能力的全面提升；而绩效考评只注重员工的考评成绩。

⑦绩效管理能建立绩效管理人员与员工之间的绩效合作伙伴关系；而绩效考评则使绩效管理人员与员工站到了对立的两面，距离越来越远，制造紧张的气氛和关系。

绩效考评与绩效管理的区别如表7-1所示。

表7-1 绩效考评与绩效管理的区别

绩效考评	绩效管理
管理过程中的局部环节和手段	一个完整的绩效管理过程
只出现在特定时期	贯穿于日常工作，循环往复进行
回顾过去一个阶段的成果	具有前瞻性，能有效规划组织和员工的未来发展
事后的评价	注重双向的交流、沟通、监督、评价
注重进行绩效结果的评价	侧重日常绩效的提高
注重员工的考评成绩	注重个人素质能力的全面提升
绩效管理人员与员工站到了对立面	绩效管理人员与员工之间的绩效合作伙伴关系

五、绩效管理的作用

绩效管理是组织实现其战略目标的有效工具之一，也是人力资源管理其他职能的基本依据和基础。有效的绩效管理可以给我们的日常管理工作带来巨大的好处。绩效管理的作用主要表现在以下几个方面：

（一）绩效管理对管理人员的作用

就各级管理人员而言，他们面临许多管理问题。例如，常常因为事物的冗繁和时间管理的不善而烦恼；员工对自己的工作缺乏了解，工作缺乏主动性；员工对应该做什么和应该对什么负责有异议；员工给主管提供的重要信息太少；发现问题太晚以致无法阻止其扩大；员工犯相同的错误；等等。尽管绩效管理不能直接解决所有的问题，但它为处理好其中大部分管理问题提供了一个工具。只有管理者投入一定的时间并和员工形成良好的合作关系，绩效管理才可以为管理者的工作带来极大的便利：

①上级主管不必介入所有的具体事务。

②通过赋予员工必要的知识来帮助他们合理进行自我决策。员工可以知道上级希望他们做什么，自己可以做什么，必须把工作做到什么程度，何时向何人寻求帮助等，从而为管理者节省时间。

③减少员工之间因职责不明而产生的误解。

④减少持续出现上级主管需要信息时没有信息的局面。

⑤通过帮助员工找到错误和低效率的原因来减少错误和偏差。

（二）绩效管理对员工的作用

员工在工作中会产生诸多烦恼：不了解自己的工作做得好还是不好，不知道自己有什么权力，工作完成很好时没有得到认可，没有机会学习新技能，自己不能做决策，缺乏完成工作所需要的资源等。

绩效管理要求有效开展绩效沟通和指导，能使员工得到有关他们工作业绩和工作现状的反馈。而且由于绩效管理能帮助员工了解自己的权力大小，即进行日常决策的能力，从而大大提高了工作效率。

（三）绩效管理对企业的作用

一项调查显示，员工感觉企业需要改进的方面主要集中在：奖惩没有客观依据，晋升有失公平；缺乏足够有效的专业培训和指导；重负面批评和惩罚，轻正面鼓励和奖励；日常工作中缺乏上下级之间的有效授权等。

绩效管理提出员工参与制定绩效计划，强化了员工对绩效目标的认同度，在日常工作中通过绩效实施提供有效的工作指导，找出工作的优点和差距，有效制定绩效改进计划和措施，有利于企业业绩的改善和企业目标的实现。同时，绩效管理流程中基于企业战略目标的绩效计划制定、围绕核心能力的员工能力发现和评价等措施有助于企业核心竞争力的构建，有利于企业的持续发展。

六、影响绩效管理的因素

一个组织在整个绩效管理的过程中，要达到组织的预期目的，实现组织的最终目标，往往受到多种因素的影响，作为一个管理者只有充分认识到各种影响因素给组织绩效所带来的影响及程度，才能够做好绩效管理工作。一般来讲，影响组织绩效管理有效性的因素有：

（一）观念

管理者对绩效管理的认识是影响绩效管理效果的重要因素。如果管理者能够深刻理解绩效管理的最终目的，更具前瞻性地看待问题，并在绩效管理的过程中有效地运用最新的绩效管理理念，便可以很好地推动绩效管理的有效实施。

（二）高层领导支持的程度

绩效管理作为人力资源管理的重要组成部分，是实现组织整体战略管理的一个重要手段。要想有效地进行绩效管理，必须得到高层领导的支持。高层领导对待绩效管理的态度决定了绩效管理的效果。如果一个组织的领导能大力支持绩效管理工作，并给予绩效管理工作人员必要的物质和精神支持，就会使绩效管理水平得到有效的提升；反之，一个组织的绩效管理水平和效果将是十分低下的。

（三）人力资源管理部门的尽职程度

人力资源部门在绩效管理的过程中扮演着组织协调者和推动者的角色。绩效管理是人力资源管理工作中的重要组成部分，如果人力资源管理部门能够对绩效管理大力投入，加强对绩效管理的宣传，组织必要的绩效管理培训，完善绩效管理的流程，就可以为绩效管理的有效实施提供有力保证。

（四）各层员工对绩效管理的态度

员工对绩效管理的态度直接影响着绩效管理的实施效果。如果员工认识到绩效管理的最终目的能使他们改进绩效而不是单纯的奖罚，绩效管理就能很好地发挥功效。反之，如果员工认为绩效管理仅仅是填写各种表格应付上级或对绩效管理存在着严重的抵触情绪，那么绩效管理就很难落到实处。

（五）绩效管理与组织战略的相关性

个人绩效、部门绩效应当与组织的战略目标相一致。只有个人绩效和部门绩效都得到实现的同时，组织战略才能够得到有效的执行。这就要求组织管理者在制定各个部门的目标时，不仅考虑到部门的利益，也要考虑到组织的整体利益，只有做到个人、部门和组织整体的目标相一致，才能确保组织的绩效管理卓有成效。

（六）绩效目标的设定

一个好的绩效目标要满足具体、可衡量、可实现及与工作相关等要求。只有这样，组织目标和部门目标才能得到有效的执行，绩效考核的结果才能够公正、客观和具有说服力。

（七）绩效指标的设置

每个绩效指标对于组织和员工而言，都是战略和文化的引导，是工作的方向，因此清晰明确、重点突出的指标非常重要。好的绩效指标可以确保绩效考核重点突出，与组织战略目标精准匹配，便于绩效管理的实施。

（八）绩效管理系统的时效性

绩效管理系统不是一成不变的，它需要根据组织内部、外部的变化进行适当调整。当组织的战略目标、经营计划发生改变时，组织的绩效管理系统也要进行动态的变化，以保证其不会偏离组织战略发展的主航道，对员工造成错误的引导。

七、绩效管理与人力资源管理其他环节的关系

（一）绩效管理与工作分析

工作分析是绩效管理的重要基础。通过工作分析，确定了一个职位的工作职责及其他所提供的重要工作产出，据此制定对这个职位进行评估的关键绩效指标（KPI），按照这些关键绩效指标确定对该职位任职者进行评估的绩效标准。可以说，工作分析提供了绩效管理的一些基本依据。

1. 职位描述是最直接影响绩效的因素

员工的绩效是员工外显的行为表现，这种行为表现受很多因素影响。影响人的行为绩效的内在因素分成很多层次，处在最深层的是人的内在动力因素。其次是价值观、哲学等观念和意识层面的因素。最后，组织的观念、哲学等决定了组织的政策，从而影响了组织的使命和目标。组织的使命和目标被分解成各个工作单元的目标，而各个工作单元的目标又决定了职位描述。处于最外层的职位描述是直接影响行为绩效的因素。因此，要想有效地进行绩效管理，必须首先有清晰的职位描述信息。职位特点决定了绩效评估所采用的方式。采用什么样的方式进行绩效评估是我们在进行绩效评估的准备工作时所需要解决的一个重要问题。绩效评估的方式主要包括由谁进行评估，多长时间评估一次，绩效评估的信息如何收集，采取什么样的方式进行评估等。对于不同类型的职位，采取的绩效评估方式也应该有所不同。

2. 职位描述是设定绩效指标的基础

对一个职位的任职者进行绩效管理应设定关键绩效指标，这往往是由他的关键职责决定的。虽然从目标管理的角度而言，一个被评估者的关键绩效指标是根据组织的战略目标逐渐分解而形成的，但个人的目标终究要依据职位的关键职责来确定，一定要与他的关键职责密切相关。

职责是一个职位比较稳定的核心，表现的是任职者所要从事的核心活动。目标经常随时间而变化，可能每年都不同，一个职位的工作职责则可能会几年稳定不变或变化很小。

对于那些较为稳定的基础性职位，如秘书、会计等，他们的工作可能并不由目标直接控制，而主要是依据工作职责来完成工作，对他们的绩效指标的设定就更需要依据工作的核心职责。例如，对一个秘书来说，他的核心工作和关键绩效指标如表 7-2 所示。

表 7-2 秘书的职责

工作职责	关键绩效指标
录入、打印各种文件（文字资料）	错误率、时效率、客户满意度
起草通知、编辑日常信件	主管人员满意度、工作的独立性
为出差人员安排旅程	时效性、准确性
安排会议	会前准备工作是否周到，处理突发问题的能力

（二）绩效管理与薪酬体系

目前比较盛行的制定薪酬体系的原理是 3P 模型，即以职位价值决定薪酬（Pay for Position)、以绩效决定薪酬（Pay for Performance）和以任职者胜任力决定薪酬（Pay for Person）的有机结合。因此，绩效是决定薪酬的一个重要因素。

在不同的组织及不同的薪酬体系中，对不同性质的职位，绩效所决定的薪酬成分和比例有所区别。通常来说，职位价值决定了薪酬中比较稳定的部分，绩效则决定了薪酬中变化的部分，如绩效工资、奖金等。

（三）绩效管理与培训开发

由于绩效管理的主要目的是为了了解目前员工绩效状况中的优势与不足，进而改进和提高绩效，因此，培训开发是在绩效评估之后的重要工作。在绩效评估之后，主管人员往往需要根据被评估者的绩效现状，结合被评估者个人的发展愿望，与被评估者共同制定绩效改进计划和未来发展计划。人力资源部门则根据目前绩效中待改进的方面，设计整体的培训开发计划，并帮助主管和员工共同实施培训开发。

综合以上几点可以看出，员工绩效管理与人力资源管理的几大职能都有着密切的关系，通过发挥员工绩效管理的纽带作用，人力资源管理的各大职能就能有机地互相联系起来，形成一种互动的关系。所以说，员工绩效管理是人力资源管理的核心内容，在人力资源管理中占据了核心地位。

八、绩效管理的过程

绩效管理是一个包括多阶段、多项目标的综合过程，它通常被看作一个循环过程，管理的各个环节不仅密切联系，而且周而复始地不断循环，形成一个持续的过程。绩效管理的基本流程一般包括绩效计划、绩效辅导、绩效考评、绩效反馈、绩效改进及绩效结果的应用等六步。

（一）绩效计划

绩效计划是绩效管理的第一个环节，也是绩效管理的起点。作为一个组织，要想达到预期的战略目标，组织必须先将战略分解为具体的任务或目标，落实到各个岗位；然后再对各个岗位进行相应的职位分析、工作分析、人员任职资格分析。这些步骤完成后，各个部门的管理人员应当和员工一起，根据本岗位的工作目标和工作职责，讨论并确定绩效计划周期内员工应当完成什么工作、做到怎样的程度、为何要做这项工作、何时完成、资源如何进行分配等。这个阶段管理者和员工的共同参与是绩效计划制定的基础。通过协作的方式完成绩效计划的制定，可以使绩效计划得到员工的支持并得以有效实施。绩效计划是整个绩效管理体系中最重要的环节。

所谓绩效计划是指被评估者和评估者双方对员工应该实现的工作绩效进行沟通的过程，并将沟通的结果落实为订立正式书面协议即绩效计划和评估表，它是双方在明晰责、权、利的基础上签订的一个内部协议。绩效计划的设计从公司最高层开始，将绩效目标层层分解到各级子公司及部门，最终落实到个人。对于各子公司而言，这个步骤即为经营业绩计划过程，而对于员工而言，则为绩效计划过程。我们应从以下几方面理解绩效计划：

①绩效计划与绩效指标是组织进行绩效管理的基础和依据。绩效计划是在绩效管理过程开始的时候由部门主管和员工共同制定的绩效契约，是对在本部门绩效管理过程结束时员工所要达到的期望结果的共识，这些期望的结果是用绩效指标的方式来体现的。

②绩效计划是一个组织根据自身实际情况，结合各个部门的具体工作，将年度重点工作

计划层层分解，把总体目标分解到各个部门，确立各个部门的年度目标的过程。

③绩效计划通常是通过上下级相互沟通、交流而形成的，因此在沟通前，相关部门要事先向分管主任提供必要的信息和背景资料。在编制绩效计划时，每月要在固定的时间召开部门月度例会，在会议上各部门可以与本部门主管沟通，主管提出反馈意见，初步确定计划。沟通的方式原则上不做规定，由各部门自己确定。各类计划经分管主任审定和确认后，由综合科负责汇总下发月度工作计划，并上报办公室人事部月度重点工作。

④在确定工作目标、关键绩效指标和标准时应遵循 SMART 原则：

明确具体的原则（Specific）：目标必须是明确、具体的。所谓具体就是责任人的工作职责和部门的职能相对应的工作；所谓准确就是目标的工作量、达成日期、责任人等事先都是确定的，可以明确。

可衡量的原则（Measurable）：绩效目标应是数量化或行为化的，验证指标的数据或信息是可获得的。

可获得的原则（Allainable）：绩效指标在付出努力的情况下是可以实现的，避免设立过高或过低的目标。

现实可行的原则（Realistic）：在现实的物力、人力及个人学习和身体能力、资源的可利用条件下是可行的。

有时间限制的原则（Time - bound）：必须在计划中列入事先约定的时间限制，注重完成绩效指标的特定期限。

（二）绩效辅导

所谓绩效辅导是指管理人员对员工完成工作目标的过程进行辅导，帮助员工不断改进工作方法和技能，及时纠正员工行为与工作目标之间可能出现的偏离，激励员工的正面行为，并对目标和计划进行跟踪和修改的过程。

绩效辅导是连接绩效目标和绩效评估的中间环节，也是绩效管理循环中耗时最长、最关键的一个环节，是体现管理者管理水平和领导艺术的主要环节。通过绩效辅导这个环节可以实现强调员工与主管人员的共同参与、强调员工与主管之间形成绩效伙伴关系、共同完成绩效目标的过程。总而言之，绩效辅导工作的好坏直接决定着绩效管理工作的成败。要想有效地完成绩效辅导，主要包括两方面的工作：一是持续不断的绩效沟通，二是数据的收集和记录。其具体步骤包括以下几步：

①观察和了解员工的绩效和行为，让员工知道自己的绩效好坏，并给予一定的反馈；或是要求员工改进，或是给予激励，希望保持高绩效。

②寻找问题与原因。如果员工绩效没有改进，就要探究其中的原因，同时要求改变具体的行为，并视需要给予帮助。

③教导分析。如果绩效仍然没有得到改进，那么管理者就必须运用教导分析的方法找出其中的原因，并和员工一起克服影响绩效的障碍。

④改善计划。和员工一起找出改善业绩的方法，并帮助员工找到问题，改进绩效流程，然后确认这些流程和方法，并固定下来，着眼于更长远的未来员工绩效。

（三）绩效考评

绩效考评是按事先确定的工作目标及其衡量标准，考察员工实际的绩效情况的过程。绩效考评是一项技术性很强的工作，包括拟订、审核考评指标、选择和设计考评方法、培训考评人员等内容。这些内容将在本章第二节详细讲解。

（四）绩效反馈

绩效管理的核心目的是为了不断提升员工和组织的绩效水平。因此，绩效管理的过程并不是为绩效考评打出一个分数或得到一个等级就结束了，主管人员对员工的绩效情况进行评估后，必须与员工进行面谈沟通，即进行绩效反馈。所谓绩效反馈是指主管人员在绩效评估之后使员工了解自身绩效水平的各种绩效管理手段和过程。

（五）绩效改进

绩效改进是绩效管理过程中的一个重要环节。传统的绩效考评目的是通过对员工的业绩进行考评，将考评结果作为确定员工薪酬、奖惩、晋升或降级的标准。而绩效管理的目标不限于此，员工能力的不断提升及绩效的持续改进和发展才是其根本目的。所以，绩效改进工作的成功与否，是绩效管理过程是否发挥作用的关键。

（六）绩效结果的应用

绩效考评完成后，形成的考评结果要与相应的管理环节相互衔接，主要体现在以下几个方面：

1. 人力资源规划

为组织提供总体人力资源质量优劣程度的确切情况，获得所有人员晋升和发展潜力的数据，便于组织制定人力资源规划。

2. 招聘与录用

根据绩效考评的结果，可以确定采用何种评价指标和标准招聘和选择员工，可提高招聘的质量并降低招聘成本。

3. 薪酬管理

绩效管理的结果可以作为业绩工资发放的依据。绩效评价越高，业绩工资越高，这是对员工追求高绩效的一种鼓励和肯定。

4. 职务调整

多次绩效考评的结果可以作为员工晋升和降级的依据之一。例如，经过多次绩效考评，对于业绩始终没有改善的，如果确实是能力不足，不能胜任工作，则应当考虑为其调整工作岗位；如果是员工本身的态度问题，经过多次提醒和警告都无济于事，则管理者应当考虑将其解雇。

5. 员工培训与开发

通过绩效考评可以了解员工低绩效的原因，对那些由于知识和技能方面不足未能达成绩效计划的员工，企业可以组织员工参加培训或接受再教育。这样能够增强培训效果，降低培训成本。同时，可以根据绩效考评的结果，制定员工在培养和发展方面的特定需求，帮助员工发展和执行他们的职业生涯规划。

6. 员工关系管理

公平的绩效考评，为员工在奖惩、晋升、调整等重大人力资源管理环节提供公平客观的数据，减少主观不确定因素对管理的影响，能够保持组织内部员工的相互关系建立在可靠的基础之上。

第二节　绩效考评

对于企业来说，完全客观和精确的绩效考评几乎是不可能的。因为人们处理信息的能力是有限的，不可能毫无错误地处理员工绩效过程中所需的信息；另外，企业和任何其他组织一样，不可避免地包含许多政治因素，并受其影响。主管人员很可能不愿意提供员工负面的绩效信息，相反更愿意设法激励他们以后努力工作争取改善绩效。但是，无论如何，国际知名企业的实践已经证明，员工绩效考评系统是否有效，直接影响员工的工作情绪，以至影响工作成效。因此，建设一个有效的绩效考评体系非常重要。本节主要介绍绩效考评的目的及重要性，以及绩效考评的原则、有效绩效考评系统标志和绩效考评体系设计。

一、绩效考评概述

（一）绩效考评的含义及内容

绩效考评是绩效管理的最主要内容，绩效考评是指按照确定的标准来衡量工作业绩、工作成果、工作效率和工作效益的达成程度。考评内容的科学性和合理性，直接影响到绩效考评的质量。因此，绩效考评的内容应该符合企业自身的实际情况需要，能够准确地对员工的绩效进行考评。由于绩效的多因性，绩效考评的内容也颇为复杂。我国很多企业按照以下四点作为效考评的内容：

1. 工作绩效考评

工作业绩考评是指对员工工作效率和工作结果进行考核和评价，它是对员工贡献程度的衡量，是所有工作绩效考评中最基本的内容，直接体现出员工在企业中的价值大小。业绩的考评包括员工完成工作的数量、质量、成本费用、利润等，以及为企业做出的其他贡献，如为企业赢得荣誉等。

2. 工作能力考评

工作能力的考评是指员工在工作中体现出来的能力进行考评，主要体现在四个方面：专业知识和相关知识；相关技能、技术和技巧（包括操作、表达、组织、协调、指挥、控制等）；相关工作经验；所需的体能和体力（取决于年龄、性别和健康状况等因素）。这四个方面是相互联系而又有区别的，技能和知识是基础；体能和体力是必要条件，一个人若没有足够的精力和体力，就难以承担重任；技能和工作经验把知识转化为现实生产力。需要指出的是，绩效考评中的能力考评和一般性能力测试不同，前者与被考核者所从事的工作相关，主要考评其能力是否符合所担任的工作和职务，而后者是从人的本身属性对员工的能力进行评价，不一定要和员工的现任工作相联系。

3. 工作行为的考评

工作行为考评是指对员工在工作中表现出来的相关行为进行考核和评价，衡量其行为是否符合企业的规范和要求。由于对行为进行考评很难有具体的数字或金额来表达，因此，在实际工作中，对员工的行为进行考评主要包括出勤、纪律性、事故率、主动性、客户满意度、投诉率等方面。

4. 工作态度的考评

工作态度考评数值是对员工在工作中的努力程度进行考评，即对工作积极性的衡量。积极性决定着人的能力发挥程度，只有将积极性和能力的考评结合起来，才能发挥员工的潜力。常用的考评指标包括：团队精神、忠诚度、责任感、创新精神、敬业精神、进取精神、事业心和自信心等。工作态度很大程度上决定了工作能力向工作业绩转化的效果。因此，对员工工作态度的考评是非常重要的。

以上四方面中，工作业绩和工作能力的考评结果是可以量化的，是客观的，被称为考评的"硬指标"；工作行为和工作态度的考评结果是主观的，很难量化，称为考评的"软指标"。在进行工作绩效考评时，应注意客观性评价和主观性评价的结合，软指标和硬指标结合，这样才能全面地评价员工的工作绩效。

（二）绩效考评的目的

一是帮助员工认识自己的潜在能力并在工作实际中充分发挥这种能力，以达到改进员工工作的目的和促进员工的培训与发展。二是为人力资源管理等部门提供制定有关人力资源政策和决策的依据。三是有利于改进企业人力资源管理工作，企业从定期的工作绩效考评中检查诸如招聘、培训和激励等人力资源管理方面的问题，从中吸取经验教训，以便今后改进并对下一步行动做出正确的导向。因而，考评的过程既是企业人力资源发展的评估和发掘过程，也是了解个人发展意愿，制定企业培训计划和为人力资源开发做准备的过程。

（三）绩效考评者的组成

考评人的选择就是选择谁来进行考核，也就是解决考评关系中考评主体与考评客体如何划分的问题。一般而言，在企业实践中，通常是通过以下几种人员作为考评工作的主体来建立考评机制：

1. 直接主管

绩效考评大都是由直接主管进行或者参与进行的。企业通常在制度上规定直接主管对于下级拥有考评的责任和权力。直接主管对下属的工作最熟悉（有的主管甚至以前就从事下属目前的工作），可以准确把握考评的重点及关键。主管考评权与他们拥有的奖励和惩罚下属的权力是相应的。

2. 工作者自身

员工本人对自己进行评价具有重要意义。自我评价有利于员工对企业考评的认同，减少他们的逆反心理，增强员工参与意识；有利于员工明确自己的长处和短处，加强自我开发；能够在考评中不断总结经验，从而改进工作方法。不过，调查显示，员工自我评价一般比他人评价高，很少有人会自我贬低，容易形成极端分布。因此，这种方法不可单独进行。

3. 同事

同事进行的评价，在某些方面有特殊作用，如工作方式和工作态度。同事之间的工作相关性强，相互之间在一起共事，沟通较多，比较了解关于工作和行为的有效信息。但在同事考评时，有时可能因为个人关系而产生感情偏差，或者出现通过"轮流坐庄"获得奖励或避免惩罚的不负责任的行为。

4. 下级

由下属对员工进行评价也有重要意义。尤其对于其领导能力、沟通能力等方面的评价，往往具有很强的针对性。但也要看到，员工由于顾虑上级的态度及反应，可能不会反映真实情况。为了解决这一问题，应当由专门的部门进行组织，避免因评价结果而使员工受到打击报复。

5. 业务归属部门

企业中专业技术性较强的工作内容，往往由专门的职能部门进行归属管理，如财务部、质量部等。这些部门从特定角度进行绩效考评，在考评工作中具有非常重要的地位。

6. 外请专家

由外请专业人员进行考评有特殊的意义。因为外请人员具有较强的专业技能，同被考评者之间没有利害关系，因而往往比较客观公正，考评结果也容易为员工所认同。但这样做成本较高，而且对于专业性很强的内容，专家也不一定十分了解。

二、绩效考评的原则

在进行绩效考评的时候，一定要做到科学、公正、客观，这样的考评才有意义。为此，应该遵循以下八项原则：

（一）制度化的原则

企业的绩效考评要作为企业的一项制度固定下来，同时，考核的标准、程序、责任等都要有明确的制度规定，并在操作中严格地按照制度的规定进行。这样，绩效考评才会有其权威性。

（二）公开化的原则

考评的内容标准要公开，使员工认识到所有的考评对大家都是一样的，这样才能使员工对绩效考评工作产生信任感，各部门和各员工之间就不会造成人为矛盾。同时，每个员工都可以明确了解到工作的要求是什么，这样就可以按照考评的标准来要求自己，提高工作绩效。

（三）客观性的原则

要做到考评标准客观、组织评价客观、自我评价客观，不能带有考评人的个人观点，尽量避免掺入主观性和感情色彩。必须用公认的标准，进行客观的评价。唯有客观性，才会保证其公正性。

（四）分层次的原则

绩效考核最忌讳的就是用统一的标准来评价不同的人和不同的工作要求。不同层次的员工，考评的标准和考核的内容是不同的。比如说，对一般员工的考评，主要考评其完成工作的数量、质量、效益及工作态度等；而对于主管人员来说，则不仅要考评其完成工作任务的数量、质量及效益，还要考评其企业及各部门目标的实现程度，再就是作为主管人员在计划、决策、指挥、激励、授权、培养人才等方面的成绩。

（五）同一性和差别性原则

在考评相同类别的员工时要用同一标准、同一尺度去衡量，同样的工作内容、工作职位不能用不同的标准去考核。例如，企业中不同部门的秘书工作，工作内容大致是相同的，可以用同一种考评标准来进行考核。在考核不同类别的员工时，要注意用不同的标准和尺度去衡量。例如，生产部门可以用产品的产量、合格率、物耗等指标，而销售部门则用销售额、销售费用、回款率等指标来进行衡量。

（六）单头考核原则

一些企业在考评时出现在员工与考评者、管理者之间的摩擦，最主要的原因就是在考评时多重考评、多头领导。在企业中最了解员工工作情况的是员工的直接主管。如果在考评时，间接的管理者对员工的工作情况妄加指责，就容易造成不公平现象，就会出现摩擦。当然，并不排除间接的上级对考评的结果进行调整修正。

（七）反馈的原则

对员工进行考评以后要把考评结果直接告诉员工，使员工能明白自己工作的成绩和不足，同时要向其提供对于今后工作的参考意见。还应及时地将考核的结果反馈给公司培训部门，培训部门根据考评结果，有针对性地加强员工培训工作。

（八）差别性的原则

考评方法要能评出工作的好坏差别。正常情况下，员工在工作中的成绩是有差别的，考评方法要正确体现出员工工作中的这种差别，使考核带有刺激性，鼓舞员工上进。

三、绩效考评体系

（一）绩效考评的特征

有效的绩效考评系统应该同时具备敏感性、可靠性、准确性、可接受性和实用性五个特征。

1. 敏感性

敏感性指的是工作绩效考评系统具有区分工作效率高的员工和工作效率低的员工的能力，否则既不利于企业进行管理决策，也不利于员工自身的发展，而只能挫伤主管人员和员工的积极性。如果工作评价的目的是升迁推荐等人事管理决策，评价系统就需要收集关于员工之间工作情况差别的信息；如果工作评价的目的是促进员工个人的成长发展，评价系统就需要收集员工在不同阶段自身工作情况差别的信息。

2. 可靠性

绩效考评体系的可靠性指的是评价者判定评价的一致性，不同的评价者对同一个员工所做的评价应该基本相同。当然，评价者应该有足够的机会观察工作者的工作情况和工作条件。研究结果表明，只有来自组织中相同级别的评价者才可能对同一名员工的工作业绩得出一致性的评价结果。罗思恩（H. R. Roth-stein）对 79 个企业的将近 10 000 名员工的调查显示，两个评价者通过观察同一个员工做出的评价结论的相关度高达 0.65~0.73。

3. 准确性

绩效考评的准确性指的是应该把工作标准与组织目标联系起来、把工作要素和评价内容联系起来，进而明确一项工作成败的界限。工作绩效标准是就一项工作的数量和质量要求具体规定员工行为组合可接受的界限。我们知道，工作分析是描述一项工作的要求和对员工的素质要求，而工作绩效标准是区分工作绩效合格与不合格的标准，实际的工作绩效评价则是具体描述员工工作中的优缺点。业绩考评的准确性要求对工作分析、工作标准和工作绩效评价系统进行周期性的调整和修改。

4. 可接受性

绩效考评体系只有得到管理人员和员工的支持才能推行。因此，绩效考评体系经常需要员工的参与。业绩评价中技术方法的正确性和员工对评价系统的态度都很重要。

5. 实用性

业绩考评体系的实用性指的是评价系统的设计、实施和信息利用都需要花费时间、努力和金钱，组织使用业绩考评系统的收益必须大于其成本。美国的一项研究表明，设计和实施绩效考评体系的成本是平均每名员工 700 美元。

以上是绩效考评系统的五项基本要求，前三项被称为技术项目，后两项被称为社会项目。一般来说，只要绩效评价系统符合科学和法律的要求，具有准确性、敏感性和可靠性，就可以认为它是有效的。

在员工工作绩效考评体系的设计过程中，既需要根据绩效考评的目的来确定合适的评价者和评价标准及评价者的培训等问题，也需要选择适合企业自身情况的具体考评方法。员工绩效考评的标准可能是员工的行为表现，也可能是员工工作的结果，还可能是员工的个人特征。员工的工作绩效考评方法有很多种类，这些考评方法又可以分为客观类的评价方法和主观类的评价方法。另外，在考评体系设计的过程中，还需要决定员工绩效考评的周期长短。

(二) 考评体系的设计

1. 评价者的选择

在员工绩效考评过程中，对评价者的基本要求有以下几个方面：第一，评价者应该有足够长的时间和足够多的机会观察员工的工作情况；第二，评价者有能力将观察结果转化为有用的评价信息，并且能够使绩效考评系统可能出现的偏差最小化；第三，评价者有动力提供真实的员工业绩评价结果。不管选择谁作为评价者，如果评价结果的质量与评价者的奖励能够结合在一起，那么评价者都会更有动力去做出精确客观的评价。一个值得注意的现象是，这种对评价者的激励与评价系统的设计和选择是同样重要的。一般而言，员工在组织中的关系是上有上司，下有下属，周围有自己的同事，组织外部还可能有客户。因此，可能对员工工作绩效进行评价的候选人有以下几种类型：

(1) 员工的直接上司

在某些情况下，直接上司往往熟悉员工工作情况而且也有机会观察员工的工作情况。直接上司能够比较好地将员工的工作与部门或整个组织的目标联系起来，他们也对员工进行奖惩决策。因此，直接上司是最常见的评价者。但是这种评价的一个缺点是如果单纯依赖直接上司的评价结果，那么直接上司的个人偏见、个人之间的冲突和友情关系将可能损害评价结果的客观公正性。为了克服这一缺陷，许多实行直接上司评价的企业都要求直接上司的上司检查和补充评价者的考评结果，这对保证评价结果的准确性有很大作用。但有些企业采取的是矩阵式的组织结构，一个员工需要向多个主管报告工作；或者即使在非矩阵式的组织结构中，一位员工也可能与几个主管人员有一定程度上的工作联系。在这种情况下，综合几个主管人员对一个员工的评价结果会改进员工绩效考评的质量。

(2) 员工的同事

一般而言，员工的同事能够观察到员工的直接上司无法观察到的某些方面。特别是在员工工作指派经常变动，或者员工的工作场所与主管的工作场所是分离的情况，主管人员通常很难直接观察到员工的工作情况，如推销工作。这时就既可以通过书面报告方式来了解员工的工作业绩，也可以采用同事评价。在采用工作团队的组织中，同事评价就显得尤为重要。在美国的夸克燕麦（Ouaker Oats）公司的宠物食品工厂，员工的绩效评价完全由同事评价来决定。这家公司使用工作团队方式已经有二十多年的历史，所有的晋升和薪酬政策都由工作团队来决定。当然，由于一个团队的员工彼此之间在奖金分配和职位晋升中存在着竞争关系，因此为了减少偏见，应该规定同事评价的工作内容。尽管很多人认为同事评价只能作为整个评价系统的一部分，但是 1984 年韦克斯利（K. N. Wexley）和克里姆斯基（R. Klimoski）的一项研究表明，同事评价可能是对员工业绩最精确的评价。研究结果还表明，同事评价对于员工发展计划的制定非常适合，但对人力资源管理决策似乎不适合。

(3) 员工的下级职员

下级职员的评价有助于主管人员的个人发展，因为下级人员可以直接了解主管人员的实际工作情况、信息交流能力、领导风格、解决个人矛盾的能力与计划组织能力。在采用下级评价时，上下级之间的相互信任和开诚布公是非常重要的。在通常情况下，下级评价方法只是作为整个评价系统的一部分。在美国克莱斯勒公司，管理人员的工作绩效是由其下属匿名地来评价，评价的内容包括工作团队的组织、沟通、产品质量、领导风格、计划和员工的发展情况。被评价的上司在汇总这些匿名的报告以后再与下属来讨论如何进行改进。一般而言，由于下属和同事能够从与主管人员不同的角度来观察员工的行为，因此，他们能够提供更多的关于员工工作表现的信息。需要注意的是，如果员工认为自己的主管有可能了解每个人的具体评价结果，那么他们就可能对自己的上司给予过高的评价。

(4) 员工的自我评价

关于员工自我评价的作用问题长期以来一直是有争议的。这一方法能够减少员工在评价过程中的抵触情绪，在工作评价和员工个人工作目标结合在一起时很有意义。但是，自我评价的问题是自我宽容，常常与他人的评价结果不一致，因此比较适合于个人发展用途，而不适合于人事决策。不难发现，有效的工作规范和员工与主管人员之间良好的沟通是员工自我评价发挥积极作用的前提。此外，经验表明，员工和主管人员双方关于工作业绩衡量标准的看法的一致性越高，双方对评价结果的结论的一致性也就越高。

(5) 客户的评价

在某些情况下，客户可以为个人与组织提供重要的工作情况反馈信息。虽然客户评价的目的与组织的目标可能不完全一致，但是客户评价结果有助于为晋升、工作调动和培训等人事决策提供依据，具体内容如表 7-3 所示。

表7-3 客户评价表

姓名：	日期： 年 月 日
地址：	

您的事业成功与满意对我们非常重要。为了确保安装和服务质量，我们非常感谢您填写这张评价表并将它寄回我们商店。下列每一陈述是用来描述合格安装的事项，您填写这张表格可以得到我们免费清洗两个房间地毯的服务，该项服务在本次安装一年之内有效。

如果安装工人的工作符合陈述，请您选"是"；如果安装工人的工作不符合陈述，请选"否"。

1. 是 否 安装者实现与顾客商量接缝的位置，并将它们安排在最理想的位置。
2. 是 否 所有的接缝都安排在行走少的地方而不是门厅里。
3. 是 否 看不见接缝。
4. 是 否 接缝很牢固。
5. 是 否 安装时没有损坏物品。
6. 是 否 安装者将地毯拉得足够紧，没有出现褶皱和波纹。
7. 是 否 安装者将地毯的边缘修剪得与墙壁很整齐贴切。
8. 是 否 安装者清理了整个区域，没有留下碎片。
9. 是 否 安装者与顾客一起检查并确保顾客满意。

其他评论（如果需要请用该表的背面）：

仅供办公室使用　　　　　　　　　　　　　　　　分数：
　　　　　　　　　　　　　　　　　　　　　　　（是=3，否=0）

资料来源：Randall S. Schuler and Vandra L Huber. Person and Resouces Managernent, West, 1993, p. 295.

近年来，美国的很多企业开始实行所谓的360度评价，即综合员工自己、上司、下属和同事的评价结果对员工的工作业绩做出最终的评价。上述这些业绩考评的信息来源在评价员工业绩的不同侧面时具有不同的效力，因此将它们综合起来无疑可以得到一个最全面的结论。但是实践证明，360度的业绩考评方法只有在那些开放性高、员工参与气氛浓和具备活跃的员工职业发展体系的组织中才能够取得理想的效果。

2. 评价信息来源的选择

员工业绩考评的标准和执行方法要取决于开展绩效考评的目的。因此，在确定评价信息的来源以前，应该首先明确绩效考评的结果是为谁服务的，以及他们需要用这些绩效考评信息来做什么。评价信息的来源与评价目的之间的配合关系可以从两个方面来认识。第一，不同评价者提供的信息来源对人力资源管理中的各种目标具有不同的意义，二者之间的组合关系如表7-4所示；第二，根据不同的评价标准得到的员工业绩考评信息对人力资源管理中的各种目标也具有不同的意义。如果为了给奖金的合理发放提供一个依据，就应该选择反映员工工作结果的标准来进行评价。如果为了安排员工参加培训或者要帮助他们进行职业前程规划，就应该选择工作知识等员工的个人特征作为评价标准。如果要剔除最没有价值的员工，那么就应该选择违反操作规程的行为或产生的不良后果作为评价标准，如表7-4所示。

表 7-4 评价信息的来源与用途

用途	考核信息来源				
	直接上司	同事	下级职员	自己	客户
人事决策	适合	适合	不适合	不适合	适合
自我发展	适合	适合	适合	适合	适合
人事研究	适合	适合	不适合	不适合	适合

资料来源：［美］韦恩·卡肖著（张续超等译）：《人：活的资源——人力资源管理》，煤炭工业出版社 1989 年版，第 285 页。

3. 评价者的准备

一个好的评价者应该起到一个教练的作用，要能够激励员工。在工作绩效考评过程中，评价者容易出现的错误有对员工过分宽容或者过分严厉、评价结果集中、出现光环效应和产生对比误差等。其中，光环效应是指评价者根据自己对员工的基本印象进行评价，而不是把他们的工作表现与客观的工作标准进行比较。为了最大限度地减少这些业绩评价错误，应该在每次开展绩效考评前对评价人员进行培训。在培训评价者的过程中，提高工作绩效考评的可靠性和有效性的关键是应用最基本的学习原理，这就要求鼓励评价者对具体的评价行为进行记录，给评价者提供实践的机会，组织培训的主管人员要为评价者提供反馈信息，并适时地给予鼓励。此外，还要进行温习训练，巩固理想的评价行为。美国学者韦恩·卡肖（Wayne F. Cascio）推荐的培训业绩考核者的一个具体程序，如表 7-5 所示。

表 7-5 培训评价者的程序

1. 受训者首先看一部一位员工工作情景的录像带。
2. 受训者根据确定的评价方法对这位员工进行评价，并把评语写在卡片上。
3. 教员引导受训者对不同的评价及原因进行讨论。
4. 受训者就工作标准和有效与无效工作行为的界限达成一致。
5. 重新播放录像带。
6. 受训者在看录像时记录典型的工作行为，然后重新对该员工进行评价。
7. 根据上一批受训者最终达成的共同的评价结果，对这一批受训者的评价进行衡量。
8. 给每位受训者以具体的反馈

通过对负责员工绩效考评的管理人员进行培训，使其在整个绩效考评过程中能够做到以下三个方面：第一，在绩效考评前就经常与员工交换工作意见，参加企业组织的关于员工绩效考评的面谈技巧的培训。学会在与员工的面谈中采用问题处理方式，而不是"我说你听"的方式。同时，应该鼓励员工为参加评价和鉴定面谈做好准备。第二，在绩效评价中，主管人员要鼓励员工积极参与评价工作的过程，不评论员工个人的性格与习惯，注意倾听员工的意见，最后要能够使双方为今后的工作目标改进达成一致的意见。第三，在绩效考评后，主管人员要经常与员工交换工作意见，定期检查工作改进的进程，并根据员工的表现及时给予奖励。

4. 绩效考评方法的选择

员工绩效考评方法可以分为员工特征导向的评价方法、员工行为导向的评价方法和员工工作结果导向的评价方法。

(1) 员工特征导向的评价方法

这种评价方法是以员工特征为基础的业绩评价方法，衡量的是员工个人特性，如决策能力、对工作的忠诚度、人际沟通技巧和工作的主动性等方法。这种评价方法主要是回答员工"人"做得怎样，而不重视员工的"事"做得如何。这类评价方法最主要的优点是简便易行，但是有严重的缺陷。首先，以员工特征为基础的评价方法的有效性差，评价过程中所衡量的员工特征与其工作行为和工作结果之间缺乏确定的联系。例如，一名性情非常暴烈的员工在对待客户的态度上却可能非常温和。其次，以员工特征为基础的评价方法也缺乏稳定性，特别是不同的评价者对同一个员工的评价结果可能相差很大。最后，以员工特征为基础的业绩评价结果能为员工提供有益的反馈信息。

(2) 员工行为导向的评价方法

在工作完成的方式对于组织的目标实现非常重要的情况下，以员工行为为基础的业绩考评方法就显得特别有效。例如，一名售货员在顾客进入商店时应该向顾客问好，帮助顾客寻找他们需要的商品，及时地开票和收款，在顾客离开时礼貌地道谢和告别。这种评价方法能够为员工提供有助于改进工作绩效的反馈信息，但是这种评价方法的缺点是无法涵盖员工达成理想工作绩效的全部行为。例如，一名保险推销员可能用积极的、煽动性很强的方法在一个月内实现了100万元的保费收入，而另一名保险推销员可能用非常谨慎的、以事实讲话的方式也在一个月内实现了100万元的保费收入。在这种情况下，如果员工的业绩考评体系认为前一种方法是有效的，那么对第二个员工就很不公平。

(3) 结果导向的评价方法

这种方法是以员工的工作结果为基础的评价方法，先为员工设定一个最低的工作业绩标准，然后将员工的工作结果与这一明确的标准相比较。当员工的工作任务的具体完成方法不重要，而且存在着多种完成任务的方法时，这种结果导向的评价方法就非常适用。工作标准越明确，业绩评价就越准确。工作标准应该包括两种信息：一是员工应该做什么，包括工作任务量、工作职责和工作的关键因素等。二是员工应该做到什么程度，即工作标准。每一项工作标准都应该清楚明确，使管理者和员工都了解工作的要求，了解是否已经满足了这些要求。而且，工作要求应该有书面的工作标准。其实任何工作都有数量和质量两个方面的要求，只不过是二者的比例不同。由于数量化的工作结果标准便于应用，因此应该尽可能地把最低工作要求数量化。

结果导向的评价方法的缺点包括以下几个方面：第一，在很多情况下，员工最终的工作结果不仅取决于员工个人的努力和能力因素，也取决于经济环境、原材料质量等多种其他因素。因此，这些工作的业绩考评很难使用员工工作的结果来评价，即使勉强使用也缺乏有效性。第二，结果导向的业绩评价方法有可能强化员工不择手段的倾向。例如，提供电话购物服务的公司如果用员工的销售额来评价员工的业绩，那么员工就可能中途挂断顾客要求退货的电话，结果损害顾客的满意程度，减少重复购买率，这显然不利于组织的长期绩效提升。第三，在实行团队工作的组织中，把员工个人的工作结果作为业绩考评的依据会加剧员工个人之间的不良竞争，妨碍彼此之间的协作和相互帮助，不利于整个组织的工作绩效。第四，结果导向的业绩评价方法在为员工提供业绩反馈方面的作用不大，尽管这种方法可以告诉员工其工作成绩低于可以接受的最低标准，但是它无法提供如何改进工作绩效的明确信息。

在为具体的工作设计业绩考评方法时，需要谨慎地在这些类别中进行选择。除非员工的行为特征与工作绩效之间存在着确定的联系，否则就不应该选择这种简便的方法。一般而言，行为导向的评价方法和结果导向的评价方法的有效性比较高，这两类方法的某种结合可以胜任对绝大多数工作进行评价。

三类评价方法的具体实例如表7-6所示。

表7-6 评价体系实例

特征导向评价方法
根据下述特征对员工进行评级：
1. 对公司的忠诚度　　　　很低　　低　　平均　　高　　很高
2. 沟通能力　　　　　　　很低　　低　　平均　　高　　很高
3. 合作精神　　　　　　　很低　　低　　平均　　高　　很高
行为导向评价方法
根据下述量级，评定员工表现各种行为的频率：
1 = 从来没有　2 = 极少　3 = 有时　4 = 经常　5 = 几乎总是
（　）1. 以愉悦和友好的方式欢迎顾客
（　）2. 没有能力向顾客解释产品的技术问题
（　）3. 正确填写收费卡片
结果导向评价方法
根据生产记录和员工档案，提供员工的下述信息：
本月生产的产量数目；
质检部门拒绝通过并销毁的产量数目；
质检部门拒绝通过并退回返修的产量数量；
本月中员工没有正式医院诊断情况下的缺勤天数

（4）工作绩效评价的周期

工作绩效评价周期是指员工接受工作业绩考评的时间间隔。员工业绩考评的周期应该受到以下几个因素的影响：

①根据奖金发放的周期长短来决定员工绩效考评的周期。例如，半年或者每一年分配一次奖金，因此对员工的业绩考评也要间隔半年或一年，在奖金发放之前进行一次。

②根据工作任务的完成周期来决定业绩考评的周期。

③根据员工的性质来决定业绩考评的周期，对于基层的员工，他们的工作绩效可以在比较短的时间内得到一个好或者不好的评价结果，因此评价周期就可以相对短一些；而对于管理人员和专业技术人员，只有在比较长的时间内才能看到他们的工作成绩。因此，对于他们的业绩考评的周期就应该相对长一些。

如果每个管理人员负责考评的员工数量比较多，那么在每次绩效考评的时期对这些管理人员来说工作负担就比较重，甚至可能因此影响到业绩考评的质量。因此，也可以采取离散的形式进行员工绩效考评，即当每位员工在本部门工作满一个评价周期（如半年或一年）时对这位员工实施业绩考评。这样可以把员工业绩考评工作的负担分散到平时的工作中，如中国惠普公司就采取这种做法。

在很多情况下，企业在员工进入组织满一年时会对他们的工作绩效进行一次评价。但是一年一次或两次绩效评价可能太少，因为评价者很难记住员工在长时间中的表现，容易发生错觉归类（Fault Categorization）。这种心理现象是指人们往往忘记他们观察过的事物的细节，而是根据脑海中已经存在的心理类别，重新建立他们认为是真实的细节。例如，在美国曾经做过一个实验：让人看一张图片，上面是挥舞着剃刀的白人和头戴礼帽的黑人。过一段时间，人们回忆说他们见到的是挥舞着剃刀的黑人和头戴礼帽的白人。工作绩效评价要求经常化，每当一个项目取得重大成果时就应该进行绩效评价。这可以及时为人事决策提供准确的信息，也可以使员工及时了解自己的工作情况。当然，过于频繁的绩效考评也有问题，因为这要花费许多时间，产生许多麻烦。所以，人力资源管理对绩效考评频率的一个重要的观点是在一个重要的项目或者任务结束之后，或在关键性的结果应该出现的时候进行绩效考评。

(5) 绩效考评类别

不同的绩效考评目的，绩效考评类别有所不同。常见的绩效考评类别如表7-7所示。

表7-7 常见的绩效考评类别

类别	考评要素	考评方法	实施期间	考评对象	考评目的
招聘考评	能力/态度	书面测试/面试	招聘当时	应聘人员	录用取舍
转正考评	态度/能力/绩效	书面测试/面谈/目标对照	试用期满后	转正对象	转正与否
奖金考评	态度/绩效	人事考评表	半年一次	全体员工	奖金分配
加薪考评	态度/能力/绩效	人事考评表	每年一次	全体员工	决定加薪额度
职务考评	职务熟练程度	熟练度评定表职务技能标准	每年一次	针对部分员工或全员	职等划分培训需求
调配考评	能力（尤其是适应能力）	能力倾向测试	调配发生	职务调整对象	调整职务
晋升考评	能力（尤其是潜力）	书面测试/面谈	晋升发生时	晋升对象	确定晋升与否

第三节 绩效考评方法

目前国内外绩效考评方法数不胜数，但是适合中国国情与文化、操作性强的有效方法不多，以下将逐一介绍。无论哪一种绩效考评方法均各有优缺点，应该根据实际情况进行选择。要强调的是，绩效考评的方法在整个绩效考评系统中只是一个基本条件，而有关各方在绩效考评过程中的相互信任，管理人员和员工的态度，评价的目的、频率，评价的信息来源及评价人员的训练等各种因素对于绩效考评体系的成败都是非常关键的。员工绩效考评通常包括主观评价体系和客观评价体系两种类型。

一、绩效考评的主观方法

绩效考评的主观方法，是将员工之间的工作情况进行相互比较，得出对每个员工的相对优劣的评价结果。主要方法有：业绩评定表法、评级量表法、行为观察评价法、报告法、成对比较法、情境模拟法、民意测验法。

(一) 业绩评定表法

业绩评定表法（Rating Scales Method）是一种广泛采用的考评方法，它根据所限定的因素来对员工进行考评。这种方法是在一个等级表上对业绩的判断进行记录。这个等级被分成几类——它常常采用诸如优秀、良好、一般、较差、不及格等形容词来定义。当给出了全部等级时，这种方法通常可以便于一种以上的业绩评定标准。评价所选择的因素有两种典型类型：与工作有关的因素和与个人特征相关的因素。在表7-8中，与工作有关的因素是工作质量和工作数量；而个人特征因素有诸如依赖性、积极性、适应能力和合作精神等。评价者通过指明最能描述出员工及其业绩的每种因素的比重来完成这项工作。业绩评定表法的优点：简单、迅速、主要因素明显。每评定一项仅考虑一个因素，不允许因某个因素给出的评价而影响其他因素的决定。业绩评定表法的缺点：一是对过去业绩和将来潜力同时做出评价方面有些欠缺。二是缺乏客观性，通常使用的因素如态度、忠诚和品格等都是难以衡量的，另外，这些因素可能与员工的工作业绩没有关系。具体内容如表7-8、表7-9、表7-10所示。

表7-8 业绩评定表

员工姓名：	评价说明
工作部门：	1. 某个因素给出的评价而影响其他因素的决策
工作岗位：	
学　　历：	2. 考虑整个评价时期的业绩。避免集中在近期的事件或孤立事件中
工作年限：	
部门主管：	3. 以满意的态度记住一般员工应履行的职责。高于一般水平或优秀的评价表明该员工与一般员工有明显的区别
评价时期：	

评价因素	较差，不符合要求	低于一般水平，需改进，有时不符合要求	一般，一直符合要求	良好，经常超出要求	优秀，不断超出要求
工作量：考虑完成的工作量，生产率是否达到可接受的水平					
工作质量：在进行任务指派时要考虑到准确、精密、整洁、完成情况					
可靠性：考虑对员工实现工作承诺的信任程度					

续表

积极性：考虑是否自信、机智并愿意承担责任				
适应能力：考虑是否具备对需求变化和条件的反应能力				

合作精神：考虑为他人及与他人工作的能力。如果让你加班，是否愿意接受？

未来成长和发展潜力：
（　）目前工作中最高或接近最高的业绩。
（　）这个工作中最高或接近最高的业绩，但在另一工作中有成长的潜力。
例如：（　）经过进一步培训和实践能取得进步。
（　）没有确定的限定。
员工声明：我同意（　）不同意（　）这个评价。
评价结果：

参评员工：	日期：
负责人：	日期：
审查经理：	日期：

表7-9　工作业绩评价表

雇员姓名：	职　位：
部　门：	雇员薪号：

雇员到现职时间

最后一次评价时间：　　　　　　　正式评价时间：

说明：请根据官员所从事工作的现有要求仔细地对雇员的工作绩效加以评价。请核查各代表雇员绩效等级的小方框。如果绩效等级不合适，请以阶N/A字样标明。请按照尺度表中所标明的等级来核定雇员的工作绩效分数，并将其填写在相应的用于填写分数的方框内。最终的工作绩效结果通过将所有分数进行加总并求平均而得出

评价等级说明

O：杰出（Outstanding）。在所有各方面的绩效都十分突出，并且明显地比其他人的绩效优异得多。
V：很好（Very good）。工作绩效的大多数方面明显超出职位的要求。工作绩效是高质量的，并且在考核期间一贯如此。
G：好（Good）。是一种称职的和可信赖的工作绩效水平，达到了工作绩效标准的要求。
I：需要改进（Improvement needed）。在绩效的某一方面存在缺陷，需要进行改进。
U：不满意（Unsatisfactory）。工作绩效水平总的来说无法让人接受，必须立即加以改进。绩效评价等级在这一水平上的雇员不能增加工资。
N：不做评价（Not rated）。在绩效等级表中无可以利用的标准或因时间太短而无法得出结论

表 7-10 评价尺度表范例

一般性工作绩效评价因素	评价尺度		评价事实依据或评语
1. 质量：所完成工作的精确度、彻底性和可接受性	O □	100~90	
		90~80	
	V □	80~70	
	G □	70~60	分数
		60 以下	
	I □		
	U □		
2. 生产率：在某一特定的时间段中生产的产品数量和效率	O □	100~90	
		90~80	
	V □	80~70	
	G □	70~60	分数
		60 以下	
	I □		
	U □		
3. 工作知识：实践经验和技术能力及在工作中所运用的信息	O □	100~90	
		90~80	
	V □	80~70	
	G □	70~60	分数
		60 以下	
	I □		
	U □		
4. 可信度：某一雇员在完成任务和听从指挥方面的可信任程度	O □	100~90	
		90~80	
	V □	80~70	
	G □	70~60	分数
		60 以下	
	I □		
	U □		

续表

一般性工作绩效评价因素	评价尺度		评价事实依据或评语
5. 勤勉性：雇员上下班的准时程度、遵守规定的工间休息/用餐时间的情况及总体的出勤率	O □	100~90	分数
		90~80	
	V □	80~70	
	G □	70~60	
		60 以下	
	I □		
	U □		
6. 独立性：完成工作时不必要监督和只需要很少监督的程度	O □	100~90	分数
		90~80	
	V □	80~70	
	G □	70~60	
		60 以下	
	I □		
	U □		

为了得到更为准确的评价，不应停留在一般性的工作绩效因素（如"数量"和"质量"）的评价上，可以将其作为评价标准的工作绩效进行进一步的分解。

(二) 评级量表法

评级量表法是被采用得最普遍的一种考评方法，这种方法主要是借助事先设计的等级量表来对员工进行考评。使用评级量表进行绩效考评的具体做法是：根据考评的目的和需要设计等级量表，表中列出有关的绩效考评项目，并说明每一项目的具体含义，然后将每一考评项目分成若干等级并给出每个等级相应的分数，由考评者对员工每一考评项目的表现做出评价和记分，最后计算出总分，评级量表如表 7-11 和表 7-12 所示。

表 7-11 评级量表 1

考核项目	考核要素	说　明	评定
基本能力	知识	是否充分具备现任职务所要求的基础理论知识和实际企业知识	A B C D E 10 8 6 4 2
业务能力	理解力	是否能充分理解上级指示，干净利落地完成本职工作任务而不需要上级反复指示和指导	A B C D E 10 8 6 4 2
	判断力	是否能充分理解上级指示，正确把握现状，随机应变，恰当处理	A B C D E 10 8 6 4 2
	表达力	是否具有现任职务所要求的表达力（口头、文字水平），能否进行一般的联络说明	A B C D E 10 8 6 4 2

续表

考核项目	考核要素	说　明	评定
业务能力	交涉力	在与企业内外的对手交涉时,是否具有使双方诚服、接受、同意的能力或表达交涉力	A B C D E 10 8 6 4 2
工作态度	纪律性	是否严格遵守工作纪律和规定,有无早退、缺勤等。对待上下级、同级和企业外部人时是否有礼貌,是否严格遵守工作汇报制度,是否按时提出工作报告	A B C D E 10 8 6 4 2
	协调性	在工作中,是否充分考虑到别人的处境,是否主动协助上下级、同级和企业外人员	A B C D E 10 8 6 4 2
	积极性 责任感	对分配的任务是否不讲条件、主动积极,尽量多做工作,主动进行改良、改进、向困难挑战	A B C D E 10 8 6 4 2
评定标准 非常优秀,理想状态 优秀,满足要求 略有不足 不满足要求 非常差,完全不满足需求		最后评定分数换算 A——38 分以上 B——24 ~ 47 分 C——23 分以下	合计分
			评语
			评定人签字

表 7 – 12　评级量表 2

考评项目	第一次考评	第二次考评	第三次考评	事实依据
知识技能	30 24 18 12 6 S A B C D	30 24 18 12 6 S A B C D	30 24 18 12 6 S A B C D	
理解力	30 24 18 12 6 S A B C D	30 24 18 12 6 S A B C D	30 24 18 12 6 S A B C D	
判断力	30 24 18 12 6 S A B C D	30 24 18 12 6 S A B C D	30 24 18 12 6 S A B C D	
表达力	30 24 18 12 6 S A B C D	30 24 18 12 6 S A B C D	30 24 18 12 6 S A B C D	
纪律性	30 24 18 12 6 S A B C D	30 24 18 12 6 S A B C D	30 24 18 12 6 S A B C D	
协作性	30 24 18 12 6 S A B C D	30 24 18 12 6 S A B C D	30 24 18 12 6 S A B C D	
积极性	30 24 18 12 6 S A B C D	30 24 18 12 6 S A B C D	30 24 18 12 6 S A B C D	

续表

考评项目	第一次考评	第二次考评		第三次考评	事实依据
各次考评得分	$\frac{30\ 24\ 18\ 12\ 6}{S\ A\ B\ C\ D}$	$\frac{30\ 24\ 18\ 12\ 6}{S\ A\ B\ C\ D}$		$\frac{30\ 24\ 18\ 12\ 6}{S\ A\ B\ C\ D}$	
评语	S：极优 A：优 B：良 C：中 D：差	最终得分	（一次+二次+三次）/3	档次划分评语	S：200 分以上 A：180～199 分 B：126～179 分 C：84～125 分 D：42～83 分
		最终档次	S A B C D		

（三）行为观察评价法

行为观察评价法在工作绩效评价的角度方面能够提供更加明确的标准。在使用这种评价方法时，需要首先确定衡量业绩水平的角度，如工作的质量、人际沟通技能、工作的可靠性等。每个角度都细分为若干个具体的标准，并设计一个评价表。评价者将员工的工作行为同评价标准进行比照，每个衡量角度的所有具体科目的得分构成员工在这一方面的得分。将员工在所有评价方面的得分累加，就可以得到员工的评价总分。如表7－13 所示，它根据行为观察评价方法为项目工程师工作可靠性设计的评价细目及分数标准。按照这种评价方法，如果一位项目工程师在 5 个评价项目上都被评价为"几乎总是"，那么他就可以得到 25 分，从而在工作可靠性上得到"很好"的评价。

表 7－13 行为观察评价法的范例

工作的可能性（项目工程师）						
1. 有效地管理工作时间						
几乎没有	1	2	3	4	5	几乎总是
2. 能够及时地符合项目的截止期限要求						
几乎没有	1	2	3	4	5	几乎总是
3. 必要时帮助其他员工工作以符合项目的期限要求						
几乎没有	1	2	3	4	5	几乎总是
4. 必要时情愿推迟下班和周末加班工作						
几乎没有	1	2	3	4	5	几乎总是
5. 预测并试图解决可能阻碍项目按期完成的问题						
几乎没有	1	2	3	4	5	几乎总是
13 分以下	14～16 分		17～19 分		20～22 分	23～25 分
很差	差		满意		好	很好

这种行为观察评价法的主要优点是设计和实施时所花费的时间和金钱都比较少，而主要缺点是不同的评价者经常在对"几乎没有"和"几乎总是"的理解上有差异，结果导致业绩考评的稳定性下降。

（四）报告法

报告法是以书面形式对自己的工作所做的总结。这种方法适用于较高级管理人员的自我考评，并且考评的人数不多。自我考评是自己对自己某段工作的总结，让被考评者主动地对自己的表现加以考评、反省，为自己做出评价。要求是：可以让被考评者写一份工作报告，对照岗位要求，回顾工作及列出将来的打算等，如表7–14所示。

表7–14 考评登记表

姓名		性别		年龄		政治面貌		职称	
任职部门				工作岗位				文化程度	
完成岗位职责情况（主要成绩及存在问题、努力方向）									
							年	月	日
部门意见									
							年	月	日
考核小组意见									
							年	月	日

（五）成对比较法

成对比较法是评价者根据某一标准将每一员工与其他员工进行逐一比较，并将每一次比较中的优胜者选出。最后，根据每一员工净胜次数的多少进行排序。这一方法的比较标准往往比较笼统，不是具体的工作行为或是工作成果，而是员工评价者对员工的整体印象。一般认为，成对比较方法比较适合进行工资管理。下面，结合一个假设的例子来说明成对比较法的应用。假设现有张三、李四、王五、赵六、陈七5位员工需要进行考评，如果使用成对比较法，如表7–15所示的方法进行考评。首先将所有需要考评的员工的姓名分别按照行和列写好，将每个员工和部门内所有其他员工进行相互比较，将业绩水平比较高的员工的姓名或者代号写在二者交叉的空格内。然后我们就可以按照每位员工"胜出"的次数对他们进行排序，得到另一个排名表，如表7–16所示。

表7-15　成对比较法的评价过程

	张三	李四	王五	赵六	陈七
张三	—	李四	王五	赵六	陈七
李四		—	王五	赵六	陈七
王五			—	赵六	陈七
赵六				—	陈七
陈七					—

表7-16　成对比较法的评价结果

员工姓名	胜出的次数	排名
陈七	4	1
王五	3	2
李四	2	3
赵六	1	4
张三	0	5

（六）情境模拟法

情境模拟法是美国心理学家茨霍恩等人的研究成果。情境模拟法将被考核人员置于一种模拟的工作情境之中，运用仿真的评价技术，对其处理现实问题的能力、应变能力、规划能力、决策能力进行作模拟现场观察考评，从而确定被考评者适宜的工作岗位和具体工作。

其优点是，使考评者如身临其境，便于直接观察，准确度较高，但要花相当多的人力、物力。目前有许多国家采用的情境模拟法只是一种"想象模拟"，即"假如您在某个岗位"等，下面请看一个案例。

案例

某市要考评招聘一个旅游局局长，为此，对10个初选通过的被考评者进行模拟考试，模拟考题如下：

如果你是某市旅游局局长，原定今晚7时在某宾馆召开各国到本市旅游的知名友好人士茶话会，下午2时，你听到紧急汇报，该宾馆出现情况不明的火灾，作为旅游局局长，你要做哪些事？先做什么，后做什么？对今晚七时的茶话会要做哪些决策？

被考核者的回答是形形色色的，没有任何两人的回答是相同的，有的人决定取消当晚七点的茶话会；有的人自己先冲上救火第一线，其余的事一概不理；有的人把所有的人派到救火第一线，而自己坐在电话机旁守电话……可以说，每一种回答都表明了某种思路、某种工作方法,很难说有十分标准的答卷,不少人的答卷无法自圆其说,工作显得十分忙乱,决策能力和应变能力差,但也有回答得较好的,如某人的答卷是:

在我接到火灾的消息后,立即做出下述决定:

1. 指派办公室主任到救火现场指挥。
2. 指派行政秘书到旅游局下属各宾馆组织人马赶赴救火现场。
3. 指派外事秘书通知各国友人把今晚茶话会改在某某宾馆举行,告知宾馆做好准备。
4. 指派××干事坐守在电话机旁,负责与各方联络。
5. 本人赶往现场,参加救火,鼓舞士气并在现场处理问题。

上述"决策"并非"标准的"或是"定量的",但却能体现出被考评者的决定能力和组织能力。

(七)民意测验法

该法把考评的内容分为若干项,制成考评表,每一项后面空出五格:优、良、中、及格、差,然后将考评表发至相当范围。考评前,也可先请被考评者汇报工作,做出自我评价,然后由参加评议的人填好考评表,最后算出每个被考评者得分平均数,借以确定被考评者工作的档次。民意测验的参加范围,一般是被考评者的同事和直属下级,以及与其发生工作联系的其他人员。

此法的优点是群众性和民主性较好,缺点是主要自下而上地考察管理人员,缺乏自上而下的考察,由于群众素质的局限,会在掌握考评标准上带来偏差或不科学因素。一般将此法用作辅助的、参考的手段。

二、绩效考评的客观方法

根据客观标准对员工的工作绩效进行评价的方法包括行为关键事件法、工作成果评价法、关联矩阵法。其中的大多数方法在实质上都是对员工的行为按照评价的标准给出一个量化的分数或程度判断,然后再对员工在各个方面的得分进行加总,得到一个员工业绩的综合评价结果。

(一)关键事件法

在运用关键事件法的时候,主管人员将每一位下属在工作活动中所表现出来的非同寻常的好行为或非同寻常的不良行为(或事故)记录下来。然后在每六个月左右的时间里,主管人员和其下属人员见一次面,根据所记录的特殊事件来讨论后者的工作绩效。

这种工作绩效评价方法通常可作为其他绩效评价方法的一种很好补充,因为它有着许多优点:

①对关键事件的行为观察客观、准确。
②能够为更深层次的能力判断提供客观的依据。
③对未来行为具有一种预测的效果。

其缺点是:

①耗时费力。
②对关键事件的定义不明确,不同的人有不同的理解。
③容易引起员工与管理者之间的摩擦。

表7-17为运用关键事件法对工厂助理管理人员进行工作绩效评价的实例。

表 7-17 关键事件法应用实例

工作责任	目标	关键事件
安排工作的生产计划	充分利用工厂中的人员和机器；及时发布各种指令	为工厂建立新的生产计划系统；上个月的指令延迟率降低10%；上个月提高机器利用率20%
监督原材料采购和库存控制	在保证充分的原材料供应的前提下，使原材料的库存成本降到最小	上个月使原材料库存成本上升了15%，A部件和B部件的订购富裕了20%，而C部件的订购却短缺了30%
监督机器的维修保养	不出现因机器故障而造成的停产	为工厂建立了一套新的机器维护和保养系统，由于及时发现机器部件故障而防止了机器的损坏

如果要应用关键事件法对被考核者进行绩效考评的话，那么在确定绩效目标和计划的时候，就要将关键事件同绩效目标和计划结合起来。

关键事件法通常可作为其他绩效考评方法的一种很好的补充。它在认定员工特殊的良好表现和劣等表现方面是十分有效的，而且对于制定改善不良绩效的计划十分方便。但就其本身来说，在对员工进行比较或在做出与之相关的薪酬、晋升或者培训的决定时，可能不会有太明显的用处。

（二）工作成果评价法

工作成果评价法所依据的是著名的目标管理过程，因此也被称为目标管理评价法。实施这种评价方法的过程非常类似于主管人员与员工签订一个合同，双方规定在某一个具体的时间达到某一个特定的目标。员工的绩效水平就根据当时这一目标的实现程度来评定。

实施工作成果评价法的关键是目标制定，即分别为组织、组织内的各个部门、各个部门的主管人员及每一位员工制定具体的工作目标。目标管理方法不是用来衡量员工的工作行为，而是用来衡量每位员工为组织的成功所做的贡献大小。因此，这一目标必须是可以衡量和可以观测的。目标管理中的目标制定要符合所谓的 SMART 原则：

第一，S（Specific results），即规定一个具体的目标。

第二，M（Measurable），即目标可以用数量、质量和影响等标准来衡量。

第三，A（Accepted），即设定的目标应该被管理人员和员工双方接受。这意味着目标水平不能过高，应该让员工能够接受；同时，目标水平也不能过低，应该让管理人员也能够接受。换言之，对于员工而言，这一目标应该只有挑战性，同时又是经过努力能够达到的。

第四，R（Relevant），即设定的目标应该是与工作单位的需要和员工前程的发展相关的。

第五，T（Time），即目标中包含一个合理的时间约束，预计届时可以出现相应的结果。

在目标管理过程中，应该经常进行进度检查，直至达到目标。在达到阶段性目标后，已经完成既定任务的员工会集在一起对工作成果进行评价，同时为下一阶段的工作制定目标。

目标管理是一整套计划和控制系统,同时也是一套完整的管理哲学系统。在理论上,只有每位员工成功,才可能有主管人员的成功、各个部门的成功和整个组织的成功,因此目标管理方法鼓励每一位员工的成功。但是目标管理的前提是个人、部门和组织的目标要协调一致。经验研究表明,这一方法有助于改进工作效率,而且还能够使公司的管理部门根据迅速变化的竞争环境对员工进行及时的引导。

但是目标管理评价法也有一些缺点。第一,这种评价法没有为管理人员提供在员工之间进行相互比较的依据。第二,目标设定本身是一个非常困难的问题。如果员工在本期完成了设定的目标,那么管理人员就倾向于在下一期提高目标水平。如果员工在本期没有完成目标,那么管理人员在下一期就倾向于将目标设定在原来的目标水平上,从而产生所谓的"棘轮效应"。第三,当市场环境在目标设定后发生意外的变动,将影响到员工目标的完成情况。如果出现的是有利变化,受益者是员工;如果出现的是不利变化,受益者是企业。

此外,还有一种与目标管理方法类似的工作计划与检查方法。这种评价方法特别强调主管人员及其下属对工作计划的实施情况进行检查,以确定计划的完成程度、找出存在的问题、明确训练的需要。在使用工作计划与检查方法时,了解工作目标是否已经达到,要依靠主管人员的个人判断,而在目标管理中则依靠更为客观、可以度量的证据。但是,在实际操作中,这两种方法很难严格区分。从理论上讲,目标管理办法更强调结果,而工作计划与检查方法更强调过程。

(三) 关联矩阵法

关联矩阵法是一种比较客观实用的绩效评估方法。许多外资企业采用这种方法进行考评。它与其他方法不同的是引进了权重概念,对各种评价因子在总体评价中的作用做了区别对待。关联矩阵法由三个步骤完成:第一步,是确定指标体系和权重体系;第二步,是单项评价;第三步,是加权综合评分。由于整个程序如一个矩阵排列,故称关联矩阵法。

评价指标是指评价因子,也可叫评价项目。一组既独立又相关并能较完整地表达评价要求的评价因子就组成了评价的指标体系。例如,前面提到考核干部的德、能、勤、续、体这五个评价因子就组成了评价的指标,用数学符号来表示:

W_1 = 品德,W_2 = 才能,W_3 = 勤奋,W_4 = 功绩,W_5 = 体能

指标体系可以有一级指标和二级指标,如刚才提到的德、才、勤、绩、体为一级,它们还可以有二级指标,其二级指标如表 7-18 所示。

表 7-18 指标体系二级指标

二级指标	W_1(德)	W_{11}	事业心
		W_{12}	奉献精神
		W_{13}	整体精神
		W_{14}	协作精神
		W_{15}	原则性
	W_2(才)	W_{21}	知识总量
		W_{22}	分析能力
		W_{23}	决策能力
		W_{24}	组织能力
		W_{25}	公关能力

二级指标	W_3（勤）	W_{31}	出勤率
		W_{32}	责任心
		W_{33}	承担社会工作情况
		W_{34}	简直服务情况
		W_{35}	对他人的关心情况
	W_4（绩）	W_{41}	完成工作的数量指标
		W_{42}	完成工作的质量指标
		W_{43}	开拓项目情况
		W_{44}	立功、受奖情况
		W_{45}	创造精神和贡献大小
	W_5（体）	W_{51}	身体的健康状况
		W_{52}	身体的忍耐力
		W_{53}	对环境的适应能力
		W_{54}	对重压的承受能力
		W_{55}	精神的健康状况
		W_{56}	意志力、坚韧性

权重是一个相对概念，是针对某一指标而言，某一指标的权重是指该指标在整体评价中的相对重要程度。在对一个员工的整体评价中，这些指标的重要程度是不一样的，如对领导干部而言，"德"的重要性居首位，对一个普通员工而言，"勤""体"可能是居首位的。总之，权重是要从若干个评价指标中分出轻重来。

一组评定指标相对应的权重组成了权重体系。

任何一组权重体系（$V_i | i = 1, 2, \cdots, n$）必须满足下述两个条件：

$$(1) 0 < V_i < 1, i = 1, 2, \cdots, n$$

$$(2) \sum_{i=1}^{n} V_i = 1$$

1. 人力资源评估中最常见的几组指标体系和权重体系

人力资源评估的几组典型的指标体系：

①干部的评估。

②对科技人员的评估。

③一般人才招聘时的评估。

④对妇女人才的评估。

⑤对涉外人才的评估等。

这里试举几个例子加以说明。

例1：工程技术人员和工程研究人员评估的指标体系和权重体系，如表7-19所示。

表7-19　工程技术人员与工程研究人员的指标体系和权重体系

工程研究人员的权重体系（V_i）	指标体系（W_i）	工程技术人员的权重体系（V_i）
0.15	知识总量	0.15
0.30	创造能力	0.15

续表

工程研究人员的权重体系（V_i）	指标体系（W_i）	工程技术人员的权重体系（V_i）
0.15	工作态度	0.20
0.10	计划能力	0.10
0.10	判断能力	0.10
0.10	分析能力	0.15
0.10	解决实际问题的能力	0.15

这里列举两个相近工作的指标体系和权重体系，它们的指标都一样，但由于工作性质不同，采用了两套不同的权重体系。

例2：科学研究人员评估的指标体系和权重体系，如表7－20所示。

表7－20 科学研究人员评估的指标体系和权重体系

	指标体系（W_i）	权重体系（V_i）
科学研究人员	知识总量	0.15
	研究能力	0.30
	创造能力	0.15
	分析能力	0.15
	概括能力	0.10
	实际动手能力	0.15
		$\sum_{i=1}^{6} V_i = 1$

2. 人力资源评估的关联矩阵法

关联矩阵评估法实际上是一种加权平均数法，它把评价的指标体系和权重体系及单项评价值列出矩阵表的形式，而综合评价值为加权平均数。关联矩阵评价法是当前使用最广也是最简便的方法。表7－21为关联矩阵评价表。

表7－21 关联矩阵评价表

	W_1	W_2	W_3	W_4	W_5	综合评价值
	V_1	V_2	V_3	V_4	V_5	$\sum_{i=1}^{5} a_{ij} V_j$
A_1	a_{11}	a_{12}	a_{13}	a_{14}	a_{15}	
A_2	a_{21}	a_{22}	a_{23}	a_{24}	a_{25}	
A_3	a_{31}	a_{32}	a_{33}	a_{34}	a_{35}	
A_4	a_{41}	a_{42}	a_{43}	a_{44}	a_{55}	

注：A_1为评价对象；A_2为评价指标体系；A_3为权重体系；A_4为单项评价值。以下各表与此相同。

（1）指标体系和权重体系的确定

①指标体系确定的原则：第一是可比性；第二是客观性；第三是系统性；第四是可测性；第五是相互独立性；第六是对人的尊重。

②权重体系确定的原则，即 $0 < V_1 \leq 1$ 和 $\sum V_i = 1$。第一是根据评价的对象不同应有所不同。相同的一组指标对于从事不同工作的人，权重的分配就有所不同。第二是根据评价的目的不同应有所不同，如评价是为了评定奖金或评价是为了调整级别。

（2）单项评价值的确定

专家评定法：事先选定参加评定的专家小组，把印刷好的指标体系的关联矩阵表发给专家。由他们打分，然后去掉最高分和最低分，取其算术平均值。

德尔菲咨询法：德尔菲原为古希腊的古城，因拥有举世闻名的阿波罗神殿而获殊荣，几乎所有与预测有关的方法中都有它的名字存在。与第一种方法不同的是，德尔菲方法要求有两到三轮的反馈、修正，把第一轮打分的情况收集上来后，要进行第二轮打分。第二轮调查，调查表必须对第一轮调查的结果有所反映，可以用若干个分数由专家打钩，也可以反馈第一轮的信息由他们重新确定。经过三轮打分后，最后通过综合分析，对比删改后可得较准确的 a_{ij}。

（3）综合评价值的确定与分析

综合评价值是根据以下公式进行计算的：

$$A_i = \sum_{i=1}^{n} a_{ij} V_j \quad (j = 1, 2, \cdots, n)$$

根据该公式，还可以引用前面几个例子进行计算。

例3：表7-19表明了工程技术人员和工程研究人员评价的指标体系与权重体系，现假设参加评价的两类人员各5人，评价的单项评分值如表7-22所示，下面确定其综合评价值，并予以分析。

表7-22 5位工程技术人员评价的关联矩阵表

	知识总量	创造能力	工作态度	计划能力	判断能力	分析能力	解决实际问题能力	综合评价值
	0.15	0.30	0.15	0.10	0.10	0.15	0.10	
A_1	90	85	80	75	70	65	70	79
A_2	85	80	76	70	70	75	90	78.65
A_3	80	80	75	80	80	80	85	78.25
A_4	75	90	85	85	80	85	90	85
A_5	70	70	75	80	85	90	80	76.75

对表7-22进行分析可知，上述5个评价对象以 A_4 综合评价值（85）为最高，以 A_5 综合评价值（76.75）为最低，其依次排序为：$A_4 - A_1 - A_2 - A_3 - A_5$。$A_4$ 的创造能力、计划能力和解决实际问题的能力都较强。综合素质好，其未来发展趋势很好。A_5 目前虽属最后一名，但其判断能力、分析能力都较突出，今后只要注意增加其知识总量，提高其解决实际问题的能力，必会迎头赶上。

第四节　关键业绩指标体系的建立和选择

一、关键业绩指标

关键业绩指标（Key Performance Indicator，KPI）：是基于企业经营管理绩效的系统考评体系，是用于考核和管理被考核者的可量化的或可行为化的标准体系。关键绩效指标体系体现对组织战略目标有增值作用的绩效指标。通过在关键绩效指标上达成的承诺，员工与管理人员就可以进行工作期望、工作表现和未来发展等方面的沟通。

（一）建立关键指标体系的原则

①体现企业的发展战略与成功的关键要点。
②强调市场标准与最终成果责任，对于使用关键指标体系的人而言应该有意义，并且可以对其进行测量与控制。
③在责任明确的基础上，强调各部门的连带责任，促进各部门的协调，不迁就部门的可控性和权限。
④主线明确，重点突出，简洁实用。

（二）关键绩效指标体系的构成

一般而言，公司关键绩效指标由以下几个层级构成：
①公司级关键绩效指标：是由公司战略目标演化而来的。
②部门级关键绩效指标：是根据公司级关键绩效指标和部门职责来确定的。
③由部门关键绩效指标落实到具体岗位（或子部门）的业绩衡量指标。

（三）关键绩效指标体系的设计程序

设计一个较为理想的关键绩效指标体系通常应遵循的程序如图 7-2 所示。

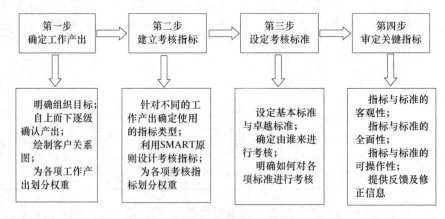

图 7-2　关键绩效指标体系的设计程序

（四）建立战略导向的企业 KPI 体系的意义

KPI 是衡量企业战略实施效果的关键指标，其目的是建立一种机制，将企业战略转化为内部过程或活动，以不断增强企业的核心竞争力并持续取得高效益。它使考评体系不仅成为激励约束手段，更成为战略实施工具。

企业在经营过程中，随着市场环境和企业内部状况的变化，经营者、管理者在不同时期会设定不同的战略目标，管理者在不同时期的关注重点也会有所区别，这种变化必须通过绩效指标的变化和调整来引导员工将注意力集中于企业当前的经营重点。将企业在不同时期关注的 KPI 体系称为战略导向 KPI 体系，企业不同时期所有 KPI 体系的集合称为 KPI 库。企业必须建立动态开放的 KPI 库，通过不断的完善和积累，形成企业的资源库，根据战略的调整从指标库直接选取合适的 KPI 进行考核和评价。

建立战略导向的企业 KPI 体系的意义，在于使 KPI 体系不仅成为企业员工行为的约束机制，同时发挥战略导向的牵引作用。通过员工的个人行为目标与企业战略相契合，使 KPI 体系有效地阐释与传播企业战略，成为企业战略实施的工具。

这是对传统绩效考核理念（以控制为核心）的创新。战略导向的 KPI 体系在评价、监督员工行为的同时，强调战略在绩效考评过程中的核心作用。战略导向的 KPI 体系与一般绩效考核体系的区别如表 7-23 所示。

表 7-23　战略导向的 KPI 体系与一般绩效考核体系的区别

项目	战略导向的 KPI 体系	一般绩效考核体系
假设前提	假定人们会采取一切必要的行动以达到事先确定的目标	假定人们不会主动采取行动以实现目标；假定人们不清楚应采取什么行动以实现目标
考核的目的	以战略为中心，指标体系的设计与运用都是为战略服务的	以控制为中心，指标体系的设计与运用源于控制的意图，也是为更有效地控制个人的行为服务
指标的产生	在组织内部自上而下对战略目标进行层层分解产生	通常是自上而下根据个人以往的绩效与目标产生的
指标的来源	源于组织的战略目标与竞争需要	源于特定的程序，即对过去行为与绩效的修正
指标的构成及作用	通过财务与非财务指标相结合，体现关注短期效益，兼顾长期发展的原则；体系本身不仅传达了结果，也传递了产生	以财务指标为主，非财务指标为辅，注重对过去绩效的评价，且指导绩效改进的出发点是过去绩效存在问题，绩效改进行动与战略需要脱钩
收入分配体系与战略	与 KPI 的值、权重相搭配，有助于推进组织战略的实施	与组织战略的相关程度不高，但与个人绩效的好坏密切相关

二、建立 KPI 体系

（一）建立 KPI 体系的前提

要建立企业的 KPI 体系，首先必须明确所建立的 KPI 体系的导向是什么，也就是必须先回答下列问题：

①企业的战略是什么？

②成功的关键因素是什么？

③什么是关键绩效？

④怎样处理好绩效考评的基本矛盾？

⑤如何协调扩张与控制、收益增长与潜力增长、突出重点与均衡发展、定量考核与定性评价之间的关系？

⑥是考评结果还是考评过程？

⑦应建立一种什么样的运营机制？

回答了上述问题以后，就要开始 KPI 的分解，建立 KPI 体系一般有两条主线：按组织结构分解为目标—手段方法；按主要流程分解为目标—责任方法，如图 7-3 所示。

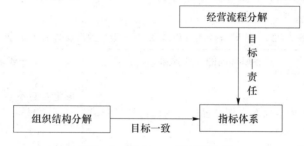

图 7-3 建立 KPI 体系的主线

基于建立 KPI 体系的两条主线，通常采用三种方式来建立企业 KPI 体系。

（二）建立 KPI 体系的方式

1. 依据部门承担责任的不同建立 KPI 体系，如表 7-24 所示

表 7-24 依据部门承担责任的不同建立 KPI 体系实例

部门	指标侧重	指标名称
市场部	市场份额指标	销售增长率、市场占有率、品牌认识度、销售目标完成率、市场竞争比率
	客户服务指标	投诉处理及时率、客户回访率、客户档案完整率、客户流失率
	经营安全指标	贷款回收率、成品周转率、销售费用投入产出比
生产部	成本指标	生产效率、原料损耗率、设备利用率、设备生产率
	质量指标	成品一次合格率
	经营安全指标	原料周转率、备品周转率、在制品周转率
技术部	成本指标	设计损失率
	质量指标	设计错误再发生率、项目及时完成率、第一次设计完成到产前修改次数
	竞争指标	在竞争对手前推出新产品的数量、在竞争对手前推出新产品的销量

续表

部门	指标侧重	指标名称
采购部	成本指标	采购价格指数、原材料库存周转率
	质量指标	采购达成率、供应商交货一次合格率
人力资源部	经营安全指标	员工自然流动率、人员需求达成率、培训计划完成率、培训覆盖率

2. 依据职类职种工作性质的不同建立 KPI 体系，如表 7-25 所示

表 7-25 依据职类职种工作性质的不同建立 KPI 体系实例

职类	职种	职种定义	指标名称
管理服务类	财经	负责资产的计划、管理、使用与评估工作，对企业财经系统的安全运营与效益承担责任	预算费用控制、支出审核失误率、资金调度达成率
	人力资源开发	依据战略要求，保障人才供给，优化人才结构，提高员工整体素质，对人力资源管理与开发系统的有效运营承担责任	员工自然流动率、人员需求达成率、培训计划达成率、核心人才流失率
市场类	营销支持	及时有效地为营销活动提供支持与服务，对企业的产品与服务品牌的认知度、忠诚度、美誉度承担责任	市场占有率、品牌认知度、投诉处理率、客户档案完整率
	营销	从事产品市场拓展与商务处理工作，及时满足客户需求，对企业产品的市场占有率与覆盖面承担责任	销售目标达成率、销售增长率、销售费用投入产出比、贷款回收及时完成率
	采购	保障原、辅料的有效供应，对原、辅料的质量及供应的及时有效承担责任	采购任务达成率、采购价格指数、供应商一次交货合格率
技术类	工艺技术	从事原料仓储、生产工艺的技术支持工作，保障生产工艺准确实施，预防保养生产线，对生产环节的高效运行承担责任	设计及时完成率、技术服务满意度、生产设备技术故障停工时数
	研发	从事产品及相关技术等的研发与创新工作，对确立产品及技术在行业中的优势地位承担责任	设计损失率、第一次设计完成到投产修改次数、单项目及时完成率

3. 依据平衡记分卡建立 KPI 体系，如表 7-26 所示

平衡记分卡的核心思想是通过财务、客户、内部经营过程、学习与成长四个方面指标之间相互驱动的因果关系实现绩效考评——绩效改进及战略实施——战略修正的目标，如图 7-4 所示。一方面通过财务指标保持对组织短期业绩的关注；另一方面通过员工学习、信息技术的运用与产品、服务的创新提高客户的满意度,共同驱动组织未来的财务绩效,展示组织的战略轨迹。

与传统的绩效评价方法相比,平衡记分卡不仅突破了传统绩效评价方法的局限性,也超越了单纯的绩效评价功能。它通过将财务、顾客、内部经营过程和学习与成长这四类指标有机地整合在一起,把传统意义上的业绩评价与企业的竞争能力、绩效管理和长远发展紧密联系起来,这一切均源自其科学的"平衡性"和"战略性"。

表7-26 依据平衡记分卡建立 KPI 体系实例

指标类别	指标侧重	指标名称
财务指标	财务效益状况	净资产收益率、总资产报酬率、销售营业利润率、成本费用利润率、资本保值增值率
	资产运营情况	总资产周转率、流动资产周转率、存货周转率、应收账款周转率
	偿债能力状况	资产负债率、流动比率、速动比率、总资产增长率、固定资产成新率、三年利润平均增长率、三年资本平均增长率
	发展能力状况	销售营业增长率、资本积累率、长期资产适合率
客户指标	价格状况	价格波动率
	服务状况	促销效益比率、客户满意度、客户档案完整率
	品牌状况	产品上架率、动销率、投诉处理及时率、货款回笼率、销售收入完成率、信息反馈及流向、相对市场占有率
内部运营指标	质量状况	原辅料采购计划完成率、原料质量一次达标率、正品率、工艺达标率
	成本状况	采购价格综合指数、原辅料耗损率、单位成品原辅料成本
	效率状况	配送及时率、设备有效作业率、产品供货周期、生产能力利用率
学习与发展指标	学习指标	培训覆盖率、核心人才流失率、人才适配度
	发展指标	技术与产品储备度、产品创新程度

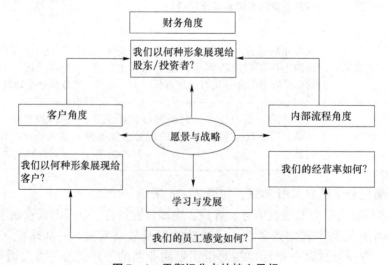

图7-4 平衡记分卡的核心思想

(1) 平衡记分卡的"平衡性"

平衡记分卡作为一个学习的系统，一个传播企业使命与战略的系统，一个告知雇员什么是促使企业成功的业绩驱动因素的系统，之所以冠以"平衡记分"是相对于以往传统的业绩评价方法导致的以偏概全、以局部代整体的情况而言的。它综合了企业的各个方面，从整体上对企业进行评价，既有整体思想，又有局部概念。它在以下四个方面起到了传统业绩评价方法所不能起到的平衡作用。

①在评价的范围上，实现了外部衡量和内部衡量的平衡。传统业绩评价方法通常只注重企业内部，而平衡记分卡将评价视野扩展到企业的外部利益相关者，关注如何吸引股东、如何让股东满意和如何赢得顾客等问题。同时，平衡记分卡还将内部流程与雇员的学习成长这些企业的无形资产作为评价企业成功的因素，作为将知识转化为发展动力的一个必要渠道，从而实现企业内外部的平衡。

②在评价的时期上，实现了短期衡量和长期衡量的平衡。传统的业绩评价系统偏重于对过去活动结果的财务衡量，并针对这些结果做出某些战术性反馈，控制短期经营活动，以维持短期的财务成果。这导致公司急功近利，在短期业绩方面投资过多，在长期的价值创造方面，特别是有助于企业成长的无形资产方面投资过少，甚至削减了这方面的投资，从而抑制了企业创造未来价值的能力。而平衡记分卡的四个计量方面则克服了这一弱点。通过设计出一套监督企业在未来目标实施过程中的位置和方向的指标，使企业了解自己在未来发展的全方位的情况。

③在评价的层次上，实现了成果衡量和动因衡量的平衡。企业应当清楚其所追求的成果（如利润、市场占有率）和产生这些成果的原因——动因（如新产品开发投资、员工训练、信息更新）。只有正确地找到这些动因，企业才可能有效地获得所需的成果。平衡记分卡正是按照因果关系构建的，同时结合了指标间的相关性，提供了把战略转化成可操作内容的一个框架。根据因果关系，对企业的战略目标进行划分，制定出实现企业战略目标的几个子目标，这些目标是各个部门的目标。同样，各中级目标或者评价指标可以根据因果关系继续细分，直至最终形成可以指导个人行动的绩效指标和目标。

④在评价的性质上，实现了定量衡量和定性衡量的平衡。传统业绩评价系统主要应用定量指标（如利润、员工流动率、顾客抱怨次数），是因为定量指标比较准确，而且便于在各企业间比较，具有一定的客观性。但定量数据多为基于过去的事件而产生，与它直接相联系的是过去，因此，定量数据的分析需要以"趋势可预测"为前提。但目前企业所面临的未来越来越具有不确定性，导致基于过去对未来所做的预测其实际意义趋于递减。定性指标虽然具有较大的主观性及不确定性，有时还不容易获得，但因其具有较高的相关性、可靠性，且可对数据进行趋势预测，因而平衡记分卡将其引入来弥补定量指标的缺陷，使业绩评价系统更具现实价值。

(2) 平衡记分卡的"战略性"

传统的评价系统，包括作业和管理控制系统都是由成本和财务模式驱动，是围绕财务评价和财务控制目标建立起来的，与企业实现其长期战略目标的关系并不太大。由于它过分强调短期财务评价，从而在战略的设计和实施之间留下缺口，造成战略制定和战略实施的脱节。一些调查表明，对于用来制定和评价战略的信息，大部分被认为是拙劣或平庸的，数据的大部分内容不能突出关键问题，提供给高层管理人员的业务视野很狭窄，使主管人员过于专注具体的经营活动，而忽视企业的战略和发展方向。结果使得公司在竞争中行动迟缓、举步艰难而难以取胜。如果说这种缺口和脱节在工业化时代还算不上致命的话，信息时代则不能容忍这种缺陷的存在和继续。20世纪80年代以来，激烈的国际竞争和全球化的经营战略使得越来越多的企业管理者认识到，必须重组与战略实施密切相关的决策过程、组织结构、绩效评价和激励政策，并努力获取现在及未来与企业战略目标息息相关的信息。

平衡记分卡成功地揭示并解决了传统经营绩效评价系统的严重缺陷，它能够紧紧围绕企业的战略目标，并将企业的长期战略和短期行动联系起来。它通过把企业的战略、任务和决策转化为具体、全面、可操作的目标和指标，从而形成集评价与激励、传播与沟通、团结与学习于一体的多功能战略性绩效管理系统。Kaplan和Worton在许多企业的大量实践，证明了战略性是平衡记分卡成功和优势的又一核心所在。可以说"战略性"进一步提升了平衡记分卡的价值。

平衡记分卡的战略性具体体现在目标远景战略化、战略目标具体化、战略实施团队化及增强具有战略意义的反馈和学习等四个方面。

①目标远景战略化。平衡记分卡立足于企业的战略来制定可实现的目标。在当今的竞争环境中，诸如质量、市场占有率、供货及时、创新能力、顾客满意度、高质量的员工队伍、生命周期等要素已被视为影响企业竞争力的重要战略要素。平衡记分卡的四类目标及具体评价指标体系中也吸纳了上述重要的战略性要素。

②战略目标具体化。平衡记分卡能够将企业的战略目标转化为详细的、可操作的具体目标和行动。例如，为了确定财务目标，企业必须考虑究竟是注重收入、市场扩张和赢利能力，还是注重现金流量的生成。从顾客角度来说，必须明确在哪些顾客群体和市场细分中竞争。如果战略目标为"作为最受顾客欢迎的供应商"，则应向顾客提供出色的服务，那么什么是出色的服务和谁是选定的顾客，就要予以明确。有时，平衡记分卡还要将企业的战略规划与年度预算编制过程相结合，从数量上予以估计和反映。

③战略实施团队化。平衡记分卡实施的效果和水平，不能仅仅依靠几个决策人员，而必须调动全体员工的生产和管理积极性。要保证全员参与，则要注重对战略目标的评价方法在各个层次上的传播与沟通，使上至总经理下至每一位员工，都十分明确企业的战略BSC和自己的日常工作这三者之间的密切关系，清楚自己在企业战略中的作用与贡献，从而保证战略理解和战略实施的一致性和彻底性，进而有效地实现企业当前及长远的经营目标。

④增强战略反馈和学习。面对信息时代的快速变化及存在高度不确定性的特征，Kaplan和Nortors积极倡导增强BSC实施过程中的战略反馈和学力。它不仅要求企业能获得正在实施的战略是否在被严格贯彻执行的反馈结果，而且要求获得已计划好的战略是否是可行的、成功的战略这一信息的反馈。前者仅仅是单循环的反馈与学习过程，而后者则是结合了既定计划所依据的假设条件及客观环境发生的变化所进行的反馈与学习。这一动态、双循环的反馈与学习系统进一步提高了平衡记分卡的战略性，使企业在不断变化的新环境下能及时追踪和把握新机遇，及时摆脱和回避新威胁和风险，不断提高企业在激烈竞争环境下的适应能力和竞争能力。

基于平衡记分卡绩效管理的操作程序是根据Kaplan和Nortors在1996年明确提出作为公

司战略管理的基石 BSC 的四步实施程序：阐述愿景、沟通联系、业务规划和反馈与学习，再结合绩效管理系统的一般操作程序进行一些修订和调整，可提出实施基于平衡记分卡的绩效管理系统。有如下操作步骤，具体如图 7-5 所示。

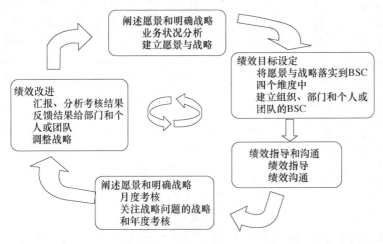

图 7-5　基于平衡记分卡绩效管理的操作程序

STEP1　阐述愿景和明确公司战略

首先要分析公司的业务状况（生命周期、SWOT 和目标市场的价值），对公司所处状况进行定位；基于分析结果建立公司愿景与战略；将基于平衡记分卡的绩效管理系统与整个企业的战略规划联系起来，使全体员工就组织使命和战略目标达成共识。

STEP2　绩效目标设定（制定公司、部门和员工个人平衡记分卡）

将公司的愿景规划和战略使命落实到 BSC 的四个维度之中，传达战略至整个组织，并将公司的战略目标按照组织—部门（团队）—个人上下贯通，层层分解为具体的可操作的指标、目标值、行动方案和任务，建立组织、部门和团队或个人的平衡记分卡。

STEP3　绩效指导与沟通

针对不同的员工应给予不同的绩效指导和及时有效的绩效沟通。在绩效指导和绩效沟通上可根据员工的不同情况来具体处理。这对于基于平衡记分卡的绩效管理系统在组织中的顺利实施是至关重要、必不可少的环节。

STEP4　绩效考核

一般以月度考核为主，辅之以更加注重战略问题的季度和年度考核，以综合评分的形式，定期考核各责任单位在财务、客户、内部流程和创新学习等四个方面的目标执行情况。

STEP5　绩效改进

根据已经建立的自上而下的公司平衡记分卡，各经营单位的平衡记分卡和团队或个人平衡记分卡进行自下而上的检查核对和调整，重新定义愿景，取消非战略性的事项，提出变革方案。在绩效考核结果运用中，其结果记录的相关资料可提供给人力资源部门和开发部门作为员工学习与培训、加薪和晋升的参考。

基于平衡记分法绩效管理的运用实施流程实际上是绩效管理的一个不断调整和改进的绩效循环过程，它实际上已经包含了传统绩效管理系统实施中的绩效计划、绩效目标设定、考核、指导沟通和反馈改进等环节，平衡记分卡的实际应用如表 7-27 和表 7-28 所示。

表 7-27 人力资源部门的平衡计分卡指标实例

项目	总经理	绩效管理经理	薪酬管理经理	培训经理	机构发展经理	招聘经理	绩效管理	员工关系	薪酬	综合福利	机构发展
财务指标											
部门费用预算达成率	√									√	
招聘费用预算达成率						√					
培训费用预算达成率				√							
人力成本预算达成率	√		√								
客户指标											
内部营运指标											
书面流程和制度的完成程度		√	√	√	√	√					
内部服务满意度	√									√	
招聘及时性						√					
员工晋升评审活动的及时有效开展		√									
员工工资发放出错率		√							√		
员工工资发放延误率		√							√		
劳动争议处理及时性						√		√			
工作目标按计划完成率	√	√	√	√	√	√	√	√	√	√	√
薪酬福利制度的执行情况			√						√	√	
薪酬福利制度的维护			√						√	√	
绩效考评数据准确率		√					√				
KPI 词库更新的及时性		√					√				
绩效考评按时完成率		√					√				
文书档案归档及时性										√	
劳动合同签订的及时性								√			
入职离职手续办理的及时性								√			
人员编制控制率	√				√						√
机构筹备成功率	√				√						√
机构内设控制率	√				√						√
学习与成长指标											
公司内勤培训规划的制定及实施	√			√							
管辖范围内员工满意度	√										
团队建设成功率	√										

表 7-28 财务部总经理 KPI 指标实例

绩效考评项目（工作结果）	关键绩效指标	考评指标（基准）	2008 年度目标	权重
财务收益（40%）	预算目标达成率	根据财务数据	总成本控制在　　万元	40%
客户（10%）	税收报告质量	没有因遗漏或不合法遭受处罚，能够在规定期限提交	准确、及时完成税务报告	10%
流程（35%）	报告、建议提案、质量	数据无遗漏，所有数据进行了核实；能在规定要求的第一时间提交；报告使用人及审计人员能理解报告数据及结构	定期提供财务报告，并提出建设性的提案	10%
	内部客户满意度	根据调查	内部客户满意度 100%	5%
	书面的流程、制度、所占百分比	中介机构认为财务管理很规范，符合国家及行业规范；财务各个环节控制很充分；管理层认为财务流程有效，公司及下属营业部门没有因明显的财务漏洞而遭受损失	建立完善的财务管理制度和流程	10%
	流程操作规范性	员工没有因缺乏操作流程或流程不规范而导致工作失误	全年部门没有流程失误或错误	10%
学习与创新（15%）	个人培训参加率	根据人力资源部统计数据	100%	5%
	部门培训计划达成率	根据人力资源部统计数据	100%	5%
	员工满意度	根据调查	100%	5%

第五节　考核面谈、反馈与改进

绩效考评工作进行完毕之后，并不意味着绩效管理工作就万事大吉了。作为一个部门的主管，要及时地把绩效考评的结果向员工反馈，让每一个员工明确自身的优点并继续保持，同时，让每一个员工明确自身的缺点并加以更正，这就需要主管人员帮助员工完成这一任务，其具体工作就是通过绩效反馈和面谈来实现。

一、考核面谈、反馈与改进的理论基础

（一）绩效反馈的含义

所谓绩效反馈就是使员工了解自身绩效水平的各种绩效管理手段。绩效反馈是绩效沟通最主要的形式。同时，绩效反馈最重要的实现手段就是管理者与员工之间的有效沟通。

（二）考核面谈、反馈与改进的理论基础——反馈干涉理论

绩效考核面谈的主要目的，一方面是要让员工了解自己的考核结果背后的原因，以此来增加共识、减少误解和猜疑；另一方面，更重要的是要改善员工的绩效及为员工的发展提供建议。绩效考核面谈的有效性是基于反馈干涉理论的。反馈干涉理论认为，在满足以下五个基本假定的条件下，绩效考核面谈能够有效地提高员工的绩效：

①员工的行为调整取决于反馈结果与一个目标或标准的比较。

②目标或标准是分层次的。

③员工的注意力是有限的，所以只有那些反馈与标准的差距才会引起他们的注意，并调整其行为。

④注意力通常被导向层级的趋中层次。

反馈干涉改变了注意力的所在，从而影响行为。

上述理论中谈到的"层次"的概念，对于理解员工工作中的行为及其对考核结果的反映，很有帮助。这里所说的层次，是一个认知心理学的概念，它反映了人们对于工作中个人努力目标及绩效改进措施中的努力方向。对于这样的层次的具体内容，有很多学者有不同的看法。我们采用一种比较简单的三个层次的观点来分析对绩效考核面谈的启示。

第一个层次是总体任务过程的层次（meta - task processes）或称自我层次（self - level）。在这个层次上，员工关心的问题是："我做的工作，怎样能够为组织发展做出贡献？""我在组织中的位置是什么？""我对自己的要求是否合适？"等。

第二个层次是任务动机层次（task motivation）或任务层次（task level）。

它使员工关心其所执行的工作任务本身。员工考虑的将是："这项任务到底该怎么做？""我在这项任务中的表现如何？""能不能有更好的办法来做这件事？"

第三个层次，也是最低的层次，是任务学习层次（task learning level）。

它关注工作执行过程中的细节和员工的具体行动。比如，一个关注任务学习层次的秘书被上级告知她在接电话方面的态度需要改进时，她会追问："我哪句话说得不合适？""你说我该怎么说话？""我说话就是这个语气怎么办？"

一般地说，对于关注高层次的员工，绩效考核面谈应鼓励他们将工作做得更好，帮他们分析自己的定位和未来发展，而具体提高绩效的手段可以留给他们自己来解决，因为与聪明的人谈论过于简单的问题是对聪明人的侮辱。而对于关注低层次的员工，上级人员只有手把手地教给他们如何去做，才是提高绩效的办法。这时，上级与下属一起学习公司的规定、规范，仔细分析产生绩效考核结果的工作因素，是有帮助的。当然，设法帮助他们提高自己关注的层次，也是绩效反馈面谈的一个重要目标。

研究人员对人们在绩效考核面谈中该如何关注员工的不同层次问题上提出了一些建议，如仅集中在任务和工作绩效上，不要集中在个人或个人自我概念的任何部分；不要威吓或惊

吓听众；包含如何改进的信息；与反馈同时，提出一个正式的目标设定计划；尽可能多地提供与绩效改进相关的信息，减少与他人绩效相关的信息。

(三) 绩效反馈与面谈的目的

主管对员工的绩效情况进行评估后，必须与员工进行面谈沟通。这个环节是非常重要的。绩效管理的核心目的是为了不断提升员工和组织的绩效水平，提高员工的技能水平。这一目的能否实现，最后阶段的绩效反馈和面谈起了很大的作用。通过绩效反馈面谈可以达到以下几个方面的目的：

1. 对绩效评估的结果达成共识

绩效评估往往包含许多主观判断的成分，即使是客观的评估指标，也存在对于采集客观数据的手段是否认同的问题。因此，对于同样的行为表现，评估者与被评估者由于立场和角色的不同，往往会给出不同的评估。因此，双方对于评估结果的认同必然需要一个过程。对评估结果达成共识有助于双方更好地对被评估者的绩效表现做出判断。

2. 让员工认识到本绩效期内自己取得的进步和存在的缺点

每个人都有被认可的需要，当员工做出成就时，他需要得到主管的承认或肯定，这会对员工起到积极的激励作用。同时，员工的绩效中可能存在一些不足之处，或者想要维持并进一步改善现有的绩效。通常来说，员工不仅关注自己的成绩和绩效结果，更希望有人指出自己需要改进的地方。通过评估反馈，主管和员工共同分析绩效不足的原因，找出双方有待改进的方面，从而促进员工更好地改进绩效。

3. 制定绩效改进计划

在管理者和员工就评估结果达成一致意见之后，双方应就面谈中提出的各种绩效问题制定一个详细的书面绩效改进计划。在绩效改进计划中，双方可以共同确定出需要解决的问题、解决的途径和步骤，以及员工需要管理者提供的帮助等。

4. 协商下一绩效管理周期的绩效目标和绩效标准

绩效管理是一个往复不断的循环过程，一个绩效周期的结束恰好是下一个周期的开始。因此，上一个绩效管理周期的绩效反馈面谈可以与下一个绩效周期的绩效计划面谈合并在一起进行。

(四) 绩效反馈与面谈的原则

当主管和员工关于反馈面谈的资料均准备完毕以后，主管和员工按照原计划在预定的时间和地点，遵循科学的原则，就可以有效地实施反馈和面谈。一般来讲，在绩效考核反馈与面谈时应遵循的原则有以下几条：

1. 建立并维护彼此之间的信任

信赖可以理解为一种适合面谈的气氛。首先，面谈的地点非常重要，必须在一个使彼此都能感到轻松的场合。噪声一定要极小，没有第三者可以看到面谈的两人。要使员工感到自在，主管所说的话或是动作要使双方能顺利沟通，使员工无拘无束坦诚地表达意见。此时，来一杯咖啡或红茶有助于制造良好的气氛。

在面谈时一定要以一些称赞和鼓励的话打开局面，这种称赞和鼓励可以营造一种轻松、热情、愉快及友好的氛围，使面谈在一种双方都愉快的气氛中开始。

2. 清楚说明面谈的目的和作用

清楚地让员工明白此次面谈要做什么，可用较积极的字眼，譬如："今天我们面谈的目的是希望大家能一起讨论一下你的工作成效，并希望彼此能有一致的看法，肯定你的优点，也找出哪些地方有待改进，紧接着我们要谈谈你的未来及将来如何合作达到目标。"明确面谈目的，可以消除被评估者心中的疑虑。

3. 鼓励员工多说话

在面谈的过程中，应当注意停下来听员工正在说什么，因为你了解的情况不一定就是真实的。鼓励下属主动参与，有利于对一些问题快速达成共识，同时便于了解下属的思想动态。

4. 注意全身心的倾听

倾听时要以员工为中心，把所有的注意力都放在员工身上，因为倾听不单是对员工的尊重，也是营造氛围、建立信赖、把握问题的关键。

5. 避免对立和冲突

在面谈中，员工往往有一种自卫的本能阻挡他接受不愿听的信息，甚至容易为此与主管发生冲突，如果主管利用自己的领导权威强行解决冲突，很可能会付出相当大的代价。它可能破坏员工与管理者之间的信赖，导致以后的沟通难以做到开诚布公。

6. 集中于未来而非过去

绩效管理的核心在于未来绩效的提升，而不是像反光镜那样聚焦过去。双方只有关注未来，才能使得员工真心实意地拥护并切实参与到绩效管理当中来，绩效管理才是真正具有激励意义的管理。

7. 集中在绩效，而不是性格特征

在绩效反馈面谈中双方应该讨论和评估的是工作绩效，也就是工作中的一些事实表现，而不是讨论员工个人的性格。员工的性格特点不能作为评估绩效的依据；在谈到员工的主要优点和不足时，可以谈论员工的某些性格特征，但要注意这些性格特征必须是与工作绩效有关的。例如，一个员工性格特征中有不太喜欢与人沟通的特点，这个特点使他的工作绩效因此受到影响，由于不能很好地与人沟通，影响了必要工作信息的获得，也不能得到他人很好的配合，从而影响了绩效。这样关键性的影响绩效的性格特征还是应该指出来的。

8. 找出双方待改进的地方，制定具体的改进措施

沟通的目的主要在于未来如何改进和提高，改进包括下一阶段绩效目标的确定，以及与员工订立发展目标。

9. 该结束时立刻结束

如果你认为面谈该结束时，不管进行到什么程度都不要迟疑。下面的情况有任何一种出现均要停止面谈：彼此信赖瓦解了，部属或主管急于前往某个地方，下班时间到了，面有倦容等。此时如果预定的目标没能在结束之前达到，也要等下一次再进行。

10. 以积极的方式结束面谈

要使部下离开时满怀积极的意念，不要使员工只看到消极的一面，而怀着不满的情绪离去。

二、绩效考核面谈的准备

在准备工作绩效考核交谈时，需要做三件事情：

首先，要对工作绩效考核的资料进行整理和分析。

对即将接受面谈的员工的工作描述进行研究，将员工的实际工作绩效与绩效标准加以对比，并对员工原来的工作绩效评价档案进行审查。

其次，给员工较充分的准备时间。

应至少提前一周通知员工，使其有时间对自己的工作进行审查、反思；阅读他们自己的工作描述；分析自己工作中存在的问题，收集需要提出的问题和意见。

最后，面谈时间和地点的选择。

应当找一个对双方来说都比较方便的时间来进行面谈，以便为整个面谈过程留有一段较为充裕的时间。通常情况下，与办公室工人和维护工人这样低层次的员工所进行的面谈不应该超过一个小时，而与管理人员所进行的面谈则常常要花费2~3小时。不仅如此，面谈地点应当具有相对的安静性，以免面谈被电话或来访者打扰。美国心理学家泰勒尔及其助手兰尼的实验研究，对于面谈地点的选择有一定的借鉴意义，如表7-29所示。

表7-29 谈话地点的选择

地点	特点	适应范围
办公室	严肃、重要	犯有错误的人；性格内向；喜欢交际的人
家中	亲切、平等	目的是沟通思想，增加双方了解，密切双方关系，或者劝导难度较大时
路上、室外	随便	性格内向、胆小怕事、敏感多心的人；屡教不改的人
公园、林荫路	平等、非正式	情绪低落、消沉的人

三、绩效考核面谈的执行

(一) 绩效面谈的要点

在进行工作绩效考核面谈时，应当牢记以下几个要点：

1. 谈话要直接而具体

交谈要根据客观的、能够反映员工工作情况的资料来进行。这些资料包括以下几个方面的内容：缺勤、迟到、质量记录、检查报告、残次品或废品率、订货处理、生产率记录、使用或消耗的原料、任务或计划的按时完成情况、成本控制和减少程度、差错率、实际成本与预算成本的对比、顾客投诉、产品退回、订货处理时间、库存水平及其精确度、事故报告等。

2. 不要直接指责员工

例如，不要对员工说："你递交报告的速度太慢了。"相反，你应当试图将员工的实际工作绩效与绩效标准进行对比（如"这些报告通常应当在10天内递交上来"）。同样，也不要将员工个人的工作绩效与他人的工作绩改进行对比（如"他比你递交报告的速度要快多了"）。

3. 鼓励员工多说话

应当注意停下来听员工正在说什么；多提一些开放型的问题，比如，"你认为应当采取何种行动才能改善当前的这种状况呢？"还可以使用一些带有命令性质的话，如"请继续说下去"或"请再告诉我一些更多的事情"等；最后，还可以将员工所表述的最后一点作为一个问题提出来，比如，"你认为自己无法完成这项工作，是吗？"

4. 不要绕弯子

尽管不能直接针对员工个人,但必须确保员工明白自己到底做对了什么,又做错了什么。因此,以下做法可能是非常有意义的:给他们举出一些特定的例子;在他们了解如何对工作加以改善及何时加以改善之前,确信他们对问题已经搞明白,并且你们之间确实已经达成了共识,然后再制定出一个如表 7-30 所示的行动方案。

表 7-30 一个工厂助理管理员改善绩效的行动计划

行动方案		
行动执行人:约翰,工厂助理管理员		日期:6 月 18 日
问题:零件库存过多		
目标:在 7 月份将零件库存降低 10%		
行动步骤	行动时间	预计结果
弄清平均每月的零件库存量	7 月 2 日	确定工作绩效改善的基础,并以此作为对工作进步情况进行衡量的标准
检查订货数量和零件的实际使用量	7 月 15 日	
将多余的零件运到地区仓库中去,并且将过时的零件报废	7 月 20 日	清缴过多的库存项目
为所有零件确定新的订货数量	7 月 25 日	避免将来仍然出现过多存放的问题
清查记录以明确现有零件库存量	8 月 1 日	看一看与目标的接近程度

资料来源:摘自 Gary Dessler 著,刘昕等译,《人力资源管理》,中国人民大学出版社,第 359 页。

本章小结

绩效是一定组织中、一定时期内个体或群体的工作行为和表现,以及其直接的劳动成果和最终效益的统一体;是一个组织为了达到目标而采取的各种行为的结果,绩效具有多因性、多维性和动态性等特性。绩效管理是根据管理者与员工之间达成的一致协议来实施管理的一个动态的沟通过程,以激励员工业绩持续改进并最终实现组织战略及个人目标,是为了实现一系列中长期的组织目标而对员工绩效进行的管理。绩效考评是绩效管理的主要内容,绩效考评是指按照确定的标准来衡量工作业绩、工作成果、工作效率和工作效益的达成程度。根据企业实际情况,建立以绩效考评为中心的管理体系,意味着企业采用科学规范的绩效考评程序,选择适合自身情况的考评制度、考评方法。

课后思考练习

一、名词解释

绩效管理　绩效考评　绩效辅导　绩效反馈　关键业绩指标

二、单项选择题

1. (　　) 指组织的员工通过努力所达到的工作目标或完成的工作任务,包括工作效率、行为,以及这些行为对组织战略目标实现的影响程度。

   A. 绩效　　　　B. 激励　　　　C. 技能　　　　D. 机会

2. (　　) 是对企业人员担当工作的结果或履行职务工作结果的考核与评价。它是对企业员工贡献程度的衡量，是所有工作绩效考核中最本质的考核，直接体现出员工在企业中的价值大小。
   A. 工作行为考核　　　　　　　　B. 工作业绩考核
   C. 工作能力考核　　　　　　　　D. 工作态度考核
3. 由同事进行绩效评价的优势是（　　）。
   A. 对下属的表现较为熟悉
   B. 有助于防止个人偏好问题
   C. 对评价的内容较为熟悉
   D. 可以有效地预测出此人将来能否在管理方面成功
4. 下面对于绩效管理过程的描述，正确的是（　　）。
   A. 绩效计划—绩效反馈—绩效实施与管理—绩效评价
   B. 绩效实施与管理—绩效计划—绩效评价—绩效反馈
   C. 绩效计划—绩效实施与管理—绩效反馈—绩效评价
   D. 绩效计划—绩效实施与管理—绩效评价—绩效反馈

三、简答题

1. 简述绩效的含义及绩效的特点。
2. 分析绩效考评和绩效管理的联系和区别。
3. 简述绩效管理与人力资源管理其他环节的关系。
4. 绩效管理的过程主要包括哪些步骤？
5. 简述绩效考评的含义及内容。

四、案例分析题

小王在一家私营公司做基层主管已经有3年了，这家公司以前不是很重视绩效考评，但是依靠自己拥有的资源，公司发展得很快。去年，公司从外部引进了一名人力资源总监，至此，公司的绩效考评制度才开始在公司中建立起来，公司中的大多数员工也开始知道了一些有关员工绩效管理的具体要求。

在去年年终考评时，小王的上司要同他谈话，小王很是不安，虽然他对一年来的工作很满意，但是不知道他的上司对此怎么看。小王是一个比较内向的人，除了工作上的问题，他不经常和他的上司交往。在谈话中，上司对小王的表现总体上来讲是肯定的，同时，指出了他在工作中需要改善的地方，小王也同意此看法，他知道自己有一些缺点。整个谈话过程是令人愉快的，离开上司办公室时小王感觉不错。但是，当小王拿到上司给他的年终考评书面报告时，小王感到非常震惊，并且难以置信，书面报告中写了他很多问题、缺点等负面的东西，而他的成绩、优点等只有一点点。小王觉得这样的结果好像有点"不可理喻"。小王从公司公布的"绩效考评规则"上知道，书面考评报告是要长期存档的，这对小王今后在公司的工作影响很大。小王感到很是不安和苦恼。

请你结合上述案例回答下列问题：

1. 绩效面谈在绩效管理中有什么样的作用？人力资源部门应该围绕绩效面谈做哪些方面的工作？
2. 经过绩效面谈后小王感到不安和苦恼，导致这样的结果其原因何在？怎样做才能克服这个问题的产生？

> **技能实训**

一、实训内容

以学习小组为单位选择本校某一岗位为对象,运用观察法和访谈法分析某岗位的绩效考评的内容、方法及绩效考评的流程,并分析其绩效考评可能存在的问题和防范对策。请说明小组内各成员分工情况和完成作业的过程,并请附观察和访谈提纲。(参考岗位:学生食堂各工种,学院办公室、系科各岗位,图书馆各岗位,实验室各岗位,环卫清洁各岗位等)

二、方法步骤

1. 五人组成一个小组,对本校某一岗位的绩效考核进行分析。
2. 以小组为单位撰写某岗位的绩效考核内容和流程。
3. 每个小组派一名代表在课堂上交流、讨论。

三、实训考核

1. 对某岗位的绩效考核内容和流程按要求给予成绩评定。
2. 对讨论交流的成果给予点评。

第八章

薪酬管理

知识目标

1. 了解薪酬及其相关的概念
2. 了解薪酬水平的影响因素，掌握薪酬管理的原则、基本内容及流程
3. 掌握岗位评价方法、薪酬调查的关键内容、薪酬结构设计
4. 掌握企业常用的几种工资制度

技能目标

1. 能够运用薪酬设计方法为企业制定适用、合理的薪酬体系
2. 能够运用所掌握的薪酬设计理念分析企业薪酬制度中可以借鉴的地方与存在的不足

导入案例

薪水虽涨，技术人才依旧难觅

据2012年10月23日《江门日报》报道（李漠飞），人才市场"金九"刚去，"银十"已来。记者从网上最近发布的职位信息及人才市场近期举办的3场招聘会了解到，技术人才和销售人才仍是企业招聘的"香饽饽"，有40%的招聘职位为技术工种，还有40%的职位跟销售有关，而从企业提供的最新招聘职位来看，也主要集中在技术及销售岗位上。点击具体的职位信息，企业招聘的技术工种包括钳工、焊工、车工、铆工、油漆技术工等岗位，最高月薪超过5 000元，薪资待遇涨幅较以往至少在10%以上。企业招聘的销售岗位包括销售代表、业务员、外贸跟单员等，开出的待遇一般都是底薪加提成，底薪一般都在1 500元到3 000元。

为什么技术工种和销售人才是企业招聘的香饽饽？这涉及薪酬的功能和薪酬管理的相关知识点。员工工作作为一种职业活动是有偿劳动，薪资是劳动报酬的主要形式。在企业人力资源管理中，薪酬管理占有极为重要的地位。只有全面把握薪酬的性质，建立合理的薪酬体

系，进行公平的薪酬分配，才能加强企业凝聚力与竞争力，促进企业与员工的共同发展。

第一节 薪酬管理概述

一、薪酬管理的含义

（一）薪酬的含义

无论在理论界还是在实务界，对于薪酬的含义目前还存在着一些模糊的甚至错误的认识，这无疑会妨碍薪酬管理的有效实施，因此我们首先需要澄清一下薪酬的具体含义。

最容易与薪酬（compensation）发生混淆的一个概念就是报酬（rewards）。报酬是指员工从企业那里得到的作为个人贡献回报的他认为有价值的各种东西，一般可以分为内在报酬（intrinsic）和外在报酬（extrinsic）两大类。

1. 内在报酬

通常是指员工由工作本身所获得的心理满足和心理收益，如决策的参与、工作的自主权、个人的发展、活动的多元化、挑战性的工作等。

2. 外在报酬

通常指员工所得到的各种货币收入和实物，它包括两种类型：一种是货币报酬（financial rewards）；另一种是非货币报酬（non-financial rewards），如宽敞的办公室、私人秘书、动听的头衔、特定停车位等。货币报酬又可以分为两类：

①直接报酬（direct rewards），如工资、绩效奖金、股票期权、利润分享等。

②间接报酬（indirect rewards），如保险、带薪休假、住房补贴等各种福利。

报酬体系的构成如图8-1所示。

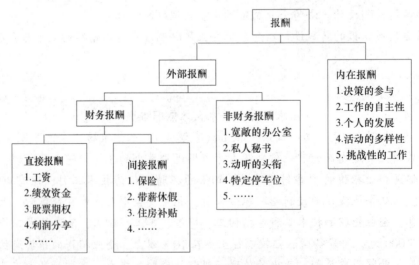

图8-1 报酬体系的构成

薪酬是指员工从企业那里得到的各种直接的和间接的经济收入，简单地说，它就相当于报酬体系中的货币报酬部分。在企业中，员工的薪酬一般是由三个部分组成的：一是基本薪酬，二是激励薪酬，三是间接薪酬。

(1) 基本薪酬

指企业根据员工所承担的工作或者所具备的技能而支付给他们的比较稳定的经济收入。

(2) 激励薪酬

是指企业根据员工、团队或者企业自身的绩效而支付给他们的具有变动性质的经济收入。

(3) 间接薪酬

就是给员工提供的各种福利。与基本薪酬和激励薪酬不同，间接薪酬的支付与员工个人的工作和绩效并没有直接的关系，往往都具有普遍性，通俗地讲就是"人人都有份"。

(二) 薪酬管理的含义

薪酬管理是指企业在经营战略和发展规划的指导下，综合考虑内外部各种因素的影响，确定自身的薪酬水平、薪酬结构和薪酬形式，并进行薪酬调整和薪酬控制的整个过程。

薪酬水平指企业内部各类职位及企业整体平均薪酬的高低状况，它反映了企业支付的薪酬的外部竞争性。薪酬结构指企业内部各个职位之间薪酬的相互关系，它反映了企业支付的薪酬的内部一致性。薪酬形式则是指在员工和企业总体的薪酬中，不同类型的薪酬的组合方式。薪酬调整是指企业根据内外部各种因素的变化，对薪酬水平、薪酬结构和薪酬形式进行相应的变动。薪酬控制指企业对支付的薪酬总额进行测算和监控，以维持正常的薪酬成本开支，避免给企业带来过重的财务负担。

全面理解薪酬管理的含义，需要注意以下几个问题：

①薪酬管理要在企业发展战略和经营规划的指导下进行，作为人力资源管理的一项重要职能，薪酬管理必须服从和服务于企业的经营战略，要为战略的实现提供有力的支持，绝对不能狭隘地进行薪酬管理。

②薪酬管理的目的不仅是让员工获得一定的经济收入，使他们能够维持并不断提高自身的生活水平，而且还要引导员工的工作行为，激发员工的工作热情，不断提高他们的工作绩效，这是薪酬管理更重要的目的。

③薪酬管理的内容不单是及时准确地给员工发放薪酬，这只是薪酬管理最低层次的活动，由上述的含义可以看出，薪酬管理涉及一系列的决策，是一项非常复杂的活动。

二、薪酬管理的意义

不同的薪资形式适应不同企业的不同管理需要；即使在同一企业中，由于不同工作部门与不同生产环节有不同特点，往往也需要采取不同的薪资管理办法。但是每个企业作为一个统一的经济组织，薪资管理又必须具有统一性，才能使薪资管理成为经营管理体系的有机组成部分。一个企业的薪资管理体系是否健全合理，关系到企业能否获得合适的人员，能否有效地调动员工工作积极性，对企业的竞争力和生存发展具有十分重要的意义。

薪酬管理直接涉及企业内部的利益关系处理，包括员工与其他利益主体的关系及员工内部相互之间的关系；在现代企业中，进行薪酬管理的目的，是建立有效的约束激励机制，实现企业与员工之间的双向促进，实现二者的共同发展。具体地说，企业的薪酬管理具有五个方面的意义。

(一) 有效的薪酬管理有助于吸引和保留优秀的员工

这是薪酬管理最基本的作用，企业支付的薪酬，是员工最主要的经济来源，是他们生存的重要保证。薪酬管理的有效实施，能够给员工提供可靠的经济保障，从而有助于吸引和保留优秀的员工。

（二）有效的薪酬管理有助于实现对员工的激励

按照心理学的解释，人们的行为都是在需要的基础上产生的，对员工进行激励的支点就是满足他们没有实现的需要。马斯洛的需求理论指出，人们存在着五个层次的需求。有效的薪酬管理能够程度不同地满足这些需要，从而可以实现对员工的激励。

（三）有效的薪酬管理有助于改善企业的绩效

薪酬管理的有效实施，能够对员工产生较强的激励作用，提高他们的工作绩效，而每个员工个人绩效的改善将使企业整体的绩效得到提升。此外，薪酬管理对企业绩效的影响还表现在成本方面，对于任何企业来说，薪酬都是一项非常重要的成本开支，在通常情况下，薪酬总额在企业总成本中要占到40%~90%的比重，通过有效的薪酬管理，企业能够将自己的总成本降低40%~60%，这就可以扩大产品和服务的利润空间，从而提升企业的经营绩效。

（四）有效的薪酬管理有助于塑造良好的企业文化

良好的企业文化对于企业的正常运转具有重要的作用，而有效的薪酬管理则有助于企业文化的塑造。首先，薪酬是进行企业文化建设的物质基础，员工的生活如果不能得到保障，企业文化的建设就是一纸空谈。其次，企业的薪酬政策本身就是企业文化的一部分，如奖励的导向、公平的观念等。最后，企业的薪酬政策能够对员工的行为和态度产生引导作用，从而有助于企业文化的建设。例如，企业推行以个人为基础的计件工资制，就会强化个人主义的企业文化；相反，如果企业的激励薪酬以团队为基础来计发，就有助于建立集体主义的企业文化。

（五）有效的薪酬管理有助于塑造企业机制

薪酬管理直接影响企业员工的行为方式与行为动力，从而具有塑造企业机制的作用。在企业中，员工按照组织规范实现自身的利益目标，其中薪酬待遇在利益目标中占有主要地位。薪酬管理以制度化方式，把企业对于员工物质利益的承诺加以落实，让员工能够对自己的利益实现形成稳定预期。这是员工行为方式和行为动力的心理基础，对于引导和推动员工履行工作职责具有直接的保证作用。合理的薪酬所产生的稳定预期，能够使员工放弃斤斤计较的利益追求，自觉服从企业的管理安排。这就使企业与成员之间完成了从市场交易到管理交易的转变，使员工能够从企业获得比在市场上更高的劳动收益。

另外，由于薪酬管理是一种特殊的成本收益管理，直接涉及企业的劳资关系，因此合理的薪酬管理对劳资协调和劳资合作有重要意义。就是说，通过合理的薪酬管理，能够塑造风险共担、利益共享的企业机制，使劳资双方走向统一。这对企业发展无疑具有根本意义。

当然值得注意的是，薪酬管理并不是万能的，企业中存在的很多问题是薪酬管理所不能解决的，而必须依靠人力资源管理的其他职能来解决。薪酬管理的意义很大部分体现在对员工的吸引、维持和激励作用，但如果把握得不好，薪酬可能并不会产生激励作用，甚至出现负效应。

三、薪酬管理的原则

在实际工作中，企业的薪酬管理作为一种利益关系调整方式，是在一定政策与制度依据下进行的，因此体现着如下原则：

（一）合法性原则

为了维持社会经济持续稳定发展，为了保护员工的利益，各国政府都制定了一系列法规，直接或间接地指导员工的薪资管理，如《最低工资法》等。在我国，有关薪资福利的法律法规是劳动法体系的重要组成部分。企业人力资源管理的一个重要职能，就是运用法律规范，来协调企业运作过程中的薪资关系，保护企业和员工的合法权益。

随着社会主义市场经济的深入发展，我国的劳动法体系建设日益完善。新制定的《宪法》，对劳动者享有的劳动权、物质帮助权、接受教育权等都重新做了规定，并提出了与劳动工资有关的法律制度改革问题。1994年，《中华人民共和国劳动法》正式颁布实施。此后，有关部门制定了一系列与《劳动法》配套的行政法规，工资方面的有《工资支付暂行规定》《关于实施最低工资保障制度的通知》《国有企业工资内外收入监督检查实施办法》《外商投资企业工资收入管理暂行办法》等；福利保障方面的有《企业职工生育保险试行办法》《企业职工患病或非因工负伤医疗期规定》《企业职工工伤保险试行办法》等。这些法律规定，是企业薪资管理必须遵循的原则。

（二）公平性原则

公平是薪酬管理系统的基础，员工只有在认为薪酬系统是公平的前提下，才可能产生认同感和满意度。因此，公平性原则是企业实施薪酬管理时应遵循的最重要的原则。亚当斯的公平理论是公平性原则重要的理论基础。公平性包括三个层次的含义：

①外部公平性。就是说在不同企业中，类似职位或者员工的薪酬应当基本相同。

②内部公平性。就是说在同一企业中，不同职位或者员工的薪酬应当与各自对企业的贡献成正比。

③个人公平性。就是说在同一企业中，相同或类似职位上的员工，薪酬应当与其贡献成正比。

应当注意的是，公平原则与平均原则本质上是有区别的。前者是"按劳分配"，体现了劳动的差异性，从而报酬应当是具有差异的；后者则强调绝对的平均，忽视了劳动的差别性，追求员工之间的平均报酬。许多国有企业的薪酬管理之所以出现问题，就是因为没有真正地贯彻好公平原则，比如国有企业改革前普遍存在"一刀切"的平均分配问题、"干多干少一个样"等，严重地影响了员工的工作积极性。因此，国有企业改革的一个重要问题就是要打破平均分配的体制，建立真正意义上的公平的报酬制度。

（三）及时性原则

及时性是指薪酬的发放应当及时，这可以从两个方面理解。首先，薪酬是员工生活的主要来源，如果不能及时发放，势必会影响到他们正常的生活。其次，薪酬又是一种重要的激励手段，特别是激励薪酬，是对员工有效行为的一种奖励，而按照激励理论的解释，这种奖励只有及时兑现，才能够充分发挥对员工的激励效果。

（四）经济性原则

经济性指企业支付薪酬时应当在自身可以承受的范围内进行，所设计的薪酬水平应当与企业的财务水平相适应。虽然高水平的薪酬可以更好地吸引和激励员工，但是由于薪酬是企业一项很重要的开支，因此在进行薪酬管理时必须考虑自身承受能力的大小，超出承受能力的过高的薪酬必然会给企业造成沉重的负担。有效的薪酬管理应当在竞争性和经济性之间找到恰当的平衡点。

(五) 动态性原则

由于企业面临的内外部环境处于不断的变化之中,因此薪酬管理还应当坚持动态性的原则,要根据环境因素的变动随时进行调整,以确保企业薪酬的适应性。这表现在两个方面,一是企业整体的薪酬水平、薪酬结构和薪酬形式要保持动态性;二是员工个人的薪酬要具有动态性,要根据其职位的变动、绩效的表现进行薪酬的调整。

四、影响薪酬管理的主要因素

在市场经济条件下,企业的薪酬管理活动会受到内外部多种因素的影响,为了保证薪酬管理的有效实施,必须对这些影响因素有所认识和了解。一般来说,影响企业薪酬管理各项决策的因素主要有三类:一是企业外部因素;二是企业内部因素;三是员工个人因素,如图8-2所示。

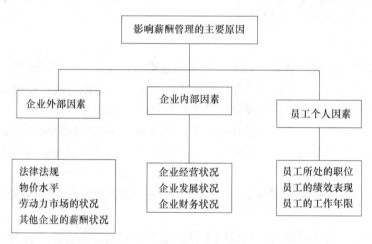

图8-2 影响薪酬的主要因素

(一) 企业外部因素

1. 法律法规

法律法规对于企业的行为具有强制的约束性,一般来说,它规定了企业薪酬管理的最低标准,因此企业实施薪酬管理时应当首先考虑这一因素,要在法律规定的范围内进行活动。例如,最低工资立法规定了企业支付薪酬的下限;社会保险法律规定了企业必须为员工缴纳一定数额的社会保险费。

2. 物价水平

薪酬最基本的功能是保障员工的生活,因此对员工来说更有意义的是实际薪酬水平,即货币收入(或者叫作名义薪酬)与物价水平的比率。当整个社会的物价水平上涨时,为了保证员工的生活水平不变,支付给他们的名义薪酬相应地也要增加。

3. 劳动力市场的状况

按照经济学的解释,薪酬就是劳动力的价格,它取决于供给和需求的对比关系。在企业需求一定的情况下,如果劳动力市场紧张,造成劳动力资源供给减少,劳动力资源供不应求,劳动力价格就会上涨,此时企业要想获取必要的劳动力资源,就必须相应地提高薪酬水平;反之,如果劳动力市场趋于平稳,造成劳动力资源供给过剩,劳动力资源供过于求,劳动力价格就会趋于平缓或下降,此时企业能够相对容易地获取必要的劳动力资源,因此可以维持甚至降低薪酬水平。

4. 其他企业的薪酬状况

其他企业的薪酬状况对企业薪酬管理的影响是最直接的,这是员工进行横向的公平性指标比较时一个非常重要的参照系。当其他企业,尤其是竞争对手的薪酬水平提高时,为了保证外部的公平性,企业也要相应地提高自己的薪酬水平,否则就会造成员工不满意甚至流失。

(二) 企业内部因素

1. 企业的经营战略

在阐述薪酬管理的含义时,我们已经指出,薪酬管理应当服从和服务于企业的经营战略,不同的经营战略下,企业的薪酬管理也会不同。表8-1展示了三种主要的经营战略下薪酬管理的区别。

表8-1 不同经营战略下的薪酬管理

经营战略	经营重点	薪酬管理
成本领先战略	1. 一流的操作水平。 2. 追求成本的有效性	1. 重点放在与竞争对手的成本比较上。 2. 提高薪酬体系中激励部分的比重。 3. 强调生产率。 4. 强调制度的控制性及具体化的工作说明
创新战略	1. 产品领袖。 2. 向创新性产品转移。 3. 缩短产品生命周期	1. 奖励在产品及生产方法方面的创新。 2. 以市场为基准的工资。 3. 弹性/宽泛性的工作描述
客户中心战略	1. 紧紧贴近客户。 2. 为客户提供解决问题的方法。 3. 加快营销速度	1. 以顾客满意为奖励的基础。 2. 由顾客进行工作或技能评价

资料来源:刘昕:《薪酬管理》,第34-35页,中国人民大学出版社2002年版。

2. 企业的财务状况

前面已经反复提到,薪酬是企业的一项重要成本开支,因此企业的财务状况会对薪酬管理产生重要的影响,它是薪酬管理各项决策得以实现的物质基础。良好的财务状况,可以保证薪酬水平的竞争力和薪酬支付的及时性。

(三) 员工个人因素

1. 员工所处的职位

在目前主流的薪酬管理理论中,这是决定员工个人基本薪酬及企业薪酬结构的重要基础,也是内部公平性的主要体现。职位对员工薪酬的影响并不完全来自它的级别,主要是职位所承担的工作职责及对员工的任职资格要求。随着薪酬理论的发展,由此衍生出另一个影响因素,那就是员工所具备的技能。

2. 员工的绩效表现

员工的绩效表现是决定其激励薪酬的重要基础,在企业中,激励薪酬往往都与员工的绩效联系在一起,具有正相关的关系。总的来说,员工的绩效越好,其激励薪酬就会越高。此外，员工的绩效表现还会影响到他们的绩效加薪，进而影响到基本薪酬的变化。

3. 员工的工作年限

工作年限主要有工龄和企龄两种表现形式，工龄指员工参加工作以来整个的工作时间，企龄则指员工在本企业中的工作时间。工作年限会对员工的薪酬水平产生一定的影响，在技能工资体系下，这种影响更加明显。一般来说，工龄和企龄越长的员工，薪酬的水平相对也越高。

工龄的影响主要源于人力资源管理中的"进化论"，就是说通过社会的"自然选择"，工作时间越长的人就越适合工作；不适合的人，由于优胜劣汰的作用，会离开这个职业。企龄的影响则主要源于组织社会化理论，就是说员工在企业中的时间越长，对企业和职位的了解就越深刻，其他条件一定时，绩效就会越好；此外，保持员工队伍的稳定也是一个原因，企龄越长的员工，薪酬水平相对就越高，这样可以在一定程度上降低员工的流动率，因为如果要流动，就会损失一部分收入。

五、薪酬管理与人力资源管理其他职能的关系

为了加深对薪酬管理的理解，有必要将它置于整个人力资源管理系统中，从更加宽广的视角来分析它与人力资源管理其他职能的关系。

(一) 薪酬管理与职位分析的关系

应当说，职位分析是基本薪酬实现内部公平性的一个重要基础，在主流的职位工资体系下，职位分析所形成的职位说明书是进行职位评价确定薪酬等级的依据，职位评价的信息大都来自职位说明书的内容。即使在新的技能工资体系中，职位分析仍然具有重要的意义，因为评价员工所具备的技能，仍然要以他们从事的工作为基础来进行。

(二) 薪酬管理与人力资源规划的关系

薪酬管理与人力资源规划的关系主要体现在人力资源供需的平衡方面，薪酬政策的变动是改变内部人力资源供给的重要手段，如提高加班工资的额度，可以促使员工增加加班时间，从而增加人力资源的供给量，当然这需要对正常工作时间的工作严格加以控制。

(三) 薪酬管理与招聘录用的关系

薪酬管理对于招聘录用工作有着重要的影响，薪酬是员工选择工作时考虑的重要因素之一，较高的薪酬水平有利于大量吸引应聘者，从而提高招聘的效果。此外，招聘录用也会对薪酬管理产生影响，录用人员的数量和结构是决定企业薪酬总额增加的主要因素。

(四) 薪酬管理与绩效管理的关系

薪酬管理和绩效管理之间是一种互动的关系：一方面，绩效管理是薪酬管理的基础之一，激励薪酬的实施需要对员工的绩效做出准确的评价；另一方面，针对员工的绩效表现及时地给予他们不同的奖励薪酬，也有助于增强激励的效果，确保绩效管理的约束性。

(五) 薪酬管理与员工关系管理的关系

在企业的劳动关系中，薪酬是最主要的问题之一，劳动争议也往往是由薪酬问题引起的，因此有效的薪酬管理能够减少劳动纠纷，建立和谐的劳动关系。此外，薪酬管理也有助于塑造良好的企业文化，这个问题在前面已经做过阐述。

六、薪酬管理的理论

企业的薪酬管理问题是一个复杂的社会问题，自从出现"劳动力转让"以来，人们就一直在从不同角度对它进行研究。最早的薪资理论是由古典经济学派创立的，之后经济学家、管理学家、心理学家、社会学家等围绕薪资问题进行了深入的探索。

（一）早期薪资理论

工资是市场经济的产物。早期的工资理论虽然不全面，但其基本思想对今天仍有很大影响，是当代工资理论的重要基础。其主要观点和代表人物如下所述。

1. 最低工资理论

最低工资理论由英国经济学家威廉·配第（William Petty）提出。他认为薪资和其他商品一样，有一个自然价值水平，这一价值就是工人生活的基本消费需求。最低工资不仅是工人维持生存的基本保证，也是雇主生产经营的必要条件；如果低于这一水平，劳动力的再生产就无法进行，社会的稳定和发展就无法维持。正因为如此，政府要立法规定最低工资水平，协调员工与雇主之间的利益冲突。

2. 工资基金理论

工资基金理论由英国经济学家约翰·斯图亚特·穆勒（John Stuart Mill）创立。他认为，一个社会一定时期用于支付工资的资本总额是一定的，这就是该社会的工资基金。工资基金取决于工资成本与其他生产成本的比例。在工资基金确定的情况下，一些工人的工资变动必然会导致另一些工人工资的反向变动。同时，如果工资基金非正常增加，会使企业的其他生产资本减少，最终影响生产的发展。工资基金理论认为，通过工会斗争和政府干预来提高工资，这种努力是无济于事的。

3. 工资差别理论

工资差别理论由英国经济学家亚当·斯密（Adam Smith）创立。亚当·斯密认为，工资差别可分为两种：一种由不同的职业性质造成，另一种由不同的工资政策造成。现实生活中，由于劳动者的自然差异，以及对劳动者管理方式的不同，出现企业内部和企业外部的工资差别是不可避免的，这是一种客观存在。亚当·斯密承认这一客观事实，他所指出的职业性质差别与工资差别之间的联系，为企业中的职务工资制提供了基础。

（二）近代工资理论

随着社会经济的不断发展和劳动力市场的不断完善，尤其是人们对微观经济学的深入研究，形成了比较系统的近代工资理论。但由于人们所持的立场和分析的角度不同，近代工资理论也形成了不同的观点。

1. 边际生产率工资理论

边际生产率工资理论是近代工资研究的基础理论，主要解释工资的短期波动和长期变动的趋势，代表人物是英国经济学家阿尔弗雷德·马歇尔（Alfred Marshall）。他认为，在一个完全自由的市场中，企业为获得最大利润，必然要实现生产要素的最佳配置。就劳动力要素来说，表现为雇佣工人的边际产出等于付给工人的工资。因此，工资水平取决于员工提供的边际生产率。如果边际生产率大于工资，雇主就会增加雇佣人数；如果边际生产率小于工资，雇主就会裁减员工；只有当两者相等时，工资的支付才是最有效、最经济的。但由于现实中的市场竞争不完全，劳动力不能自由流动，而且劳动力转移需要成本。因此，在短期内,某一个企业的工资可能高于、低于或等于劳动力的边际生产率水平。

边际生产率工资理论是一种有影响力的工资理论,它揭示了工资水平与企业劳动生产率之间的关系。

2. 集体交涉工资理论

集体交涉工资理论又称集体谈判工资理论,主要代表人物有英国经济学家莫里斯·多布(Maurice Herbert Dobb)等。工资水平反映企业与员工之间的利益关系,由两者之间的力量对比决定,集体谈判则是协调双方利益、决定工资水平的主要方式。如果没有集体谈判,劳动力市场竞争是紊乱的和无序的,雇员无法在公平的条件下与雇主签订合同。

第二次世界大战以后,工会组织在一些工业化国家得到了广泛发展,集体谈判理论也日渐成熟,这一理论强调劳资双方各自的组织程度,重视组织水平对于双方力量的影响,力图以此改变工资状况。显然,集体谈判理论不是从经济角度研究工资问题,而是一种从政治角度对工资问题的解释。

3. 现代工资理论

随着企业管理研究的深入,人们发现:工资是劳动力价格的表现形式,对其要结合企业的投入产出效率来理解;工资具有重要的激励功能,能够调动劳动者的工作积极性,提高工作效率和工作质量,从而促进员工与企业的共同发展。相应的,现代工资理论对工资的内涵和外延进行了扩展,用其来表示员工在企业中获得的各种劳动报酬形式,并结合企业经营效益的提升方式对其进行分析和处理,工资理论由此成为经营管理学的一个重要组成部分。

在现代工资理论看来,工资也可以称为薪酬。薪酬首先是劳动力价值的实现形式,企业通过薪酬这一特定形式获得劳动力使用权,并把劳动力投入生产过程中创造生产经营效益。但是,薪酬不仅仅是劳动力的价值,还是劳动成果的回报,员工需要通过薪资报酬分享自己的劳动成果。在此过程中,企业可以通过薪资报酬的合理设计,调动员工的积极性,提高企业的经济效益。

现代工资理论包括三部分内容:

(1) 工资激励理论

激励是现代企业管理中一个十分重要的概念。激励理论认为,员工的绩效水平是与激励相关联的,具体表现为:

$$员工绩效 = 员工能力 \times 激励程度$$

这一公式指出,在员工能力一定的情况下,所受到的激励水平越高,其绩效表现水平也越高。激励与人的需求相关。在企业中,员工最基本的需求是经济需求,要通过工资实现。因此,这种工资理论认为,企业工资管理的关键是努力发挥其激励功能。

(2) 公平分配理论

薪酬管理的一个重要问题是公平性问题。美国管理学家赫茨伯格(Frederick Herzberg)注意到,感到不公平是雇员对工作不满意的重要原因。随后美国的亚当斯(J. S. Adams)对此进行了深入探讨,提出了比较系统的公平理论。公平理论认为,员工会将自己的收入付出与他人的收入付出进行比较,如果两者的比例相等,就会感到公平;如果两者不相等,尤其是当自己从付出中所得的收入比率比别人低的时候,就会感到不公平,并会力图纠正它。因此,在一个企业中,员工关心的不仅是自己的实际工资水平,而且关心与他人工资的比较。即使一个员工获得了增加工资的奖励,但如果绩效不如他的同事也得到了同样的奖励,那么加薪也不能使这个员工满意。所以,以公平为关注点的工资理论,关心的是组织内部的工资结构、工资差别、工资关系。

(3) 人力资本理论

人力资本理论是对工资差别内在原因的一种经济学解释。其代表人物是诺贝尔经济学奖获得者美国著名的经济学家舒尔茨(Theoelore W. Schultz)。舒尔茨认为,人力资本是由人力投资形成的,是存在于人体中的知识和技能等价值的总和。一个人的人力资本含量越高,其劳动生产率也越高,在劳动力市场中就可以得到越高的薪酬。这种观点在知识经济时代得到了广泛的认同。由于人力资本理论对企业内员工工资差异问题的解释有很强的说服力,可以较好地解释白领工人和蓝领工人的工资差别,因此被广泛应用于企业分配实践之中。

第二节 薪酬体系设计

一、薪酬体系的规划

(一) 薪酬体系规划的内容

薪酬体系规划包括两个层次,即总体规划和分类计划。总体规划是关于规划期内薪酬管理总目标、总政策、实施步骤和总预算的安排。分类计划包括工资计划、奖金计划和福利计划,这些计划是总体规划的分解和具体化,对总体规划的执行起细化作用。各分类计划可视具体情况再进一步细化分解,如表8-2所示。

表8-2 薪酬体系规划及分类计划

规划类别	目标	政策	步骤	预算
总规划	总体绩效提高、人员稳定、员工满意度与社会声誉比较好,公平程度、士气水平等提高	提高、减少、平衡、稳定、改革等薪酬管理基本措施	总体步骤	总预算
工资计划	总额控制、工效挂钩、有效激励、提高凝聚力	调整、定级、倾斜	政策出台日期、实施效果评估、调整日期	增减工资额
奖金计划	绩效提高,积极性提高,长期行为增强	重点原则、奖励方法、普遍水准、计件计奖、提成制度、分享制度	按季发放、按班组考核、按年发放、按指标考核	如按利润增长额度分段递增分享比率
福利计划	凝聚力提高	福利标准、对象及实施办法、优先安排原则	如每年安排旅游或休假等	资金来源及使用金额

（二）薪酬体系规划的意义

1. 适应外部环境变化，增强企业凝聚力

根据系统论的系统层次性观点，人力资源是一个系统，企业是一个系统，企业外部环境即社会又是一个大系统，这三个系统依次包含，并相互制约。作为人力资源系统子系统的薪酬体系则必须保持与上述三个系统的平衡：

①与人力资源系统内部其他子系统的平衡。例如，与招聘选拔系统、开发培训系统、业绩评估系统等子系统的平衡。

②与企业内部其他资源系统各子系统的平衡。例如，与资金系统、物质系统、技术装备系统及营销系统等子系统的平衡。

③与企业外部环境的平衡。企业的一些外部条件将影响薪酬体系的规划，这些条件如人力资源市场情况、政府的薪酬政策、国家经济形势、同行业工资水平等，这些因素都会对薪酬体系规划产生影响。

2. 保证内部公平及分配的计划性

薪酬体系规划的目的之一是使内部分配有章可循，克服薪酬管理中的随意性和不确定性，保证薪酬管理的公平性和计划性。

3. 加强企业人力资源成本控制

通过薪酬体系规划，企业可以对全年的薪酬成本进行科学预算、统筹安排，克服人力资源成本管理中的浪费和不经济行为，促进企业经济效益的提高。

（三）薪酬体系规划的步骤

薪酬体系规划工作是在不确定条件下进行的一项非常复杂的活动，它必须通过系统的方法，鉴别和分析企业内外部的多种因素，并使各因素与企业薪酬体系规划的总体目标相结合，才能保证规划的科学有效。一般而言，薪酬体系的规划应遵循如图8-3所示程序。

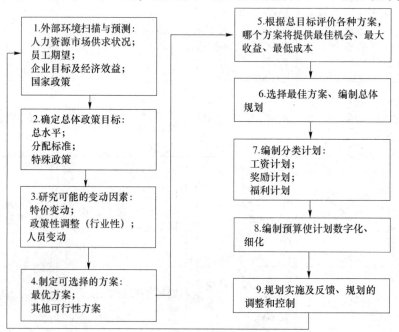

图8-3 薪酬体系规划的步骤

二、薪酬体系管理的过程

（一）薪酬体系管理的基本过程

薪酬体系管理的基本过程如图 8-4 所示。

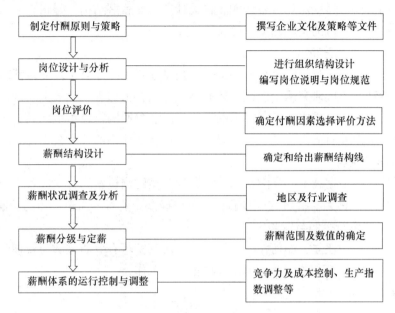

图 8-4 薪酬体系的管理过程

1. 制定付酬原则与策略

这是企业文化内容的一部分，是以后各环节的前提，对各环节起着重要的指导作用。它包括对员工本性的认识，对员工总体价值的评价，对管理骨干及高级专门人才作用的估计等此类核心价值观，以及由此衍生的有关工资分配的政策与策略，如工资差距的大小、差距标准，工资、奖励与福利费用的分配比例等。

2. 岗位设计与分析

这是薪酬体系建立的依据，这一活动将产生企业组织结构系统图及其中所有岗位的说明与规范等文件。

科学的岗位设计可以除去多余的岗位、交叠重复的岗位，从而节省劳动力，提高劳动效率，免除给付不必要的薪酬；而岗位分析是公司人力资源管理的基础，也是薪酬管理的重要依据，企业根据岗位分析所标明的工作内容、责任大小、层级关系确定某一岗位的基本薪酬和岗位薪酬。

3. 岗位评价

这是保证内在公平的关键，要以必要的精确度、具体的金额来表示每一岗位对本企业的相对价值。这个价值反映了企业对该岗位占有者的要求。岗位工作的完成难度越大，对企业的贡献也越大，对企业的重要性也越高，从而它的相对价值就越大。需要指出的是，这些用来表示岗位相对价值的金额，并不就是该岗位占有者真正的薪酬额。

4. 薪酬结构设计

经过岗位评价，无论采用哪种方法，总可得到表明每一岗位对本企业相对价值的顺序、等级、分数或象征性的金额。将企业所有岗位的薪酬都按同一的贡献原则定薪，便保证了企业薪酬体系的内在公平性。但找出了这种理论上的价值后，还必须据此能转换成实际的薪酬值，才具有实用价值，这就需要进行薪酬结构设计。所谓薪酬结构，是指企业的组织结构中各岗位的相对价值与对应的实际薪酬间的关系。

5. 薪酬状况调查及分析

这一步骤应与前一步骤同时进行，甚至可以安排在考虑外在公平性而对薪酬结构进行调整之前。这项活动主要应研究两个问题：要调整些什么，怎样去收集数据。调查的内容首先是本地区、本行业，尤其是主要竞争对手的工资状况。参照同行或本地区其他企业的工资水平来调整、制定本企业对应岗位的工资，以保证企业薪酬体系的外在公平性。

6. 薪酬分级与定薪

在岗位评价后，根据确定的薪酬结构，将各种类型的岗位薪酬归并成若干级别，形成一个薪酬等级（职级）体系。通过这一步骤，就可以确立企业每一岗位具体的薪酬范围。

7. 薪酬体系的运行控制与调整

企业薪酬体系一经建立，如何投入正常运作并对其实行有效的控制与管理，使其发挥应有的功能，是一个相当复杂的问题，也是一项长期的工作。

（二）薪酬体系的调整

1. 奖励性调整

奖励性调整是为了奖励员工做出的优良工作绩效，鼓励员工继续努力，再接再厉，更上一层楼，也就是论功行赏。奖励性调整又叫作功劳性调整。

2. 生活指数调整

为了补偿员工因通货膨胀而导致的实际收入无形减少的损失，使员工生活水平不致渐趋降低，企业应根据物价指数状况对薪酬体系进行调整。生活指数调整常用的方式有两类：一类是等比调整，即所有员工都在原有薪酬基础上调升同一百分比；另一类是等额调整，即全体员工不论原有薪酬高低，一律给予等幅的调升。

3. 效益调整

当企业效益好、赢利增加时，对全员进行普遍加薪，但以浮动式、非永久性为佳；当企业效益下滑时，全员性的薪酬下调也应成为当然。但需注意的是薪酬调整往往具有"不可逆性"。

4. 工龄调整

薪酬的增加意味着工作经验的积累与丰富，代表能力或绩效潜能的提高，也就是薪酬具有按绩效与贡献分配的性质。因此，薪酬调整最好不要实行人人等额逐年递增的办法，而应将工龄与考核结果结合起来，确定不同员工工龄薪酬调整的幅度。

5. 特殊调整

企业根据内外环境及特殊目的而对某类员工进行的薪酬调整。例如，实行年薪制的企业，每年年末应对下一年度经营者的年薪重新审定和调整；企业应根据市场因素适时调整企业内不可替代人员的薪酬，以留住人才。

三、薪酬体系的设计

（一）普通管理人员薪酬设计

普通管理人员的薪酬设计可以按照结构工资制的思路设计。

1. 结构工资制的基本构架

结构工资制是依据工资的各种职能，将工资分解为几个组成部分，分别确定工资额，其各个组成部分均有其质和量的规定性，各有其特点和作用。结构工资的基本构成内容如下：

工资 = 基本工资 + 工龄工资 + 学历工资 + 岗位工资 + 绩效工资

（1）基本工资

基本工资是为保障员工基本生活需要的工资，设立的依据是《劳动法》中关于国家实行最低工资保障制度的有关规定。基本工资标准的确定，通常应考虑以下因素：

①国家或地方政府规定的最低工资标准。

②本地区、本行业和本企业目前的基本工资。

③社会发展和通货膨胀等因素。

（2）工龄工资

工龄工资是根据员工参加工作的年限，用来体现员工逐年积累的劳动贡献的一种工资形式，其设立的目的是增强凝聚力，稳定员工队伍。工龄工资可在比照国家工龄津贴的基础上，根据企业的支付能力，并按社会工龄和本企业工龄分别确定。后者通常为前者的 4~8 倍。

（3）学历工资

学历工资实质上是把工资和知识挂钩，其设立目的是为了对员工知识积累的肯定和鼓励，不仅有利于促进管理人员参加各类培训教育，不断地掌握新知识，而且还可以减少人员流动，提高员工素质。学历工资的差距在市场经济发达国家逐渐缩小，主要原因是智力投资成本差距在缩小。在未来发展道路上，劳动力必须承担越来越复杂的知识型工作，知识对一个企业来说所起的作用将会越来越大，但学历并不等于能力。因此，学历工资彼此之间的差距不应过大，一般每一级学历工资之间的增长幅度控制在 20%~30% 之间比较合适。

（4）岗位工资

岗位工资是把员工的实际技能同岗位对员工技能的要求统一起来，使人尽其才，岗得其人，能够更好地贯彻同工同酬的原则。岗位工资的确定应考虑岗位的重要性，岗位的知识与技术含量，岗位对经验、能力的要求等因素。岗位工资一般占管理人员工资收入的 60% 左右，是管理人员工资收入的主体。

（5）绩效工资

绩效工资即员工收入与企业的业绩挂钩的部分，它是根据企业经济效益和员工实际完成的劳动数量和质量支付给员工的工资。就某集团公司来说，集团总部的管理人员所承担的风险要比事业部小得多，他们的岗位工资比例相对较高，绩效工资一般控制在总工资的 20% 左右为宜。绩效工资可按季、月或半年预提，年终结算。

2. 岗位等级的设计

按照现代企业组织机构的设置及职位等级结构体系，一般将管理人员岗位工资相应地分为 4~5 个层级（薪层）。例如，部门经理层、副经理、经理助理、高级职称层、业务主办、中级职称层，操作层（办事员）。由于个人上岗适应能力有所不同，表现、贡献也有差异等因素，每一层级还应实行"一岗多薪"，即在同一薪层上再划分若干工资级别（薪级）。一般每一薪层可设 5 个薪级，选择其中一个为"中值"，以中值为计算点，级差一般为 10%～20%，相邻薪层可有 1～2 个薪级交叠（如表 8-3 所示：中值幅度为 1:5，分别为 5 000、3 000、2 000、1 000；级差为 15%）。

表 8-3 岗位工资等级表　　　　　　　　　　　　　　　　单位：元

薪层	岗位	薪级	岗位工资
一	部门经理	1	3 500
		2	4 250
		3	5 000
		4	5 750
		5	6 500
二	副经理、经理助理、高级职称	1	2 100
		2	2 550
		3	3 000
		4	3 450
		5	3 900
三	业务主办、中级职称	1	1 400
		2	1 700
		3	2 000
		4	2 300
		5	2 600
四	办事员	1	700
		2	850
		3	1 000
		4	1 150
		5	1 300

3. 绩效工资的设计

（1）绩效工资的确定

首先，按当年净收益（如税后净利）的一定百分比（提成比例）确定绩效工资总额，再按管理人员加权数量（全部管理人员对应的系数之和）确定人均绩效工资标准。最后，按人均绩效工资标准和绩效工资系数确定个人绩效工资，计算公式为：

绩效工资总额 = 年度净收益 × 提成比例

人均绩效工资标准 = 绩效工资总额 ÷ 管理人员加权数量

个人绩效工资 = 人均绩效工资标准 × 绩效工资系数

（2）绩效工资的发放

绩效工资可以按上一年度的净收益或本年度预计净收益的一定百分比，按月、季或半年

预发,年终再结算。例如,按上一年度净收益、按月预发的计算公式为:

每月人均绩效工资标准 = 上一年度的净收益 × 提成比例 ÷ 12 ÷ 管理人员加权数量

个人的绩效工资 = 每月人均绩效工资标准 × 发放比例 × 绩效工资系数

(3) 绩效工资系数

绩效工资系数的确定和岗位工资一样可采取"岗位等级制",每一层的每一级对应一个系数(如表8-4所示:取办事员的中值为基数1,其他系数按15%的幅度逐级递增)。

表8-4 绩效工资系数表　　　　　　　　　　　　单位:元

薪 层	岗 位	薪 级	系 数
一	部门经理	1	2.85
		2	3.00
		3	3.15
		4	3.30
		5	3.45
二	副经理、经理助理、高级职称	1	2.10
		2	2.25
		3	2.40
		4	2.55
		5	2.70
三	业务主办、中级职称	1	1.45
		2	1.50
		3	1.65
		4	1.80
		5	1.95
四	办事员	1	0.70
		2	0.85
		3	1.00
		4	1.15
		5	1.30

(二) 业务人员及其他人员的薪酬设计

1. 业务(销售)人员薪酬设计

随着愈来愈激烈的竞争,企业若想立于不败之地,必须拥有一支能力强、能量大的优秀业务队伍,拓展营销渠道,占领市场。但是为吸引和留住优秀的人才,必须有一套合理的业务人员的薪酬制度。

业务人员的薪酬制度一般有以下几种:

(1) 固定工资制

即对业务人员的薪酬实行固定的支付方式。这种方式为业务人员提供了收入保障,但无法发挥有力的激励作用，干好干坏都一样，调动不起业务人员的积极性。

（2）纯佣金制

即完全以业绩作为计酬的标准，如用销售量、销售额或利润等可量化的指标进行衡量，业绩好的薪酬高，业绩差的薪酬低，有较强的激励作用，从管理的角度来看，也简便易行。但是，这种方式很难给予业务人员一定的生活保障，收入不稳定且风险大。

（3）混合制

即前面两种方法的综合。

$$业务人员的薪酬 = \frac{基本工资}{(固定部分)} + \frac{业务提成}{(变动部分)}$$

我们知道，业务人员的销售业绩除了与自身的努力程度有关外，在很大程度上还会受到一些外在因素的影响，如宏观经济形势、公司的声誉、产品的质量、市场的竞争程度等，具有较强的外在不确定性（与本身努力程度无关），即业务人员的努力对业绩的影响性具有随机性。因此，应对业务人员设立基本工资，以维持这些人员的最低生活保障；同时，再按业绩进行提成，以发挥薪酬的激励作用，促使业务人员更加努力地工作。

基本工资可参考管理人员的基本工资确定，业务提成按个人业绩（销售量、销售额、利润等）和提成比例确定。提成比例应根据同行业和本公司的具体情况，经科学分析、测算后确定。

（三）其他人员的薪酬

1. 一般人员的薪酬

一般人员或称服务性人员，包括司机、门卫、保安、前台等。由于服务性人员工作的重要性相对小，故对他们的工资可按市场价格来定，不进行分类定级。

2. 不可替代人员的薪酬

所谓不可替代人员是指就本企业而言，在技术、管理能力等方面具有独占性，不能为他人所取代的员工。其判别依据可以是：在技术上的专有性、特殊性；管理能力的突出性；某一行当的专才。不可替代人员的薪酬应参考同类人员的市场价值，以略高于市场价值为宜。

第三节　激励薪酬和福利

一、激励薪酬

激励薪酬是指以员工、团队或者企业的绩效为依据而支付给员工个人的薪酬。与基本薪酬相比，激励薪酬具有一定的变动性，但是由于它与绩效联系在一起，因此对员工的激励性也更强。激励薪酬一般可分为个人激励薪酬和群体激励薪酬两种类型。

（一）个人激励薪酬

个人激励薪酬是指主要以员工个人的绩效表现为基础而支付的薪酬，这种支付方式有助于员工不断地提高自己的绩效水平，但是由于它支付的基础是个人，因此不利于团队的相互合作。个人激励薪酬主要有以下几种形式：

1. 计件制

计件制是最常见的一种激励薪酬形式，它是根据员工的产出水平和工资率来支付相应的薪酬。例如，规定每生产1件产品可以得到2元的工资，那么当员工生产20件产品时，就可以得到40元的工资。

在实践中，计件制往往不采用这样直接计件的方法，更多的是使用差额计件制，就是说对于不同的产出水平分别规定不同的工资率，依此来计算报酬。

2. 工时制

工时制是根据员工完成工作的时间来支付相应的薪酬。最基本的工时制是标准工时制，就是首先确定完成某项工作的标准时间，当员工在标准时间内完成工作任务时，依然按照标准工作时间来支付薪酬，由于员工的工作时间缩短了，这就相当于工资率提高了。

在实践中，员工因节约工作时间而形成的收益是要在员工和企业之间进行分配的，不可能全都给予员工，因此标准工时制也有两种变形：一是哈尔西 50～50 奖金制，就是指通过节约工作时间而形成的收益在企业和员工之间平均分享；二是罗恩制，就是指员工分享的收益根据其节约时间的比率来确定。例如，某项工作的标准工作时间为 5 小时，员工只用 4 个小时就完成了工作，那么因工作时间节约而形成的收益，员工就可以分享到 20%。

3. 绩效工资

绩效工资就是指根据员工的绩效考核结果来支付相应的薪酬，由于有些职位的工作结果很难用数量和时间进行量化，不太适用上述的两种方法，因此就要借助绩效考核的结果来支付激励薪酬。绩效工资有四种主要的形式：一是绩效调薪；二是绩效奖金；三是月/季度浮动薪酬；四是特殊绩效认可计划。

（1）绩效调薪

绩效调薪是指根据员工的绩效考核对其基本薪酬进行调整，调薪的周期一般按年来进行，而且调薪的比例根据绩效考核结果的不同也应当有所区别，绩效考核成绩越好，调薪的比例相应地就要越高。进行绩效调薪时，有两个问题需要注意：一是调薪不仅包括加薪，而且还包括减薪，这样才会更有激励性。

（2）绩效奖金

绩效奖金，也称为一次性奖金，是指根据员工的绩效考核结果给予的一次性奖励，奖励的方式与绩效调薪有些类似，只是对于绩效不良者不会进行罚款。

虽然绩效奖金支付的依据也是员工的绩效考核结果和基本薪酬，但它与绩效调薪还是有着明显的不同。首先，绩效调薪是对基本薪酬的调整，而绩效奖金则不会影响到基本薪酬。例如，某员工的基本薪酬为 1 000 元，第一年绩效调薪的比例为 6%，那么他第二年的基本薪酬就是 1 060 元，如果下一年度绩效调薪的比例为 4%，那么基本薪酬就要在 1 060 元的基础上再增加 4%，为 1 102.4 元；如果是绩效奖金，那么他第一年绩效奖金的数额就是 60 元，第二年就是 40 元。其次，支付的周期不同。由于绩效调薪是对基本薪酬的调整，因此不可能过于频繁，否则会增加管理的成本和负担；而绩效奖金则不同，由于它不涉及基本薪酬的变化，因此周期可以相对较短，一般按月或按季来支付。最后，绩效调薪的幅度要受薪酬区间的限制，而绩效奖金则没有这一限制。

（3）月/季度浮动薪酬

在绩效调薪和绩效奖金之间还存在一种折中的奖励方式，即根据月或季度绩效评价结果，以月绩效奖金或季度绩效奖金的形式对员工的业绩加以认可。这种月/绩效奖金或季度绩效奖金一般采用基本工资乘以一个系数或者百分比的形式来确定，然后用一次性奖金的形式来兑现。实际操作时，往往会综合考核部门的绩效与个人的绩效。

（4）特殊绩效认可计划

特殊绩效认可计划是指在个人或部门远远超出工作要求，表现出特别的努力而且实现了优秀的绩效或做出了重大贡献的情况下，组织额外给予的一种奖励与认可。其类型多种多样，既可以是在公司内部通讯上或者办公室布告栏上提及某个人，也可以是奖励一次度假的机会或者上万元的现金。

（二）群体激励薪酬

与个人激励薪酬相对应，群体激励薪酬指以团队或企业的绩效为依据来支付薪酬。群体激励薪酬的好处在于它可以使员工更加关注团队和企业的整体绩效，增进团队的合作，从而更有利于整体绩效的实现。在新经济条件下，由于团队工作方式日益重要，因此群体激励薪酬也越来越受到重视。但是它也存在一个明显的缺点，那就是容易产生"搭便车"的行为，因此还要辅以对个人绩效的考核。群体激励薪酬绝不意味着进行平均分配。群体激励薪酬主要有以下几种形式：

1. 利润分享计划

利润分享计划指对代表企业绩效的某种指标（通常是利润指标）进行衡量，并以衡量的结果为依据来对员工支付薪酬。这是由美国俄亥俄州的林肯电器公司最早创立的一种激励薪酬形式，在该公司的分享计划中，每年都依据对员工绩效的评价来分配年度总利润（扣除税金、6%的股东收益和资本公积金）。

利润分享计划有两个潜在的优势：一是将员工的薪酬和企业的绩效联系在一起，因此可以促使员工从企业的角度去思考问题，增强了员工的责任感；二是利润分享计划所支付的报酬不计入基本薪酬，这样有助于灵活地调整薪酬水平，在经营良好时支付较高的薪酬，在经营困难时支付较低的薪酬。

利润分享计划一般有三种实现形式。一是现金现付制（cash or current payment plan），就是以现金的形式即时兑现员工应得到的分享利润。二是递延滚存制（deferred plan），就是指利润中应发给员工的部分不立即发放，而是转入员工的账户，留待将来支付，这种形式通常是与企业的养老金计划结合在一起的；有些企业为了降低员工的流动率，还规定如果员工的服务期限没有达到规定的年限，将无权得到或全部得到这部分薪酬。三是混合制（combined plan），就是前两种形式的结合。

2. 收益分享计划

收益分享计划是企业提供的一种与员工分享因生产率提高、成本节约和质量提高等而带来的收益的绩效奖励模式。通常情况下，员工按照一个事先设计好的收益分享公式，根据本人所属部门的总体绩效改善状况获得奖金。常见的收益分享计划如斯坎伦计划（Scalon plan）。

斯坎伦计划最早是20世纪20年代中期由美国俄亥俄州一个钢铁工厂的工会领袖约瑟夫·斯坎伦提出的一个劳资合作计划，就是以成本节约的一定比例来给员工发放奖金。它的操作步骤是：

第一步，确定收益增加的来源，通常用劳动成本的节约表示生产率的提高，用次品率的降低表示产品质量的提高和生产材料等成本的节约。将上述各种来源的收益增加额加总，得出收益增加总额。

第二步，提留和弥补上期亏空。收益增加总额一般不全部进行分配，如果上期存在透支，要弥补亏空；此外，还要提留出一定比例的储备，得出收益增加净值。

第三步，确定员工分享收益增加净值的比重，并根据这一比重计算出员工可以分配的总额。

第四步，用可以分配的总额除以工资总额，得出分配的单价。员工的工资乘以这一单价，就可以得出该员工分享的收益增加数额。

此外，在股份制繁荣发展的今天，对员工的激励又衍生出了新的形式，就是让员工部分地拥有公司的股票或者股权，虽然这种形式是针对员工个人实行的，但是由于它和公司的整体绩效是紧密联系在一起的，因此我们还是将它归入群体激励薪酬中。股票所有权计划是长期激励计划的一种主要形式。目前，常见的股票所有权计划主要有三类：现股计划、期股计划和期权计划。

现股计划就是指公司通过奖励的方式向员工直接赠予公司的股票或者参照股票当前的市场价格向员工出售公司的股票，使员工立即获得现实的股权，这种计划一般规定员工在一定时间内不能出售所持有的股票，这样股票价格的变化就会影响员工的收益。通过这种方式，可以促使员工更加关心企业的整体绩效和长远发展。

期股计划则是指公司和员工约定在未来某一时期员工要以一定的价格购买一定数量的公司股票，购买价格一般参照股票的当前价格确定，这样如果未来股票的价格上涨，员工按照约定的价格买入股票，就可以获得收益；如果未来股票的价格下跌，那么员工就会有损失。例如，员工获得了以每股15元的价格购买股票的权利，两年后公司股票上涨到20元，那么他以当初的价格买入股票，每股就可以获得5元的收益；相反，如果股票价格下跌到10元，那么他以当初的价格买入股票，每股就要损失5元。

期权计划与期股计划比较类似，不同之处在于公司给予员工在未来某一时期以一定价格购买一定数量公司股票的权利，但是员工到期可以行使这项权利，也可以放弃这项权利，购股价格一般也要参照股票当前的价格确定。

二、福利

福利是指企业支付给员工的间接薪酬，在劳动经济学中，福利又曾被称为小额优惠。与直接薪酬相比，福利具有两个重要的特点：一是直接薪酬往往采取货币支付和现期支付的方式，而福利多采取实物支付或延期支付的形式。二是直接薪酬具备一定的可变性，与员工个人直接相连，而福利则具有准固定成本的性质。

相比直接薪酬，福利具有自身独特的优势：首先，它的形式灵活多样，可以满足员工不同的需要；其次，福利具有典型的保健性质，可以减少员工的不满意，有助于吸引和保留员工，增强企业的凝聚力；再次，福利还具有税收方面的优惠，可以使员工得到更多的实际收入；此外，由企业来集体购买某些产品，具有规模效应，可以为员工节省一定的支出。但是福利也存在一定的问题：首先，由于它具有普遍性，与员工个人的绩效并没有太大的直接联系，因此在提高员工工作绩效方面的效果不如直接薪酬那么明显，这也是福利最主要的问题；其次，福利具有刚性，一旦为员工提供了某种福利，就很难将其取消，这样就会导致福利的不断膨胀，从而增加企业的负担。

（一）福利的内容

在不同的企业中，福利的内容是各不相同的，存在着非常大的差异。但是，一般来说，可以将福利的项目划分为两大类：一是国家法定的福利；二是企业自主的福利。

1. 国家法定的福利

这是由国家相关的法律和法规规定的福利内容，具有强制性，任何企业都必须执行。从我国目前的情况看，法定福利主要包括以下几项内容：

①法定的社会保险，包括基本养老保险、基本医疗保险、失业保险、工伤保险和生育保险，企业要按照员工工资的一定比例为员工缴纳保险费。例如，我国的《失业保险条例》第六条规定，城镇企事业单位要按照本单位工资总额的2%缴纳失业保险费。

②公休假日，指企业要在员工工作满一个工作周后让员工休息一定的时间，我国目前实行的是每周休息两天的制度。

③法定休假日，就是员工在法定的节日要享受休假，我国目前的法定节日包括元旦、春节、国际劳动节、国庆节和法律及法规规定的其他休假节日。

④带薪休假，指员工工作满规定的时期后，可以带薪休假一定的时间。我国《劳动法》第四十五条规定："国家实行带薪年休假制度。劳动者连续工作一年以上的，享受带薪年休假。"

2. 企业自主的福利

除了法定的福利外，许多企业也自愿地向员工提供其他种类的福利，比如除了法定之外的由于某种原因而为员工另外提供的各种假期、休假，为员工及其家属提供的各种服务项目（儿童看护、老年人护理等），以及灵活多样的员工退休计划等，这类福利称为企业自主福利。与法定福利本质上的不同之处在于：它们不具有任何的强制性，具体的项目也没有一定的标准，企业可根据自身的情况灵活决定。

（二）福利的管理

为了保证给员工提供的福利能够充分发挥其应有的作用，在实践中，一般要按照下面的步骤来实施福利管理。

1. 调查阶段

为了使提供的福利能够真正满足员工的需要，首先必须进行福利需求的调查。在过去，我国大多数企业都忽视了这一点，盲目地向员工提供福利，虽然也支出了大笔的费用，效果却不理想。在进行福利调查时，既可以由企业提供一个备选"菜单"，让员工从中进行选择，也可以直接收集员工的意见。

与基本薪酬的确定一样，福利调查也要分为两个部分，内部福利调查只是解决了员工的需求问题，但是这些需求是否合理？企业总体的福利水平应当是多少？这些问题都需要进行外部福利调查。当然，这种调查没有必要单独进行，可以在薪酬调查的同时进行。

2. 规划阶段

福利调查结束后，就要进行福利的规划。首先，企业要根据内外部调查的结果和企业自身的情况，确定需要提供的福利项目。其次，要对福利成本做出预算，包括总的福利费用、各个福利内容的成本、每个员工的福利成本等。最后，要制定出详细的福利实施计划，如福利产品购买的时间、发放的时间、购买的程序、保管的制度等。

3. 实施阶段

这一阶段就是要按照已制定好的福利实施计划，向员工提供具体的福利。在实施中兼顾原则性和灵活性，如果没有特殊情况，一定要严格按照制定的计划来实施，以控制好福利成本的开支；即便遇到特殊情况，也要灵活处理，对计划做出适当的调整，以保证福利提供的效果。

4. 反馈阶段

实施阶段结束以后，还要对员工进行反馈调查，以发现在调查、规划和实施阶段中存在的问题，从而不断地完善福利实施的过程，改善福利管理的质量。

（三）福利管理的发展趋势

传统上，企业提供的福利都是固定的，向所有的员工提供一样的福利内容，但是员工的实际需求其实并不完全一样，因此固定的福利模式往往无法满足员工多样化的需求，从而削弱了福利实施的效果。从20世纪90年代开始，弹性福利模式逐渐兴起，成为福利管理发展的一个趋势。

弹性福利，也叫自助式福利，就是由员工自行选择福利项目的福利管理模式。需要强调的是，弹性并不意味着员工可以完全自由地进行选择，有一些项目还是非选项，如法定的社会保险。

从目前的实践来看，发达国家企业实行的弹性福利主要有以下五种类型：

1. 附加型弹性福利

就是指在现有的福利计划之外，再提供一些福利项目或提高原有的福利水准，由员工选择。例如，原来的福利计划包括房屋津贴、交通补助、免费午餐等，实行附加型弹性福利后，可以在执行上述福利的基础上，额外提供附加福利，如补充的养老保险等。

2. 核心加选择型弹性福利

就是由核心福利项目和选择福利项目组成福利计划，核心福利是所有员工都享有的基本福利，不能随意选择；选择福利项目包括所有可以自由选择的项目，并附有购买价格，每个员工都有一个福利限额，如果总值超过了所拥有的限额，差额就要折为现金由员工支付。福利限额一般是未实施弹性福利时所享有的福利水平。

3. 弹性支用账户

就是指员工每年可以从其税前收入中拨出一定数额的款项作为自己的"支用账户"，并以此账户去选购各种福利项目的福利计划。由于拨入该账户的金额不必缴纳所得税，因此对员工具有吸引力。为了保证"专款专用"，一般都规定账户中的金额如果本年度没有用完，不能在来年使用，也不能以现金形式发放，而且已经确定的认购福利款项也不得挪作他用。

4. 福利"套餐"

就是由企业提供多种固定的福利项目组合，员工只能自由地选择某种福利组合，而不能自己组合。

5. 选择型弹性福利

就是在原有的固定福利的基础上，提供几种项目不等、程度不同的福利组合供员工选择。这些福利组合的价值，有些比原有固定福利高，有些则比原有固定福利低。如果员工选择比原有固定福利价值低的组合，就会得到其中的差额，但是员工必须对所得的差额纳税。如果员工选择了价值较高的福利组合，就要扣除一部分直接薪酬作为补偿。

弹性福利模式的发展，可以说解决了传统的固定福利模式所存在的问题，可以更好地满足员工的不同需要，从而增强激励的效果。此外，这种模式也减轻了人力资源管理人员的工作量。但是这种模式也存在一定的问题：员工可能只顾眼前利益或者考虑不周，从而选择了不实用的福利项目；由于福利项目不统一，减少了购买的规模效应，而且还增加了管理的成本。

此外，从发达国家的实践来看，还出现了福利管理的社会化和货币化趋势。福利管理的社会化是指企业将自己的福利委托给社会上的专门机构进行管理，这样企业的人力资源管理部门就可以摆脱这些琐碎的事务，集中精力从事那些附加值高的工作。此外，由于这些机构是专门从事这项工作的，因此提供的福利管理也更加专业化。但是，这种方式也存在一个问题，即由于外部机构对企业的情况可能不太了解，因此企业需要与其进行大量的沟通，否则提供的福利就会失去针对性。

福利管理的货币化是指企业将本应提供给员工的福利折合成货币，以货币的形式发放给员工。这种方式可以大大降低福利管理的复杂程度，减轻企业的管理负担。但是，以货币形式发放福利就改变了福利原有的性质，从而削弱了福利应有的作用。例如，体育比赛由员工自发组织和由企业出面组织在凝聚力方面就存在很大的差距。此外，由于不再集中购买，就会失去规模效益，这样在企业付出相同成本的条件下，员工实际的福利水平是下降的，这会影响员工的满意度。

本章小结

薪酬是指员工从企业那里得到的各种直接的和间接的经济收入，简单地说，它就相当于报酬体系中的货币报酬部分。在企业中，员工的薪酬一般是由三个部分组成的，一是基本薪酬；二是激励薪酬；三是间接薪酬。薪酬管理是指企业在经营战略和发展规划的指导下，综合考虑内部外各种因素的影响，确定自身的薪酬水平、薪酬结构和薪酬形式，并进行薪酬调整和薪酬控制的整个过程。

薪酬水平指企业内部各类职位及企业整体平均薪酬的高低状况，它反映了企业支付的薪酬的外部竞争性。薪酬结构指企业内部各个职位之间薪酬的相互关系，它反映了企业支付的薪酬的内部一致性。薪酬形式则是指在员工和企业总体的薪酬中，不同类型的薪酬的组合方式。薪酬调整是指企业根据内外部各种因素的变化，对薪酬水平、薪酬结构和薪酬形式进行相应的变动。薪酬控制指企业对支付的薪酬总额进行测算和监控，以维持正常的薪酬成本开支，避免给企业带来过重的财务负担。

薪酬体系规划工作是在不确定条件下进行的一项非常复杂的活动，它必须通过系统的方法，鉴别和分析企业内外部的多种因素，并使各因素与企业薪酬体系规划的总体目标相结合，才能保证规划的科学有效。

课后思考练习

一、名词解释
薪酬　薪酬管理　激励薪酬　间接薪酬　薪酬体系规划　福利

二、单项选择题
1. 下列（　　）不属于工资总额。
　　A. 计时工资　　　　　　　　B. 计件工资
　　C. 劳动保护的各种支出　　　D. 加班加点工资
2. 薪酬水平的制定要考虑组织的承受能力，这体现的是薪酬的（　　）。
　　A. 公平性　　　B. 竞争性　　　C. 激励性　　　D. 经济性
3. 下列不属于国家法定福利的是（　　）。
　　A. 公休假日　　B. 带薪休假　　C. 心理咨询　　D. 法定休假日

4. 下列（ ）是薪酬制定的内部制约因素。
   A. 劳动力市场的供需关系与竞争状况
   B. 本单位的业务性质与内容
   C. 地区及行业的特点与惯例
   D. 当地生活水平

三、简答题

1. 报酬和薪酬有什么区别和联系？
2. 薪酬管理的含义是什么？有什么意义？需要遵循什么原则？
3. 简述薪酬管理应当遵循的原则及其主要影响因素。
4. 简述几种主要的薪酬管理理论。
5. 薪酬体系的构成及影响因素有哪些？

四、案例分析题

A 公司的员工薪酬

A 公司的员工薪酬与其职务高低成正比。年龄、工龄、学历等因素也有一定的影响，但不起主要作用。对于同一职务，如果由不同学历的人担任，他们之间薪酬的差别可能仅仅在几百元之间。部分员工有股份。另外，A 公司在计算员工的工龄时，把他在来公司之前的工作经历也算在内。

A 公司员工的薪酬一般由四部分组成：基本工资、奖金、补贴和福利。奖金分为两类：一般人员奖金和销售人员奖金。有一些关键人员还会得到一定的期权、股权，期权、股权的受益者一般为"对公司起关键性作用的人员"，而不一定是高职务者。工资围着市场转，奖金与业务目标"接轨"。在 A 公司，公司业绩与员工工资没有特别的关系，但与员工的奖金有很大关系。员工的奖金与公司的业绩成一定比例，但并非成正比例。奖金一般可达到员工工资的 60%，对于成绩显著的员工，还有其他补偿办法。员工在 A 公司得到提薪的机会一般有：职务提升，考核优秀或有突出贡献。被评为公司最佳员工者和有突出贡献的员工都有相应的奖金作为激励，突出贡献奖、最佳员工奖、突出改进奖的奖金额度一般不超过其年薪的 20%。

A 公司对每个职务的薪酬都设立一个最低标准，即下限。当然，规定下限并非为了限制上限，而是保证该职务在市场上的竞争力。据介绍，一般职务上下限的差异为 80%，比较特殊的职务可能会达到 100%，而比较容易招聘的职务可能只有 40% 的差异。

请思考：
1. 你认为 A 公司业绩与工资无多大关系，只与奖金有关联的做法正确吗？
2. 你认为 A 公司设立每个职务薪金下限的做法是否有创意？

技能实训

一、实训内容

以学习小组为单位选择本校某一岗位为对象，运用观察法和访谈法对其薪酬进行分析，试分析如何对其进行薪酬体系设计，请说明小组内各成员分工情况和完成作业的过程，并请附观察和访谈提纲。（参考岗位：学生食堂各工种，学院办公室、系科各岗位，图书馆各岗位，实验室各岗位，环卫清洁各岗位等）

二、方法步骤

1. 五人组成一个小组,对本校某一岗位的薪酬进行分析。
2. 每个小组派一名代表在课堂上交流、讨论。

三、实训考核

1. 对某岗位的薪酬体系设计按要求给予成绩认定。
2. 对讨论交流的成果给予点评。

第九章

员工激励

知识目标

1. 理解激励的概念，了解激励的过程，掌握激励理论体系
2. 掌握内容型激励理论：需要层次理论、ERG 理论、双因素理论、成就需要理论
3. 掌握过程型激励理论：期望理论、公平理论、目标设置理论
4. 了解行为改造理论、综合型激励理论

技能目标

能够灵活运用激励理论、激励艺术去指导工作实践

导入案例

一片假树叶

欧·亨利在他的小说《最后一片树叶》里讲了这样一个故事：有个病人躺在病床上，绝望地看着窗外一棵被秋风扫过的萧瑟的树。她突然发现，树上居然还有一片葱绿的树叶没有落。病人想，等这片树叶落了，我的生命也就结束了。于是，她终日望着那片树叶，等待它的掉落，也悄然地等待着自己生命的终结。但是，那树叶竟然一直未落，直到病人身体完全恢复了健康，那树叶依然碧如翡翠。

其实，树上并没有真的树叶，树叶是一位画家画上去的，但它达到了真树叶生动真实的效果，给了那位病人一个坚强的信念——活着，只要那片树叶不落，我的生命就不会终结。结果，她康复了，能够走出病房，去那棵树下看个究竟的时候，才发现，其实是一片假的树叶。

现实生活当中，真正有生命力的不是那片树叶，而是人的信念，人的信念往往会激励人们前行。

第一节　激励概述

一、激励的概念

"激励"(Motivate)一词作为心理学术语,指的是持续激发人的动机,使人有一股内在动力,朝着所希望的目标前进的心理过程。通过激励,在某种内部或外部刺激的影响下,使人始终处于一个兴奋的状态。从管理的角度来讲,激励指的是以满足个体的某些需要为条件,努力实现组织目标的过程。其实质是调动人的积极性,提高工作绩效,使个体目标与组织相统一,在实现个体目标的同时,有效地实现组织目标。激励的定义中隐含着个体需求必须和组织目标需求相一致的要求,否则,虽然是个体表现出高水平的努力,却与组织利益背道而驰。

在一般情况下,激励表现为外界所施加的吸引力与推动力,即通过多种形式对人的需要给予不同程度的满足或限制。通过激励来调动工作人员的积极性、创造性,是从事管理工作的一项重要任务。

激励同时也是人力资源管理中的重要问题,不管是从事激励研究的学者,还是从事企业经营的管理者都非常关注激励问题的研究。因为每个人都需要激励,需要自我激励,需要来自同事、群体、领导和组织方面的激励。企业中的管理工作需要创造并维持一种激励的环境,在此环境中使员工完成组织目标。在工作中,一个主管人员如果不知道如何去激励人,便不能提高员工的工作绩效和工作效率,挖掘员工的内在潜力,挽留住人才,也就不能很好地完成管理工作。

二、激励的基本特征

当一个人在被激励的过程中,我们通常可以看到被激励者会有三类表现:第一,被激励者十分努力地工作;第二,被激励者长时间坚持某种行为;第三,被激励者目标明确稳定。我们可以把上面三类表现归结为三种基本的激励特征:

(一) 努力程度

激励的第一个特征是指被激励者在工作中表现出来的工作行为的强度或努力程度的总和。例如,员工受到激励后能够提高工作效率,使产量提高一倍。

(二) 持久程度

激励的第二个特征是指被激励者在努力完成工作任务方面表现出来的长期性。例如,某位同志被评选为优秀工作者后,长期保持认真负责的工作态度。

(三) 方向性

激励的第三个特征是指被激励者能否按激励的方向去努力,激励者有时的激励行为能够使被激励者的行为按自己设计的方向去发展,但有时也可以使激励行为得到相反的作用。

三、激励的类型

(一) 按激励的内容分为物质激励和精神激励

物质激励主要是针对人的生理要求进行的。这种激励如果运用不当会使人走上"唯利是图"之路，变得鼠目寸光，忘掉自己的历史责任和社会责任。精神激励主要是针对人的"向上"心理进行的，这是人类社会进化的内在动力。

（二）按激励的性质分为正激励与负激励

正激励是继续强化人的行为的激励。它一般是在人的行为符合社会需要的情况下，为了进一步提高人们的积极性、创造性、工作效率而进行的。正激励的手段可以是物质手段方面的，如奖金、津贴或其他方面的物质奖励；也可以是精神方面的，如表扬、树立先进类型等。

负激励是抑制，甚至制止某种行为的激励。负激励是针对不符合社会需要的行为进行的，目的是改变其行为方向，使其符合社会需要。因此，当进行负激励时，往往伴随着正激励的因素，即指明何种行为才是社会所需要的，并鼓励其按社会所需要的方向前进。

激励的手段可以是物质的，如降低工资级别、罚款等；也可以是精神方面的，如批评、通报、记过等。一般来说，以精神方面的手段为主，即使是采取物质方面的手段，也要结合精神方面的手段。

（三）按激励的形式分为内滋激励和外附激励

内滋激励是指在管理过程中，通过引导组织成员的内发性欲求，鼓励其工作行为动机的过程。外附激励是指借助外在刺激后达到激发组织成员的工作行为动机的过程。

和外附激励相比，在人事管理中，内滋激励更为重要。保持外附激励和内滋激励两者的相互关系，使外附激励起到增强组织成员对工作活动本身及完成任务的满足感，是激励的重要原则。

（四）按激励的效用时间分为短效激励与长效激励

不同的激励内容，起作用的时间是不同的。有的只在激励过程中起作用，有的在激励过程结束之后相当长的时间内仍起作用。一般来说，物质方面的激励起作用的时间较短，精神方面的激励起作用的时间较长。这是因为精神方面的激励是和提高人的素质相结合的。

四、激励的基本原则

（一）目标结合的原则

目标结合是指激励目标与组织目标相结合的原则。在激励机制中，设置目标是一个关键环节，目标设置必须同时体现组织目标和员工需求。

（二）物质激励和精神激励相结合的原则

从前面的分析中我们可以了解到，物质激励是基础，精神激励是根本。单纯的物质激励与精神激励都不能完整地调动员工的工作积极性，因此要将这两种激励方式结合起来，在两者结合的基础上，逐步过渡到以精神激励为主的激励方式。

（三）合理性的原则

激励的合理性原则包括两层含义：其一，激励的措施要适度。要根据所实现的目标本身的价值大小确定适当的激励量，"超量激励"和"欠量激励"不但起不到激励的真正作用，有时甚至还会起反作用。其二，奖惩要公平。努力满足激励对象的公平要求，应积极减少和消除不公平现象，正确的做法是领导者要做到公平处事、公平待人，不以好恶论人。对激励对象的分配、晋级、奖励、使用等方面,要努力做到公正合理。

知识链接9-1　　　　　　　警觉性实验

一些心理学家曾经做过一个有趣的实验,叫作警觉性实验。实验是用一个光源来调节发光的强度,然后记录被试者辨别光强度变化的感觉以测定其警觉性。实验分为四个组:A组为控制组,不施加任何激励,只是一般地告知实验的要求与方法;B组是挑战组,成员被告知,他们是经过精心挑选的,觉察力最强,理应错误最少;C组是竞赛组,明确告知要以误差次数评定优劣名次;D组为奖惩组,每出现一次错误,罚一角钱,每次无误奖励五角钱。实验结果如表9-1所示。

表9-1　警觉性实验结果

组别	A	B	C	D
激励情况	不施加任何激励	精神激励	运用竞赛手段	物质奖励(奖惩)
误差次数	24	8	14	11
排序	4(最多)	1(最少)	3	2

这一实验结果不仅说明了激励的强大作用,还揭示了激励类型对行为的影响,生动地揭示出精神激励比物质激励所具有的优势,为组织活动中侧重精神激励提供了一定的行为依据。

(四) 明确性原则

激励的明确性原则包括三层含义:其一,明确。明确激励的目的,需要做什么和必须怎么做。其二,公开。特别是分配奖金等大量员工关注的问题时,更为重要。其三,直观。实施物质激励和精神激励时都需要直观地表达它们的指标,总结给予奖励和惩罚的方式,直观性与激励影响的心理效应成正比。

(五) 时效性的原则

要把握激励的时机,须知"雪中送炭"和"雨后送伞"的效果是不一样的,激励的时机是激励机制的一个重要因素,激励在不同时间进行,其作用与效果是有很大差别的,打个比方:厨师炒菜时,不同的时间放入味料,菜的味道和质量是不一样的。激励越及时,越有利于将人们的激情推向高潮,使其创造力连续有效地发挥出来,超前的激励可能会使下属感到无足轻重,迟到的激励可能会让下属觉得画蛇添足,都失去了激励应有的意义。

(六) 正激励与负激励相结合的原则

正激励是从正方向给予鼓励,负激励是从反方向予以刺激,它们是激励中不可缺少的两个方面,俗话说"小功不奖则大功不立,小过不戒则大过必生",讲的就是这个道理。在实际工作中,只有做到奖功罚过、奖优罚劣、奖勤罚懒,才能真正调动起员工的工作热情,形成人人争先的竞争局面。如果良莠不齐、是非不明,势必形成"干多干少一个样、干与不干一个样"的心理。所以,只有坚持正激励与负激励相结合的原则,才会形成一种激励合力,真正发挥出激励的作用,在两者结合使用的同时,一般来说应该以正激励为主。

(七) 按需激励的原则

按需激励是指激励的针对性,即针对什么样的内容来实施激励,它对激励效果也有显著的影响。马斯洛的需要层次理论有力地证明,激励方向的选择与激励作用的发挥有着非常密切的联系。当某一层次的优先需要基本上得到满足时,应该调整激励方向,将其转移到满足更高层次的优先需要,这样才能够更有效地达到激励的目的。例如,对一个具有强烈自我表现欲望的员工来说,如果要对他所取得的成绩予以奖励,奖给他奖金和实物不如为他创造一次能充分体现自己才能的机会,使他从中得到更大的鼓励。还有一点需要指出的是,激励方向的选择是以优先需要的发现为其前提的,所以及时发现下属的优先需要是管理人员实施正确激励的关键。

五、激励理论的类型

根据激励理论研究激励问题的不同方面,可将激励理论分为以下几种类型:

（一）内容型激励理论

内容型激励理论着重研究激励动机的因素,由于这类理论的内容具体到对人的需要的研究上,所以也称之为需要理论。西方的需求理论主要包括:马斯洛（Maslow）的需要层次理论；赫茨伯格（Herzberg）的双因素理论；奥尔德弗（Alderfer）的生存、关系和成长理论及麦克莱兰（Mcclelland）的成就需要理论等。

（二）过程型激励理论

过程型激励理论着重研究从动机的产生到采取具体行动的心理过程。这类理论都试图通过弄清人们对付出努力、功效的要求和对奖酬价值的认识,以达到激励的目的。它主要包括弗罗姆（Froom）的期望理论、洛克（Locke）的目标设置理论、亚当斯（Adams）的公平理论、俞文钊的公平差别理论等。

（三）行为改造型激励理论

行为改造激励理论以斯金纳（Skinner）的操作性条件反射为基础,着重研究对被管理者行为的改造修正。这类理论主要有强化理论、挫折理论及凯利（Kelly）的归因理论等。

（四）综合型激励理论

在以上三类激励理论的基础上,一些学者又提出一类综合型激励理论。它主要包括波特（Porter）和劳勒（Lawler）的综合激励模式和迪尔（Diu）的综合激励模式。这两种理论是综合运用多种激励理论来探讨复杂的激励问题的尝试。

六、激励的作用

（一）吸引人才

发达国家的许多组织,特别是那些竞争力强、实力雄厚的组织,都是通过各种优惠政策、丰厚的福利待遇、快捷的晋升途径等方法来吸引组织需要的人才。

（二）开发员工潜能

员工的工作绩效除受员工能力的影响外,还和受激励程度有关。激励制度如果把对员工的创造性、革新精神和主动提高自身素质的意愿的影响考虑进去的话,激励对工作绩效的影响就大了。

（三）留住优秀人才

每一个组织都需要三个方面的绩效:直接的成果、价值的实现和未来的人力资源发展。

缺少任何一方面的绩效，组织注定失败。因此，每一位管理者都必须在这三方面均有贡献，在这三方面的贡献中，对未来的人力资源发展的贡献就来自于激励制度。

（四）造就良性的竞争环境

科学的激励制度包含一种竞争精神，它的运行能够创造出一种良性的竞争环境，进而形成良性的竞争机制。在具有竞争性的环境中，组织成员就会受到环境的压力，这种压力将转变为员工努力工作的动力。正如麦格雷戈所说："个人与个人之间的竞争是激励的主要来源之一。"员工工作的动力和积极性变成了激励工作的间接结果。

知识链接9-2　　　　　　天马公司的激励难题

天马公司是一家以采矿、棉麻加工为主的民营企业。当年8人起家的公司，如今已成长为拥有4 000多名员工、1.6亿元资产的中型企业。

在经济效益不断增加的前提下，员工薪水也不断增加。加薪成为公司提高员工积极性的手段，员工薪水在当地一直处于领先水平。在公司发展过程中，这个激励手段不仅调动了员工的积极性，还吸引了不少人才，但近年来，公司领导发现，过去效果明显的加薪激励机制的作用不如从前了。员工对增加薪水已经习以为常，对工作缺乏激情，仅仅满足于把工作完成。公司管理层为重新激发员工的工作热情，采取了购买养老金、建造员工住宅楼等一系列措施。这些措施实施的初期效果都不错，但仍然不能保持员工的长久激情。

公司领导又重新陷入以前的苦恼：怎样建立长期、持久的激励机制？

思考与讨论：

在实际管理过程中如何把握并有效地运用激励的原则？

第二节　激励理论

由于激励广泛存在于各种类型的组织当中，所以心理学家、管理学家、组织行为学家从各自不同的角度来研究激励，产生了许许多多的激励理论。这些激励理论着重研究激励人的规律，探讨激发人的内在能力、调动员工积极性的有效方法，激励理论是行为科学的重要内容，它是在行为科学发展过程中逐步产生和发展起来的。

一、内容型激励理论

（一）需要层次理论

美国著名的人本主义心理学家马斯洛认为，人的一切行为都是由需要引起的，他在1943年出版的《调动人的积极性的理论》一书中提出了著名的需要层次理论。马斯洛把人的多种多样的需要归纳为五大类，并按照它们发生的先后次序分为五个等级。

1. 生理需要

生理需要是人类最原始的也是最基本的需要，如吃饭、穿衣、住宅、医疗等。只有在生理需要基本满足之后，其他的需要才能成为新的激励因素，而在未满足之前生理需要是调动人们行为的最大动力。

2. 安全需要

当一个人的生理需要得到满足后，满足安全的需要就会产生。个人寻求生命、财产等个人生活方面免于威胁、侵犯并得到保障的心理就是安全的需要。

3. 归属与爱的需要

这是一种社会需要，包括同人往来，进行社会交际，获得伙伴之间、朋友之间的关系融洽或保持友谊和忠诚。人人都希望获得别人的爱，给予别人爱，并希望受到别的团体与社会所接纳，成为其中的一员，彼此相互支持与关照。

4. 尊重的需要

尊重的需要包括受人尊重与自我尊重两方面。前者是希望得到别人的重视，获得名誉、地位；后者是希望个人有价值、有能力，成就得到社会的承认。

5. 自我实现的需要

自我实现的需要是指实现个人理想、抱负，最大限度地发挥个人的能力的需要，是需要层次理论的最高层次。马斯洛认为：为满足自我实现的需要所采取的途径是因人而异的。有人希望成为一位成功的商人，有人希望成为体育明星，还有人希望成为画家或音乐家。简而言之，自我实现的需要是指最大限度地发挥一个人的潜能的需要。

马斯洛把五种需要分为高层次需要和低层次需要。生理需要和安全需要是低层次需要；归属与爱的需要、尊重的需要和自我实现的需要是高层次需要。区分这两个层次的需要的前提是：较高层次的需要从内部使人得到满足，较低层次的需要从外部使人得到满足。

马斯洛认为各层次的需要之间有以下一些关系：

一般来说，这五种需要像阶梯一样，从低到高，低一层次的需要获得满足后，就会向高一层次的需要发展；这五种需要不是每个人都能满足的，越是靠近顶部的成长型需要，满足的百分比越少，但是激励力量越强；同一时期，个体可能同时存在多种需要，因为人的行为往往是受多种需要支配的，每一时期总有一种需要占支配地位。

近来的研究有些新发现：缺乏型需要几乎人人都有，而成长型需要并不是所有人都有。尤其是自我实现的需要，相当部分的人没有。满足需要时不一定先从最低层次开始，有时可以从中层或高层开始，有时个体为了满足高层次的需要而牺牲低层次的需要，任何一种需要并不因为满足而消失，高层次需要发展时，低层次需要仍然存在，在许多情景中，各层次的需要相互依赖和重叠。

知识链接 9-3

亚伯拉罕·马斯洛简介

亚伯拉罕·马斯洛（Abraham Harold Maslow，1908—1970），美国最有影响的一位心理学家。

第二次世界大战后，他开始对健康人格与自我实现者的心理特征进行研究。曾任美国人格与社会心理学会主席和美国心理学会主席（1967），是《人本主义心理学》和《超个人心理学》两个杂志的首任编辑。

马斯洛最伟大的贡献是于20世纪50年代创建了人本主义心理学派，被誉为"人本主义心理学之父"，并第一次把"自我实现的人"和"人类潜力"的概念引入心理学的范畴。他开创了人本主义心理学研究的新取向，构建了需要层次论和自我实现论，促进了以人为中心管理理论的发展。

(二) 双因素理论

1. 双因素理论的基本内容

双因素理论是美国心理学家赫茨伯格于 20 世纪 50 年代后期提出来的。赫茨伯格认为，影响人的行为积极性的因素有两类，即激励因素和保健因素，简称为双因素理论。

激励因素是指能够在工作中激励员工、给员工带来满意感的因素，它一般包括工作本身的挑战性、工作所富有的成就感、工作成绩能够得到大家的认可、工作所需要担负的责任及职业生涯中的晋升等因素。这类因素涉及员工对工作的积极感情，同时和工作本身的内容有关。当具备了这类因素时，激励因素自身所具备的激励作用便能够得以发挥，使员工富有工作热情，产生较高的绩效，员工也因而产生满意感。但如果处理不好这类因素，会使员工不能产生满意的感觉。

保健因素是指能够在工作中安抚员工、消除员工不满意感的因素，它一般包括公司的政策与管理、技术监督方式、工薪薪金、工作环境、人际关系及地位等因素。这类因素涉及员工对工作的消极感情，同时与工作氛围和工作环境有关。当这类因素得到改善时，只能消除员工的不满意，安抚员工，使消极对抗行为消失，却不会使员工感到非常满意。一旦处理不好这类因素，就会使员工产生不满意的感觉，带来沮丧、缺勤、离职、消极怠工等结果。相比较而言，就工作本身来说，保健因素是外在的，激励因素是内在的，或者说是与工作相联系的内在因素。

2. 双因素理论在管理中的应用

（1）保健因素与激励因素在一定条件下可以互相转化

具备必要的保健因素才不会使职工产生不满情绪，从而调动和保持员工的积极性，赫茨伯格提出的成就、责任心、发展、成长等因素的确应引起管理者的重视。

（2）注重"内在满足"和"外在满足"的问题

即"内在激励"和"外在激励"或"正激励"和"反激励"的问题。内在满足是指个人从工作本身得到的满足；外在满足是指个人在工作之后得到的满足。人们工作动机的强弱、工作热情的高低在很大程度上依附于对工作满足感的期望。满足感来自管理人员所提供的外在报酬和工作带来的内在满足。内在满足的激励作用比外在满足的激励作用持久稳定，所以经营者管理者要创造条件，尽量满足人们的内在需要。

（3）采取激励因素调动员工积极性

人们通过努力取得了成绩，就会有荣誉感和胜利感，有较高的士气和精神状态，有的人会沿着正确的方向，继续努力争取更大的成就；有的人会沾沾自喜，骄傲自大，故步自封。如果通过努力没有取得所预期的成就，心理上就会有一种失败感，有的人会总结教训，继续努力；有的人会因此萎靡不振。从工资待遇、奖金津贴这两个因素来看，它们也有正激励和反激励的作用。工资和奖金收入，不仅是人们保障生理需求的条件，而且还是社会地位、角色扮演、个人成就、贡献的象征，有很大的心理意义，对人们也有较大的激励作用。但是，奖金如果不同内在因素、工作成就、工作表现相结合，就不会有多大的激励作用，只能是其中的一个保健因素。

在管理实践中根据双因素理论，可以采用扩大员工的工作范围，使员工在工作计划和管理中负有更大的责任等激励措施来调动员工的积极性。具体做法有工作丰富化、工作扩大化、弹性工时等。

①工作丰富化。让员工有机会参加工作的计划和设计，得到信息反馈，以正确估计和修正自己的工作，并使员工对工作本身产生兴趣，获得责任感和成就感。

②工作扩大化。增加员工的工作种类，让其同时承担几项工作或完成更长的工作链，以增加其对工作的兴趣，克服因精细专业化和高度自动化带来的工作单调与乏味。

③弹性工时。这种制度规定员工除一部分时间须按规定时间上班外，其余时间在一定范围内可以让其自行安排，以提高员工的工作情绪和工作效率。

(三) ERG 理论

美国耶鲁大学克雷顿·奥尔德弗（Clayton Alderfer）在马斯洛提出的需要层次理论的基础上，进行了更接近实际经验的研究，提出了一种新的人本主义需要理论。奥尔德弗认为，人们共存在三种核心的需要，即生存（Existence）的需要、相互关系（Relatedness）的需要和成长发展（Growth）的需要，因而这一理论被称为 ERG 理论。

生存的需要，这类需要关系到机体的存在或生存，包括衣、食、住及工作组织为使其得到这些因素而提供的手段，这实际上相当于马斯洛理论中的生理需要和安全需要。

相互关系的需要，这是指发展与他人关系的需要。这种需要通过工作中或工作以外与其他人的接触和交往得到满足，它相当于马斯洛理论中归属与爱的需要和一部分尊重的需要。

成长发展的需要，这是个人自我发展和自我完善的需要，这种需要通过发展个人潜力和才能，从而得到满足，这相当于马斯洛理论中的需要和尊重需要。

除了三种需要替代了五种需要以外，与马斯洛低层次需要理论不同的是，奥尔德弗的"ERG"理论还表明：人在同一时期可能有不止一种需要起作用，如果较高层次需要的满足受到抑制的话，那么人们对较低层次的需要的渴望会变得更加强烈。

马斯洛低层次需要理论是一种刚性的阶梯式上升结构，即认为较低层次的需要必须在较高层次的需要满足之前得到充分的满足，二者具有不可逆性。而相反的是，"ERG"理论并不认为各类需要层次是刚性结构，比如说，即使一个人的生存和相互关系需要尚未得到完全满意，他仍然可以为成长发展的需要而工作，而且这三种需要可以同时起作用。

此外，"ERG"理论还提出了一种叫作"受挫——回归"的思想，马斯洛认为当一个人的某一层次需要尚未得到满足时，他可能会停留在这一需要的层次上，直到获得满足为止。相反的，"ERG"理论则认为，当一个人在某一更高等级的需要层次受挫时，那么作为替代，他的某一较低层次需要可能会有所增加。例如，如果一个人社会交往得不到满足，可能会增强他对得到更多金钱或更好的工作条件的愿望。与马斯洛层次需要理论类似的是，"ERG"理论认为较低层次的需要满足之后，会引发出对更高层次需要的愿望。不同于需要层次理论的是，"ERG"理论认为多种需要可以同时作为激励因素起作用，并且当满足较高层次需要的愿望受挫时，会导致人们向较低层次需要回归。因此，管理措施应随着人的需要结构的变化而做出相应的改变，并且根据每个人不同的需要制定出相应的管理措施。

(四) 成就需要理论

美国哈佛大学教授戴维·麦克利兰是当代研究动机权威心理学家。他从 20 世纪四五十年代起就开始对人的需求和动机进行研究，提出了著名的"三种需要理论"，并提出了一系列重要的研究结论。

麦克利兰提出了人的多种需要，他认为个体在工作情境中有三种重要的动机或需要。

1. 成就需要：争取成功，希望做到最好的需要

麦克利兰认为，具有强烈的成就需要的人渴望将事情做得更为完美，提高工作效率，获得更大的成功。他们追求的是在争取成功的过程中克服困难、解决难题、努力奋斗的兴趣，以及成功之后的个人成就感，他们并不看重成功所带来的物质奖励。个体的成就需要与他们所处的经济、文化、社会、政府的发展程度有关，社会风气也制约着人们的成就需要，麦克利兰发现高成就需要者的特点是：

（1）及时明确反应

高成就者希望他们的行为能够得到及时明确的反馈，告诉他们自己的行为效果。因此，高成就需要者一般会选择业绩比较容易考核的职业。

（2）适度挑战性的目标

高成就需要者一般设置中等挑战性目标，因为他们通过克服困难来证明成功结果是由于他们自己的努力行为引起的，高成就需要者对于自己感到成败机会各半的工作，表现最为出色，他们不喜欢成功的可能性非常低的工作，这种工作碰运气的成分非常大，那种带有偶然性的成功机会无法满足他们的成功需要；同样，他们也不喜欢成功性很大的工作，因为这种轻而易举就取得的成功对于他们的自身能力不具有挑战性，他们喜欢设定通过自身努力才能达到的奋斗目标。对他们而言，当成败可能性均等时，才是一种能从自身的奋斗中体验成功喜悦与满足的最佳机会。

2. 权力需要：影响或控制他人且不受他人控制的需要

权力需要是指影响和控制别人的一种愿望或驱动力。不同人对权力的渴望程度也有所不同，权力需要较高的人喜欢支配、影响他人，喜欢对别人发号施令，注重争取地位和影响力，他们喜欢具有竞争性和能体现较高站位和场合的情境。他们也会追求出色的成绩，但他们这样做并不像高成就需要的人那样是为了个人的成就感，而是为了获得地位和权力或与自己具有的权力和地位相称。权力需要是管理成功的基本要素之一。

3. 亲和需要：建立友好亲密的人际关系需要

亲和需要就是寻求被他人喜爱和接纳的一种愿望，高亲和需要者渴望友谊，喜欢合作而不是竞争的工作环境，希望彼此之间的沟通与理解，他们对环境中的人际关系更为敏感。有时，亲和需要也表现为对失去某些亲密关系的恐惧和对人际关系的回避，亲和需要是保持社会交往和人际关系和谐的重要条件。

在大量的研究基础上，麦克利兰对成就需要与工作绩效的关系进行了十分有说服力的推断。首先，高成就需要者喜欢能独立负责、可以获得信息反馈和独立冒险的工作环境。他们会从这种环境中获得高度激励。麦克利兰发现，在小企业的经理人员和在企业中独立负责一个部门的管理者中，高成就需要者往往会取得成功。其次，在大型企业或其他组织中，高层次者不一定就是一个优秀的管理者，原因是高成就需要者往往只对自己的工作绩效感兴趣，并不关心如何影响别人去做好工作。再次，亲和需要与权力需要与管理的成功密切相关。麦克利兰发现，最优秀的管理者往往是权力需要很高而亲和需要很低的人。如果一个大企业经理的权力需要、责任感和自我控制相结合，那么他很有可能成功。最后，可以对员工进行训练来激发他们的成就需要。如果某项工作要求高成就需要者，那么管理者可以通过直接选拔的方式找到一名高成就需要者，或者通过培训的方式培养自己的原有下属。

麦克利兰的动机理论在企业管理中很有应用价值。首先在人员选拔和安置上，通过测量和评价一个人动机体系的特征，从而决定如何分派工作和安排职位。其次，由于具有不同需要的人需要不同的激励方式，了解员工需要与动机有利于合理建立激励机制。最后，麦克利兰认为动机是可以训练和激发的，因此可以训练和提高员工的成就动机，以提高生产效率。

知识链接9—4   **"四台"的启示**

无锡电缆厂运用光荣台、闪光台、党风台、革新台激励全厂工人干部的生产、工作积极性，五年多的实践充分证明了精神激励的作用。光荣台选登取得较大成绩的先进个人和集体；闪光台反映共产主义新思想、新风尚；党风台选载公正廉洁、忠诚积极的好党员的事迹；革新台选载意义重大的革新成果。该厂的管理者在总结中写道："四台"是一种积极有效的正强化手段，它很好地发挥了精神激励的作用，使各种积极的行为、动机得到不断的加强，使闪光点由小变大，发出强烈的光和热。

思考与讨论：

1. 无锡电缆厂如何处理物质奖励与精神奖励的关系？原理是什么？
2. 假设你是一名企业管理者，请你运用内容型激励理论，提出激励办法。

二、过程激励理论

（一）期望理论

著名心理学和行为科学家维克托·弗鲁姆，深入研究了组织中个人的激励和结果，率先提出了形态比较完备的期望理论模式，并于1964年在其《工作与激励》一书中阐述了期望理论模式。

1. 期望理论的基本假设

对组织行为原因的四种假设构成了期望理论基础：第一，个人和环境的组合力量决定一个人的行为，仅有个人或仅有环境是不可能决定一个人的行为的。人们带着各种各样的期望加入组织，对他们的事业、需求、激励和过去的历史期望，所有这些期望将影响他们对组织的回报。第二，人们决定他们自己在组织中的行为受到许多限制（如规章、制度、规定等），尽管如此，人们还是做出两个清醒的决定：首先，决定是否来工作，是留在原公司还是跳槽到新公司（成员决定）；其次，决定他们在完成工作时付出努力的程度（效率、努力程度、同事关系等）。第三，不同的人有着不同类型的需求和目标，人们希望从他们的工作中得到不同的成果。第四，人们根据他们对一个假设的行为将导致希望获得成果的程度，在变化的情况中做出他们的决定，人们倾向做那些他们认为将导致他们所希望的回报的事情，而避免做那些他们认为将导致他们所不希望的后果的事情。

弗鲁姆认为，职工要是相信目标的价值并且可以看到做什么才有助于实现的目标时，他们就会受到激励去工作以达到企业目标。在某种意义上，这是马丁·路德在几个世纪以前说的"在这个世界上所做的每一件事都是抱着希望"这句话的一种现代表述方式。

2. 期望理论的基本内容

期望理论是研究需要与目标之间的规律的一种理论，弗鲁姆认为："人类渴求满足一定的需要和达到一定的目的，对一个人来说，调动他的工作积极性的动力有多大，即激励力量有多大，取决于期望值与效价的乘积。"

$$M = V \cdot E$$

其中：M——激励力量，指直接推动或使人们采取某一行动的内驱力。这是指调动一个人的积极性，激发出人的潜力的强度；

V——目标效价，指达成目标后对于满足个人需要的价值大小，它反映个人对某一成果或奖酬的重视与渴望程度；

E——期望值，指根据以往的经验，个人对某一行为导致特定成果的可能性或概率的估计与主观判断。

显然，只有当人们对某一行为结果的效价和期望值同时处于较高水平时，才有可能产生强大的激励力量。

3. 期望理论对实施激励的启示

弗鲁姆认为，员工选择做与不做某项工作主要基于三个具体因素：

（1）员工对自己做某项工作的能力的认知

如果员工相信他能够胜任某项工作，动机就强烈；如果认为自己不能胜任某项工作，动机就不足。

（2）员工的期望

如果员工相信从事这项工作会带来期望的结果，做这项工作的动机会很强烈。相反，员工若认为不能带来所期待的结果，则工作动机不足。

（3）员工对某种结果的偏好

如果一位员工真的渴求加薪、晋升或其他结果，则动机会很强烈。如果员工认为这会导致一个消极的结果，如额外压力、更长的工作时间或合作者的嫉妒，那么他就不会受到激励。

根据弗鲁姆的理论，员工的动机依赖于员工认为他们是否能够达到某种结果，这种结果是否能带来预期奖赏及员工认为此奖赏是否有价值。如果员工对这三个因素的评价都很高，则动机强度便可能很高，如果员工对某个因素不感兴趣，激励作用就会降低甚至毫无意义。这个理论告诉管理者：应该努力让员工感到他们具有完成工作任务的能力，而且要经常对他们的成绩给予有价值的奖赏。

管理者实施这种激励时需要注意以下几点：第一，管理者不要泛泛地实施一般的激励措施，而应当实施多数组织成员认为效价最大的激励措施。第二，设置某一激励目标时应尽可能加大其效价的综合值。如果每个人的奖金多少不仅意味着当月的收入状况，而且与年终分配、工资调级挂钩，将大大增加这种激励方式效价的综合值。第三，适当加大不同人实际所得效价的差值，加大组织希望行为与非希望行为之间的效价差值，如奖罚分明等。第四，适当控制期望概率与实际概率。

（二）公平理论

公平理论又称社会比较理论，它是美国行为科学家斯塔西·亚当斯（J. Stacy Adams）在《工人关于工资不公平的内心冲突同其生产率的关系》（1962，与罗森鲍姆合写）、《工资不平等对工作质量的影响》（1964，与雅各布森合写）、《社会交换中的不公平》（1965）等著作中提出来的一种激励理论，该理论侧重于研究工资报酬分配的合理性、公平性及对职工生产积极性的影响。

1. 公平理论的基本观点

当一个人做出了成绩并取得了报酬以后，他不仅关心自己所得报酬的绝对量，而且关心自己所得报酬的相对量。因此，他要进行种种比较来确定自己所获报酬是否合理，比较的结果将直接影响今后工作的积极性。

（1）横向比较

即他要将自己获得的"报偿"（包括金钱、工作安排及获得的常识等）与自己的"投入"（包括教育程度、所做努力、用于工作的时间、精力和其他无形损耗等）的比值与组织内其他人做社会比较，只有相对等时，他才认为公平，如下式所示：

$$O_p/I_p = O_c/I_c$$

其中：O_p——自己对所获报酬的感觉；

O_c——自己对他人所获报酬的感觉；

I_p——己对个人所做投入的感觉；

I_c——自己对他人所做投入的感觉。

当上式为不等式时，可能出现以下两种状况：

$$O_p/I_p < O_c/I_c$$

在这种情况下，他可能要求增加自己的收入或减小自己今后的努力程度，以便使左方增大，趋于相等；第二种办法是他可能要求组织减少比较对象的收入或者让其今后增加努力程度以便使右方减小，趋于相等。此外，他还可能另外找人作为比较对象，以便达到心理上的平衡。

$$O_p/I_p > O_c/I_c$$

在这种情况下，他可能要求减少自己的报酬或在开始时自动多做些工作，但久而久之，他会重新估计自己的技术和工作情况，觉得他确实应当得到那么高的待遇，于是产量便又回到过去的水平了。

（2）纵向比较

除了横向比较之外，人们也经常做纵向比较，即把自己目前投入的努力与目前所获得报偿的比值，同自己过去投入的努力与过去所获得报偿的比值进行比较。只有相等时他才认为公平，如下式所示：

$$O_p/I_p = O_h/I_h$$

其中：O_p——自己对现在所获报酬的感觉；

O_h——自己对过去所获报酬的感觉；

I_p——自己对个人现在投入的感觉；

I_h——自己对个人过去投入的感觉。

当上式为不等式时，也可能出现以下两种情况：

$$O_p/I_p < O_h/I_h$$

当出现这种情况时，人也会有不公平的感觉，这可能导致工作积极性下降。

$$O_p/I_p > O_h/I_h$$

当出现这种情况时，人不会因此产生不公平的感觉，但也不会觉得自己多拿了报偿，从而主动多做些工作。

调查和试验的结果表明，不公平感的产生，绝大多数是由于经过比较，认为自己目前的报酬过低而产生的；但在少数情况下，也会由于经过比较认为自己的报酬过高而产生。

2. 公平理论产生的原因

我们看到，公平理论提出的基本观点是客观存在的，但公平本身是一个相当复杂的问题，这主要是由于以下几个方面的原因产生的：

第一，它与个人的主观判断有关，上面公式中无论是自己的或者他人的投入和报偿都是个人感觉，而一般人总是对自己的投入过高、对别人的投入估计过低。第二，它与个人所持的公平标准有关，上面的公平标准是采取贡献率，也有采取需要率、平均率的，例如，有人认为助学金改为奖学金才合理，有人认为应平均分配才公平，也有人认为按经济困难程度分配才适当。第三，它与业绩的评估有关，我们主张按绩效付报酬，并且各人之间应相对平等，但如何评定绩效？是以工作成果的数量和质量，还是按工作能力、技能、学历？不同的评定方法会得到不同的结果，最好是按工作成果的数量和质量，用明确、客观、易于核实的标准来度量，但这在实际工作中往往难以做到，有时不得不采用其他方法。第四，它与评定人有关，绩效由谁来评定？是领导者，还是群众或自我评定？不同的评定会得出不同的结果，由于同一组织内往往不是统一评定，因此会出现松紧不一、回避矛盾、姑息迁就、抱有成见等现象。

3. 员工面对不公平会出现的行为

改变自己的投入，减小绩效努力，以消除负的不公平感；改变自我认知（比如，发现自己比其他人努力多了）；改变用于比较的参照对象（如比上不足，比下有余）；主观上进行歪曲或改变比较方法，合理地设想不公平只是暂时的，在不久的将来将得到解决；设法改变他人的投入或产出，使他人工作不那么努力；离开工作场所（如辞职、辞换工作）。

4. 公平理论的启示及其在管理中的应用

（1）公平理论的启示

①影响激励效果的不仅有报酬的绝对值，还有报酬的相对值。

②激励应力求公正并考虑多方面的因素，避免因个人主观判断造成不公平感。

③在激励过程中应注意被激励者公平心理的疏导，引导其树立正确的公平观。第一，使大家认识到绝对的公平是没有的；第二，不要盲目攀比，所谓盲目性起源于纯主观的比较，多听听别人的看法，也许会客观一些；第三，不要按酬付劳是在公平问题上造成恶性循环的主要杀手。

（2）公平理论在管理中的应用

①管理人员应该理解，下属对报酬做出公平比较是人的天性，应了解下属对各种报酬的主观感觉。

②为了使员工对报酬的分配有客观的感觉，管理人员应该让下属知道分配的标准。

③要达到理想的激励作用，应在工作前便让下属知道这个标准。

④管理人员应该能够预料下属可能因为感到不公平做出一些行为所导致的负面效应，这时应与下属多做沟通，在心理上减轻他们的不公平感。

⑤正确诱导，改变认知，公平与不公平来源于个人的感觉，易受个人偏见的影响。人们都有一种"看人挑担不吃力"的心理，易过高估计自己的成绩和别人的收入，过低估计别人的绩效和自己的收入；把实际合理的分配看成不合理，把本来公平的差别看成不公平。

⑥科学考评，合理奖励。

（三）目标设置理论

美国马里兰大学管理学兼心理学教授洛克（E. A. Locke）在研究中发现，外来的刺激（如奖励、工作反馈、监督的压力）都是通过目标来影响动机的，目标能引导活动指向与目标设置的行为，使人们根据难度的大小来调整努力的程度，并影响行为的持久性。于是，在一系列科学研究的基础上，他于 1967 年最先提出"目标设置理论"（Goal Setting Theory），认为目标本身就具有积极作用，目标把人的需要转变为动机，使人们的行为朝着一定的方向努力，并将自己的行为结果与既定的目标相对照，及时进行调整和修正，从而能实现目标。这种使需要转化为动机，再由动机支配行动以达到目标的过程就是目标激励。目标激励的效果受目标本身的性质和周围变量的影响。该理论提出以后，许多学者在研究中加以发展，使之成为内容逐渐丰富和影响愈来愈大的新的激励理论。

1. 目标设置理论的基本模式

目标有两个基本的属性：明确度和难度。

从明确度来看，目标内容可以是模糊的，如仅告诉被试者"请你做这件事"；目标也可以是明确的，如"请在十分钟内做完这 25 道题"。明确的目标可使人们更清楚怎么做，付出多大的努力才能达到目标。目标设定明确，也便于评价个体的能力。很明显，模糊的目标不利于引导个体的行为和评价他的成绩。因此，目标设定得越明确越好。事实上，明确的目标本身就有激励作用，这是因为人们有希望了解自己行为的认知倾向。对行为目的和结果的了解能减少行为的盲目性，提高行为的自我控制水平。另外，目标的明确与否对绩效的变化也有影响。也就是说，目标明确的被试者的绩效变化很小，而目标模糊的被试者绩效变化则很大，这是因为模糊目标的不确定性容易产生多种可能的结果。

从难度来看，目标可以是容易的，如 20 分钟内做完 10 个题目；中等的，20 分钟内做完 20 个题目；难的，20 分钟内做完 30 个题目；或者不可能完成的，如 20 分钟内做完 100 个题目。难度依赖于人和目标之间的关系，同样的目标对某人来说可能是容易的，而对另一个人来说则可能是难的，这取决于他们的能力和经验。一般来说，目标的绝对难度越高，人们就越难达到。多项研究发现，绩效与目标的难度水平呈线性关系。当然，这是有前提的，前提就是完成任务的人有足够的能力，对目标又有高度的承诺。

在这样的条件下，任务越难，绩效越好。一般认为，绩效与目标难度水平之间存在着线性关系，是因为人们可以根据不同的任务难度来调整自己的努力程度。

当目标难度和明确度结合起来进行研究时，研究者发现人们对于明确、有挑战性的目标完成得最好；而对于模糊的、有挑战性的目标，如告诉被试者"请尽力做到做好"，被试者完成的成绩呈中等水平；模糊的、没有挑战性的目标导致最低水平的成绩。

2. 目标设置理论的扩展模式

在目标设置与绩效之间还有其他一些重要的因素产生影响。这些因素包括对目标的承诺、反馈、自我效能感、任务策略、满意感等。

（1）承诺

承诺是指个体被目标所吸引，认为目标重要，持之以恒地为达到目标而努力的程度。

心理学家彼得·戈尔维策（Peter Gollwitzer）等人发现个体在最强烈地想解决一个问题的时候，最能产生对目标的承诺，然后真正解决问题。研究发现，有权威人士指定目标，或是个体参与设置目标，哪一种方式更能导致目标承诺，增加下属的绩效呢？合理指定目标（所谓合理，即目标有吸引力，也有可能达到）与参与设置的目标有着相同的激励力量，这两者都比只是简单地设置目标并且不考虑目标的合理性要更有效。

（2）反馈

目标与反馈结合在一起更能提高绩效。目标给人们指出应达到什么样的目的或者结果，同时它也是个体评价自己绩效的标准。反馈则告诉人们这些标准满足得怎么样，哪些地方做得好，哪些地方尚有待改进。

反馈是组织里常用的激励策略和行为矫正手段。许多年来，研究者们已经研究了多种类型的反馈。其中研究得最多的是能力反馈，它是由上司或同事提供的关于个体在某项活动上的绩效是否达到了特定标准的信息。能力反馈可以分为正反馈和负反馈。正反馈是指个体达到某项标准而得到的反馈，负反馈是个体没有达到某项标准而得到的反馈。例如，研究者在研究反馈类型对创造性的影响时，给予的正反馈就是告诉被试者的反应很有创造性，而给予的负反馈则是告诉被试者的创造性不强。

另外，反馈的表达有两种方式：信心方式和控制方式。信心方式的反馈不强调外界的要求和限制，仅告诉被试者任务完成得如何，这表明被试者可以控制一次的行为和活动，因此，这种方式能加强接受者的内控感。控制方式的反馈则强调外界的要求和期望，如告诉被试者他必须达到什么样的标准和水平。它使被试者产生外控的感觉——他的行为或活动是由外人控制的。

用信息方式表达正反馈可以加强被试者的内部动机，对需要发挥创造性的任务给予被试者信息方式的正反馈，可以使被试者最好地完成任务。

（3）自我效能感

自我效能感的概念是由班杜拉提出的，目标激励的效果与个体自我效能感的关系也是目标设置理论中研究得比较多的内容。自我效能感就是个体在处理某种问题时能做得多好的一种自我判断，它是以个体全部资源的评估为基础的，包括能力、经验、训练、过去的绩效、关于任务的信息等。

当对某个任务的自我效能感强的时候，对这个目标的承诺就会提高。这是因为高的自我效能感有助于个体长期坚持某一个活动，尤其是当这种活动需要克服困难、战胜阻碍时。

目标影响自我效能感的另一个方面是目标设定的难度。当目标太难时，个体很难达到目标，这时他的自我评价可能就会比较低。而反复失败就会削弱一个人的自我效能感，目标根据它的重要性可以分为中心目标和边缘目标，中心目标是很重要的目标，边缘目标就是不太重要的目标。安排被试者完成中心目标任务可以增强被试者的自我效能感。因为被试者觉得他被安排的是重要任务，这是对他能力的信任，被安排达到中心目标的被试者的自我效能感明显比只被安排边缘目标的被试者强。

（4）任务策略

目标本身就有助于个体直接实现目标。首先，目标引导活动指向与目标有关的行为，而不是与目标无关的行为。其次，目标会引导人们根据难度的大小来调整努力的程度。第三，目标会影响行为的持久性。人们在遇到挫折时也不放弃，直到实现目标。

当这些直接的方式还不能够实现目标时，就需要寻找一种有效的任务策略。尤其是当面临困难任务时，仅有努力、注意力和持久性是不够的，还需要有适当的任务策略。任务策略是指个体在面对复杂问题时使用的有效的解决方法。目标设置理论中有很多对在复杂任务中使用任务策略的研究，相对于简单任务，在复杂任务环境中有着更多可能的策略。要想完成目标任务，得到更好的绩效，选择一个良好的策略是至关重要的。研究者发现，在一个管理情景的模拟研究中，只有在使用了适宜策略的情况下，任务难度与被试者的绩效才显著相关。

何种情景下合作目标更利于形成有效策略，对此还没有明确的研究结果。前文提到，在能力允许的范围内，目标的难度越大，绩效越好。但有时人们在完成困难目标时选择的策略不佳，结果他的绩效反而不如完成容易目标时的绩效好。对此现象的解释是，完成困难目标的被试者在面对频繁而不系统的策略变化时，表现出了一种恐慌，使他最终也没有学会完成任务的最佳策略。完成容易目标的被试者反而会更有耐心地发展和完善他的任务策略。

（5）满意感

当个体经过种种努力终于达到目标后，如果能得到他所需要的报酬和奖赏，就会感到满意；如果没有得到预料中的奖赏，个体就会感到不满意。同时，满意感还受到另一个因素的影响，就是个体对他所得报酬是否公平的理解。如果通过与同事、朋友、自己的过去及自己的投入相比，他感到所得的报酬是公平的，就会感到满意；反之，则会不满意。

目标的难度也会影响满意感。当任务越容易时，越易取得成功，个体就会经常体验到伴随成功而来的满意感。当目标困难时，取得成功的可能性就要小，从而个体就很少体验到满意感。这就意味着容易的目标比困难的目标能产生更多满意感。然而，达到困难的目标会产生更高的绩效，对个体、对组织有更大的价值。是让个体更满意好呢，还是取得更高的绩效好？这样就产生了矛盾，如何平衡这种矛盾，有下面一些可能的解决办法。

①设置中等难度的目标，从而使个体既有一定的满意感，又有比较高的绩效。
②当达到部分的目标时也给予奖励，而不仅仅是在完全达到目标时才给。
③目标在任何时候都是中等难度，但要不断小量地增加目标的难度。
④运用多重目标奖励结构，达到的目标难度越高，得到的奖励越多。

三、改造型激励理论

（一）挫折理论

1. 挫折理论的基本内容

挫折理论研究行为和目的之间的行为变化规律。当目标导向行为受到挫折时，人的心理会发生什么变化，其变化的规律是什么，这就是挫折理论研究的内容。这个理论是从心理学角度，运用心理学的概念，来研究人的需要得不到满足时也就是受到挫折时，人的心理状态及其行为。所以，了解挫折及挫折产生的原因，挫折的表现及应对挫折的方法，有助于做好人的管理工作，激发他们工作、生产的积极性。

挫折是一种情绪状态、主观感受，这种主观感受是在人们所追求的目标无法实现、需要的动机得不到满足的情况下产生的。个人的心理发展层次、认识问题的方法、成功的标准是不同的，对挫折的感受也不同。

如果人们在通向目标的道路上遇到了障碍，那么就会产生以下三种情况：

第一种情况：改变行为，绕过路障，达到目的。
第二种情况：如果障碍不可逾越，可以改变目标，从而改变行为的方向。
第三种情况：在障碍面前无路可走，不能达到目标，正是在这种情况下，人们才会产生挫败感。

知识链接 9-5

德国天文学家开普勒是 7 个月的早产儿,从童年开始便多灾多难,4 岁时,天花在他脸上留下了疤痕,猩红热使他的眼睛受挫。但他凭着顽强的意志发奋读书,于是他边自学学校里讲授的知识边研究天文学。之后,他又经历了多病、良师和妻子去世等一连串的打击,但他仍未停止对天文学的研究,终于在年近 60 岁时发现了天体运行的三大定律。开普勒把一切不幸都化作推动自己前进的动力,以惊人的毅力摘取了科学的桂冠,成为"天空的立法者"。

2. 挫折产生的原因

(1) 客观因素

导致挫折产生的客观因素主要指环境方面的因素,这些因素常常是个人意志或能力不能左右的,客观因素包括:

①自然环境因素

由于个人能力无法克服的自然因素的限制,而导致个人动机不能满足,行为受到阻碍,目标不能实现,如天灾人祸使人们生命受到威胁而无法逃避等。

②社会环境因素

由于个人在社会生活中所遭受的政治、经济、道德、宗教、生活方式、人际关系、风俗习惯等人为因素的限制,使人的动机与目标的满足和实现只能局限在一个有限的范围内,而造成挫折的情境,如由于种族差异而受到歧视等。

(2) 主观因素

导致挫折产生的主观因素主要指由于个体自身条件的限制阻碍了目标的实现。主观因素包括:

①个人条件因素。主要指个人具有的智力、能力、容貌、身材及生理上的缺陷、疾病所带来的限制,如一个身材矮小的人很难成为一个优秀的篮球运动员。

②个人思想认识因素。主要指认识能力或思维方法等。

③动机冲突因素。主要指个人在日常生活中,两个或两个以上的动机同时并存而又无法同时获得满足,因此互相排斥或对立,当其中一个动机获得满足,其他动机受到阻碍时所产生的难以抉择的心理状态就是动机冲突。

3. 挫折理论在管理中的应用

(1) 领导要善于采取容忍的态度

遇到攻击时,不要针锋相对,否则只能激化矛盾。正确的处理方法是将受挫者看成是需要帮助的人,对其攻击行为采取容忍的态度,在和谐的气氛中疏导并妥善解决矛盾。当然,这一点并不容易做到,可是古话说得好,"宰相肚里能撑船",要有容人之心才能成为一个出色的管理者。宽容的态度并不等于不分是非、一味迁就,与此相反,唯有帮助受挫者提高了认识、分清了是非,才能使其战胜挫折。

(2) 改变受挫者的环境

改变环境是相当有效的方法,主要的方式有两种:一是调离原来的工作岗位或是居住地点;二是改变环境的心理气氛,给受挫者以广泛的同情和温暖。

(3) 做好心理知识的普及

克服受挫心理的关键在于提高员工的心理健康水平。因此,管理者应该向广大员工普及心理学知识，帮助员工学会维护自身的心理健康。

(4) 采用"精神宣泄疗法"

这是一种心理治疗的方法，主要是创造一种环境，让受挫者被压抑的情感自由、顺畅地表达出来。人在受挫以后，其心理会失去平衡，常常以紧张的情绪反应代替理智的行为。这时唯有让紧张情绪发泄出来，才能恢复理智状态，达到心理平衡。从这个意义上讲，管理者应该倾听员工的抱怨、牢骚等，让他们把不满情绪发泄出来，待发泄以后自会心平气和。

知识链接9-6

罗斯福的故事

一个小男孩几乎认为自己是世界上最不幸的孩子，因为患脊髓灰质炎而留下了瘸腿和参差不齐且凸出的牙齿。他很少与同学们游戏或玩耍，老师叫他回答问题时，他也总是低着头一言不发。

在一个平常的春天，小男孩的父亲从邻居家讨了一些树苗，他想把它们栽在房前。他叫他的孩子们每人栽一棵。父亲对孩子们说，谁栽的树苗长得最好，就给谁买一件最喜欢的礼物，小男孩也想得到父亲的礼物，但看到兄妹们蹦蹦跳跳提水浇树的身影，不知怎么地，萌生出一种阴冷的想法：希望自己栽的那棵树早点死去。因此，浇过一两次水后，再也没去搭理它。几天后，小男孩再去看他种的那棵树时，惊奇地发现它不仅没有枯萎，而且还长出了几片新叶子，与兄妹们种的树相比，显得更嫩绿、更有生气。父亲兑现了他的诺言，为小男孩买了一件他最喜欢的礼物，并对他说，从他栽的树来看，他长大后一定能成为一名出色的植物学家。

从那以后，小男孩慢慢变得乐观起来。

一天晚上，小男孩躺在床上睡不着。看着窗外那明亮皎洁的月光，忽然想起生物老师说过的话，植物一般都在晚上生长，何不去看看自己种的那棵小树。当他轻手轻脚来到院子里时，却看见父亲用勺子在向自己栽种的那棵树下泼洒着什么。顿时，他明白了一切，原来父亲一直在偷偷地为自己栽种的那棵小树施肥！他返回房间，任凭泪水肆意地流淌……

十几年过去了，那瘸腿的小男孩虽然没有成为一名植物学家，却成了美国总统，他的名字叫富兰克林·罗斯福。

爱是生命中最美好的养料，哪怕只是一勺清水，也能使生命之树茁壮成长。也许那树是那样的平凡、不起眼，也许那树是如此的瘦小，甚至还有些枯萎，但只要有着养料的浇灌，它就能长得枝繁叶茂，甚至长成参天大树。

(二) 强化理论

1. 强化理论的基本内容

强化理论是由美国的心理学家和行为学家斯金纳提出的，又叫作"行为修正理论"。

斯金纳认为人们做出某种行为或不做出某种行为，只取决于一个影响因素，那就是行为的后果。他提出了一种"操作条件反射"理论，认为人或动物为了达到某种目的，会采取一定的行为作用于环境。当他尝试一种行为给自己带来有利的结果时，该行为就可能重复发生；如果给自己带来不利的结果，该行为就会停止。这样，管理者就可以通过控制员工在组织环境中的行为结果，来影响、控制员工的行为。

2. 强化类型

(1) 正强化

正强化是运用刺激因素，使人的某种行为得到巩固和加强，使之再发生的可能性增大的一种行为改造方式。

（2）负强化

负强化是预先告知某种不符合要求的行为或不良绩效可能引起的后果，允许员工通过按所要求的方式形成或避免不符合要求的行为来回避一种令人不愉快的处境。因此，负强化与正强化的目的是一致的，但两者所采取的手段则不同。

（3）自然消退

自然消退是指通过对当事人行为的反馈来制止某种不良行为的修正方式。例如，开会时不希望员工提出无关紧要的问题，当员工举手要求发言时，无视他们的表现，举手行为就会自动消失。

知识链接9-7　　　　　　　　　　**皮格马利翁效应**

在希腊神话里，皮格马利翁是塞浦路斯的国王。他雕刻了一尊少女的雕像，并爱上了这座少女雕像，后来女神被他的真情打动，赋予雕像生命，使皮格马利翁美梦成真，有情人终成眷属。美国剧作家萧伯纳以这个故事为原型，创作了喜剧《皮格马利翁》。在剧中，一个人以期望和耐心改变了另一个人的行为——伊莱扎从一个粗鲁、大嗓门的卖花女变成一个优雅、轻声细语和吸引人的淑女。"淑女与卖花女之间的区别，不在于其行为举止如何，而在于人们如何对待她"这句话成为至理名言。在心理学家，把这种在有目的的情境中，个人对自己或别人对自己的期望，在自己以后的行为结果中实现的现象，称为"皮格马利翁效应"或自验预言。

3. 强化理论的应用

在管理中，我们可以采取正强化或负强化的改造方式对员工的行为进行影响。如果员工的行为与组织目标一致，那么就给予正强化，如提薪、发奖金等，以及非经济方面的激励，如晋升、表扬、进修等。如果员工的行为与组织目标不一致，那么就进行负强化，如减薪、扣奖金或处以罚款，以及非经济方面的激励，如批评、处分、降级、撤职或免除其他可能得到的好处等。如果员工行为与组织目标无关，则对其采取忽视的办法，不予理睬。

在管理中一般运用四种强化策略：

（1）奖励

奖励亦正强化，用认可、赞赏、加薪、奖金、晋升，或者创造令员工满意的工作环境这些令人喜爱和得到满足的刺激，增强员工的良好行为。

（2）回避

回避是指预先告知某种不符合要求的行为或不良绩效可能引起的令人讨厌的后果，使员工按要求行事，或者为了回避令人不愉快的后果避免不符合要求的行为发生。

（3）消退

消退是对员工的某种行为不做反馈，以表示对此行为的轻视，而逐渐使这种行为消失。

（4）惩罚

惩罚是指施加威胁性和令人生厌的刺激，以消除员工的某些行为。例如，批评、罚款、降薪、降职、开除等手段，就是对某些不符合要求的行为的否定并使这种行为不再发生。

4. 实施强化时应注意的问题

第一，必须针对行为结果给予行为当事人及时、明确的信息反馈。一方面，强化必须是及时的，对一般人来说，当他采取某种行为并产生一定后果时，首先要做的事情往往就是评价自己行为的结果，所以必须给予及时的信息反馈；另一方面，反馈给行为当事人的信息一定要明确，而不能模糊不清。行为当事人对来自外界的强化力量很重视，并能在今后的行为过程中体现出这些强化能力的作用，所以必须给予明确性的信息，否则容易给当事人带来某种错误的认识，产生不良的后果。

第二，细化的时间选择或安排十分重要。斯金纳通过调查发现，间接性的强化比经常性的强化更有效。

第三，正强化和负强化的作用不仅表现在对行为发生频率的调整差异上，还表现为激励效果的明显不同。一般来说，正强化比负强化的激励效果要好得多，应尽量少用负强化。这是因为正强化可以给人一种满意和愉快的情绪，能给人带来更多的激励信息；相反，负强化给予人们的是不愉快的刺激，而人们对不愉快的刺激往往天生就具有一种抵制情绪。负强化有其不足，但这并不是说在激励过程中就不能用负强化了，只要注重运用方式，负强化仍然是一种有效的激励措施。美国女企业家玛丽·凯在《掌握人性的原理》一书中反复强调"赞美使人成功"。她建议说，即使批评他人也应像三明治一样，把批评夹在两层赞美之间，或者像中国人对待不愿意吃药的病人那样在药里加糖，或者把药放在饭里，这样病人就易于接受了。

四、综合型激励理论

要想有效调动人的积极性，就是要设法激励人的行为动机。但在激发动机的过程中，不是简单地从外界给人一种刺激来推动人的行动，而是通过外界刺激（外在因素）使人的内在动机（内在因素）发生强化作用，从而增强人的内驱力。然而，内容型激励理论和过程型激励理论都是从某一角度来阐述激励规律，因而存在片面性和局限性。而综合型激励理论，把上述两类理论加以概括和发展。

五、早起的综合型激励理论

此理论是由社会心理学家卢因提出的场动力理论。他把外在的激励因素（工资报酬、劳动条件、劳保福利等外部条件）和内在激励因素（工作本身的兴趣、价值、成就感等）结合起来，认为个人的行为方向取决于外部环境刺激和个人内部动力的乘积。外部刺激只是一种导火索，它能否对行为起作用，还取决于内部动力的强度。例如，某企业要加班，并付给加班费，需要钱的职工内驱力就强，对钱没有强烈要求的职工就会漠不关心。当然，工作紧张程度与加班费的多少不同，也会对行为的激励作用产生影响。

六、新的综合激励模式

此理论是指20世纪60年代波特和劳勒把内在激励和外在激励综合起来形成的新的激励模式：他们把激励过程看成外部刺激，个体内部条件作为表现和行为结果的相互作用的统一过程，说明个人工作定势与行为结果之间的相互联系。他们认为，如果激励和劳动结果之间的联系减弱，那么职工就会丧失信心；作为企业的领导者，就要经常关心和了解是否出现了满足同活动结果之间联系减弱的信号。不断采用新的刺激，增加职工期望同获得刺激之间的联系，随时掌握职工在工作刺激中主要考虑哪些环节，了解他们的心理发展过程，以便采取相应的措施，以达到激励的目的。

第三节　激励艺术

在人力资源管理工作中，要使激励收到一定的效果，并不仅仅是通晓激励理论就可以做到的，更重要的是如何在实践中进行有效的激励，这就需要激励的艺术。只有正确而恰当的激励，才会使员工更积极地为企业工作。

一、常用激励术

薪酬、目标和工作激励方法是日常人力资源管理中常用的激励方法，但并非任何人都可以恰当地运用它们，并获得收效。只有管理者真正从内心意识到这些激励方法的重要性，科学并灵活地运用，这些常用的激励方法才能发挥出意想不到的效应，从而达到调动员工积极性的目的。

（一）薪酬激励

在工作中，一个人可能会因谋求个人发展而牺牲收入，但不管多么高尚，他们不可能长期如此，因为他们要生存。员工还需要感受到自己的价值得到了他人的承认，不管你使用多么美妙的言辞表示感谢，不管你提供多么良好的训练，他们最终期望的是得到自己应得的报酬，让自己的价值得到体现。员工们会按照市场情况和一些合适的对象进行比较，他们将以自己的收入来判断对工作的满意程度。

可是一些人坚持认为人们过高地估计了金钱的刺激性。对此，有种种不同看法。问题是大多数人工作所得报酬同他们的工作表现不相关。更进一步说，干多干少、干好干坏都一个样，那么人们加班加点还有什么意义呢？

许多管理者看不到这种关系，而只想到如何最大限度地减少成本以保证利润最大化。员工也是成本的一部分，因此他们的逻辑就是保证支出的报酬维持在最低水平。

一旦员工开始为工资而抱怨，企业最好的员工将会离开，以寻求更高的工资，对此应给予高度注意。当然有时即使付的工资很高，还是有人不能满意。要解决这一问题，不妨试试以下方法：第一，必须信守诺言。不能失信于员工，失信一次会造成千百次重新激励的困难。第二，不能搞平均主义。将个人业绩与报酬挂钩，应当让员工清楚，真正努力的员工将会得到最好的报酬，但他们不会无缘无故得到每一笔报酬。奖金激励一定要使最好的员工成为最满意的员工，这样会使其他人明白奖金的实际意义。第三，使奖金的增长与企业的发展紧密相连，让员工体会到只有企业兴旺发达，才有自己奖金的不断提高，而员工的这种认识会收到同舟共济的效果。第四，报酬是对员工价值的一种认可，积极主动地支付报酬，不要等待员工提出要求。

现金奖励也有一些缺点，就是不像奖章那样可以保存得比较久，员工拿了钱，很快就把这份奖励抛诸脑后了。此外，现金奖励不能把年份刻在上面，不会因岁月而增加它的价值，没有特殊风味，大家都猜得到是什么，也没有意外的惊喜，这就需要配合其他的激励手段一起使用。

（二）目标激励

目标会使人的行为具有方向性，引导人们去达到某种特定的结果，而不是其他的结果。因此，目标设置的过程是一种有效的激励方法。目标设置理论是由美国著名行为科学家洛克于1968年首先提出的。目标设置理论认为，致力于实现目标是人们工作的最直接动机，人们追求目标是为了满足自己的情绪和愿望。员工的绩效目标是工作行为最直接的推动力，因此，为员工设置适当的目标是管理工作中的一项重要任务。

为员工设置目标关键要做到两点：首先要把企业目标巧妙地转化为个人目标，这就使员工自觉地从关心自身利益变为关心企业利益，从而提高影响个人激励水平效率。其次要善于把目标展现在员工眼前，管理者要时常运用自己的智慧和管理才能，增强员工实现目标的自信心，提高员工实现目标的期望值。

在制定企业目标时，别忘了考虑企业外部的需要和利益及企业目标的实现将给他们带来什么好处。在企业内部，则要考虑企业内部的环境和条件，总之，尽量使各方面关系平衡、协调。

在为员工制定目标时还应照顾员工在目标面前的种种心态，一般来说，较好的激励目标应该具有一定的挑战性。这对员工既是一种鼓舞，也是一种压力。他们也许会产生矛盾心理：一方面希望获得成功而受到奖励，另一方面怕失败而受到惩罚而维持原状。人们在现状之下产生的安全感，会由于激励目标的提出而受到威胁。所以，为了使激励目标能够产生积极的效果，应邀请员工参加目标的制定。

（三）工作激励

很多人都说，他们喜欢在有趣的环境里工作，他们希望工作内容有趣，也希望同事相处得有趣。

人们觉得有趣的工作会做得比较顺心，这是不容置疑的。因此，每一位管理者应致力于创造一种让下属觉得有趣的工作气氛，假如人们必须在压力下进行工作，光是播放音乐是无法改进情况和工作绩效的，作为主管，如果知道问题所在，至少还可以朝着正确的方向迈开脚步。也许无法改善一个人的资质，但是可以借助减轻压力来改进他们的工作环境。有一种方法是，创造一种令员工感到轻松自在而不受压迫的气氛。

为了奖励业绩突出的人，可以尽可能地给他们安排他们喜欢做的工作，同时取消他们厌恶的工作。人们总是乐于做他们最拿手的工作，这是促使他们百尺竿头更进一步的绝妙方法。

工作激励主要指工作丰富化。工作丰富化之所以能起到激励作用，是因为它可以使员工的潜能得到更大的发挥。工作丰富化的主要形式有：第一，在工作中扩展个人成就增加表彰机会，加入更多必须负责任和更具挑战性的活动，提供个人晋升或成长的机会。第二，让员工执行更加有趣而困难的工作，这可以让员工在做好日常工作的同时，学做更难做的工作。鼓励员工提高自己的技能，从而能胜任更重要的岗位，做更困难的工作给了他展示本领的机会，这会增强他的才能，使他成为一名奋发、愉快的员工。第三，给予真诚的表扬。当员工的工作完成得很出色时，要恰如其分地给予真诚的表扬，这将有助于满足员工受人尊重的需要，增强其干好本职工作的自信心。

工作丰富化的目的在于让人们对工作氛围感兴趣。最简单的做法是重新安排工作，使工作多样化。这可从两方面着手：一是垂直工作加重，二是水平工作加重。所谓垂直工作加重，主要指重新设计工作，给员工更多的自主权、更充实的责任感及更多的成就感。所谓水平工作加重则是指工作流程中前后几个程序交给一个员工去完成，它可给员工更多的工作成绩反馈、更完整的工作整体感、更充实的责任感及对自我工作能力的肯定。

工作丰富化的激励是为了满足员工高层次的需求，高层次需求的满足会使员工充分发挥内在潜力，从而提高工作效率，使企业和个人都能得到满足。由于工作丰富化满足的是员工高层次的需要，而员工的实际需要又不仅仅是高层次的，因而这种激励有明显的局限性，它不能解决企业中的全部问题，只有在员工普遍感到现实的工作环境不能发挥自己的能力时，才可以有效地运用这一激励措施。

二、人性化激励术

越来越多的激励专家赞同单靠金钱一项并不足以引发工作动机，并认为金钱倘能和人性结合在一起使用，必能达到最佳效果。事实上，人们除了获取金钱之外，真正想得到的便是一种觉得自己很重要的感觉。因此，谁能够满足人们内心深处这种最渴望的需求，谁就是这个时代的激励大师。

（一）赞美激励

对于一个管理者来说，赞美是激励员工的最佳方式。每一个优秀的管理者，从不会吝惜在各种场合给员工恰如其分的赞美。赞美别人不仅是一个人待人处世的诀窍，也是一个管理者用人的重要武器。

管理者希望自己的下级尽全力为自己做好工作，然而要想使某人去做某事，普天之下只有一个方法，这就是使他愿意这样做，即使是上级对下级也是这样。当然，管理者尽可以强硬地命令下级去做，或以解雇、惩罚的威胁使部下与自己合作，但请不要忘记，这一切只能收到表面之效，而背后必大打折扣，因为这些最下策的方法具有明显令人不愉快的反作用。

林肯指出："人人都喜欢赞美的话。"詹姆斯则说："人类本性中最深刻的渴求就是受到赞赏。"这是一种令人痛苦却持久不衰的人类饥渴。只有真正能够满足这种心理饥渴的人才能掌握住他人。

赞美之所以对人的行为能产生深刻影响，是因为它满足了人渴望得到尊重的需要，这是一种较高层次的需要。高层次的需求是不易满足的，而赞美的话语则部分地给予了满足。这是一种有效的内在性激励，可以激发和保持行动的主动性和积极性。当然，作为鼓励手段，它应该与物质奖励结合起来，没有物质鼓励做基础，在生活水平不太高的条件下，会影响精神鼓励的效果。但是行为科学的研究指出，物质鼓励的作用（如奖金），将随着使用的时间而递减，特别是在收入水平提高的情况下更是如此。另外，高收入下按薪酬比例拿奖金开支过大，企业也难以承受，而人对精神鼓励的需求也是普遍的、长期的，社会越发展越是如此。因此，我们可以得出结论，重视赞美的作用，正确地运用它是有效的管理方式之一。

有人说，赞美是一小笔投资，细小的关心和激励就能得到意想不到的报酬，这话有些道理，但似乎又有太多的实用主义的味道。赞扬不应该仅仅是为了报酬，它应该是沟通情感、表示理解的方式，如同微笑一样也是照在人们心灵上的阳光。马克·吐温说："靠一句美好的赞扬，我能活上两个月。"

（二）荣耀激励

在日常生活中经常可以看到这样的事实，许多企业失去了一些优秀员工，这些员工转到了其他企业，因为那里给他们准备了更重要的职位和更大的挑战，为他们提供了更多晋升的机会，企业需要留住的人也正是竞争对手急于雇佣的人。

员工在工作上做了长期的努力，晋升他的职位或增加他的工作责任，都可以算是给他长期的奖励。根据问卷调查，绝大多数员工认为以工作表现来升迁或增加工作责任，是一种很重要的奖励方法。

用晋升作为奖励的传统方式是在各个管理阶层内由低到高逐级进行提升，当然，要经常用升迁的方法来奖励员工并不是件容易做到的事情。那么，可以用"增加他的工作责任"或"使他的地位更醒目"这两种比较容易办到的方法来奖励他。

人的特殊地位，本身就起着一定的激励作用，工作表现杰出的明星员工可以送他去接受更高层的职业训练，也可以让他负责训练别人，这样他就能扮演一个较活跃的角色。对于最优秀的员工，可以让他扮演他所在部门与人力资源部门联络人的角色，也可以让他担任其他部门的顾问，假如有跨部门的问题、计划，或部门之间共同关心的事情，可以让周围最优秀的员工代表主管，与其他部门的人组成一个合作的团队。

若是非管理行业的专家（如掌管计算机的人、工程师、科学家），对于企业的兴衰关系重大，需要单独设立一种晋升制度，每一级别的职称、报酬和待遇都应该制定完备。这样，这些技术人员就可以长久地做他们最拿手的工作，不必非要成为管理者才可得到晋升。

抓住每一个机会，把杰出员工的表现尽力向同事们宣扬，如经常与杰出员工商谈，给他特殊的责任，或者让他担任一个充满荣誉的职务。这无形中已经告诉大家，你对这个人非常器重，那么其他员工必然会注意到这种情况，受到这种情况的启发，必然会奋起直追，争取获得同样的器重。假如企业发行内部刊物的话，可以鼓励杰出员工写些文章，抒发他对工作的观点。那么，很快地大家都知道只要表现杰出，必会在企业里扬名，而且会得到大家的尊敬。

一个杰出的员工能够得到一般人所不能享受的荣耀。例如，给他单独的工作间或更换办公设备等，这些东西有时看来也算不了什么，似乎很容易办到，但真正办起来十分冒险，还需要勇气，不仅对主管，对主管所要夸耀的人也是如此，这些特殊的器物，哪怕是小到刻有名字的写字笔、烟灰缸、座椅、工艺品等，都显示出他们已做出了不同凡响的业绩。当他们跨进自己的办公室，就会知道自己的业绩和能力已经受到上司的嘉奖，便觉得有了安全感，甚至每跨近一步都增加了一倍的信心。

也许有人以为这样奖赏增加了更多的等级区分，那就错了。这种特殊身份与地位同职务无关，即使是一个普通员工也有可能获得这份殊荣，这不过表明他做出了特殊贡献。因此，这种奖赏实际上是提供了对做出特殊贡献的员工不提升而给予更多鼓励的机会。

（三）休假激励

休假，是很多企业用来奖励员工的方法之一，只要是休假，不管是一天还是半年，几乎全世界的每个员工都热烈欢迎。

休假是一种很大的激励，特别是那些希望有更多自由时间参加业余活动的年轻人。这种办法还足以让人们摆脱浪费时间的坏毛病。用放假作为奖励有三种基本方式：第一，如果工作性质许可，只要把任务、期限和预期质量要求告诉员工，一旦员工在限期之前完成任务并达到标准，那么剩下来的时间就送给他们作为奖励。第二，如果因为工作性质员工必须一直待在现场，那么告诉他在指定的时间内必须完成多少工作量，如果他在指定时间内完成那个工作量，而且作业的品质也令人满意的话，可以视情形给他半天、一天或一个星期的休假。也可以定一个记分的制度，如果员工在指定的时间内完成指定的工作量，并且持续这种成绩，可以给他放一小时的假，这一小时的假可以累积，累积到四小时的时候放半天假，累积到八小时的时候放一天假。第三，如果员工在工作的品质、安全性、团队合作或其他管理者认为重要的行为上有所改进，也可以用休假来奖励他。

在实际管理中，休假奖励是可以灵活运用的。西格纳工程顾问集团有个休假奖励的办法，当他们完成一项重要工程的时候，在完成那天，主管会主动给参与那项工程的人放假，并且买票带他们去看球赛、请他们喝啤酒。

就费用筹划的过程和时间的耗费来说，让员工出外旅游是一种更高层次的休假奖励，越来越多的员工认为，让得奖人带配偶或同伴到他们想去的地方旅游，是一种有意义的奖励。

旅游休假奖励的好处很多。例如，它对很多员工是很有吸引力的奖励；要诱使员工积极努力，它是很有利的诱因；它提供一个独一无二的场合增加团队的凝聚力；它也可能提供一个让团队学习的机会；它使得奖人在旅游归来之后，有许多经验可以向同人传播；在努力去获奖的这段时间，它使很多人对这个奖励充满憧憬。不过，旅游休假奖励也有一些坏处。例如，它相当昂贵；得奖人在接受这个奖励时，必须离开工作岗位好几天；它需要耗费某些人相当的精神，也要相当的经验，才能办好高品质的旅游；基本上能够得到这种奖励的人数不会太多。

三、参与化激励术

最好的激励一定是能满足员工潜在需要的，现代企业中的员工需要各种机会发掘自己的潜在价值，员工参与作为一种有效的激励过程为员工提供了这样的机会，它顺应社会发展潮流，既有利于发挥员工的主动性，又能帮助企业提高效益，这已被西方企业的实践所证实。

（一）参与管理激励

参与管理是企业兼顾满足各种需要和效率、效益要求的基本方法。员工通过参与企业管理，发挥聪明才智，得到了比较高的经济报酬，改善了人际关系，实现了自我价值；而企业则由于员工的参与，改进了工作，提高了效率，从而达到更高的效益目标。在实施参与管理时，要注意以下方面：

第一，注重对员工的引导。员工参与必须明确方向，即员工必须得到企业当前的工作重点、市场形势和努力方向等信息，这就需要管理者很好地进行引导。有些管理者面对潮水般涌来的建议和意见不知如何处理，这主要是由于他们自己对企业的经营方向、管理目标缺乏明确的认识，不知如何引导员工有计划、分阶段实施并重点突破。有计划、分阶段的引导是保护员工的参与积极性，使参与管理能持续实施的重要方面。

第二，要有耐心。实施参与管理还要有耐心，在实施参与管理的开始阶段，由于管理者和员工都没有经验，参与管理会显得有些杂乱无章，企业没有得到明显的效益，甚至出现效益下滑。管理者应及时总结经验，肯定主流，把事情告诉员工，获得员工的理解和参与，尽快提高参与管理的效率。

第三，采取适宜的参与方式。由于员工的知识化程度和参与管理的经验存在差异，所以在实施参与管理时要根据不同的情况采取不同的方式。具体地说，在员工知识化程度较低和参与管理经验不足的情况下，通常采用以控制为主的参与管理，控制型参与管理的主要目标是，希望员工在经验的基础上提出工作中的问题和局部建议，经过筛选后由工程师和主管人员确定解决方案并组织实施。在提出问题阶段是由员工主导的，在解决问题阶段，虽然员工也参与方案的制定和实施，但主导权控制在工程师和主管人员手中，改革是在他们的控制下完成的。德国企业中的参与制基本上是这种控制型参与，日本和美国企业所实施的参与制也属控制型参与。控制型参与管理的长处在于它的可控性，但由于它倾向于把参与的积极性控制在现有的标准、制度范畴之内，因而不能进一步发挥员工的聪明才智，难以通过参与管理产生重大突破。

当员工知识化程度较高且有相当参与管理经验时，要多以授权的方式让员工参与到管理中来，授权型参与管理的主要目标是希望员工在知识和经验的基础上不但提出工作中的意见和建议，而且制定具体实施方案，在得到批准后，授予组织实施的权利，以员工为主导完成参与和改革的全过程。

在参与管理的第三个层次上是全方位型参与管理，这种参与不限于员工目前所从事的工作，员工可以根据自己的兴趣、爱好，对自己工作范围以外的其他工作提出建议和意见，企业则提供一定的条件，帮助员工从事自己喜爱的工作并发挥创造力。这种参与管理要求员工具有较广博的知识，要求管理部门具有相当的宽容度和企业内部择业的更大自由。

（二）"员工持股计划"激励

"员工持股计划"由美国律师凯尔索等人设计，作为一种新的激励理念，起源于20世纪60年代的美国，当时美国就业率下降，劳资关系紧张，员工持股计划就是在重振美国经济，改善传统劳资关系对立的背景下产生的。

员工持股计划的基础思想是：在正常的市场经济运行条件下，人类社会需要一种既能鼓励公平又能促进增长的制度，这种制度使任何人都可以获得两种收入，从而激发人们的创造性和责任感，否则社会将因贫困不均而崩溃。对于美国经济而言，如果扩大资本所有权，使普通劳动者广泛享有资本，会对美国经济产生积极影响。

员工持股计划主要内容是：企业成立一个专门的员工持股信托基金会，基金会由企业全面授保，贷款认购企业的股票。企业每年按一定的比例提出工资总额的一部分，投入员工持股信托基金会，以偿还贷款。当贷款还清后，该基金会根据员工的工资水平或劳动贡献的大小，把股票分配到每个员工的"员工持股计划账户"上。员工离开企业或退休，可将股票卖还给员工持股信托基金会。

这一做法实际上是把员工提供的劳动作为享有企业股权的依据。员工持股计划虽然也是众多福利计划的一种，但与一般福利计划不同的是：它不向员工保证提供某种固定收益会福利待遇，而是将员工的收益与其对企业的股权投资相联系，于是将员工个人利益同企业效益、员工自身努力同企业管理等因素结合起来，因此带有明显的激励成分。

如今，员工持股计划的发展已越来越趋于国际化。目前，美国已有超过一万多家员工持股的企业，遍布各行各业。日本上市企业的绝大部分也实行了员工持股计划。现在，欧洲、亚洲、拉美和非洲已有50多个国家推行员工持股计划。员工持股计划对企业经营业绩的提升作用十分明显，这也是员工持股计划迅速得到推广的重要动因。美国学者对一些实施了员工持股计划的企业业绩进行了详细的调查，结果表明，实施员工持股计划的企业生产效率比未实施员工持股计划的企业高，而且员工参与企业经营管理的程度越高，企业的业绩提高得也越快。在实践中，员工持股计划还可以减少企业被恶意收购的可能，这些原因都是员工持股计划快速发展的动力。

在我国企业改革中，尤其是国有企业的改革，一直伴随着员工持股的试点。在这些企业中，员工具有出资者和劳动者的双重身份，体现出较强的自主性和参与意识，推动了企业经营管理的完善。

员工持股计划的激励作用主要体现在以下三个方面：第一，为员工提供保障。由于员工持股计划的实施，员工可以从企业得到劳动、生活的保障，在退休时可以老有所养，同时员工也会以企业为家，安心工作，充分发挥自身的积极性。第二，有利于留住人才。在我国，劳动力流动日益频繁，但人力资源的配置存在着很大的自发性和无序性，而且劳动力技术水平越高，人才的流动性也越大。实行员工持股计划，可以有效地解决人才流失的问题。当员工和企业以产权关系维系在一起的时候，员工自然会主动参与企业的生产经营，这是思想政治工作达不到的效果。在员工的参与下，企业精神、企业文化才能真正形成，员工才会将所从事的工作作为自己的一份事业。第三，有助于激励企业经营者。实行员工持股计划，更为重要的是，让经理层持有较大的股份，既有利于企业实现产权多元化，又有利于充分调动企业骨干的积极性。企业还可以实行期股制度，进一步奖励经理的工作，这样也就解决了对企业经营者激励的问题。

员工持股的普遍推行，使员工与企业的利益融为一体，与企业风雨同舟，对企业前途充满信心，企业因而获得超常发展，员工也从持股中得到了巨大利益。这些在国内外的企业经营管理中都有所体现。

员工持股计划更有利于调动员工的工作积极性，增强员工的归属感，增强企业的凝聚力，吸引人才，降低人员流动性，从而提高企业经济效益。因此，国内许多企业也开始实施员工持股计划。

本章小结

激励指的是以满足个体的某些需要为条件，努力实现组织目标的过程。其实质是调动人的积极性，提高工作绩效，使个人目标与组织目标相统一，在实现个人目标的同时，有效地实现组织目标。激励的实质是激励人的心理状态，即激发自身的动机来达到强化其行为的过程。所以通过激励来调动员工的积极性、创造性，是从事管理工作的一项重要任务。激励具有吸引人才、开发潜能、留住优秀人才、造就良性的竞争环境的作用。激励要符合一定的基本原则：目标结合的原则、合理性原则、明确性原则、时效性原则、正激励与负激励相结合的原则、按需激励的原则。

同时，在掌握激励相关理论的基础上，要明白根据情景的不同采用恰当的激励艺术。

课后思考练习

一、名词解释

1. 激励　内滋激励　权力需要

二、单项选择题

1. 三种基本的激励特征不包括（　　）。

    A. 努力程度　　　　B. 持久程度　　　　C. 方向性　　　　D. 坚持程度

2. 按激励的内容可以分为（　　）。
   A. 物质激励和精神激励　　　　　B. 正激励和负激励
   C. 内滋激励和外附激励　　　　　D. 短效激励和长效激励
3. 内容型激励理论不包括（　　）。
   A. 马斯洛的需要层次理论
   B. 赫茨伯格的双因素理论
   C. 奥尔德弗的生存、关系和成长理论
   D. 挫折理论

三、简答题

1. 如何理解需要层次理论？
2. 双因素理论的内涵是什么？
3. 如何正确运用正强化、负强化？
4. 为什么说奖励和惩罚的目的是相同的？

四、案例分析题

明基的轮岗制度

员工轮岗制度是明基公司（中国）营销总部实行的特殊政策。当初，曾文祺引入轮岗制度也是不得已而为之。1994年，他奉命到内地组建明基（中国）营销总部，当时的公司员工很少，每人不得不做多面手。在明基（中国）营销总部运作进入正轨后，曾文祺不改初衷，一直坚持实行员工轮岗制度。在曾文祺看来，今天的他之所以能统领全局，其中一个重要原因是他曾经在不同的岗位上历练过：做过普通职员，担任过全球产品营销经理，独立创建过营销机构。丰富的职业经历令他积累了丰富的人生经验与管理技巧。在曾文祺眼中，每次岗位转换都是一次生动的体验。他希望，他的员工都像他一样，有机会经历多种岗位以获得经验，进而领导他人。同所有的制度创新一样，轮岗制度在明基的施行也不是一帆风顺的。员工在轮岗中，会因为不适应造成诸如内耗、丢失客户或效率低下等弊端。轮岗的这些"副产品"并没有动摇曾文祺的决心。在轮岗中，曾文祺要视员工的能力、兴趣、价值观，顺势而行。但每次轮岗，员工势必要面对高低不同的职位，所去的区域也要有重要与非重要之别，因此员工很自然地将岗位轮换视为某种"升降"的暗示。曾文祺从不否认轮岗背后蕴含的这种暗示，但他更强调轮岗背后蕴含的另一层含义——一个人不仅要有底层的业务经历，也应有居于高位的统筹能力，还要有能上能下的心理素质，这样方能成大器。过去在轮岗前，管理者必须耐心地与员工谈心，帮其剖析其中益处，而现在，曾文祺的办公桌案头堆满了一摞摞的员工轮岗申请信。

思考与讨论：

1. 如果你是曾文祺，你如何处理案头一摞摞的员工轮岗申请信？说说你的理由。
2. 明基的员工轮岗制度能否带来激励作用，你认为它的管理层会在激励活动方面做出一些调整吗？请具体说明。

技能实训

一、实训内容

调查你所在学校及班级的内部激励措施，并运用所学知识进行分析。

二、方法步骤

1. 根据班级人数分成若干小组，组织探讨与分析诊断。
2. 收集学校对学生的激励措施，如奖学金制度与优秀学生评比制度。
3. 了解学校及班级内部在实施这些制度时所引发的一系列问题。

三、实训考核

每个学生写一份所调研学校激励方法的简要分析报告并相互交流。

第十章

劳动关系与劳动管理

知识目标

1. 了解劳动关系的概念及实质
2. 知悉劳动关系的管理原则
3. 掌握劳动关系的协调与管理

技能目标

培养劳动合同订立的基本素质和能力

导入案例

甲公司的罢工事件

2014年11月1日，甲公司聘请60名员工到该单位工作，并签订了书面劳动合同，合同期限2年。2016年10月31日，劳动合同到期。员工提出涨工资的想法，公司没有同意，导致了60多人的罢工行为，为期1天，严重影响了生产运作。

罢工事件发生后，公司相继派遣人资部及部门领导进行耐心劝解，试图让大家平复情绪，恢复生产，然而并未得到抑制，反而呈现愈演愈烈之势。无奈之下，公司决定，将20名员工辞退。

然而，接下来发生的事情却让公司领导始料未及。由于人力严重不足，生产能力严重下降，不能按期交货，导致很多单位取消了与该公司的订单。

由于公司对罢工行为的发生、预防及控制是无效的，因此付出了惨重的代价。由此说明，在人力资源管理中，如何解决好员工与企业的劳动关系，进行科学规范的劳动管理，对于企业的生产经营和长远发展具有极其重要的意义。

第一节　劳动关系概述

一、劳动关系的概念及特点

（一）劳动关系的概念

劳动关系，是指用人单位与劳动者之间，依法所确立的劳动过程中的权利义务关系。劳动关系自用人单位用工之日起建立。

用人单位，是指中华人民共和国境内的企业、个体经济组织、民办非企业单位等组织。国家机关、事业单位、社会团体与劳动者建立劳动关系时，也认为是用人单位。

劳动者，是指达到法定年龄，具有劳动能力，以从事某种社会劳动获得收入为主要生活来源，依据法律或合同的规定，在用人单位的管理下从事劳动并获取劳动报酬的自然人（中外自然人）。

（二）劳动关系的特征

劳动关系是劳动法调整对象。特征为：主体特定，一方为用人单位，一方为劳动者；劳动关系是在实现劳动过程中发生的社会关系；具有人身、财产关系的属性；具有平等、从属性。

> **知识链接10-1**　**劳动关系与劳务关系的区别**
>
> 劳务关系是平等主体之间就劳务的提供与报酬的给付所达成的协议，遵循意思自治、合同自由和等价有偿的原则，雇主与雇员之间形成的是一种债权债务关系，劳务关系不受劳动法调整，应适用民法通则、合同法的规定。劳务关系与劳动关系的区别如下：
>
> 1. 主体不同。劳动关系一方是符合劳动年龄并具有与履行劳动合同义务相适应能力的自然人，另一方是符合劳动法所规定条件的用人单位；而劳务关系不限于自然人与用人单位之间，还可以是单位之间、自然人之间，并且可能是两个主体以上。
>
> 2. 关系不同。劳动关系中形成的是管理与被管理、监督与被监督、指挥与被指挥的隶属关系；劳务关系是平等主体依据双方约定所形成的一种财产关系，不存在人身的隶属性。
>
> 3. 关系的稳定性不同。劳动关系比较稳定，反映的是一种持续的生产资料、劳动者、劳动对象之间的结合关系；而劳务关系中多为一次性或临时性的工作，一般以完成特定工作为目的。
>
> 4. 待遇不同。劳动关系中劳动者除了定期得到劳动报酬外还享有劳动法律法规所规定的各项待遇，如社会保险待遇等，而劳务关系一般只涉及劳动报酬问题，劳动报酬都是一次性或分期支付，无社会保险等其他待遇。

二、劳动关系与劳动管理

和谐、良好的劳动关系是建立在科学有效的劳动管理基础之上的。对劳动行为、劳动关系、劳动者、劳动环境、劳动条件进行科学管理，可以减少劳动者与组织之间的矛盾和冲突，协调关系，充分发挥人力资源的作用。

管理内容包括：劳动合同管理，劳动合同的签订、修改、终止等方面的管理；劳动者人身财产安全管理，建立完善安全机构，执行安全规范，采取有效措施，确保安全第一；劳动关系的协调、矛盾的解决；劳动环境的绿化、美化、亮化，整洁有序、卫生健康、协调发展；劳动条件管理，设备先进科学，工作场地井然有序，生产或工作资料齐全。

三、劳动关系的管理原则

科学的劳动管理活动是在科学的管理原则指导下进行的管理活动。科学的劳动管理原则有以下几方面：

1. 合法性原则

劳动关系是社会最基本的社会关系，影响社会成员的根本利益，影响重大，国家制定大量的劳动法律规范，对劳动关系及其相关内容进行规范和调整，以实现劳动关系的协调发展。因此，劳动管理活动必须依法行使，严格遵守和执行法律规范，这种行为才有效。

2. 合理性原则

劳动管理活动受社会道德、风俗、习惯、传统文化等多种因素影响，实施合理、公正的管理活动才会被成员接受，管理活动才能顺利进行下去。

3. 民主参与原则

在劳动管理过程中，征求成员意见，建立有效的渠道，了解成员的愿望和意见，调动成员的积极性主动参与劳动管理，可以极大地提高生产、工作的积极性和热情，提高工作效率。

4. 创新发展的原则

劳动管理经常处于新的环境状态中，面临不断出现的新问题，承担新的工作和任务，需要管理者更新观念，改善组织结构，创新组织行为方式，采用新的措施和方法进行管理。

第二节　劳动合同

一、劳动合同的概念和特征

（一）劳动合同的概念

劳动合同是指劳动者与用人单位之间依法确立劳动关系，明确双方权利义务的书面协议。《中华人民共和国劳动合同法》（以下简称《劳动合同法》）于 2008 年 1 月 1 日起施行。

（二）劳动合同的特征

1. 劳动合同的主体具有特定性

劳动合同的主体一方是劳动者，另一方是用人单位。

2. 劳动合同的内容具有较强的法定性

当事人双方订立的劳动合同不得违反强制性规定，否则无效。

3. 劳动者在签订和履行劳动合同的过程中的地位不同

在签订劳动合同的过程中，双方法律地位是平等的；在履行劳动合同的过程中，用人单位和劳动者是支配与被支配的关系。

二、劳动合同的订立

(一) 劳动合同的订立原则

订立劳动合同应当遵循以下原则:
①合法原则。即劳动合同的内容和形式必须符合法律规定。
②公平原则。即劳动合同应当公平合理地确定双方的权利和义务。
③平等自愿原则。即劳动者和用人单位订立合同时的法律地位是平等的,订立劳动合同也是双方当事人真实意思的表示。
④协商一致原则。即用人单位和劳动者对劳动合同的内容达成一致意见。
⑤诚实信用原则。即双方订立劳动合同要诚实守信,不得有欺诈行为。

(二) 劳动合同订立的形式

劳动合同应当以书面形式订立。
①用人单位自用工之日起即与劳动者建立劳动关系。建立劳动关系,就应当订立书面劳动合同。
②已建立劳动关系,未同时订立书面劳动合同的,应当自用工之日起一个月内订立书面劳动合同。
③用人单位自用工之日起超过一个月未与劳动者订立书面劳动合同的,自用工之日起满一个月的次日至满一年的前一日,应当向劳动者每日支付2倍的工资,并且视为自用工之日满一年的当日已经与劳动者订立了无固定期限劳动合同,并立即订立书面劳动合同。

作为订立书面合同的例外,非全日制用工双方当事人可以订立口头协议。

案例 10-1

2017年3月1日关某到联华公司应聘,公司当天就决定录用他。2017年3月8日,关某正式到公司报到,但双方直到4月10日才签订书面形式的劳动合同。

关某和联华公司劳动关系自何时确立?

劳动关系自用人单位用工之日起建立,劳动合同自用人单位和劳动者达成一致协议时成立,劳动关系的建立时间和劳动合同的成立时间并不完全一致。本案例中,关某于2012年3月8日正式到公司报到,和联华公司的劳动关系自2012年3月8日开始确立。

(三) 劳动合同的种类

劳动合同分为固定期限、无固定期限和以完成一定工作任务为期限三种。

1. 固定期限的劳动合同

固定期限的劳动合同,是指用人单位与劳动者约定合同终止时间的劳动合同。用人单位与劳动者连续订立两次固定期限劳动合同后又续订的,劳动者提出签订无固定期限劳动合同的,用人单位应当签订无固定期限劳动合同。

2. 无固定期限的劳动合同

无固定期限的劳动合同,是指用人单位与劳动者约定无确定终止时间的劳动合同。

有下列情形之一,劳动者提出或同意续订、订立劳动合同的,除劳动者提出订立固定期限劳动合同外,应当订立无固定期限劳动合同:

①劳动者在该用人单位连续工作满十年的。
②用人单位初次实行劳动合同制度或者国有企业改制重新订立劳动合同时，劳动者在该用人单位连续工作满十年且距法定退休年龄不足十年的。
③连续订立两次固定期限劳动合同，再续订劳动合同的。
④用人单位自用工之日起满一年不与劳动者订立书面劳动合同的，视为用人单位与劳动者已订立无固定期限劳动合同。

3. 以完成一定工作任务为期限的劳动合同

以完成一定工作任务为期限的劳动合同，是指用人单位与劳动者约定以完成某项工作为合同期限的劳动合同。

（四）劳动合同订立的主体

订立劳动合同的双方当事人应当具备法定条件。

①用人单位具备用人的权利能力和行为能力。用人单位设立的分支机构，依法取得营业执照或登记证书的；或未依法取得营业执照或登记证书的，但受用人单位委托的，可以与劳动者订立劳动合同。

②劳动者需年满 16 周岁（文艺、体育、特种工艺单位录取人员除外），且有劳动权利能力和劳动行为能力。

（五）劳动合同的内容

1. 劳动合同的必备条款

①用人单位的名称、住所和法定代表人或者主要负责人。
②劳动者的姓名、住址和居民身份证或者其他有效身份证件号码。
③劳动合同期限。
④工作内容和工作地点。
⑤工作时间和休息休假。
⑥劳动报酬。
⑦社会保险。
⑧劳动保护、劳动条件和职业危害防护。
⑨法律、法规规定应当纳入劳动合同的其他事项。

2. 劳动合同的约定条款

除了劳动合同必备条款以外，用人单位与劳动者可以约定试用期、培训、保守秘密、补充保险和福利待遇等其他事项。

三、劳动合同的效力

（一）劳动合同的生效

劳动合同由用人单位与劳动者协商一致，并经用人单位与劳动者在劳动合同文本上签字或者盖章生效。劳动合同依法成立即具有法律效力，对双方当事人都有约束力。双方必须履行劳动合同中规定的义务。

劳动合同的生效与劳动关系的建立是不同的，自实际用工之日起，用人单位和劳动者虽未签订书面劳动合同，但双方的劳动关系已经建立；如果用人单位和劳动者签订了劳动合同,但并未实际用工,则劳动合同虽生效,但双方并未建立劳动关系。

(二)无效劳动合同

下列情形下,劳动合同无效:

①以欺诈、胁迫手段或者乘人之危,使对方在违背真实意思的情况下订立或者变更劳动合同的。

②用人单位免除自己的法定责任,排除劳动者权利的。

③违反法律、行政法律强制性规定的。

劳动合同部分无效,不影响其他部分效力的,其他部分仍然有效。对劳动合同的无效或者部分无效有争议的,由劳动争议仲裁机构或者人民法院确认。

劳动合同被确认无效,劳动者已付出劳动的,用人单位应当向劳动者支付劳动报酬。劳动报酬的数额,参照本单位相同或者相近岗位劳动者的劳动报酬确定。

四、劳动合同的履行和变更

(一)劳动合同的履行

劳动合同的履行,是指劳动合同生效后,双方当事人按照劳动合同的约定,履行各自承担自义务和实现各自享有的权利的法律行为。

用人单位与劳动者应当按照劳动合同的约定,全面履行各自的义务。用人单位应当按照劳动合同约定和国家规定,向劳动者及时足额支付劳动报酬,用人单位拖欠或者未足额支付劳动报酬的,劳动者可以依法向当地人民法院申请支付令,人民法院应当依法发出支付令,用人单位应当严格执行劳动定额标准,不得强迫或者变相强迫劳动者加班。用人单位安排加班的,应当按照国家有关规定向劳动者支付加班费。

劳动者拒绝用人单位管理人员违章指挥、强令冒险作业的,不视为违反劳动合同。劳动者对危害生命安全和身体健康的劳动条件,有权对用人单位提出批评、检举和控告。

(二)劳动合同的变更

用人单位与劳动者协商一致,可以变更劳动合同约定的内容。变更劳动合同,应当采用书面形式,变更后的劳动合同文本由用人单位和劳动者各执一份。

用人单位变更名称、法定代表人、主要负责人或者投资人等事项,不影响劳动合同的履行。用人单位发生合并或者分立等情况,原劳动合同继续有效,劳动合同由承继其权利和义务的用人单位继续履行。

五、劳动合同的解除

劳动合同的解除,是指在劳动合同订立后,期限届满前,因出现法定的事由,双方协商提前结束劳动关系或一方单方通知结束劳动关系的法律行为。

劳动合同解除可以分为协商解除和法定解除。

(一)协商解除

用人单位和劳动者协商一致,可以解除劳动合同。由用人单位提出而解除合同的,应向劳动者支付经济补偿金;由劳动者主动辞职而解除劳动合同的,用人单位无须向劳动者支付经济补偿金。经济补偿金按劳动者在本单位工作的年限,没满1年支付1个月工资的标准向劳动者支付；6个月以上不满1年的，按1年计算；不满6个月的，向劳动者支付半个月工资作为经济补偿。

(二) 法定解除

法定解除，是指出现国家法律法规或者劳动合同规定的可以解除劳动合同的情形时，不需双方当事人一致同意，劳动合同效力可以自然或由单方提前终止。

法定解除又可以分为劳动者单方解除和用人单位单方解除。

1. 劳动者单方解除劳动合同的情形

（1）劳动者可以提前通知解除劳动合同的情形

①劳动者提前30日以书面形式通知用人单位，可以解除劳动合同。

②劳动者在试用期内提前3日通知用人单位，可以解除劳动合同；在此情形下，劳动者不能获得补偿。

（2）劳动者可以随时通知解除劳动合同的情形

①用人单位未按照劳动合同约定提供劳动保护或者劳动条件的。

②用人单位未及时足额支付劳动报酬的。

③用人单位未依法为劳动者缴纳社会保险费的。

④用人单位的规章制度违反法律法规的规定，损害劳动者权益的。

⑤用人单位以欺诈、胁迫的手段乘人之危，订立或者变更劳动合同，致使劳动合同无效的。

⑥法律、行政法规规定的其他情形。

（3）劳动者可以不事先告知解除劳动合同的情形：

①用人单位以暴力、胁迫或者非法限制人身自由的手段强迫劳动者劳动的。

②用人单位违章指挥、强令冒险作业危及劳动者人身安全的。

2. 用人单位单方解除劳动合同的情形

（1）用人单位可以随时通知劳动者解除合同

①劳动者在试用期间被证明不符合录用条件的。

②劳动者严重违反用人单位规章制度的。

③劳动者严重失职，营私舞弊，给用人单位造成重大损害的。

④劳动者同时与其他用人单位建立劳动关系，对完成本单位的工作任务造成严重影响，或者经用人单位提出，拒不改正的。

⑤劳动者以欺诈、胁迫的手段乘人之危，使对方在违背真实意思的情况下订立或者变更劳动合同，致使劳动合同无效的。

⑥劳动者被依法追究刑事责任的。

依据上述情形解除劳动合同的，用人单位无须向劳动者支付经济补偿。

（2）用人单位提前30日以书面形式通知劳动者本人或者额外支付劳动者1个月工资后，可以解除劳动合同

①劳动者患病或者非因工负伤，在规定的医疗期满后不能从事原工作，也不能从事由用人单位安排的工作的。

②劳动者不能胜任工作，经过培训或者调整工作岗位，仍不能胜任工作的。

③劳动合同订立时所依据的客观情况发生重大变化，致使劳动合同无法履行，经用人单

位与劳动者协商,未能就变更劳动合同内容达成协议的。

依据上述情形解除劳动合同的,用人单位仍需向劳动者支付经济补偿。

(3) 有下列情形之一,需要裁减人员 20 人以上或者裁减不足 20 人但占企业职工总数 10% 以上的,用人单位提前 30 日向工会或者全体职工说明情况,听取工会或者职工的意见后,裁减人员方案经向劳动行政部门报告,可以裁减人员。

①依照企业破产法规定进行重整的。
②生产经营发生严重困难的。
③企业转产、重大技术革新或者经营方式调整,经变更劳动合同后,仍需裁减人员的。
④其他因劳动合同订立时所依据的客观经济情况发生重大变化,致使劳动合同无法履行的。

依据上述情形解除劳动合同的,用人单位应向劳动者支付经济补偿。

(4) 裁减人员时,应当优先留用的人员
①与本单位订立较长期限的固定期限劳动合同的。
②与本单位订立无固定期限劳动合同的。
③家庭无其他就业人员,有需要抚养的老人或者未成年人的。用人单位裁减人员,在 6 个月内重新招用人员的,应当通知被裁减的人员,并在同等条件下优先招用被裁减的人员。

3. 用人单位不得解除劳动合同的情形

劳动者有下列情形之一的,用人单位不得解除劳动合同:
①从事接触职业病危害作业的劳动者未进行离岗前职业健康检查,或者疑似职业病病人在诊断或者医学观察期间的。
②在本单位患职业病或者因工负伤,并被确认丧失或者部分丧失劳动能力的。
③患病或者非因工负伤,在规定的医疗期内的。
④女职工在孕期、产期、哺乳期的。
⑤在本单位连续工作满 15 年的,且距法定退休年龄不足 5 年的。
⑥法律、行政法规规定的其他情形。

六、劳动合同的终止

劳动合同终止,是指劳动合同订立后,因出现某种法定的事实,导致用人单位与劳动者之间形成的劳动关系自动归于消灭,或导致双方劳动关系的继续履行成为不可能而不得不消灭的情形。劳动合同终止的情形包括:

①劳动合同期满的。
②劳动者开始依法享受基本养老保险待遇的。
③劳动者达到法定退休年龄的。
④劳动者死亡,或者被人民法院宣告死亡或者宣告失踪的。
⑤用人单位被依法宣告破产的。
⑥用人单位被吊销营业执照、责令关闭、撤销或者用人单位决定提前解散的。
⑦法律、行政法规规定的其他情形。

用人单位与劳动者不得约定上述情形以外的其他劳动合同终止条件,即使约定也没有法律效力。

知识链接 10-2　　　　**《劳动合同法》的特别规定**

《劳动合同法》的特别规定主要包括集体合同、劳务派遣、非全日制用工三种情形。

（一）集体合同

集体合同，是指由工会代表企业职工一方与用人单位通过平等协商，就劳动报酬、工作时间、休息休假、劳动卫生安全、保险福利等事项订立的书面协议。

1. 集体合同的订立

集体合同由工会代表企业职工一方与用人单位订立；尚未建立工会的用人单位，由上级工会指导劳动者推举的代表与用人单位订立。企业职工一方与用人单位可以订立劳动安全卫生、女职工权益保护、工资调整机制等专项集体合同。在县级以下区域内，建筑业、餐饮服务业等行业可以由工会与企业方面代表订立行业性集体合同，或者订立区域性集体合同。

2. 集体合同的生效

集体合同订立后，应当报送劳动行政部门；劳动行政部门自收到集体合同文本之日起15日内未提出异议的，集体合同即行生效。依法订立的集体合同对用人单位和劳动者具有约束力。行业性、区域性集体合同对于当地本行业、本区域的用人单位和劳动者具有约束力。

3. 劳动报酬和劳动条件

集体合同中劳动报酬和劳动条件等标准不得低于当地人民政府规定的最低标准；用人单位与劳动者订立的劳动合同中劳动者报酬和劳动条件等标准不得低于集体合同规定的标准。

4. 争议的处理

用人单位违反集体合同，侵犯职工劳动权益的，工会可以依法要求用人单位承担责任；因履行集体合同发生争议，经协商解决不成的，工会可以依法申请仲裁、提起诉讼。

（二）劳务派遣

劳务派遣，是指劳务派遣单位根据用工单位的需要，招聘人员，并将所聘人员派遣到用工单位的一种用工形式。劳务派遣的劳动合同关系存在于劳务派遣单位与被派遣劳动者之间，但劳动力给付的事实发生于被派遣劳动者与实际用工单位之间。劳务派遣一般在临时性、辅助性或者替代性的工作岗位上实施。

劳务派遣涉及劳务派遣单位、用工单位、劳动者三者之间的法律关系。

1. 劳务派遣单位

劳务派遣单位即用人单位，应当履行用人单位对劳动者的义务。劳务派遣单位应当依照公司法相关规定设立，注册资本不得少于人民币50万元。

2. 劳务派遣合同

劳务派遣单位与被派遣劳动者订立的劳动合同，除应当载明劳动合同应当具备的事项外，还应当载明被派遣劳动者的用工单位及派遣期限、工作岗位等情况。劳务派遣单位应当与被派遣劳动者订立2年以上的固定期限劳动合同。

3. 劳务派遣协议

劳务派遣单位派遣劳动者应当与用工单位订立劳务派遣协议。劳务派遣协议应当约定派遣岗位和人员数量、派遣期限、劳动报酬和社会保险费的数额与支付方式及违反协议的责任。用工单位应当根据工作岗位的实际需要向劳务派遣单位确定派遣期限，不得将连续用工期限分割订立数个短期劳务派遣协议。劳务派遣单位应当将劳务派遣协议的内容告知被派遣劳动者。

4. 劳动报酬

被派遣劳动者享有与用工单位的劳动者同工同酬的权利。用工单位无同类岗位劳动者的，参照用工单位所在地相同或者相近岗位劳动者的劳动报酬确定。劳务派遣单位应当按月向劳动者支付劳动报酬；被派遣劳动者在无工作期间，劳务派遣单位应当按照所在地人民政府规定的最低工资标准，向其按月支付报酬。劳务派遣单位不得克扣用工单位按照劳务派遣协议支付给被派遣劳动者的劳动报酬。

劳务派遣单位和用工单位不得向被派遣劳动者收取费用。劳务派遣单位跨地区派遣劳动者的，被派遣劳动者享有的劳动报酬和劳动条件，按照用工单位所在地的标准执行。

5. 用工单位的义务

用工单位应当履行下列义务：执行国家劳动标准，提供相应的劳动条件和劳动保护；告知被派遣劳动者的工作要求和劳动报酬；支付加班费、绩效奖金，提供与工作岗位有关的福利待遇；对在岗被派遣劳动者进行工作岗位所必需的培训；连续用工的，实行正常的工资调整机制。

用工单位不得将被派遣劳动者再派遣到其他用人单位。

（三）非全日制用工

非全日制用工，是指以小时计酬为主，劳动者在同一用人单位一般平均每日工作时间不超过 4 小时，每周工作时间累计不超过 24 小时的用工形式。

非全日制用工双方当事人可以口头订立口头协议。从事非全日制用工的劳动者可以与一个或者一个以上的用人单位订立劳动合同；但是，后订立的劳动合同不得影响先订立的劳动合同的履行。

非全日制用工双方当事人不得约定试用期。非全日制用工双方当事人任何一方都可以随时通知对方终止用工，终止用工时用人单位不向劳动者支付经济补偿。非全日制用工小时计酬标准不得低于用人单位所在地人民政府规定的最低小时工资标准。非全日制用工劳动报酬结算支付周期不得超过 15 日。

第三节　劳动关系的协调与管理

通过签订劳动合同，劳动者与用人单位之间形成一定的劳动关系，这种关系的内容、性质、状态、变化等情况对于人力资源的开发、利用、激励、保障等方面有着重要的意义，因此组织应采取有效措施，利用各种资源，协调好劳动关系，加强对劳动关系的管理，以提高人力资源的利用水平。

案例 10-2　　职工与厂方的冲突事件

2016 年 7 月的一天，上午 8 点左右，北方某城市某公司数百名职工阻断交通道路，堵死公司大门，禁止公司其他员工上下班，致使该公司无法进行正常生产经营，在社会上造成了不良影响。

这起冲突事件的原因在于该公司进行改制，随意裁减员工。该公司为改善经营状况，在没有召开职工代表大会，没有制定下岗职工相应的劳动保障措施，更多职工的利益也没有考虑的情况下，将公司进行了出租。承租者没有采取有效手段对公司员工进行合理安置，反而将一些员工随意辞退，没有给予辞退员工任何保障条件，致使一些员工生活陷入困境；对一些在原岗位上尽职尽责工作的员工，没有经过沟通，没有经过培训，在不知情的状态下，被调离原岗位，分配到不满意、不熟悉的岗位上；承租者对原公司拖欠职工的工资、福利待遇没有任何补偿，也没有明确的处理意见。以上种种情况引起了职工的强烈不满，最后导致冲突事件的发生。

一、劳动关系协调对人力资源的重要影响

协调是人们为实现共同目标而把各自的行动加以调整，实现行动的互相配合，进而实现共同目标的过程。劳动关系的协调是在劳动过程中，为达到一定目标，引导组织、组织各部门、组织成员建立良好的协作与配合关系，以实现共同目标的行为。劳动关系的协调贯穿于人力资源管理的全过程，在人力资源管理中起着重要的作用。

①协调的劳动关系能够保证劳动过程稳定、正常地发挥作用，提高人力资源的利用效率。

②劳动关系协调是克制消极因素，消除阻力，使全体员工充分了解组织的目标、计划、现状、任务、意义、文化等内容的重要条件，可以减少误解，避免摩擦与冲突，防止工作的脱节与重复，提高组织有限资源的利用率。

③劳动关系协调可以节约资源，减少浪费，使组织的人、财、物、信息等资源得到充分利用，降低人力资源管理成本。

④劳动关系协调可以沟通组织内外的关系，使劳动环境更加融洽、和谐，为劳动者提供更多的支持与帮助，为劳动者提供更多的机会。

⑤劳动关系的协调可以使人力资源的各方面管理制度相互衔接，配套实施，有效地发挥规范作用，避免规范的失效，造成人力资源的浪费与伤害。

二、劳动关系协调的原则、程序、方法与影响因素

劳动者在劳动过程中、在相关的行为中互相协作，齐心协力，共同实现组织与成员的共同目标，需要在劳动关系协调过程中坚持科学的原则，严格遵循协调的基本程序，采用合理有效的协调方法，建立有效的协调机制，才能保证协调的顺利进行。

（一）劳动关系协调的原则

协调原则是劳动关系协调过程中的基本指导思想，是协调的最基本的方法。协调原则贯穿协调的全过程，是协调工作的灵魂，为协调提供准确的方向，也对整个协调行为进行约束。

1. 利益均衡原则

劳动关系如同其他社会关系一样，都建立在对利益的追求之上，人际关系的协调实质上是对利益进行均衡，当利益达到平衡或基本平衡时，人际关系才可能保持协调，才可能没有冲突。劳动关系是在劳动过程中形成的关系，也是人际关系的一种，只有在劳动过程中充分照顾劳动者的利益，实现劳动者付出与收益的平衡、劳动力资源的消耗与组织收益的平衡、组织内外的平衡，组织及其成员才能得到充分的发展。利益均衡实际上是处于不断变化的过程之中，处于不平衡与平衡的交替状态之中。

2. 信息沟通原则

信息沟通是实现利益均衡、关系协调的重要途径。通过连续不断的信息制造、收集、加

工、处理、传递、使用、存储等环节，使组织成员对组织形式形成一定的认识，在沟通中实现相互了解，接受对方，投入感情，实现关系的和谐与相互支持。信息沟通既是传递情报的过程，又是交流情感的过程，有利于员工之间形成团队精神，提高员工的责任感。

3. 统筹兼顾原则

在劳动过程中，劳动关系涉及各方面的利益，受到许多因素的影响，包括组织整体利益、部门利益、不同员工之间的利益、社会利益、环境利益等，组织在协调劳动关系的过程中要充分照顾各方面、各时期、各部门的利益，统一考虑，全盘筹划，兼顾各方面愿望。

4. 合理合法原则

在协调劳动关系的过程中，协调的主体、内容、手段、方法、条件等方面必须符合国家法律的规定，符合组织的规章制度，不得采用非法手段、非法措施进行协调，不得损害当事人双方的合法利益，也不得互相串通，损害第三方的合法利益，不得损害社会公共利益。

5. 激励原则

在对劳动关系协调时，采取有效的措施和手段，照顾各方面利益与愿望，充分激发各方面的积极性，是关系主体积极进行沟通、主动合作、实现劳动过程中的协作、提高行为效率的保障。

6. 有效性原则

对劳动关系的协调需要组织投入大量的人力、物力、财力及其他方面的资源，要有效利用这些资源，提高工作效率，实现协调的目标。

（二）协调的基本程序

协调劳动关系的过程有一定的程序要求。只有遵循协调的基本程序，使协调行为符合活动的基本规律，提高活动的科学性、准确性，才能保证协调行为的高效率，使劳动关系更加协调，行动达到一致，实现组织与员工的共同目标。劳动关系协调的基本程序主要有：

1. 准备阶段

劳动关系协调之前需要一些准备工作，主要有：计划准备，根据有关情况，确定协调的目标，制定行动方案；信息准备，了解劳动关系现状，确定是否存在矛盾与冲突，程度如何，影响如何，产生的原因等；组织准备，安排合适人选，建立合理的组织机构，负责和协调劳动关系，做好组织准备工作；资源准备，准备齐全协调工作所需要的物资、设施、设备及其他所需物品，为协调工作创造良好的基础；其他方面的准备工作。充分的准备工作是保证协调工作成功的关键。

2. 协调阶段

劳动关系双方当事人首先各自提出自己的意见，提出各自的要求和建议，提出自己的主张；接着，对关系双方提出的主张进行分析、讨论、商议、调解，对双方利益进行均衡分配，统筹考虑，兼顾各方利益要求；接下来，双方达成一致性意见，形成共同认识，改善关系状态，实现劳动关系的和谐；最后，签署协议，形成文件，指导劳动关系双方当事人的行为。

3. 执行阶段

执行阶段双方执行协商后签署的协议，按照协议的要求，认真落实有关规定，实现劳动关系的协调；对协调行为进行总结，反馈协调过程的各环节、各方面，认真分析，查找问题，研究原因所在，提出改进方案，总结经验与教训，为以后的协调工作提供指导。

(三) 劳动关系协调的具体方法

在协调的过程中，协调的效果大小、效率高低与协调的方法密切相关。要根据劳动关系的具体情况及环境情况，选择合理的协调方法协调劳动关系。劳动关系的协调方法主要有：

1. 会议协调法

这是在劳动关系协调和其他关系协调过程中采用的比较广泛的方法。选择合适的环境作为会场，关系协调者、劳动关系双方当事人或代表共同参加，在会议上表达自己的意见和主张，进行充分的协商，最终达成一致性意见，签署共同遵守的协议。

2. 组织协调法

由劳动关系双方派出代表，组成一定的机构，就双方有关问题进行讨论、协商，达成一致意见，实现关系的改善和发展。

3. 信息协调法

许多矛盾的产生是因为沟通障碍，信息流动不畅通，互相之间不了解情况，产生误会，引发矛盾和冲突，使关系恶化。通过公开更多的相关信息，可以使劳动关系双方加强了解，消除误会，改善关系。

4. 第三方协调法

劳动关系双方当事人由于冲突比较激烈，难以面对面地进行协商时，可以寻找双方都能够接受的第三方进行协调，由第三方站在公正的立场上对劳动关系进行调节，实现关系的和谐。

5. 法律协调法

法律协调法是指根据国家有关法律规定，对劳动关系进行协调，具体在后面讲述。

(四) 劳动关系协调的影响因素

劳动关系的协调工作受多方面因素的影响，要正确认识、分析、处理这些影响因素，以改进协调工作，提高协调行为效率，协调好劳动关系。劳动关系协调的影响因素主要有：

1. 当事人因素

当事人的心理、知识、能力、经验、地位、数量、成分、结构等方面的因素影响协调工作的开展。

2. 环境因素

环境中的社会文化、风俗习惯、自然情况、经济水平、政治因素及其他因素影响协调工作。

3. 沟通因素

沟通渠道发生障碍，沟通信息的短缺，沟通环节的增多，沟通方式的不合理，沟通环境的不良，沟通技术的落后，沟通的制度限制，沟通的心理障碍等，都是影响劳动关系协调的因素。

本章小结

本章内容是人力资源管理所有内容的基础部分和最终结果部分。对人力资源管理活动的开展在实质上都表现为对劳动关系的协调与改善，保护和提高劳动双方的利益，实现劳资双方的共同发展，使组织目标和个体目标得以充分实现。为此，本章从劳动关系的实质、劳动关系管理、劳动合同管理、劳动关系协调等方面进行了充分论述。

课后思考练习

一、名词解释

劳动关系　无固定期限劳动合同

二、单项选择题

1. 劳动关系是从（　　）之日起建立。
   A. 签订劳动合同　　　　　　　　　B. 用工之日
   C. 试用期满　　　　　　　　　　　D. 劳动合同终止
2. 下列选项中属于劳动合同必备条款的有（　　）。
   A. 试用期　　　B. 劳动报酬　　　C. 违约责任　　　D. 服务期
3. 下列选项中，对劳动合同订立形式表述正确的有（　　）。
   A. 劳动合同应当以书面形式订立
   B. 劳动合同可以以书面形式订立
   C. 非全日制用工双方当事人不应当订立口头协议
   D. 非全日制用工双方当事人应当订立口头协议
4. 劳动关系协调的基本原则有（　　）。
   A. 利益均衡原则　　　　　　　　　B. 信息沟通原则
   C. 统筹兼顾原则　　　　　　　　　D. 合理合法原则

三、简答题

1. 劳动关系管理的基本原则是什么？
2. 劳动合同的概念和特征是什么？
3. 如何协调劳动关系？
4. 劳动关系协调的影响因素是什么？

四、案例分析题

2000年10月，老王由某书店调入A集团公司，档案随之移交到该公司。同年12月，老王被A集团公司委派到其分公司任副总经理，工资福利由分公司支付。2006年5月，分公司与A集团公司脱离隶属关系，老王回到A集团公司等待安排工作。由于A集团公司法定代表人多次更换，安排岗位一事一拖再拖。老王不得已只好在外单位又找了份工作，有时间还到A集团公司催促其安排岗位。2016年7月，A集团公司更名。由于该公司从未给老王缴纳社会保险，时间一长，公司否认与老王存在劳动关系。于是老王于2017年3月向劳动争议仲裁委员会提出申诉请求。

请思考：

老王与A集团公司还存在法律关系吗？为什么？

技能实训

一、实训内容

分为若干学习小组，每组5~6人，根据所学知识，结合劳动合同的规范文本讨论劳动合同具体内容的填写。

二、方法步骤

1. 熟悉劳动合同的必备条款和约定条款。
2. 小组讨论劳动合同中具体条款的内容。
3. 练习填写劳动合同文本。

三、实训考核

1. 小组进行汇报展示。
2. 小组成员互评。小组互评实行百分制，小组互评成绩占本实训项目分值40%。
3. 教师评价。实行百分制，教师评价占本实训项目分值60%。

第十一章

企业文化与人力资源管理

知识目标

1. 了解企业文化的概念、特征和功能
2. 掌握企业文化的载体
3. 理解企业文化与人力资源管理之间的关系

技能目标

能够理论联系实际,掌握建设企业文化的方法

导入案例

华为的企业文化

华为于 1987 年成立于中国深圳,是全球第二大通讯设备供应商及全球第三大智能手机厂商,也是全球领先的信息与通信解决方案供应商。华为的产品主要涉及通信网络中的交换网络、传输网络、无线及有线固定接入网络,以及数据通信网络和无线终端产品,为世界各地通信运营商及专业网络拥有者提供硬件设备、软件、服务和解决方案。目前,华为的产品和解决方案已经应用于 140 多个国家,服务全球 1/3 的人口。全球排名前 50 名的电信运营商中,已有 45 家使用华为的产品和服务。

华为非常崇尚"狼",认为狼是企业学习的榜样,要向狼学习"狼性",狼性永远不会过时。任正非说:发展中的企业犹如一只饥饿的野狼。狼有最显著的三大特性,一是敏锐的嗅觉,二是不屈不挠、奋不顾身、永不疲倦的进攻精神,三是群体奋斗、团队合作的意识。同样,一个企业要想扩张,要想在危难面前不被击垮,甚至逆势增长也必须具备狼的这三个特性。以下就是华为的狼性文化指导下的见证:

2008 年,美国次贷危机波及全球,中国同样未能幸免,或多或少受到一些影响。2009

年，金融危机带来的冲击逐渐渗透到包括电信业在内的各个行业，很多企业因此倒闭，而华为却创造了属于自己的奇迹。2008年，华为的海外收入占总收入的75%，全年合同销售额达233亿美元，总收入增长速度之快让华为自己都难以置信。2009年，华为全球销售收入1491亿元RMB（约合218亿美元），同比增长19%。营业利润率14.1%，净利润183亿元RMB，净利润率12.2%。2009年的净利润增幅超过100%。尽管2008年一年的国际金融危机让整体经济形势更加复杂，但华为的经营性现金流达到217亿元RMB，同比增长237%。能够在恶劣的经济形势下，仍然保有如此规模的现金流，着实令人惊叹。而如此成就的取得与华为以"狼文化"为主的企业文化的引导密不可分。

敏锐的嗅觉在华为表现为对市场变化做出的快速反应和对危机的特别警觉。《华为的冬天》文章的作者是任正非，他说，冬天一定会来临。但只要我们做好了准备，有了厚实的棉衣，相信再冷的冬天，我们仍然感觉是暖洋洋的！只要大家有危机感，能够提前预防，采取措施，不断完善，相信我们能够走得更远，做得更好。由此可见，华为的迅速发展，与华为人保持着高度的警惕和对市场的敏锐性有着重要的关系。而且华为在任正非每隔三五年就阶段性地宣布冬天到来的警示中，频频取得接近50%的业绩增长，实力不断地增强，大大地超越同行业企业的增长速度。

勇往直前、永不疲倦是华为人的奋斗精神。任正非把国家的民族文化、政治文化融入企业文化当中，把实现先辈的繁荣梦想，民族的振兴希望，时代的革新精神，作为华为人义不容辞的责任，铸造华为人的品格。从而使得员工有着乐于奉献的精神，并为了国家、企业的目标长期规划而不断努力着。这样，就把远大的追求与员工的切身利益有机地结合，把"造势与做实"紧密地结合。从根本上提高了员工们的积极性和效率，这对企业发展无疑是有利的。在这种大氛围下，就塑造了华为精神：艰苦奋斗，吃苦耐劳，敬业奉献。而华为的垫子文化则充分体现了华为精神：在创业的8年间，几乎每个华为人都备有一张床垫，午休的时候，席地而卧。晚上很多人不回宿舍，就这一张床垫，累了睡，醒了再爬起来干。可以说一张床垫半个家，也正是这样的吃苦耐劳精神让华为人走过了8年创业的艰辛与卓越。当然，在创建整个企业乐于奉献，为国际企业而奋斗的氛围下，满足员工的物质需求——高工资高待遇，公司为员工的努力工作设下了这两方面的保障。

团队合作，共享成果。军队中特别重要的一个特点是"团队精神"，而华为就十分强调"集体"这个概念，没有个人的失误，没有个人的成就，有的只是集体努力的成功，集体的失败。自强不息，荣辱与共，胜则举杯同庆，败则拼死相救。这样的团结协作精神让员工们形成了很好的关系，而良好的关系是良好的工作氛围的一个很重要的组成部分，也更容易形成"1+1>2"的效果。任何个人的利益都必须服从于集体的利益，将个人努力融入集体奋斗之中，在华为得到了充分体现。

企业文化被称作第二只"看不见的手"，成为许多企业走向成功的强大动力和制胜法宝。现在，经济全球化、知识经济和可持续发展，已经成为当今人类社会发展的三大主题。伴随着人类观念、时代背景的变化和以信息化为基础的新经济的产生，企业文化也在发生着潜移默化的变化，无论是基本的价值观念，还是具体的行为准则，新经济时代企业文化都在很大程度上不同于以往工业经济中的传统企业。

20世纪80年代初，日本经济的迅速崛起引起了美国管理学界的深刻反思。其中，"企业文化"作为一个新的概念，正是在美日比较管理学热潮阶段形成并提出的。企业文化是人力资源开发管理的关键性因素，因此，讲究人力资源开发管理的文化方式，如树立企业英雄人物、确立企业礼节和仪式、构建企业文化、实施CS战略等。本章着重带领大家学习如何构建企业文化，解读企业文化与人力资源管理之间的联系。

第一节　构建企业文化

一、企业文化的定义

对于企业文化定义的界定，目前国内外学者都有着各自的看法，但是从根本上来说，他们对于企业文化内涵的理解还是一致的。

目前，被广泛采用并得到多数专家学者认可的观点是：企业文化是指在一定的外部环境的影响下，在长期的经营生产实践中企业逐步形成和发展起来的，具有本企业特点的、日趋稳定的企业经营宗旨、价值观念、人文环境、企业哲学及与此相适应的思维方式和行为方式的总和。

二、企业文化的特征

作为文化的一个子系统，企业文化除了拥有一般文化所具有的共同特征外，还有其个性特征。这些特征主要包含以下几个方面：

1. 社会性

企业文化隶属于社会文化的一个分支，与社会文化紧密相连并相互影响。企业文化虽有自己的独特个性，但是在社会大文化背景下，则处于绝对的从属地位。脱离社会文化的企业文化没有生存的可能，与社会文化背道而驰的企业文化必将遭到淘汰。

2. 个体性

不同的企业文化风格也各不相同，即使是在性质、环境、管理组织、制度手段上十分相近的两个企业，在文化上也会呈现出不同的特点。这是由企业生存的社会、地理、经济等外部环境，以及企业所处行业的特殊性及自身经营管理特点，甚至是企业家素养风范和员工的整体素质水平等内在条件所决定的。

3. 稳定性和动态性并存

企业文化具有一定的稳定性和连续性，能够对企业员工的行为产生长期影响，不会因为日常经营环境的细微变化或者个别人员的去留而发生变化；但是企业文化也不是一成不变，也是处于不断变化、积累和革新的动态过程中，并随着时代的变革、企业内外部环境的变化而变化。因而，在保持企业文化相对稳定性的同时，也要时刻注意企业文化的动态变化。

4. 共识性

企业文化是企业共同的价值判断和价值取向，即多数员工的"共识"，但由于企业员工的素质参差不齐，人的观念复杂多样，追求也不尽相同。因此，企业文化只能是追求多数人的"共识"。

5. 非强制性

企业文化不是强调人们必须遵守各项规章制度和纪律，而是强调文化上的"认同"，强调人的主观意识性，即通过启发员工的自觉意识达到自律和自控。对于大多数人来说，由于主观意识上认同了某种文化，因此，这种文化是具有非强制性的；同样，对于少数人来说，由于主流文化发挥作用，即使他们并未产生认同或共识，也同样会受到这种主流文化产生的氛围的约束和影响。

三、企业文化的功能

企业文化的功能是指企业文化在企业的生产实践过程中，与企业内外部相互联系和相互作用的能力。具体来说，主要具备以下六个方面的功能：

1. 导向功能

导向功能是指企业文化对于企业和其员工的价值观及行为取向的引导作用，包括价值观导向和行为导向两方面。企业文化反映的是企业的共同价值观、追求和利益；企业文化导向功能作为企业的一种有力工具，能够把员工引导到企业所确定的目标方向上，能够使员工个人的思想、观念、追求和目标，与企业所要求的一致，使员工为实现企业的目标共同努力奋斗。

2. 凝聚功能

凝聚功能是指企业文化能把企业的全体员工聚合在一起，形成强大的整体力量的能力。企业的根本目标是企业员工凝聚力的基础，根本目标选择正确，就能使企业的共同利益和绝大多数员工的利益统一起来，就是一个集体与个人双赢的目标，在此基础上企业就能形成强大的凝聚力。反之，企业凝聚力的形成只能是空想。

3. 激励功能

激励功能是指企业文化所具有的振奋员工士气、增强员工信心，为实现企业目标保持饱满精神的作用。企业文化所形成的内部文化氛围和价值导向能够调动和激发员工的积极性、主动性和创造性，把人的潜在智慧诱发出来，使员工的能力得到充分发挥，提高各部门员工的自主经营能力和自主管理能力。

4. 规范功能

规范功能是指企业文化能够对员工的行为起到规范、约束和控制的作用。企业文化通过一系列正式的、有形的、成文的、强制的规章制度和非正式的、无形的、不成文的和非强制性的行为准则，不断强化员工的道德观念、纪律观念和整体观念，自觉地约束和规范组织和个人的行为。

5. 辐射功能

辐射功能是指企业文化向外扩散和传播的能力。企业文化的外向性和开放性决定了它的全方位辐射功能，不仅在企业内部的各部门之间有较强的感染辐射力，而且还能辐射到其他的企业和相关社会群体。企业文化的辐射功能促进了企业之间的信息交流，起到了相互学习、相互影响和相互借鉴的作用，从而推动了企业自身文化的建设和发展。

6. 互动功能

企业文化的互动功能表现为对外互动和对内互动两个方面。对外互动体现在企业文化不仅对外协调着企业与社会的关系，使企业的发展目标、方向和社会的发展方向和要求相一致，尽可能地从社会中获取企业发展所需要的各种资源，为企业的建设和发展服务，而且还承担着对外树立企业形象的使命；对内互动体现在企业需要协调与各分支机构、各部门及员工之间的关系,并与企业内部的物质资源、时间资源、精神资源等互动,使企业的各种资源得到有效配置。

四、企业文化的载体

在企业文化形成和发展的过程中,载体发挥着至关重要的作用。企业文化的载体是指以各种物化和精神的形式承载、传播企业文化的媒介体和传播工具。这些载体是企业文化赖以生存和发挥作用的物质结构和手段。因而企业要想建设持久有效的企业文化,必须要通过合适的各种载体来加以实现。

1. 物质载体

物质载体作为企业文化最直观、最具体的外观表现形式,在企业的生产经营活动中起着重要的基础性作用,是企业的价值观、经营理念和企业精神的物化表现。物质载体的显著特征就是看得见、摸得着,直观地表现出来,主要包括产品和服务、文字资料、文化媒介物、企业技术和设备、企业建筑和设施及企业内部环境等。

(1) 产品和服务

作为企业生产经营的最终成果,产品和服务是企业文化最重要的物质载体。在现代营销学中,产品和服务被认为是人们通过交换而获得的需求和满足,被归结为消费者和用户期望获得的实际利益。因此,企业文化只有渗透于企业生产和提供的产品和服务之中,才能体现出自己的个性。

(2) 文字资料

文字资料是企业价值观的集中体现形式,是构建企业文化最常用的载体。主要包括企业简报、企业内刊、企业网站、各种政策决议的文字材料、张贴栏中的公告公示、规章制度、行为守则等。

(3) 文化媒介物

主要是指文字资料以外的各种传播工具,主要包括企业商标、媒体广告、宣传标语、厂旗、厂徽、厂训、广播和电视等。

(4) 企业技术和设备

技术和设备作为生产资料中最积极的一部分,是形成企业物质文化的重要保证,其发展水平决定着企业的竞争力;生产过程的机械化、自动化,以及新技术、新设备、新工艺的研发和应用都直接关系到企业文化的发展水平。

(5) 企业建筑和设施

主要是指企业建筑物的风格,以及为满足生产需要和员工需求的各种基础设施及企业的整体布局等。

(6) 企业内部环境

指企业的外观环境和内在环境,如企业的卫生整洁状况、企业的绿化情况、生产车间各种零件设备的格局、办公室物品摆放风格、员工宿舍作息和卫生情况、生活福利条件,以及能够供员工使用的休闲娱乐设施和人际氛围等。

2. 行为载体

行为是指企业决策者或者员工在企业生产经营实践中和人际关系中产生的各种活动,是企业文化的另一种重要载体。行为载体可以从决策者行为、员工行为和其他群体和个人行为三个方面来分别说明。

（1）决策者行为

①决策者的个人行为，作为企业的领导者，决策者在企业文化建设和生存发展中发挥着至关重要的作用，决策者的个人行为主要包括对企业各项制度的建立、战略远景的规划、未来发展方向的选择、营销策略的制定等。

②董事会和股东行为，主要指涉及企业各投资方利益的，必须经过集体讨论商议之后才能作出的各项战略、方针和政策等。

（2）员工行为

①员工是企业的核心和支柱，是企业文化的主体载体。尤其是那些企业中模范英雄人物的行为。企业中的模范英雄人物是指那些在某个领域能力突出或者做出巨大贡献的员工典型，这些模范英雄人物能够使企业的价值观形象化，成为企业员工学习的榜样和效仿的典范。

②工会行为，具体包括参与公司规章制度的制定，参与企业未来的发展规划，协调企业内部人际关系，维护员工权益权利和协商劳动关系等。

（3）其他群体和个人行为

主要包括企业文化活动、企业内部人际关系、集体活动、企业民主行为、企业诚信行为和企业伦理道德等。

3. 制度载体

制度是企业生产经营和管理过程中所制定的一系列规章制度和规范员工行为准则的一系列综合，其主要特点是强制性。制度载体包括组织制度、产权制度、财务制度、培训制度、工资制度和管理制度等。

如果说企业文化是通过"软"力量来影响人，那么企业制度就是通过"硬"规定来约束人，两者相互影响、相互作用。企业文化中的价值观、团队意识、道德规范和经营理念等，都要通过企业制度作为载体来呈现和实施。

第二节 企业文化与人力资源管理

案例 11-1 　　　　　　**锦江集团的企业文化**

锦江国际集团是中国规模最大的综合性旅游企业集团之一。集团以酒店、餐饮服务、旅游客运业为核心产业，并设有酒店、旅游、客运物流、地产、实业、金融六个事业部。注册资本 20 亿元，总资产 170 亿元。"锦江"商标为中国驰名商标、"上海最具影响力服务商标"，列 2007 年"中国 500 最具价值品牌排行榜"第 53 位、上海地区第 5 位。截至 2007 年 6 月底，锦江国际集团投资和管理 328 家酒店、60 800 间（套）客房，在全球酒店集团 300 强中排名第 17 位，列亚洲第一位，获"中国最具影响力本土酒店集团"称号。

在锦江集团的企业文化中，员工必须牢记以下理念：

在外国人面前我代表中国人；在中国人面前我代表上海人；在上海人面前我代表锦江人。尊重自己的岗位，兢兢业业地工作。

只有真正认识到自身工作的价值，并从中得到乐趣的人，才会有深厚的职业成就和强烈的敬业精神，才能形成干好工作的精神动力，对工作倾注满腔的热情。

干一份工作就要干好。服务没有分内和分外之分，体贴入微的预料服务，因人而异的针对性服务。只要能办到的，我们就应该尽力而为。

在以上理念的指引下，锦江超越常规的"主动服务"常常给客人留下深刻的印象。比如，在锦江和平饭店的餐厅里，每个服务员都备有一只打火机，客人刚掏出烟卷，服务员就主动给点上了火；为了防止就餐客人放在椅背上的衣服沾上油污，服务员主动用干净的布给遮上；下雨天，客人下车进店，宾馆迎接员为客人逐个撑伞。

企业文化的形成在很大程度上要与企业的人力资源管理相结合，如此才能将抽象的企业文化的核心内容——价值观——通过与具体的管理行为相结合，真正得到员工的认同，并由员工的行为传达到外界，形成由企业内外部广泛认可的企业文化，真正树立企业形象。

一、企业文化是人力资源开发管理的关键性因素

（一）关于人与文化

人是文化的产物，这是基于以下几个因素：

1. 文化发展是人的发展的主要内容和最终结果

人生存的目的就在于文化创造与文化贡献；人的身体健康是为了保证文化创造的基础条件，并非为了健康本身；人的价值在于文化创造的水平和数量，而并非生命存活时间的长短。

2. 文化发展水平制约着人的发展

良性优质文化对于民族进步和人的社会化速度都具有强烈的推动作用；而劣质落后文化，则起到抑制作用。

3. 文化环境是人的发展方向的重要影响因素

人接受社会教育的主要文化信息是其所处环境内的人们的行为符号，而非语言，正所谓"听其言，观其行"。有什么样的群体文化环境（社会文化、组织文化、家庭文化、校园文化），就会对其成员进行什么样的文化塑造，人就会形成什么样的个性和行为方式，正所谓"近朱者赤，近墨者黑"。

文化的形成从来没有"无心插柳柳成荫"的捷径。人与文化相互作用、相互构造，二者之间的地位没有伯仲之分，在历史发展的长河中，人与文化是交织着影响和发展的。尤其是进入20世纪，文化在民族发展和改造人的过程中的地位不断攀升，从日本的明治维新到中国的戊戌变法，从西方的文艺复兴到中国的五四运动，从各个社会的主流文化到微观亚文化的发展，从国家间的宗教种族冲突到跨文化国家间贸易往来中的文化障碍，从不同国家的人权政治文化的分歧到人们生活习惯中饮食文化和服饰文化的差异，都让我们感觉到文化原来离我们如此之近，文化充斥于我们生活的方方面面，尽管文化似水无形，但人人都能强烈地感受到它的存在及重要作用。文化在变动的社会中发展，并发挥着越来越重要的作用。

（二）企业文化决定人力资源的地位

人们不同的文化意识，决定了对人力资源管理在企业中的地位的差异性。美国在20世

纪70年代，通过对美日两国企业的大量实证材料比较发现，日本经济在"二战"后迅猛腾飞的原因就是："把人看作珍贵的自然资源，而不是金钱、机器。"在日本，组织和人是同义语，而且对于人的重视程度激发了员工们对于工作的热情，许多普通员工都愿意冒适度的风险进行革新。

而美国却在理性主义管理中将人力资源的地位逐步降低，造成20世纪70年代前后，美国经济和社会发展的沉闷。善于学习的美国人在90年代末期才逐步改变了这种状况。他们曾惋惜地感慨："关心职工要经过如此之久才成为美国管理思想的一个现实的主题，不过现在美国终于要开始管理文化的革命了。"而且他们充满自信地宣告，在今后十年（讲话时为1988年），美国企业管理实践的主要课题是要重塑企业文化，实行更广泛的参与管理并强调把关心职工的需要作为公司的主要战略。十年后，美国经济高速增长，再一次证明了他们的判断和战略思路的正确性。这个实例再一次证明，美国经济的进步绝非固守本土文化的结果，恰恰是学习吸收日本企业文化，提升人力资源地位是其快速发展的原因之一。

日本人认为由少数"白领脑袋"带领多数"蓝领双手"，是美国人力资源不能充分发挥作用的问题所在。美国人往往看不到每个人都愿意为崇高的使命贡献力量的本质，而且似乎也不屑于为发掘人力资源的这种文化力量去做艰苦的努力。日本注重信息共享的整体人力资源的文化发掘，美国则重视个人意识和等级意识；日本把企业看作合作共事的"社团"，美国视企业为短期利润的经济场所；日本视工人为价值的资源，美国则视工人为工具……这种人力资源文化观紧紧制约着管理行为。以重视企业文化的日本丰田公司为例，他们将公司员工称为"合伙人"，管理人员与员工穿一样的制服上班，公司没有专为高级职员设置的专属餐厅和停车场，管理人员和工人之间以姓名相称，而不是以职务相称。这是日本企业文化观在人力资源实践上的生动具体反映。反之，如果将员工置于工具地位，使他们感到自己只是企业赚取利润的工具，当然也是不会激发员工的奉献精神的。

（三）企业文化影响人力资源的发挥水平

多数人认为物质报酬是企业留住人才的重要因素，但大量研究表明并不是。一些优秀人才之所以离开他们所在公司的原因多数表现为缺少承认、缺少参与及经历过糟糕的管理。一些过分限制自由、无远大目标和情感色彩或者过于烦琐的禁忌，甚至工作强度不大也会造成过重的心理负担。

日本企业家太田琴彦对此深有体会："无论物质怎么充实，如果精神方面不充实，就不完全。一支军队，即使战术再高明，精神方面的因素不具备，也打不了胜仗。"企业应该是命运共同体，像一家人一样，彼此容纳对方，建立能相互关心的环境，经营者要同下级建立父子或兄弟般的关系，公司和员工的家庭要建立息息相关、同甘共苦的亲密关系。

企业文化观念制约着人力资源开发的文化内容，当代员工不仅仅要具备技术、知识和技能，还要有认识工作本质的文化能力，有在各种条件下自觉遵从公司文化，做出正确判断和选择的文化素养。

（四）企业文化影响对人力资源的投资力度

有些国家和企业组织不愿在人力资源方面多做投资，或相对于基础物资设备投资比较而言，人力资源投资严重不足。主要原因就在于文化观念和文化素质。这些组织机构存在的误区一般有以下三种：

①不认为人力资源地位重于物质资源。
②认为人力资源投资的回报周期长，不能"现世现报"。
③认为人力资源不是资本，没有经济学意义，因而也没有投资的必要。

20世纪50年代后期，随着人力资源在生产中的作用越发显著，人力资本的概念才被重视起来。人们看到了经济发展的根本在于人力资源质量这一现象。经济学家和统计学家们经过调查统计发现，人力资源存量和经济成功之间存在着明显的并且牢固的增函数关系，这引发了关于人力资本投资—收益分析。人力资本自身具有收益递增的特点，而且能弱化或者消除要素收益递减状态。于是也就承认了劳动者作为人力资本的存在和价值。尤其近些年来随着知识经济的发展，这种意识更是在人们的文化观念中根深蒂固。

人力是资源，也是资本——有了这种文化观念，才能确定人力资本优先积累的观念，才能增强对人力资源开发投资的信心。否则社会在对企业进行资产评估时，将人力资源忽略不计，在资产利用中只重视物质设备的折旧与改造，无视人力资源投资的迫切性，也就更不会建立人力资源开发的投资制度和保障体系了。

链接 11-1

迪士尼乐园

迪士尼乐园的宗旨是为大众制造快乐（make people happy），他们认为，只有当员工把工作看成一种快乐，他们才能真正地把快乐传递给来自四面八方的游客。为了营造出快乐的工作氛围，迪士尼在选用词汇和称呼时都别出心裁。公司没有"人事部"，只有"角色分派中心"；员工从事的职务不叫"岗位"，而是"角色"；员工不称为"职员"，而是"演员"；每天上班换上所扮演角色的服装，那不是"制服"或"工作服"，而是"戏服"。迪士尼不认为乐园是员工的"工作场所"，而把它看成为大众"提供娱乐的大舞台"。在这里，不管是白雪公主的扮演者，还是普通的清洁工，他们都是乐园的"主人"。

并且迪士尼新员工开始工作前，将在迪士尼大学接受为期三天的培训，先是灌输公司的文化理念，然后用师傅带徒弟的方式在实地进行培训之后才能进入工作岗位。

二、人力资源开发的文化方式

在传统的人力资源开发管理中，企业经营者的重点在于人力资源外在要素量的管理，具体包括人员的录用、调配、考核、报酬、职位升迁和教育培训等。而在现代的人力资源管理观念中，企业以此为基础并进而上升到人力资源内在素质的培养管理，还包括员工群体的心理意识、价值观念、传统风气和行为方式等的培训和管理等。总之，现在人员开发管理已不再局限于传统的人事管理和人员培训，而将人力资源开发引入视野，即在将人力资源视为"第一资源"的理念引导下，将人力资源开发作为其主要的基本内容。人力资源开发的含义：一是对人力资源的充分发掘和利用，二是对人力资源的培养和发展。正是由于"人力资源开发"的导入，才使得人力资源管理由传统转变为现代。

企业文化管理制是摒弃了传统企业管理的弊端，并科学地汲取了其精华而发展起来的现代企业管理模式。传统的管理方式对于"管理模式"，注重的是其中的战略、结构与体制，而企业文化管理则不满足于此，它在注重"硬件"要素的同时，更加看重和强调的是人员、技能、作风这些"软件"要素的作用，并且主张"硬件"要素与"软件"要素协调统一。它所宣扬的宗旨是"以人为中心的管理"及"以人为目的的管理"。在企业文化管理者视角中的人，在企业内部是员工群体，是企业团体的价值观念与精神追求；在企业外部则是广大的顾客、消费者和社会公众，是消费公众的需求和满意。可以说，在企业经营管理的坐标系中，企业文化管理将人的地位、价值与人文精神提升到了前所未有的高度。

从全局意义来说，人力资源开发与管理的文化思路，主要体现在以下四个方面：

1. 树立企业英雄人物

从企业文化的视角来看，所谓英雄人物就是指模范地遵守和奉行企业价值观的先进典型。英雄人物是一个企业强有力文化中的核心，他们创造了供员工效仿的模范角色。

在具有优秀企业文化的企业当中，最受人尊重的就是那些集中体现了企业价值观的英雄人物。这些英雄人物是企业员工学习的榜样，他们的行为常常被企业员工当作争相效仿的行为规范。因此，树立和宣传这些英雄人物也是企业人力资源开发的一种文化运作模式。

2. 确立企业礼节和仪式

企业的礼节和仪式，简称礼仪。包括企业日常进行的各项例行活动，如招人待物、节日庆典、公共关系和信息沟通的方式方法等。一位成功的企业家曾经说过，礼仪文化的实质是要培植基于尊重人、关心人、爱护人的行为准则，追求更深层次的价值观，它能够赋予企业浓厚的人情味，使企业员工与员工之间、企业与客户之间充满了友情。日本的企业就十分重视我国关于传统文化中有关礼仪的思想灌输，在日常把员工的行为规范具体到各种形式的礼仪之中，使它成为企业的一种软管理手段，成为协调人际关系的重要方法和艺术。

企业礼仪不仅对员工的行为具有标准模式化的规范作用，还能对员工的人格完善、道德修养具有良好的促进作用，因此它也是企业人力资源开发的一种文化运作模式。

3. 构建企业文化网络

企业的文化网络是由在企业内部建立或广泛形成的，正式与非正式的、公开的与非公开的信息传输和沟通渠道构成。企业文化网络的活动主要是通过多层面沟通，用暗示、参与、示范、引导和渗透等"软"形式来开展进行。构建积极的良性文化网络，可以增加企业上下级之间、员工之间的思想交流和感情联系，有利于形成企业员工共同的价值观，调动和发挥企业员工的积极性与合作精神。因此，它也是企业人力资源开发的一种运作模式。

4. 实施 CS 战略

从企业文化管理的视角来看，当今能将企业人力资源开发与利用与企业目标紧密相连的经营战略越来越受到企业界的重视，其中最为突出的就是 CS（Customer Satisfaction）战略，即顾客满意经营战略。

CS 战略的基本指导思想是：企业的整个经营活动要以顾客满意度为宗旨，要从顾客的角度、用顾客的观点而不是企业自身的利益和观点来分析考虑顾客的需求，尽可能全面尊重和维护顾客的利益。并将顾客视为企业最重要的无形资产，以此来增加企业的凝聚力和竞争力。在这里的顾客有两层含义：一是指企业内部成员，企业的员工和股东等都是企业的顾客；二是指外部顾客和消费者，即凡是购买或可能购买本企业产品和服务的个人和团体，均是企业的顾客。

企业内外顾客之间的满意机制是：只有使企业内部顾客（主要是员工）满意，才会赢得外部顾客和消费者的满意。近年来，日本企业在实施 CS 战略过程中又特别提出了 ES（Employee Satisfaction）战略，即员工满意战略。

案例 11-2 企业文化——冰山下的来客

南极是世界上最大的冰窖，由于长期受到海浪的冲击、潮汐的影响，以及水的浮力作用，冰架边缘处总在不断破裂，每年向海里泻送的冰山，大约重 14 000 多亿吨，有的冰山要在海上漂浮好几年才可能全部融化。南极的冰山总数约 22 万个，是世界上冰山最多的地方。这些冰山形体巨大，奇形怪状，晶莹洁白，银光耀眼。有的像屏障，有的像平台，有的如丘陵，有的似玉山。状态多样，壮观异常！常见的冰山高达 3～10 层楼，最高的可达 2 700 米，比我国的泰山和黄山还高。有的大冰山竟长达 333 公里、宽 96 公里，形成海洋中的玉岛。越往南走，冰山就越大也越多。更奇特的是，这里有时还会出现彩色的冰山，有浅黑色的、红色的、褐色的和深绿色的。如果天气晴朗，不同颜色的冰山和蓝色的海水相互映衬，景象十分壮观。

冰山之所以壮观，并不因它显露在外的峥嵘，而是隐藏在海面下的宽广厚重。企业文化也像冰山一样，从表面看不会给企业直接带来几十万、几百万的效益，但是从长远发展来看，企业文化可给企业带来无形的效益远远大于经济效益，不是以百万、千万来衡量的。日本政府在总结明治维新时期为什么能够得到迅速的发展经验时，曾经公布一本白皮书，其中有一段话发人深省："日本经济发展的三要素：第一是精神，第二是法规，第三才是资本。这三个要素的比重是，精神占 50%，法规占 40%，资本占 10%。"这足以说明资本不是关键因素，文化才是最主要的。以网络直销的方式树立了电脑销售新典范的迈克尔·戴尔（Michael Dell）对企业文化有一种独特的感应。他说："当我们以史无前例的速度成长时如何还能维持挑战者的精神？到目前为止，我在管理上遭遇到的最神秘层面，就是文化。"

1932 年，海明威在他的纪实性作品《午后之死》中，第一次把文学创作比作漂浮在大洋上的冰山，他说："冰山运动之雄伟壮观，是因为它只有八分之一在水面上。"文学作品中，文字和形象是所谓的"八分之一"，而情感和思想是所谓的"八分之七"。前两者是具体可见的，后两者是寓于前两者之中的。后来，大家在研究任何文学作品的时候，总是首先要搞清楚水下的"八分之七"，因为这一部分是冰山的基础。

西方学者做过一个比喻：管理就像一座漂浮在大海里的冰山，露出水面的部分，占 1/3，大体相当于管理组织、制度、技术、手段和方法等有形管理；隐在水中的部分，占 2/3，大体相当于组织成员的价值观念、人际关系、文化传统、风俗习惯等无形管理。传统管理更多地着眼于占 1/3 比重的有形管理，企业文化着眼于占 2/3 比重的无形管理。

企业文化就像一座漂浮在大海里的冰山，露出水面的部分，占 3/4，大体相当于企业文化的物质文化、行为文化、制度文化等有形的企业文化；隐在水中的部分，占 1/4，大体相当于企业的核心理念等无形的道。一般人比较看重露在水面 3/4 的企业文化部分，却忽视了隐藏在水下、仅占 1/4、起决定作用的核心理念。这个划分也比较符合 80/20 法则，核心理念在企业文化体系中属于起核心作用的关键少数。

企业从诞生那一天起，就像孩子一样有了与别人不同的东西，比如有了自己的容貌、性格等，然后在发展过程中形成了道德意识、思想形态、理想愿景等方面，这就好像一个企业在发展过程中形成了"道",也是一个企业积累和塑造了自身的企业文化。企业文化的外在表现十分广泛,基本上涵盖了企业各个方面,但其中最重要的就是讲究经营之道、培养企业精神和塑造企业形象。所以说,企业文化是企业最宝贵的财产,虽然它是无形的,无法被看到,却能用心去感受。

松下幸之助是从有形到无形的高手,有形的是松下成就了今天的伟业,无形的是松下今天的文化吸引着更多的朝圣者,怀着同样的虔诚,努力打造未来的松下。他有这样一段令人深思的哲理名言:"当有员工100人时,我必须站在员工的最前面,身先士卒,发号施令;当员工增至1 000人时,我必须站在员工的中间,恳求员工鼎力相助;当员工达到1万人时,我只有站在员工的后面,心存感激即可;如果员工增至5万~10万人时,除了心存感激还不够,必须双手合十,以拜佛的虔诚之心来领导他们。"

一家英国公司和一家瑞典公司合并了。合并后的新公司产品主要面向美国市场,公司把研发、生产和销售中心分别设在了英国、瑞典和美国。为了解决一个全公司范围内的问题,英国的工作人员拟了一个方案,发给瑞典和美国的公司征求意见,过了许多天,没有收到任何反馈,于是就分别向他们询问情况。瑞典的同事说,我们根本就没有看这份建议书!而美国人则回答说,你们拟的这个方案很好,我们已经采取了相应的措施,问题解决了。

这是IBM研究集团的企业文化问题专家莎拉·莫尔顿·瑞格(Sara Moulton Reger)在咨询服务中遇到的一个真实案例。她分析说,在上面这个案例中,瑞典人之所以根本不去看那个方案,是因为他们觉得自己被冒犯了:他们作为相关人员,在这份方案拟定时竟然没有获邀参与讨论,最后仅仅让他们就一份已经落在纸面上的东西"提供反馈"。而美国人的做法则让英国人觉得自己被冒犯了,他们竟然没有经过反馈和达成一致意见就直接付诸行动了。

莎拉认为,一些管理人员认识到企业文化的重要性,但是往往感到无从下手,这是因为企业文化是一个复杂的问题,它实际上受到组织内外许多因素的影响。从组织内部来看,领导人的特质、企业战略、核心价值观、员工队伍的特点、公司历史、规模等都是重要的变量;从组织外部来看,企业经营所在地的民族文化、行业特点、政府制定的规则等都会直接影响企业文化的面貌。例如,上述瑞典公司的人喜欢从一开始就参与其中,这既与瑞典的民族文化有关,也与瑞典公司的做事风格有关;而美国人就是天性积极主动,愿意尝试,"我们总是喜欢先试一下,如果有好结果,就与别人分享"。

企业文化的复杂性还反映在人们对"文化"概念的众说纷纭上,企业文化研究领域的奠基人埃德加沙因在《组织文化与领导力》一书中列出了很多种关于企业文化的定义。这些概念都提供了一个特定的认识企业文化的视角,只有让管理者和员工能够通过一种方式,来更直接、更客观地理解企业文化,让文化变得"有形化",才能够有助于在组织中迅速达成共识,并且把这种共识贯彻到实践中去。

本章小结

企业文化具有如下特征:社会性、个体性、相对的稳定性和动态性并存、共识性和非强制性。企业文化的载体可以分为物质载体、行为载体和制度载体,它们与企业文化的核心——共享价值观构成了三位一体的关系,集中承载了企业文化的内容,并以诸多形式反映出企业文化的实质。

企业文化是人力资源开发的关键性因素：人与文化的一般关系，企业文化决定了人力资源的地位，企业文化影响着人力资源的发挥，企业文化还影响着对人力资源的投资力度。人力资源开发管理的文化思路，主要可以通过以下四个方面加以体现：树立企业英雄人物、确立企业礼节和仪式、构建企业文化网络和实施 CS 战略。

课后思考练习

一、名词解释

企业文化　企业制度文化　企业精神文化　顾客满意经营战略

二、单项选择题

1. 国内关于企业文化结构的理解有"三层次说"和"四层次说"两种，教材倾向于从狭义的角度来理解企业文化，认为企业文化是由理念体系层、（　　）和制度文化层三层次所构成。

    A. 行为层　　　　B. 伦理道德层　　　C. 物质层　　　　D. 精神层

2. 组织行为学的发展过程有两条主线，一是管理学科的发展，二是（　　）的发展。

    A. 社会学　　　　B. 文化人类学　　　C. 生理学　　　　D. 心理学

3. 企业文化的激励功能可分为（　　）和外激励。

    A. 正激励　　　　B. 负激励　　　　　C. 自我激励　　　D. 物质激励

4. 企业文化建设的社会环境因素主要是指影响社会消费者的（　　）的相关因素。

    A. 需求满意度　　　　　　　　　　　B. 消费满意度

    C. 心理满意度　　　　　　　　　　　D. 服务满意度

5. 一个国家的政治环境对企业文化建设具有很大的（　　）作用。

    A. 限制　　　　　B. 约束　　　　　　C. 制约　　　　　D. 促进和制约

三、简答题

1. 企业文化有哪些特征？
2. 简述企业文化的载体。
3. 如何理解企业文化的六大功能？
4. 简述企业文化与人力资源管理的关系。

四、案例分析

先给谁换

走进任何一家南方李锦记的分公司都会发现，所有员工桌面上的电脑显示器全是液晶的，因为液晶显示器没有辐射，不伤眼睛，还能节省办公空间，提高工作效率。所以，公司在 2003 年决定，把原来的普通显示器全部换成液晶产品。由于当时液晶产品还没有大规模上市，需要逐步买来更换。那么，先给谁换呢？是老总、总公司员工，还是一线人员？

按照一般的企业习惯，从上到下的顺序是："老板、管理层、员工、顾客"。但是，南方李锦记认为：优质的顾客来自优秀的员工，一切销售目标都是靠前线销售队伍完成的。南方李锦记的企业意识形态是一般习惯的翻转，是"顾客、员工、管理层、老板"。所以，第一批液晶显示器给了业务部输单组，这些最一线的同事需要一天到晚对着电脑工作，还经常加班加点；第二批更换显示器的是各地分公司，它们直接面对市场、消费者和业务伙伴；第三批换的才是总公司其他各部门的员工。

请思考：
1. 请给出你的意见，南方李锦记的这种做法正确与否？
2. 分析南方李锦记的做法反映出该企业什么样的文化理念？
3. 请分享一个你认为非常值得学习的某企业的企业文化。

参 考 文 献

[1] 杨东辉. 企业人力资源开发与管理［M］. 大连：大连理工大学出版社，2016.
[2] 喻德武. 互联网＋人力资源管理新模式［M］. 北京：中国铁道出版社，2017.
[3] 张艳华，丁建石. 人力资源管理［M］. 北京：中国人民大学出版社，2016.
[4] 鲍立刚. 人力资源管理综合实训［M］. 北京：中国人民大学出版社，2017.
[5] 中国就业培训技术指导中心［M］. 企业人力资源管理师（二级）. 北京：中国劳动社会保障出版社，2015.
[6] 王树印. 人力资源管理［M］. 北京：北京邮电大学出版社，2012.
[7] 张同全. 人力资源管理［M］. 大连：东北财经大学出版社，2012.
[8] 彭建峰. 人力资源管理概论（第二版）［M］. 上海：复旦大学出版社，2011.
[9] 岳玉珠. 人力资源管理基础［M］. 北京：电子工业出版社，2010.
[10] 秦志华. 人力资源管理（第三版）［M］. 北京：中国人民大学出版社，2010.
[11] 周贺来. 人力资源管理实用教程［M］. 北京：机械工业出版社，2009.
[12] 刘冬蕾. 人力资源管理概论［M］. 成都：西南财经大学出版社，2008.
[13] 祁光华. 人员培训与开发［M］. 北京：中共中央党校出版社，2006.
[14] 陈维政，余凯成. 人力资源管理与开发高级教程［M］. 北京：高等教育出版社，2004.
[15] 林泽炎. 转型中国企业人力资源管理［M］. 北京：中国劳动社会保障出版社，2004.
[16] 张德. 人力资源开发与管理（第二版）［M］. 北京：清华大学出版社，2003.
[17] 董克用，叶向峰. 人力资源管理概论［M］. 北京：中国人民大学出版社，2003.
[18] 黄维德，董临萍. 人力资源管理［M］. 北京：高等教育出版社，2002.
[19] 张再生. 职业生涯管理［M］. 北京：经济管理出版社，2002.
[20] 赵曙明. 人力资源战略与规划［M］. 北京：中国人民大学出版社，2002.
[21] 李宏，周正训. 21世纪人生职业规划［M］. 北京：金城出版社，2001.
[22] 石金涛. 现代人力资源开发与管理［M］. 上海：上海交通大学出版社，2001.